Kost — Geschichte als Komödie

EPISTEMATA

WÜRZBURGER WISSENSCHAFTLICHE SCHRIFTEN

Reihe Literaturwissenschaft

Band 182 — 1996

Jürgen Kost

Geschichte als Komödie

Zum Zusammenhang von Geschichtsbild
und Komödienkonzeption bei Horváth,
Frisch, Dürrenmatt, Brecht und Hacks

Königshausen & Neumann

Die Deutsche Bibliothek — *CIP-Einheitsaufnahme*

Kost, Jürgen:
Geschichte als Komödie : zum Zusammenhang von
Geschichtsbild und Komödienkonzeption bei Horváth, Frisch,
Dürrenmatt, Brecht und Hacks / Jürgen Kost. – Würzburg :
Königshausen und Neumann, 1996
    (Epistemata : Reihe Literaturwissenschaft ; Bd. 182)
    Zugl.: Mainz, Univ., Diss., 1994
    ISBN 3-8260-1182-1
NE: Epistemata / Reihe Literaturwissenschaft

D 77

© Verlag Königshausen & Neumann GmbH, Würzburg 1996
Gedruckt auf säurefreiem, alterungsbeständigem Papier
Umschlag: Hummel / Homeyer / Lang, Würzburg
Bindung: Rimparer Industriebuchbinderei GmbH
Alle Rechte vorbehalten
Auch die fotomechanische Vervielfältigung des Werkes oder von Teilen daraus
(Fotokopie, Mikrokopie) bedarf der vorherigen Zustimmung des Verlags.
Printed in Germany
ISBN 3-8260-1182-1

Meinen Eltern

VORWORT

Die vorliegende Arbeit wurde vom Fachbereich 13 der Johannes Gutenberg-Universität Mainz 1994 als Dissertation zur Erlangung des akademischen Grades eines Doktors der Philosophie (Dr. phil.) angenommen. Sie wurde für den Druck leicht überarbeitet.

Dank gebührt an dieser Stelle zuerst Herrn Prof. Dr. Wolfgang Düsing für die fachliche und menschliche Betreuung dieser Arbeit, darüberhinaus Herrn Prof. Dr. Bernhard Spies, dem ich einige wertvolle Hinweise und Anregungen verdanke.

Den Herausgebern und insbesondere Herrn Prof. Dr. Hermann Kurzke danke ich für die Aufnahme meiner Arbeit in diese Reihe.

Last not least zu nennen ist meine Frau Gabriele, die mir mit Rat und Tat zur Seite gestanden und meine Stimmungsschwankungen geduldig ertragen hat.

INHALT

0.	Einleitung	13
1.	Annäherung an Grundbegriffe der Interpretation	17
1.1.	Das Komische und die Komödie	17
1.1.1.	Zur Kritik inhaltsorientierter Komiktheorien	18
1.1.2.	Die Struktur des Komischen und seine Rezeption	21
1.1.2.1.	Komik als Modellverstoß	21
1.1.2.2.	Das Komische als "Kipp-Phänomen"	26
1.1.2.3.	Distanz als Vorbedingung einer Erfahrung des Komischen	30
1.1.3.	Zum Verhältnis der Komödie zum Komischen	34
1.2.	Geschichte im Drama	41
1.2.1.	Zur Kritik des traditionellen Ansatzes	43
1.2.2.	Geschichte und Drama - Versuch einer Annäherung	50
1.2.2.1.	Überlegungen zur Struktur geschichtlichen Erkennens	50
1.2.2.2.	Konsequenzen für die Dramenanalyse	57
1.3.	Arbeitshypothesen zur Untersuchung von Geschichte als Komödie - ein Fazit	62
2.	Geschichte zwischen Verspiesserung und Menschwerdung - Ödön von Horváth	65
2.1.	"Spießer" und "Mensch" als Paradigmen im Werk Horváths	67
2.1.1.	Der Archetyp des Spießers	67
2.1.2.	Das Paradigma des Menschen	72
2.2.	"Figaro läßt sich scheiden" als Geschichtskomödie	74
2.2.1.	Der traditionelle Interpretationsansatz	74
2.2.2.	Der umfassende Prozeß der Verspießerung - Horváths pessimistisches Geschichtsbild	78
2.2.3.	"Menschwerdung" als utopische Hoffnung	85
2.3.	Noch einmal: "Die Komödie des Menschen"	92
2.3.1.	Die Konzeption der "Komödie des Menschen"	92
2.3.2.	"Dorf ohne Männer" und "Pompeji" als Geschichtskomödien	93
3.	Geschichte als "Farce des Inkommensurablen" - Max Frisch	99
3.1.	Die Geschichtskonzeption der "Chinesischen Mauer"	101
3.1.1.	Geschichte als Wiederholung des Ewiggleichen - die China-Handlung	101
3.1.2.	Die Lemuren der Vergangenheit	105
3.1.3.	Die propagierte Notwendigkeit der Zeitenwende - Der Heutige	111
3.2.	"Die Chinesische Mauer" als Farce	115
3.2.1.	Die Komödie im Werk Max Frischs	115

3.2.2.	Die Farcenkonzeption der "Chinesischen Mauer"	120
4.	**Geschichte als der Einfall des Grotesken - Friedrich Dürrenmatt**	**127**
4.1.	Zur Struktur von Dürrenmatts Komödie	127
4.1.1.	Der Begriff des Grotesken	128
4.1.2.	Die Komödienkonzeption Dürrenmatts	135
4.2.	"Romulus der Große" - die Realisierung des Grotesken	142
4.2.1.	Die Entwicklung der Rezeptionshaltung	143
4.2.1.1.	Romulus als lächerliche Figur	143
4.2.1.2.	Romulus als Identifikationsfigur	146
4.2.2.	Der Einfall der Geschichte - die groteske Destruktion der Ideologien	150
4.2.3.	Romulus als "mutiger Mensch"	156
4.3.	Geschichte als Labyrinth - "Achterloo"	158
4.3.1.	Das Labyrinth als Paradigma der Welt bei Dürrenmatt	158
4.3.2.	"Achterloo" als Zeitstück	162
4.3.3.	Der geschichtlich handelnde Mensch - Napoleon und Romulus	165
4.3.4.	Ideologiekritik in "Achterloo"	168
4.3.4.1.	Richelieu und Marx	168
4.3.4.2.	Jan Hus	171
4.3.5.	Die anthropologische Konstante - Dürrenmatts Geschichtsbild in "Achterloo"	173
5.	**Die Komik geschichtlich inadäquaten Handelns - Bertolt Brecht**	**181**
5.1.	Zum Zusammenhang von Geschichte und Komödie in Brechts theoretischen Schriften	183
5.1.1.	Der geschichtlich handelnde Mensch zwischen Voluntarismus und Determinismus	183
5.1.2.	Das "Gesellschaftlich-Komische" - eine historische Kategorie	192
5.2.	Das deutsche Bürgertum als lächerliches Exempel - "Der Hofmeister"	196
5.2.1.	Die Lenzrezeption Brechts	196
5.2.2.	Klassenspezifische Verhaltensweisen im "Hofmeister"	202
5.2.2.1.	Die Aristokratie	202
5.2.2.2.	Das Bürgertum	206
5.2.2.2.1.	Die Wirklichkeitsferne bürgerlichen Denkens - Pätus	206
5.2.2.2.2.	Die Selbstkastration aus wirtschaftlicher Notwendigkeit - Läuffer	210
5.2.2.2.3.	Der selbstbewußte Untertan - Wenzeslaus	215
5.2.3.	Zum Gegenwartsbezug des "Hofmeisters" - die "Deutsche Misere"	217
5.3.	Variation eines Musters - "Pauken und Trompeten"	221

6.	**Geschichte aus der Perspektive der Sozialistischen Klassik - Peter Hacks**	**225**
6.1.	Geschichts- und Komödienkonzeption in der Nachfolge Brechts - das Frühwerk Peter Hacks'	225
6.2.	Die Komödie der Sozialistischen Klassik	230
6.2.1.	Klassik als historische Kategorie - Die Klassikkonzeption Hacks'	231
6.2.2.	Der emanzipierte Mensch in der noch nicht emanzipierten Gesellschaft - "Omphale"	236
6.2.2.1.	Der Rollentausch als Antizipation der nicht entfremdeten Gesellschaft	238
6.2.2.2.	Die Zeichnung der Gesellschaft - die Heroen und Lityerses	242
6.2.2.3.	Das Scheitern der Zu-Früh-Gekommenen an der Gesellschaft	246
6.2.2.4.	Der historische Standpunkt als Voraussetzung für die Komisierung der Bühnenhandlung - "Omphale" und "Margarete in Aix"	249
7.	**Geschichte als Komödie - Strukturen und Tendenzen**	**257**
7.1.	Zwei konträre Modelle der Geschichtskomödie	257
7.1.1.	Zur Abhängigkeit der Komödiendramaturgie vom zugrunde gelegten Geschichtsbild	257
7.1.2.	Zwischen Horizontverschmelzung und Horizontdifferenzierung - die Zeitstruktur	259
7.1.3.	Zum Problem der Distanz	261
7.2.	Die nicht realisierte Zeitenwende als Gegenstand der Geschichtskomödie	263
7.3.	Die Abkehr von der Tragödie	265

Anhang	**269**
Bibliographie	269
a) Primärliteratur	269
b) Sekundärliteratur	271
Zusammenfassung	303

0. EINLEITUNG

Im Jahre 1970 veröffentlichte Helmut Prang seinen Aufsatz "Geschichte und Lustspiel"[1], in dem er rund fünfzig Komödien, in denen er einen auf irgendeine Weise geschichtlichen Inhalt gestaltet erkennen zu können glaubt, in additiv-auflistender Weise auf ganzen acht Seiten kurz vorstellt.

Der Aufsatz zeigt die ganze Problematik eines rein induktiven Ansatzes; es findet keine Selbstverständigung des Autors darüber statt, was überhaupt unter der Geschichte, die angeblich in den aufgelisteten Stücken thematisiert ist, zu verstehen ist - Prang scheint einen Geschichtsbegriff zugrunde zu legen, der ungefähr alles, was in der öffentlichen, über das rein Privat-Familiäre hinausgehenden Sphäre situiert ist, als "Geschichte" auffaßt, unabhängig etwa von einem zeitlichen Abstand zwischen Zeit der Handlung und Zeit des Autors, unabhängig auch etwa von der Frage nach der historischen Faktizität des Dargestellten. So werden etwa Goethes "Groß-Cophta" und sein "Bürgergeneral" als Geschichtskomödien aufgefaßt, obwohl Goethe hier in den frühen 90er Jahren des 18. Jahrhunderts ein noch kaum vergangenes Ereignis, die Französische Revolution, thematisiert. Ähnliches gilt für Friedrich Rückerts satirische Angriffe auf Napoleon von 1815. Umgekehrt werden die Adaptionen von biblischen und mythologischen Stoffen ohne weiteres als Darstellung von Geschichte im Lustspiel aufgefaßt.[2] "Begriffsdefinitionen" wie "historisch im landläufigen Sinne"[3] oder Geschichte als "längst Geschehenes, also eine meist ferne Vergangenheit"[4] helfen nicht weiter, stehen oft im Widerspruch zum weiteren Verlauf der Darstellung: es gelingt Prang nicht, einsehbar zu machen, welche Kriterien ein Drama erfüllen muß, um von ihm als "Geschichtskomödie" klassifiziert zu werden.

Entsprechend fehlen die adäquaten Begriffe zur Analyse der Stücke; Prang bringt seine Untersuchung nicht auf den Begriff, es bleibt bei der rein additiven Aufzählung von Dramentiteln und nebulösen Vermutungen über den Grund für die Entscheidung einzelner Autoren für das komische Genre: "Vermutlich hängt es mit dem Wandel des traditionellen 'Helden'-Begriffes zusammen"[5] - eine Vermutung, die wohl für satirische Komödien, nicht aber für das ebenfalls genannte Stück Giraudoux', "La guerre de Troie n'aura pas lieu", aufrechterhalten werden kann.

Natürlich kann es hier nicht darum gehen, einen kurzen Aufsatz mit einem

---

[1] Prang, Helmut: Geschichte und Lustspiel. In: Volkskultur und Geschichte. Festgabe für Josef Dünninger zum 65. Geburtstag. Hrsg. von Dieter Harmening, Gerhard Lutz, Bernhard Schemmel u. a. Berlin 1970. S. 604 - 611. Nachfolgend zitiert als: Prang 1970.

[2] Vergl. Prang 1970. S. 609. Hier klassifiziert er Kaisers "Jüdische Witwe", Giraudoux' "Der trojanische Krieg findet nicht statt" und Hildesheimers "Das Opfer Helena" als Geschichtskomödien.

[3] Prang 1970. S. 604.

[4] Prang 1970. S. 604.

[5] Prang 1970. S. 608.

überhöhten Anspruch zu überfordern; es geht um die generelle Problematik der rein induktiven Methode: die Auswahl relevanter Texte und die Aufnahme dieser Texte in eine Textsammlung, die die Untersuchungsgrundlage einer wissenschaftlichen Arbeit bildet, erfordert ein Vorwissen über die Charakteristika des Untersuchungsgegenstandes. Mit anderen Worten: wer bestimmte Stücke als "Geschichtskomödien" klassifiziert und als Untersuchungsgegenstand auswählt, hat schon vorher eine implizite Vorstellung vom Wesen der "Geschichtskomödie". Dieses Vorurteil nicht mit zu reflektieren, ist die große Schwäche der rein induktiven Methode; daß ein solches Vorurteil die Auswahl der zu untersuchenden Texte und damit das Untersuchungsergebnis massiv beeinflußt, ist evident.

Auf der anderen Seite aber liegen auch die Gefahren einer deduktiven Gattungsdefinition auf der Hand: wird eine solche mehr oder weniger aus theoretischen Prämissen abgeleitet, wird oft ein Idealtypus der Gattung konstruiert, der in der Realität kaum anzutreffen ist, nichtsdestoweniger aber normativ gesetzt wird. Resultat dieses Ansatzes ist es oft, daß aus der Fülle von Vertretern einer bestimmten Gattung einzelne als "wahre" oder "wirkliche" Repräsentanten der Gattung gesehen werden, während das Gros der Texte das "Wesen", das "Eigentliche" derselben verfehlt: das "wahre" Bürgerliche Trauerspiel oder die "wirkliche" Kreuzzugsdichtung realisieren sich nur in verschwindend wenigen Exemplaren. Das Hegel zugeschriebene Diktum "Um so schlimmer für die Tatsachen" liegt nahe.

Die vorliegende Untersuchung will einen Mittelweg beschreiten. Wenn im folgenden theoretische Überlegungen zum Untersuchungsgegenstand angestellt werden, so ist schnell formuliert, worum es in diesen *nicht* geht: es geht nicht um eine deduktiv vorgenommene Gattungsdefinition; positiv ausgedrückt ist das Ziel dieser Überlegungen ein doppeltes.

Erstens wird - wie oben dargelegt - davon ausgegangen, daß die Auswahl der Textgrundlage für die Untersuchung einer Gattung immer ein Vorurteil über die Charakteristika dieser Gattung impliziert; dieses "Vorurteil" soll hier explizit gemacht und systematisch begründet werden. Ziel ist einerseits eine Selbstverständigung des Autors, andererseits die Transparenz der vorgenommenen Textauswahl für den Leser.

In Zusammenhang damit sollen zweitens aus den folgenden Überlegungen Analysekategorien resultieren, die einen adäquaten Zugang zu den Texten eröffnen und gleichzeitig die Vergleichbarkeit der Untersuchungsergebnisse ermöglichen; Ziel ist es, übergreifende Tendenzen, Gemeinsamkeiten und Unterschiede in der Thematisierung von Geschichte als Komödie herauszuarbeiten. Bei der Gewinnung dieser Arbeitshypothesen und Analysekategorien soll eine größere Anzahl von Komödien und Geschichtsdramen gleichsam im Hinterkopf behalten werden, um den Kontakt zur "Basis" - zum literarischen Werk in seiner tatsächlichen Erscheinungsform - nicht zu verlieren. Den endgültigen Beweis ihrer Tauglichkeit werden diese Kategorien in der Analyse der einzelnen Dramen erbringen müssen.

Bei aller Kritik an Prang hat er mit seinem Aufsatz doch auf ein Phänomen hingewiesen, das seither der Erforschung harrt: "Die Welt der Geschichte ist keineswegs mehr sakrosankt und nur der Tragödie vorbehalten"[6]. Die Frage nach dem Grund dieses Umschlags und die Beschreibung seiner ästhetischen Konsequenzen wird der Gegenstand der vorliegenden Arbeit sein.

---

[6] Prang 1970. S. 608.

1. ANNÄHERUNG AN GRUNDBEGRIFFE DER INTERPRETATION

1.1. Das Komische und die Komödie

Es herrscht ein weitreichender Konsens in der Forschung darüber, daß das Komische mit der Komödie untrennbar verbunden ist. Auf welche Weise dies geschieht, in welchem Maße das Komische die Komödie konstituiert, ist dabei durchaus umstritten. Das Zentrum des Problems liegt darin, "daß die Komödie weder aus der Theorie des Komischen ableitbar ist noch auf das literarische Komische beschränkt ist; es gibt Komödien ohne Komik, Komik in anderen literarischen Gattungen und in der außerliterarischen Wirklichkeit."[1]

Um zu für die Interpretation der zu untersuchenden Stücke tauglichen Kategorien zu kommen, scheint es also notwendig, das Verhältnis von Komik und Komödie zu klären. Dies soll in Kapitel 1.1.3. geschehen.

Das erste Interesse jedoch soll - angesichts der Tatsache, daß ein Zusammenhang des Komischen mit der Komödie zweifelsfrei gegeben ist, daß die Komödie mit Jürgen Hein als "die Kunstform des komischen Dramas"[2] definiert werden kann - eben doch der Theorie des Komischen gelten. "Die Theorie der Komödie hat sich folglich zu orientieren an der Theorie des Komischen."[3]

Dabei werden gewisse Dinge als gegeben vorausgesetzt. Dies gilt vor allem für die Tatsache, daß die literarische Komik gleichsam nur ein Teilgebiet des Komischen darstellt; Komik existiert auch als lebensweltliches Phänomen. Die "Unterscheidung zwischen dem Komischen als einem noch vorliterarischen Phänomen der Lebenswelt einerseits und einer literarischen Schreibweise andererseits"[4] scheint dementsprechend für eine umfassende Theorie des Komischen unabdingbar. Zentrales Unterscheidungsmerkmal ist wohl der Sachverhalt, daß das "Komische der Lebenswelt ... allemal kontingent, unfreiwillig auf seiten des komischen Objekts"[5] ist, während es "im Spiel auf der Bühne zur produzierten Komik wird und sich derart von der bloß lächerlichen oder belustigenden Situation oder Rede-

---

[1] Hein, Jürgen: Die Komödie. In: Formen der Literatur in Einzeldarstellungen. Hrsg. von Otto Knörrich. Stuttgart 1981 (=Kröners Taschenausgabe Bd. 478). S. 202 - 216. Nachfolgend zitiert als: Hein 1981. S. 202.

[2] Hein 1981. S. 202.

[3] Warning, Rainer: Elemente einer Pragmasemiotik der Komödie. In: Das Komische. Hrsg. von Wolfgang Preisendanz und Rainer Warning. München 1976 (=Poetik und Hermeneutik). S. 279 - 333. Nachfolgend zitiert als: Warning, Pragmasemiotik 1976. S.279.

[4] Warning, Pragmasemiotik 1976. S. 280.

[5] Warning, Pragmasemiotik 1976. S. 280.

weise im praktischen Leben abhebt"[6] - und zwar auch dann, wenn es im Rahmen des Bühnenraums als unfreiwillige Komik von Seiten der Figuren gestaltet ist. Literarische Komik ist immer intendiert und erfüllt eine kommunikative Funktion.

Da es im Folgenden um handhabbare Arbeitsbegriffe und nicht um eine umfassende Definition des Komischen und der Komödie geht, soll auf diesen Aspekt nicht weiter eingegangen werden. Die folgenden Überlegungen beziehen sich also ausschließlich auf die literarische, insbesondere auf die dramatische Komik. Deren Bezug zur lebensweltlichen Komik soll nicht weiter reflektiert werden.

1.1.1. Zur Kritik inhaltsorientierter Komiktheorien

Der traditionelle Zugang zur Komik besteht darin, das Komische als etwas objektiv Gegebenes, als Eigenschaft des komischen Gegenstandes oder der komischen Figur zu betrachten, und diese Eigenschaft des Komischen inhaltlich auf den Begriff zu bringen. Alle Formen des Komischen erscheinen auf diese Weise als ästhetische Erscheinung dieses Begriffes.

Eine klassische Theorie, die diesen Ansatz wählt - die Theorie Henri Bergsons - soll im folgenden kurz referiert werden.

Bergson geht in seinen Überlegungen davon aus, daß das Leben und die Gesellschaft von jedem Einzelnen "einmal eine beständig gespannte Aufmerksamkeit, die die Umrisse einer jeden Situation augenblicklich erfaßt, und dann eine gewisse Geschmeidigkeit des Körpers und des Geistes, die uns instand setzt, uns ihr anzupassen"[7], fordern. Dies sind für Bergson die Kennzeichen des Lebendigen, wohl auch des Lebenstauglichen. Anzeichen für das Fehlen einer solchen Aufmerksamkeit und Geschmeidigkeit, "jede *Erstarrung* des Charakters, des Verstandes und selbst des Körpers" werden von der Gesellschaft, "weil sie Zeichen nachlassender Lebenskraft sein" können, durch das Lachen, das so als "*soziale Geste*" wirkt, bestraft[8], da die Gesellschaft in solcher Erstarrung ihre Lebensgrundlagen in Frage gestellt sieht.

"Stellungen, Gebärden und Bewegungen des menschlichen Körpers sind in dem Maße komisch, als uns dieser Körper dabei an einen bloßen Mechanismus erinnert"[9], formuliert Bergson und glaubt damit seine Definition des Komischen gefunden zu haben: "Mechanisches als Kruste über Lebendigem"[10]. Auf diese

---

[6] Martini, Fritz: Johann Elias Schlegel: Die stumme Schönheit. Spiel und Sprache im Lustspiel. Mit einem Anhang: 'Einige Überlegungen zur Poetik des Lustspiels'. In: Wesen und Formen des Komischen im Drama. Hrsg. von Reinhold Grimm und Klaus L. Berghahn. Darmstadt 1975 (=Wege der Forschung Bd. 62). S. 303 - 365. Nachfolgend zitiert als: Martini 1975. S. 360.

[7] Bergson, Henri: Das Lachen. Meisenheim am Glan 1948. Nachfolgend zitiert als: Bergson 1948. S. 15.

[8] Bergson 1948. S. 16.

[9] Bergson 1948. S. 21.

[10] Bergson 1948. S. 26.

Formel werden nun alle Erscheinungsformen des Komischen zurückzuführen versucht. So erscheint etwa die Wiederholung per se komisch, weil sich im Leben nichts wiederholt, die Wiederholung also den Eindruck des Mechanischen vermittelt[11].

Von einem ganz anderen Ausgangspunkt, aber doch in ähnlicher Weise, nähert sich Georgina Baum dem Phänomen des Komischen. Auch sie geht von dessen objektivem, unabhängig vom Rezipienten bestehenden Charakter aus, versucht diesen jedoch marxistisch zu fassen: "Es geht im wesentlichen darum, daß das Widerspruchsvolle im Charakter und im Tun des komischen Helden ein historisch-sozial begründeter Widerspruch sein muß, wenn er komisch wirken soll."[12] Deskriptive und normative Kategorien verwischen sich in diesem Ansatz; was komisch ist, legt die Verfasserin fest: "Die objektive Komik der negativen Seite des Widerspruchs, die Komik der historisch überfälligen gesellschaftlichen Kräfte kommt im Zusammenstoß mit der positiven Seite, mit der aufstrebenden, historisch berechtigten Klasse zum Ausdruck."[13]

Ähnliche Ansätze, die - ausgehend von unterschiedlichen weltanschaulichen Voraussetzungen - das Komische als objektive Eigenschaft des komischen Objekts auffassen und inhaltlich auf den Begriff zu bringen suchen, sind Legion. András Horn referiert in seiner Handbuch-Charakter aufweisenden Monographie "Das Komische im Spiegel der Literatur"[14] eine Unzahl solcher Versuche, von Platons "Komik des Unverstands" bis zu Schopenhauers "Komik der Unangemessenheit".

Die Problematik all dieser Theorien liegt auf der Hand: sie alle erklären einzelne Aspekte des Komischen. Gleichzeitig jedoch lassen sich immer auch komische Konstellationen denken, die sich etwa durch Bergsons Formel "Mechanisches als Kruste über Lebendigem" nicht beschreiben lassen. Insbesondere für alle Formen eines "Lachen mit", für alle Formen des Komischen, die die Sympathie des Rezipienten mit dem Komischen herausfordern, die nicht nur ein Verlachen provozieren, bieten all diese Theorien keine Beschreibungskategorien. Andererseits werden etwa von Bergson Beispiele angeführt, deren Komik für den unvoreingenommenen Leser des ausgehenden zwanzigsten Jahrhunderts keineswegs evident ist.[15] Hier wird eine Historizität des Empfindens von Komik offenbar, die all diese Theorien nicht reflektieren, ihrem Ansatz nach auch nicht erklären können.

"Für jeden Aspekt bietet sich eine Strukturformel, die uns das Wesen des Komischen in mehr oder weniger treffende Ausdrücke übersetzt, es in solchen

---

[11] Vergl. Bergson 1948. S. 42.

[12] Baum, Georgina: Der widerspruchsvolle Charakter und der historische und gesellschaftliche Inhalt des Komischen in der dramatischen Gestaltung. In: Wesen und Formen des Komischen im Drama. Hrsg. von Reinhold Grimm und Klaus L. Berghahn. Darmstadt 1975 (=Wege der Forschung Bd. 62). S. 206 - 252. Nachfolgend zitiert als: Baum 1975. S. 220.

[13] Baum 1975. S. 232.

[14] Horn, András: Das Komische im Spiegel der Literatur. Versuch einer systematischen Einführung. Würzburg 1988.

[15] Vergl. etwa jene Passage, in der er die angebliche Komik körperlicher Abnormitäten analysiert: Bergson 1948. S. 18.

wenigstens einfängt. Wechselt der Aspekt, dann verblassen auch die Ausdrücke, und aus erkalteten Formeln ist das Leben entflohen"[16], formuliert Helmuth Plessner. Anders ausgedrückt: alle Autoren fassen zunächst begrifflich, was sie selbst komisch *finden*, nicht unbedingt, was komisch *ist*. Der Leser kann ohne weiteres die angeführten Phänomene keineswegs komisch, andere, mit der vorgeschlagenen Formel nicht erklärbare hingegen sehr komisch finden. In den einzelnen Untersuchungen kommt jeweils der spezifische Standpunkt des Autors zum Ausdruck, von dem aus ein Objekt als komisch empfunden wird. Damit rückt das Verhältnis des rezipierenden Subjekts zu dem als komisch empfundenen Objekt in den Mittelpunkt des Interesses.

Diese Rolle des Subjekts ist im Grunde seit dem Beginn des 19. Jahrhunderts, seit Jean Pauls "Vorschule der Ästhetik" aus dem Jahre 1804, in den Blickpunkt der Beschäftigung mit dem Komischen geraten, und es erstaunt im Grunde genommen, daß immer noch so viele Forscher diesen Aspekt vernachlässigen und das Komische als objektive Eigenschaft des komischen Objekts zu fassen suchen. Die alltägliche Erfahrung, daß kaum zwei Menschen exakt das Gleiche komisch finden, daß im Grunde alles Anlaß zum Lachen sein kann, daß sich aber die tatsächlichen Anlässe des Lachens je nach Individuum wesentlich unterscheiden, kann mit inhaltsorientierten Erklärungsversuchen nicht gefaßt werden. Die Rolle des Rezipienten, sein Verhältnis zum als komisch empfundenen Gegenstand muß geklärt werden. Das Problem, das sich stellt, ist evident:

> Voraussetzungen und Bedingungen dafür, daß sich etwas komisch ausnimmt, als Komik aufgefaßt, akzeptiert und quittiert wird, sind aufgrund der historischen, sozialen, kulturellen, psychischen, situativen Faktoren so komplex und problematisch, ein allgemein verbindlicher und gültiger Begriff des Komischen ist so unabsehbar, daß ich es für ausgeschlossen halte, die Behauptung, hier handle es sich - im Hinblick auf Intention oder Rezeption - um Komik, so zu verifizieren, daß die Behauptung (und mithin der bestimmende Eindruck) absolute intersubjektive Verbindlichkeit gewänne. (17)

Der Versuch, das Bewußtsein des Rezipienten, das die Erfahrung eines Objekts als komisches ermöglicht, inhaltlich zu erfassen, wäre also genauso aussichtslos wie der Versuch einer inhaltlich-begrifflichen Bestimmung des Komischen selbst. Die individuell verschiedene Kombination der oben genannten (und anderer) Faktoren führt dazu, daß der Einzelne individuell verschieden auf einen Gegenstand oder eine Person reagiert und diese eventuell komisch findet. Ziel kann es also nur sein, ein Strukturmuster des Rezeptionsprozesses des Komischen zu erstellen, das die Relation: rezipierendes Subjekt - komisches Objekt möglichst

---

[16] Plessner, Helmuth: Lachen und Weinen. Eine Untersuchung nach den Grenzen menschlichen Verhaltens. 3. Aufl. Bern und München 1961. Nachfolgend zitiert als: Plessner 1961. S. 107.

[17] Preisendanz, Wolfgang: Zum Vorrang des Komischen bei der Darstellung von Geschichtserfahrung in deutschen Romanen unserer Zeit. In: Das Komische. Hrsg. von Wolfgang Preisendanz und Rainer Warning. München 1976 (=Poetik und Hermeneutik). S. 153 - 164. S. 156.

allgemein beschrieben und im konkreten Fall mit den tatsächlich relevant werdenden Paradigmen ausgefüllt werden kann.

Wenn Plessner schreibt:

> für den, der ein Wort, ein Bild, eine Lage so nimmt, daß er lachen oder weinen muß, gibt es keine andere Antwort, auch wenn andere seinen Humor nicht begreifen, ihn für albern oder rührselig halten und anderes Benehmen am Platz fänden. Für den Lachenden und Weinenden steht die jeweilige Lage im Lichte effektiver Unmöglichkeit, auf sie eine andere passende Antwort zu geben (18),

so ist damit genau jenes Problem erfaßt, daß es zu beschreiben gilt: wie stellt sich der Einzelne, der auf ein Objekt mit Lachen reagiert, zu diesem? Das Ziel der folgenden Überlegungen ist es, Kategorien zur Beschreibung genau dieses Rezeptionsprozesses zu finden. Alle Fragen nach der Funktion des Komischen und des Lachens, sei sie psychologischer oder sozialer Art, werden dabei hintangestellt.

1.1.2. Die Struktur des Komischen und seine Rezeption

1.1.2.1. Komik als Modellverstoß

Ansätze, die eine solche Subjekt-Objekt-Relation in den Mittelpunkt des Nachdenkens über das Komische stellen, liegen schon lange vor. Kant fügt in seine berühmte Definition aus Paragraph 54 der "Kritik der Urteilskraft", das Lachen sei die Reaktion auf die plötzliche Verwandlung einer gespannten Erwartung in nichts, gleichsam eine Leerstelle ein, die durch das rezipierende Subjekt gefüllt werden kann: die Art der Erwartung ist inhaltlich nicht näher bestimmt, diese Stelle der Definition kann sozusagen individuell ausgefüllt werden. Die konkrete Erwartung entscheidet dann über die Haltung, die dem tatsächlichen Geschehen gegenüber eingenommen wird; erst diese konkret-individuelle Erwartung läßt das komische Geschehen als solches erscheinen.

Ähnlich läßt sich Schillers Beschreibung der Satire auffassen: "In der Satire wird die Wirklichkeit als Mangel dem Ideal als der höchsten Realität gegenübergestellt. Es ist übrigens gar nicht nötig, daß das letztere ausgesprochen werde, wenn der Dichter es nur im Geist zu erwecken weiß."[19] Bemerkenswert ist hier

---

[18] Plessner 1961. S. 186.

[19] Schiller, Friedrich: Über naive und sentimentalische Dichtung. In: F. S.: Sämtliche Werke in 5 Bänden. Auf Grund der Originaldrucke herausgegeben von Gerhard Fricke und Herbert G. Göpfert. Band 5: Erzählungen. Theoretische Schriften. München 1980. Nachfolgend zitiert als: Schiller 1980. S. 694 - 780. S. 722. Schiller benutzt hier zwar den Ausdruck "Satire" in einem durchaus eigenwilligen Sinn. Die Verbindung der beschriebenen Struktur mit dem Komischen ist aber zumindest im Begriff der "scherzhafte(n) Satire" (S. 721) als Möglichkeit vorgegeben. Daß Schiller darüberhinaus wesentliche Merkmale des Komischen insgesamt mit seiner Definition trifft, wird noch zu zeigen sein.

vor allem, daß das Ideal, an dem die Wirklichkeit gemessen wird, nicht ausgesprochen, sondern lediglich im Rezipienten evoziert werden muß.

Es wird zu prüfen sein, inwieweit an solche Ansätze angeknüpft werden kann.

Allen bisher dargestellten Theorien des Komischen ist gemeinsam, daß das Komische immer als das nicht Selbstverständliche erscheint. Nur so wird das Komische überhaupt als solches wahrgenommen, wäre das Komische selbstverständlich, wäre es nicht komisch; dieser Sachverhalt wird auch darin deutlich, daß die Umgangssprache die Verwendung des Wortes im Sinne von "eigenartig", "seltsam" kennt. Es befindet sich im Bewußtsein des Rezipienten eine wie auch immer geartete Vorstellung des Normalen oder (etwa für Schiller) des Wünschenswerten, die gleichsam als Folie dient, von der sich das Komische als dieser Vorstellung nicht entsprechend abhebt.

Diese Vorstellung deskriptiver oder normativer Art kann unterschiedlichen Charakter haben: sie kann als gesellschaftliche Wertvorstellung, als gesellschaftliche Norm auftreten, gegen die das Komische verstößt - so etwa im Falle Bergsons; sie kann - etwa im idealistischen Denken - ein Ideal darstellen, dem die Wirklichkeit als komische nicht genügt. Außerdem ist - etwa aus Boulevard-Komödien - eine Konstellation bekannt, in der der Zuschauer ein genaues Bild der tatsächlichen Verhältnisse innerhalb der Bühnenrealität hat und dann Figuren auftreten, die infolge eines Mißverständnisses oder eines auf andere Weise falschen Bildes der Situation auf eine komische Weise inadäquat handeln und dadurch Lachen provozieren. In diesem Falle wird die Normvorstellung des Betrachters erst durch die Dramenhandlung selbst konstituiert: der Zuschauer weiß einfach mehr als die komische Figur.

All das gilt es nun zu formalisieren. Der polnische Literaturwissenschaftler Jerzy Ziomek schlägt hierfür den Begriff "Modell" vor[20]. Der Vorteil dieses Begriffes liegt vor allem in seiner Neutralität, die nicht auf die Präferenz für eine bestimmte Erklärung über die Herkunft dieses Modells schließen läßt (anders als Begriffe wie "Norm", "Ideal" etc.). Die Frage, woher dieses Modell genommen ist, von welchen Faktoren es beeinflußt wurde, bleibt zunächst offen. In der eigentlichen Analyse des konkreten Komischen wird dann die Frage zu klären sein, zu welchem Modell jeweils eine Erscheinung in Kontrast stehen muß, um komisch zu wirken.

Ausgehend von dem Eindruck, daß sich "unter den vielen Definitionsvorschlägen zum Komischen ... kaum einer finden (läßt), der uns völlig zufriedenstellen könnte, und kaum einer, den man entschieden zurückweisen möchte"[21] - ein Befund, der sich mit dem der vorliegenden Untersuchung deckt - unternimmt Ziomek den "Versuch, Ordnung in den bisherigen Errungenschaften der Ästhetik zu schaffen und die vielfältigen und scheinbar oder wirklich verschiedenen Konzep-

---

[20] Ziomek, Jerzy: Zur Frage des Komischen. In: Zagadnienia Rodzjów Literackich. Tom VIII, Zeszyt 1 (14). Lodz 1965. S. 74 - 84. Nachfolgend zitiert als: Ziomek 1965. S. 80.
[21] Ziomek 1965. S. 77.

tionen auf einen gemeinsamen Nenner zu bringen."[22] Er tut dies mit einem Definitionsversuch, der auf den ersten Blick formalistisch erscheinen mag, das Interesse der vorliegenden Überlegungen an handhabbaren Arbeitsbegriffen jedoch durchaus befriedigen kann:

> Komisch ist das Mißverhältnis zwischen dem beschreibenden oder normativen Modell und dem Gegenstand, der unmittelbar wahrgenommen oder durch die künstlerische Abbildung erkannt wird, unter der Bedingung, daß in der Feststellung dieses Mißverhältnisses keine ethische Gegenindikation enthalten ist, und nur dann, wenn Modell und Gegenstand zugleich genügend ähnlich und genügend verschieden sind. (23)

Die einzelnen Bestandteile dieser Definition sind noch näher zu erläutern, wobei das Fehlen einer ethischen Gegenindikation in Kapitel 1.1.2.3. unter den Begriff der Distanz zu subsumieren versucht werden wird. Mit der Unterscheidung von beschreibendem und normativem Modell versucht Ziomek, den Unterschied zwischen dem vernichtenden Verlachen und dem zustimmenden Belachen eines Modellverstoßes zu erklären: ersteres wird als Reaktion auf den unverzeihlichen Verstoß gegen ein normatives, letzteres als Reaktion auf einen vergnüglichen Verstoß gegen ein lediglich deskriptives, empirisches Modell begriffen.[24] Diesem Problem wird das gesamte nächste Kapitel gewidmet sein.

Die Konzeption Ziomeks bietet mehrere Vorteile: zum einen lassen sich durch die weitgehende Formalisierung des "Modell"-Begriffes im Grunde alle oben referierten Positionen der Forschung integrieren. Das Schema wird konkretisiert, indem die jeweilige Modellvorstellung eingesetzt wird, die der einzelne Autor zugrunde legt und an der er das Komische mißt und für nicht entsprechend befindet - etwa Bergsons Vorstellungen von den an den Einzelnen gestellten Anforderungen der Gesellschaft und des Lebens oder Baums Konzeption des historischen Prozesses. Da das Schema selbst auf solche weltanschaulichen Einschränkungen verzichtet, umfaßt es alle Erscheinungsformen des Komischen. Darüberhinaus integriert dieses Konzept auch die seit Hobbes bekannte Überlegenheitstheorie des Komischen: indem sich der Lachende dem Belachten überlegen fühlt, konstatiert er doch in diesem das Verfehlen eines Modells, dem selbst zu genügen er glaubt.

Zum anderen trägt diese Konzeption auch der Tatsache Rechnung, daß der "komische Konflikt nicht komisch aus sich selbst, sondern nur im Reflex einer verletzten Erwartungsnorm (ist). Zur komischen Situation gehört daher neben dem Träger des komischen Konflikts auch der Betrachter, für den dieser Konflikt komisch ist und der ihn lachend beantwortet."[25] So wird in der Analyse der komischen Konstellation der Rolle des Subjekts Rechnung getragen und damit der Erfahrung, daß Unterschiedliches von verschiedenen Individuen zum Anlaß von La-

---

[22] Ziomek 1965. S. 77.
[23] Ziomek 1965. S. 83.
[24] Vergl. Ziomek 1965. S. 82.
[25] Warning, Pragmasemiotik 1976. S. 279.

chen genommen wird. Dies wird erklärt durch das individuell unterschiedlich zugrunde gelegte Modell, das in der Analyse rekonstruiert werden muß.

Darüberhinaus verlangt diese Theorie nicht - was den Erfahrungen zuwiderläuft -, daß beide Seiten des komischen Kontrastes, also Modell und Modellverstoß, in der Darstellung sichtbar werden. Der komische Kontrast entwickelt sich vielmehr zwischen dem vom Rezipienten zugrundegelegten Modell und dem komischen Modellverstoß, so "daß hier das Vergleichen selbst mit zum Rezeptionsvorgang gehört: wer nicht weiß oder erkennt ..., was ein bestimmter komischer Held negiert, braucht ihn nicht komisch zu finden."[26]

Diese Spannung zwischen Erwartung und Erwartungsverletzung (wobei Warning darauf hinweist, daß gerade in der Komödie diese Erwartungsverletzung paradoxerweise durchaus erwartet ist[27]), zwischen Modell und Modellverstoß ist konstitutiv für jeden Rezeptionsprozeß des Komischen. Die Frage, gegen welches zugrundegelegte oder evozierte Modell eine komische Erscheinung verstößt, ist somit zentral für die Analyse eines komischen Konflikts.

In welchem Ausmaß dies gilt, zeigt etwa ein Blick auf die Rezeptionsgeschichte von Lessings "Minna von Barnhelm". So setzt beispielsweise Arntzen bei Lessing das Modell einer selbstbewußten Persönlichkeit, die ihr Selbstwertgefühl aus sich selbst und der Vernünftigkeit ihres Handelns zieht, als Ideal voraus; gemessen an diesem Modell erscheint Major Tellheims Verhalten als Modellverstoß: er "akzeptiert das Geschehen, das eine durchschaubare Fehlleistung von Instanzen ist, als Verhängnis ... Damit hat er sein Selbstbewußtsein bereits aufgegeben. Er stellt das, was er vor sich selbst gerechtfertigt wußte und dann tat, unter das Diktat anderer."[28] Durch diese Diskrepanz zwischen dem zugrundegelegten Modell und Tellheims Handeln wird Tellheim "zur Komödienfigur, weil er auf Autonomie verzichtet und sich unter die Herrschaft eines Begriffs stellt, mit dem er sich identifiziert. Damit wird und handelt er konventionell."[29]

Anders als Arntzen sieht Gerhard Fricke keine Diskrepanz zwischen dem Handeln Tellheims und einem zugrundegelegten Modell. Die "Unterscheidung von gutem Gewissen und öffentlicher Meinung" geht seiner Ansicht nach an den Gegebenheiten des Textes vorbei, "weil für Tellheim zugleich die ganze sittliche Atmosphäre von Achtung, Würde und Ehre in Frage gestellt ist, in der der Mensch allein innerhalb einer Gesellschaft leben und wirken kann." Da Tellheim zudem aus Verantwortung für die geliebte Frau heraus handelt, ist Fricke der Meinung, daß Lessing Tellheims Verhalten als "höchst rechtschaffen und untadelig" aufgefaßt wissen wollte. Er "fand, daß man nicht etwa bei hypochondrischer

---

[26] Jauss, Hans Robert: Über das Vergnügen am komischen Helden. In: Das Komische. Hrsg. von Wolfgang Preisendanz und Rainer Warning. München 1976 (=Poetik und Hermeneutik). S. 103 - 132. Nachfolgend zitiert als: Jauss, Komischer Held 1976. S. 104.

[27] Vergl. Warning, Pragmasemiotik 1976. S. 304.

[28] Arntzen, Helmuth: Die ernste Komödie. Das deutsche Lustspiel von Lessing bis Kleist. München 1968 (=sammlung dialog). Nachfolgend zitiert als: Arntzen 1968. S. 36.

[29] Arntzen 1968. S. 39.

Gemütslage so handeln *könnte*, sondern daß man bei ehrenhafter Gesinnung so handeln *sollte*".[30] Tellheims Handeln erscheint so als das einzige der Situation angemessene, Tellheim genügt absolut dem angelegten Maßstab. Damit verliert er sofort jedes komische Potential; sein Schicksal wird mitleiderregend, fast tragisch.

Die Unterschiede in der Rezeption der Figur als komische oder nicht komische resultieren somit aus der Zugrundelegung eines jeweils unterschiedlichen Modells, gegen das dann jeweils Tellheim verstößt oder nicht verstößt.

Zurück zu den Erläuterungen zur Definition des Komischen:

Bedingung dafür, daß die komische Inkongruenz zwischen Modell und Modellverstoß zum Lachen führt, ist zweifellos - das wird in vielen Komiktheorien betont - das überraschende und unvorbereitete Sichtbarwerden dieser Inkongruenz, begründet doch dieser Überraschungseffekt den explosiven, eruptiven Charakter des Lachens. Dieser Sachverhalt wird von Ziomek keineswegs bestritten, jedoch behauptet er nicht ganz zu unrecht, "dass diese Vorbedingung dem Missverhältnis zwischen dem Modell und dem realen Gegenstand innewohnt."[31] Wäre dies anders, käme der konkrete Modellverstoß nicht überraschend, wäre er ja seinerseits in das Modell eingearbeitet worden. Zumindest scheint dieses Moment der Überraschung zur Analyse des konkreten komischen Konflikts nicht viel beizutragen.

Interessanter ist der Hinweis, daß sich "Modell und Gegenstand in gewisser Hinsicht genügend ähnlich sind, und sich in anderer Hinsicht genügend unterscheiden" (s. o.) müssen, damit eine komische Wirkung zustandekommt: nur wenn der Modellverstoß das zugrundeliegende Modell noch erkennen läßt, nur wenn er gleichsam selbst zeigt, daß er eigentlich diesem Modell gehorchen müßte, kommt die komische Wirkung zustande. Nur so wird im Rezipienten das Modell evoziert, an dem gemessen der komische Konflikt als solcher erkannt wird. Zwei völlig unverbunden nebeneinanderstehende Erscheinungen und Vorstellungen sind nicht komisch.

An diesem Punkt trifft sich Ziomeks Definitionsversuch mit dem bekannten Plessners, der ja im Grunde ebenfalls die Relation Modell - Modellverstoß näher zu bestimmen sucht, wenn er schreibt, der komische Konflikt könne "überall da hervorbrechen, wo eine Norm durch die Erscheinung, die ihr *gleichwohl offensichtlich gehorcht*, verletzt wird."[32]

Auf den ersten Blick scheint die oben referierte Position Ziomeks nun lediglich eine satirische Komik beschreiben zu können: es wird ein Modell, eine Norm als gegeben vorausgesetzt; gegen diese Norm, deren Gültigkeit nicht in Frage gestellt wird, verstößt das Komische und wird eben darum verlacht; das Verlachen erscheint als Strafe für die Abweichung von dem Modell. In diese Richtung ten-

---

[30] Fricke, Gerhard: Lessings "Minna von Barnhelm". In: G. F.: Studien und Interpretationen. Ausgewählte Schriften zur deutschen Dichtung. Frankfurt am Main 1956. S. 25 - 46. S. 36 f.

[31] Ziomek 1965. S. 80.

[32] Plessner 1961. S. 115.

dierte auch die Theorie Bergsons; die gesamte Komödienkonzeption Gottscheds beruht auf dieser Form von satirischer Komik.

Demgegenüber existiert jedoch noch eine weitere Komik, die das zugrundegelegte Modell nicht bestätigt, sondern in Frage stellt: "gerade die unwürdige Person, das bisherige Objekt der Satire, gewinnt damit, daß sie sich lächerlich stellt, die Oberhand der Kritik."[33] Diese Form des Komischen, das "Lachen mit", wird im Folgenden zu untersuchen und in unser Schema zu integrieren sein.

1.1.2.2. Das Komische als "Kipp-Phänomen"

> Die künstlerische Gestaltung des Komischen erfordert eine Stellungnahme zu dem dargestellten Gegenstand. Indem der Gegenstand als lächerlich erkannt und als lächerlich dargestellt wird, verurteilt ihn der Dichter. Die dem Lachen immanente Verurteilung erfolgt von einem bestimmten Standpunkt, den der Dichter zu den Erscheinungen der Wirklichkeit einnimmt. (34)

Die so von Georgina Baum beschriebene Verlachkomik, die sie gemäß ihrer Konzeption als einzige (in der kapitalistischen Gesellschaft) gelten läßt, kann mit den bisher entwickelten Kategorien umfassend beschrieben werden als Modellverstoß; als Modell erscheint dabei der vom Dichter eingenommene und im Rezipienten evozierte "Standpunkt", wie Baum es nennt, von dem sich das Komische als unzureichend abhebt, wofür es als Strafe verlacht wird. Das zugrundegelegte Modell bleibt dabei unangetastet.

Die Absolutsetzung dieser Form von Komik widerspricht jedoch der Erfahrung. Oftmals, vielleicht sogar meist, sind die Sympathien des Zuschauers auf seiten der komischen Figur; das Lachen über diese verliert seinen höhnischen, strafenden Charakter und wird lustvoll-zustimmend. Es handelt sich im Grunde gar nicht mehr um ein Lachen über die komische Figur, sondern vielmehr um ein Lachen mit derselben. Für die Beschreibung dieses Phänomens sollen im Folgenden Kategorien zu entwickeln gesucht werden.

Hans Robert Jauss versucht, dieses Phänomen mit dem Begriff der "grotesken Komik" zu fassen:

> Die groteske Komik entspringt der Heraufsetzung des Kreatürlichen und Materiell-Leiblichen auf ein Niveau, das den Abstand zwischen dem Leser oder Betrachter und dem Helden in einem lachenden Einvernehmen aufgehen läßt, das von der 'Lachgemeinde' als Befreiung oder als Triumph über Gewalten der normativen Welt und in alledem als Sich-Durchsetzen des Lustprinzips erfahren werden kann. (35)

Damit trifft sich Jauss mit der älteren Auffassung Joachim Ritters, auf die

---

[33] Jauss, Hans Robert: Zum Problem der Grenzziehung zwischen dem Lächerlichen und dem Komischen. In: Das Komische. Hrsg. von Wolfgang Preisendanz und Rainer Warning. München 1976 (=Poetik und Hermeneutik). S. 361 - 372. S. 371.

[34] Baum 1975. S. 236.

[35] Jauss, Komischer Held 1976. S. 107.

die Forschung immer wieder zurückgreift, wenn es um diesen - wenn man so will - subversiven Charakter von Komik geht:

> Nicht der gute Ausgang ... (macht) das Wesen des Komischen aus, ... dessen Sinn es ist, die Zugehörigkeit des dem Ernst Fremden zur Lebenswelt zu manifestieren, gleichgültig, ob dies nun in dem tieferen Sinne einer Kritik an der ernsten Welt selbst und ihrer Ordnung gemeint ist oder ob dies der vitalen Freude am Reichtum des Lebens und am Recht des Unsinns und des Unverstandes entspringt. (36)

Diese Form von Komik richtet sich also offensichtlich gegen das Modell selbst. Nicht das Komische wird verlacht, sondern, so scheint es, das Modell, von dem dieses Komische sich absetzte. "Es ruft das Wesen herbei, das die verständige und anständige Ordnung nur als das Unverständige und Unanständige duldet, und setzt diese Ordnung selbst matt."[37]

Versucht man diese Form des Komischen zu beschreiben, so muß man zunächst an seinem Charakter als Modellverstoß festhalten: auch für dieses Komische gilt, daß es erst im Kontrast zu einem Modell wahrnehmbar wird; wäre es das Normale, wäre es nicht komisch. Geradezu ein Prototyp für diese Figur des - um es mit Jauss zu sagen - "grotesken Helden"[38] in der deutschen Dramatik ist Frau Wolff aus Gerhard Hauptmanns "Biberpelz". Auch hier ist offensichtlich, daß das Verhalten dieser Figur keiner wie auch immer gearteten Norm entsprechen kann: ihre Listen, ihre Betrügereien und Diebstähle sind gerade deshalb auffällig und komisch, weil sie gegen die Norm verstoßen (eine Gesellschaft, in der das Verhalten der Wolffen normativ wäre, ist schlichtweg nicht vorstellbar).

Der Unterschied zu einer Komik, wie sie etwa Bergson und Baum propagieren, scheint im Verhältnis des komischen Modellverstoßes zum Modell zu liegen: in der satirischen Verlachkomik wird das zugrundegelegte Modell nicht in Frage gestellt; der Modellverstoß erscheint als strafbar, als letztlich wertlos, er wird durch das Verlachen diskreditiert.

Dies gilt nicht für den Modellverstoß der Mutter Wolffen: in ihrem von der gesellschaftlichen Norm aus nicht zu billigenden Verhalten manifestiert sich eine Vitalität und Intelligenz, die als absolut werthaft erscheint; damit erhält der Modellverstoß durchaus positive Qualitäten, ohne allerdings dadurch selbst Modellcharakter zu erhalten. Dennoch bleiben diese positiven Aspekte des Modellverstoßes nicht ohne Folgen für das zugrundegelegte Modell: dieses erscheint nun als in gewisser Weise defizitär, gehen ihm doch genau die Qualitäten ab, die das Komische auszeichnen.

Für den "Biberpelz" heißt das: die der komischen Figur zuteil werdende Sympathie fällt negativ auf die bürgerliche Ordnung zurück, von der sich jene im komischen Kontrast abhebt, da sich in dieser bürgerlichen Ordnung gerade jene

---

36 Ritter, Joachim: Über das Lachen. In: J. R.: Subjektivität. Sechs Aufsätze. Frankfurt am Main 1974 (=Bibliothek Suhrkamp Bd. 379). S. 62 - 92. Nachfolgend zitiert als: Ritter 1974. S. 80.

37 Ritter 1974. S. 88.

38 Vergl. Jauss, Komischer Held 1976. S. 109.

Qualitäten - Vitalität und Intelligenz -, die Frau Wolff auszeichnen, nicht realisieren - ein Eindruck, der durch die satirische Zeichnung der Repräsentanten dieser Norm noch verstärkt wird. In das Sympathie ausdrückende Lachen mit der komischen Figur ob ihrer positiven Eigenschaften mischt sich so ein Lachen über das kontrastierende Modell als defizitäre Norm. Letzteres wird damit in seiner Gültigkeit tangiert, ohne daß - daran muß festgehalten werden - der komische Modellverstoß seinerseits die Kraft besitzt, zum verbindlichen Modell zu werden. Im Grunde bleibt in dieser Form der Komik kein Modell bestehen, das uneingeschränkt zustimmungsfähig wäre. Genau hierin unterscheidet sie sich von der satirischen Komik, in der Zustimmung und Ablehnung eindeutig auf Modell und Modellverstoß verteilt sind.

> Geht man davon aus, daß die im Komischen zusammengeschlossenen Positionen sich wechselseitig negieren, zumindest aber in Frage stellen, so bewirkt dieses Verhältnis ein wechselseitiges Zusammenbrechen dieser Positionen ... Wechselseitige Negation heißt dann nicht mehr, daß die eine Position bestritten und die andere zur Orientierung der entstandenen Strittigkeit wird, sondern heißt, daß die gekippte Position nun etwas an der anderen zu sehen erlaubt, durch das die scheinbar triumphierende ebenfalls zum Kippen gebracht wird. (39)

Die so eintretende "Vernichtung der Referenz", die "den Rezipienten als eine momentane Überforderung" trifft,[40] führt zu eben jener Desorientierung, die Plessner als Voraussetzung für eine Reaktion des Lachens oder Weinens auffaßt:

> Es handelt sich ... um Situationen, denen gegenüber keine wie immer geartete sinnvolle Antwort durch Gebärde, Geste, Sprache und Handlung noch möglich ist ...
> *Unbeantwortbare* und nicht *bedrohende* Lagen ... erregen *Lachen* oder *Weinen* ...
> Auf die unbeantwortbare Lage findet er (der Mensch) gleichwohl ... die einzig noch mögliche Antwort: von ihr Abstand zu nehmen und sich zu lösen. (41)

Eine solche Unbeantwortbarkeit der Situation ist im Grunde erst in der grotesken Komik (dieser Terminus soll hier aus Gründen der Unterscheidung von der satirischen Komik zunächst beibehalten werden; eine eingehendere Beschäftigung mit dem Grotesken wird in Kapitel 4.1.1. erfolgen), nicht aber in der satirischen Komik gegeben.

Die Analyse eines komischen Konflikts muß daher neben der Frage: "Welches Modell wird im Rezipienten evoziert und auf welche Weise hebt sich das Komische von jenem ab?" auch die Frage "Wirkt der Modellverstoß auf das Modell zurück und wenn, in welcher Weise tut er das?" beantworten.

Welche Bedeutung die Beantwortung dieser zweiten Frage für die Rezeption

---

[39] Iser, Wolfgang: Das Komische: ein Kipp-Phänomen. In: Das Komische. Hrsg. von Wolfgang Preisendanz und Rainer Warning. München 1976 (=Poetik und Hermeneutik). S. 398 - 402. Nachfolgend zitiert als: Iser 1976. S. 399 f.

[40] Iser 1976. S. 400.

[41] Plessner 1961. S. 88 f.

des komischen Konflikts hat, soll wiederum an der Rezeptionsgeschichte einer in ihrer Intention umstrittenen deutschen Komödie gezeigt werden.

Es ist evident, daß das Verhalten von Leonce und Valerio in Büchners "Leonce und Lena" dem Ideal bürgerlicher Lebensvorstellungen, das hier wohl als Modell gesetzt werden muß, widerspricht: ihr unproduktives, faulenzendes, nicht auf das Morgen bedachtes Verhalten, kommentiert mit melancholischen und absurden Sentenzen, verstößt komisch gegen dieses Modell.

Für Gerhard P. Knapp hat nun die Zeichnung dieses Modellverstoßes rein satirischen Charakter. Für ihn "erbringt das Lustspiel den Nachweis, daß das parasitäre Dasein der Fürsten Wahnsinn ist."[42] Büchner benutzt "den schönen Schein als Waffe gegen die Wirklichkeit"[43] und "denunziert ... das auf der Bühne dargestellte Dasein der Prinzen und Könige als erbärmlichen Lebensersatz."[44] So erscheint für Knapp "Leonce und Lena" als Adelssatire, in der von einem bürgerlichen Ideal der Lebensführung ausgehend das höfische Leben als parasitär und unproduktiv gebrandmarkt wird. Die Gültigkeit dieses bürgerlichen Ideals wird dabei nicht in Frage gestellt: "Satire ... ist ... durchgängig zu belegen ... Die höfische Gesellschaft wird satirisch der 'menschlichen Gesellschaft' kontrastiert ..."[45]

Demgegenüber faßt Wolfgang Martens diese "grotesken, die Realität verzerrenden und damit in ihrer Fragwürdigkeit entlarvenden Züge..." als adäquate Haltung der Wirklichkeit gegenüber auf, die es ermöglicht, "gleichsam aus dem Schmerz, aus der Trauer Sprachgebilde von reinstem Wohllaut, lyrisch-musikalische, die Wirklichkeit transzendierende Poesie" erblühen zu lassen. So begründet diese Haltung den "Charakter heiterer Anmut über den dunklen Abgründen menschlicher Existenz", der das Stück auszeichnet.[46] Mit dem Verweis auf Büchners eigenen Hang zur Melancholie unterstreicht Martens seine Auffassung, daß Leonces und Valerios Abkehr von einem bürgerlichen Lebenswandel positiv als einzig adäquate Haltung der Wirklichkeit gegenüber aufzufassen ist. So bekommt in dieser Deutung der Modellverstoß positiven Charakter, während das zugrundegelegte Modell in Frage gestellt wird. Resultat ist eine völlig andere Auffassung der Grundintention des Stückes.

Auf ähnliche Weise hängt die Wirkung von Brechts "Puntila" ganz davon ab, ob die Figur des alkoholsüchtigen und nur im Rausch humanen Gutsbesitzers Puntila satirisch als Repräsentant einer überholten Existenzform verlacht wird, wie es Brechts Intention war, oder ob - wie es sich oft in Inszenierungen ereignet

---

[42] Knapp, Gerhard P.: Georg Büchner. 2., neubearb. Aufl. Stuttgart 1984 (=Sammlung Metzler M 159; Abt. D, Literaturgeschichte). Nachfolgend zitiert als: Knapp 1984. S. 117.

[43] Knapp 1984. S. 117.

[44] Knapp 1984. S. 112.

[45] Knapp 1984. S. 113.

[46] Martens, Wolfgang: Büchner. Leonce und Lena. In: Die deutsche Komödie. Vom Mittelalter bis zur Gegenwart. Hrsg. von Walter Hinck. Düsseldorf 1977. S. 149 - 159. S. 159.

hat - Puntila aufgrund seiner Vitalität die Sympathien des Publikums auf seiner Seite hat. Im letzteren Falle kippt die klassenkämpferische Position des sauertöpfisch erscheinenden Knechts Matti, von der aus eigentlich die satirische Verurteilung erfolgen sollte.

Theoretisch ist neben der satirischen und der grotesken Komik noch eine dritte Relation von Modell und Modellverstoß denkbar: beide Positionen bleiben gültig, werthaft, beide haben Bestand. Der Widerspruch zwischen Modell und Modellverstoß wird lachend als gegeben hingenommen, ohne daß die Gültigkeit einer der beiden Seiten des komischen Konflikts tangiert wird. Eine solche Relation kennzeichnet den Humor: "da er das Endliche sub specie aeterni betrachtet, so gelangt er einerseits zu einer milden Duldung menschlicher Unzulänglichkeit, andererseits ist sein Lachen 'ein solches, in dem Schmerz und Größe ist'."[47]

Im vorliegenden Falle jedoch spielt die humoristische Komik eine eher untergeordnete Rolle; für das Gros der zu behandelnden Komödien ist sie nicht wirklich von Relevanz. Lediglich im Falle Peter Hacks' wird zu diskutieren sein, inwiefern sich eine gewisse Nähe zu einer humoristischen Haltung feststellen läßt.

1.1.2.3. Distanz als Vorbedingung einer Erfahrung des Komischen

Das Komische wurde bisher als ein Modellverstoß zu beschreiben gesucht, der, je nach der Form der Komik, von dem Modell aus verlacht, bestraft, für unwert erklärt wird, oder aber seinerseits aufgrund eigener Werthaftigkeit das Modell als defizitär in Frage stellt.

Diese Beschreibung jedoch ist noch nicht hinreichend. Es sind durchaus Modellverstöße der beschriebenen Art denkbar, die keineswegs als komische rezipiert werden, sondern beispielsweise ärgerlich oder gar bedrohlich erscheinen. Es wäre sogar zu überlegen, ob nicht viele tragische Konflikte in eben jenem Sinne als Modellverstöße interpretiert werden können, gerade auch mit Blick auf ihren Charakter als "Kipp-Phänomen", um den Begriff Isers zu gebrauchen. Dieses Problem ist auch dann nicht gelöst, wenn man die Signifikanz des komischen Modellverstoßes in seiner Kleinheit, seiner Nichtigkeit, in mangelnder Werthaftigkeit sieht: auch das Nichtige ist nicht per se lächerlich. Im Gegenteil stellt Ritter fest, daß das Lachen "nicht dem Gefühl der Nichtigkeit und der Verstimmung, sondern vornehmlich den positiv bejahenden Verfassungen der Freude, der Lust, des Vergnügens, der Heiterkeit und Laune zugehört."[48]

Umgekehrt widerspricht es auch der Erfahrung, den Gegenstand des Komischen mit Aristoteles auf harmlose Fehler zu beschränken. Eine solche Reduzierung der komischen Gegenstände auf harmlose Sujets ist gerade mit der Geschichte der Komödie kaum in Einklang zu bringen und würde sofort wieder zur Aus-

---

[47] Rommel, Otto: Die wissenschaftlichen Bemühungen um die Analyse des Komischen. In: Wesen und Formen des Komischen im Drama. Hrsg. von Reinhold Grimm und Klaus L. Berghahn. Darmstadt 1975 (=Wege der Forschung Bd. 62). S. 1 - 38. S. 36.

[48] Ritter 1974. S. 64.

klammerung vieler - wahrscheinlich der meisten - Komödien etwa als "Tragikomödien" führen. So ist Fritz Martini zuzustimmen, wenn er schreibt:

> was aus der einen Perspektive als komisch erscheint, kann aus der anderen Perspektive als sehr ernst oder sogar 'tragisch' angesehen werden. Nicht der verarbeitete Weltstoff konstituiert die Komödie bzw. das Lustspiel, sondern die Art, wie er an der Strukturierung des ganzen Spiels zum Lustspielhaften beteiligt und dessen Wirkungszielen zugeordnet wird. (49)

Interessanterweise finden sich wieder bei Schiller Hinweise zur Erklärung dieses Phänomens.

Schiller, der durchaus davon ausgeht, daß die Komödie ebenso wie die Tragödie ein Thema behandeln kann, "was unser moralisches Gefühl interessiert"[50], sieht den wesentlichen Unterschied zwischen den beiden Genres in der Haltung des Rezipienten.

> Diese Freiheit des Gemüts in uns hervorzubringen und zu nähren, ist die schöne Aufgabe der Komödie, so wie die Tragödie bestimmt ist, die Gemütsfreiheit, wenn sie durch einen Affekt gewaltsam aufgehoben worden, auf ästhetischem Weg wiederherstellen zu helfen ... in der Komödie hingegen muß verhütet werden, daß es niemals zur Aufhebung der Gemütsfreiheit komme ... Ihr Ziel ist einerlei mit dem Höchsten, wornach der Mensch zu ringen hat, frei von Leidenschaft zu sein, immer klar, immer ruhig um sich und in sich zu schauen, überall mehr Zufall als Schicksal zu finden und mehr über Ungereimtheit zu lachen als über Bosheit zu zürnen oder zu weinen. (51)

Abstrahiert man hier einmal - was im vorliegenden Falle unumgänglich ist - von dem idealistischen Hintergrund der Schillerschen Ästhetik, so läßt sich Schillers "Gemütsfreiheit" vielleicht zunächst einmal versuchsweise mit "Nicht-Einfühlung" in einen modernen Sprachgebrauch übersetzen.

Damit ist zweifellos eine zentrale Voraussetzung für die Rezeption des Komischen genannt: das Schicksal und das Verhalten der komischen oder lächerlichen Figuren wird ja üblicherweise von diesen selbst keineswegs als komisch empfunden. Zu denken ist hier etwa an Shakespeares Hofmeister Malvolio in "Was ihr wollt", dessen Liebe zu seiner Herrin aus seiner Perspektive nichts Komisches anhaftet, und der die Intrige, die auf Grund dieser Liebe gegen ihn gesponnen wird, als leidvoll erfährt. In dem Moment, da sich der Zuschauer mit Malvolio identifiziert, sich in ihn einfühlt, seine Perspektive, seine Gedanken übernimmt, wird jede komische Wirkung der Figur dahin sein, Mitleid wird an die Stelle des Lachens treten, Malvolio erscheint als leidendes Opfer - ganz so, wie er selbst sich empfindet. Nur wenn der Zuschauer die Figur distanziert, mitleidlos betrachtet, nur wenn er ihre Gedanken und Gefühle nicht einfach nachvoll-

---

[49] Martini 1975. S. 345.

[50] Schiller, Friedrich: Tragödie und Komödie. In: Schiller 1980. S. 1017 - 1018. S. 1017.

[51] Schiller, Friedrich: Über naive und sentimentalische Dichtung. In: Schiller 1980. S. 694 - 780. S. 725 f.

zieht, wenn sich sein Horizont nicht mit dem der Figur deckt, wird der Vorgang auf der Bühne komisch erscheinen.

Noch problematischer ist die Sache in Shakespeares "Kaufmann von Venedig". Shylock, der von den Zuschauern im elisabethanischen England wohl noch als Variante der traditionellen Komödienfigur des "betrogenen Betrügers" aufgefaßt werden konnte, wird von uns im Lichte unserer historischen Erfahrung rezipiert und provoziert dadurch geradezu die Einfühlung des Zuschauers. Dadurch ist es heute praktisch unmöglich, den "Kaufmann von Venedig" naiv als Komödie zu inszenieren. Das Schicksal Shylocks wird immer tragischen Charakter annehmen.

Diese Nicht-Einfühlung in die komische Figur ist somit zentraler Bestandteil der Rezeptionshaltung der Komödie gegenüber. "Die Identifikation nimmt dem Zuschauer im Affekthaften, in den Emotionen und Erkenntnisbelastungen, die sie ihm einlegt, jenen Freiheitsraum des kritisch-überlegenen Lachens, der ihm gesichert bleibt, wenn ihm das Spielhafte des Spiels selbst bis in dessen bedrohlich erscheinende Zuspitzungen hinein bewußt bleibt."[52]

Dieses Zitat Martinis macht die Funktion der antiillusionistischen Elemente, die sich in fast jeder Komödie finden, deutlich: sie dienen der Verhinderung von Einfühlung und schaffen damit jene Distanz, die notwendig ist, um auf die Bühnenhandlung mit Lachen zu reagieren.

Die "Gemütsfreiheit", die Distanz, die der Rezipient gegenüber dem Komischen wahren muß, kann also durchaus als Nichtidentifikation gefaßt werden. Dies genügt jedoch nicht; schon ein Blick auf das Theater Brechts zeigt, daß auch hier Modellverstöße antiillusionistisch dargestellt und vom Zuschauer ohne Einfühlung rezipiert werden sollen. Das epische Theater ist nun durchaus offen für Komik, dennoch ist diese Komik nicht zentral, die wenigsten Stücke Brechts sind ausgesprochene Komödien; eine im bisher gebrauchten Sinne distanzierte Rezeption führt also noch nicht zur Komisierung des dargestellten Widerspruchs. Was eine solche Rezeption des Brecht-Theaters verhindert, ist das Bewußtsein, daß der auf der Bühne dargestellte Konflikt die Abbildung eines Konflikts ist, der in der Lebenswelt für den Zuschauer von existentiellem Interesse ist.

Dieses Bewußtsein muß bei der Rezeption des Komischen fehlen: der Zuschauer muß das Komische im Bewußtsein existentiellen Nicht-Betroffenseins rezipieren. Dies bedeutet nicht, daß das Dargestellte den Rezipienten tatsächlich nicht existentiell betreffen kann; dieses Bewußtsein muß lediglich im Augenblick der Rezeption ausgeschaltet sein, eine wie auch immer geartete affektive Anteilnahme des Zuschauers schadet der Rezeption des Komischen.

Was gemeint ist, macht Plessner deutlich, wenn er diese Rezeptionshaltung eines temporären existentiellen Nicht-Betroffenseins an einem extremen Beispiel erläutert:

Wo Gefahr für Leben, Seele, Geist des Menschen droht, wird das Lachen unterbunden,

---

[52] Martini 1975. S. 347.

es sei denn, der Mensch hat die Kraft sich darüber hinwegzusetzen, sich von ihr zu distanzieren und sie gewissermaßen in Kauf zu nehmen. Diese Möglichkeit der humorvollen Objektivierung seiner eigenen Vernichtung steht im prinzipiell frei. Dann wird die Lage hoffnungslos für ihn, aber nicht ernst. (53)

Nicht nur in einer so extremen Situation gilt, daß der Mensch, der über sich selbst lacht, sich zeitweilig so verhält, als ginge er sich selbst nichts an.

Damit, so scheint es, ist nun wieder eine relative Nähe zu Schillers Begriff der Gemütsfreiheit erreicht. In diesem Sinne soll "Distanz" im folgenden gebraucht werden.

Die Behauptung, "zum Wesen des Komischen (gehöre) noch das *Kleine*, relativ Geringfügige, Ungewichtige"[54], das Harmlose im Sinne Aristoteles', kann damit zurückgewiesen werden; sie ist auch mit der Wirklichkeit der modernen Komödie absolut unvereinbar: in Thomas Bernhards "Vor dem Ruhestand" feiert ein ehemaliger KZ-Kommandant und heutiger Gerichtspräsident (unter Betrachtung eines Erinnerungsalbums mit KZ-Photographien) Himmlers Geburtstag; die Feier endet damit, daß der Protagonist einen Herzinfarkt erleidet, man traut sich jedoch nicht, den Hausarzt zu rufen, weil der Sterbende noch seine SS-Uniform trägt - das Stück ist Bernhards Beitrag zur Affäre um den ehemaligen baden-württembergischen Ministerpräsidenten Filbinger. In Dürrenmatts "Achterloo" wird die Verhängung des Kriegsrechts in Polen und die daraus resultierende Gefahr eines Atomkriegs komisch thematisiert, Giraudoux gestaltet in "Der trojanische Krieg findet nicht statt" den Ausbruch des trojanischen Krieges als Analogie zu dem des ersten Weltkrieges und als Warnung vor dem zweiten. In Botho Strauß' "Kalldewey, Farce" wird auf offener Bühne ein Mann von drei Frauen zerrissen und in die Waschmaschine gesteckt; und Heiner Müller hält alle seine Stücke für Komödien ...

Von einer "Harmlosigkeit", "Geringfügigkeit", "Ungewichtigkeit" oder "Kleinheit" des dargestellten Gegenstandes kann hier keine Rede sein. Die Harmlosigkeit des komischen Konflikts ist keine objektive Eigenschaft desselben, entscheidend ist, daß der Zuschauer im Moment der Rezeption (und womöglich nur dann) den Konflikt als harmlos (für sich selbst) empfindet.

So erklärt sich, daß der gleiche Gegenstand als tragisch oder komisch rezipiert werden kann, so trägt man "der Tatsache Rechnung, daß das Lachen mit zunehmender Distanz des Menschen zum Anlaß Freiheit und Heiterkeit, Fülle und Tiefe gewinnt, mit schwindender Distanz, d. h. wachsender Mitgenommenheit und Benommenheit aber sie verliert. Affektive Beteiligung kann die Eindeutigkeit des Lachens in Frage stellen."[55]

Der Modellverstoß, der komisch wirken kann, muß also in einer in diesem Sinne distanzierten Haltung rezipiert werden, um tatsächlich komisch zu wirken. Bei der Analyse des komischen Konflikts muß also auch die Frage nach der Re-

---

53 Plessner 1961. S. 153.
54 Warning, Pragmasemiotik 1976. S. 285.
55 Plessner 1961. S. 153.

zeptionshaltung und vor allem auch nach der Quelle, dem Grund für diese Distanz des Zuschauers gestellt werden. Mit anderen Worten: von welchem Standpunkt aus muß der Betrachter das komische Geschehen rezipieren, um diese notwendige Distanz entwickeln zu können?

1.1.3. Zum Verhältnis der Komödie zum Komischen

Die vorausgegangenen Überlegungen haben sich praktisch ausschließlich dem Phänomen des Komischen - wenn auch schwerpunktmäßig des Komischen in der Komödie - gewidmet. Nun ist das Verhältnis des Komischen zu der Komödie, darauf wurde bereits zu Anfang eingegangen, nicht ganz unproblematisch; daß die Komödie die Kunstform des komischen Dramas ist, ist weitgehend unbestritten, die Frage jedoch bleibt, ob und in welcher Form diese Komik die Komödie konstituiert. Die oben angestellten Überlegungen zum Wesen des Komischen können sich nur rechtfertigen, wenn gezeigt werden kann, daß die entwickelten Kategorien wesentlich zur Analyse des zentralen dramatischen Konflikts der Komödie beitragen können.

Die wohl avancierteste Komödientheorie der letzten Jahre hat Rainer Warning in seinem 1976 erschienen Aufsatz "Elemente einer Pragmasemiotik der Komödie" entworfen.

Warning geht von der Überlegung aus, daß der eigentlich zentrale Konflikt der Komödienhandlung, der traditionell in einem Happy End ausläuft, nicht ein komischer Konflikt sein könne:

> Die Handlung des Helden, der die gestörte Ordnung wieder ins Lot bringt, ist erfolgreich. Nicht sie also kann verlacht werden. Die eigentlich komische Handlung ist die in ihrer ursprünglichen Intention scheiternde Handlung des Opponenten, also z. B. Bartholos Plan, Rosine zu heiraten. Und zwar ist sie komisch eben darin, daß sie scheitert, daß der Opponent sein Wertsystem nicht durchsetzen kann, daß ihm keine Grenzüberschreitung gelingt, kraft derer die Opposition in seinem Sinne aufgehoben wäre. (56)

Das Problematische dieser Unterscheidung Warnings ist seine Verengung des Komischen auf die reine Verlachkomik; seine Behauptung, die Handlungen des Helden, die erfolgreich sind, könnten eben deshalb nicht Träger der Komik sein, nur die scheiternden Handlungen der Nebenfiguren könnten dem Verlachen preisgegeben werden, kann nach den vorausgegangenen Überlegungen nicht aufrechterhalten werden. Gerade die Figaro-Figur aus den Dramen Beaumarchais', auf die Warning anspielt, ist ein Prototyp jener komischen Figur, die die Sympathie des Zuschauers gewinnt und damit dem Modell, im Kontrast zu dem sie komisch wirkt, seine Gültigkeit streitig macht (dies wird in "Figaros Hochzeit" noch weitaus eindeutiger als im hier angesprochenen "Barbier von Sevilla"). Gerade in diesen Komödien kann die Handlung um den "Helden, der die gestörte Ordnung

---

[56] Warning, Pragmasemiotik 1976. S. 285.

wieder ins Lot bringt", sehr wohl als komischer Konflikt rezipiert werden, wenn auch nicht im Sinne der von Warning offenbar einseitig präferierten Verlachkomik. Hierauf wird noch zurückzukommen sein.

Warning folgert aus seiner Beobachtung: "Die Handlung einer Komödie konstituiert sich also offenbar auf zwei Ebenen: einmal auf der Ebene der umfassenden Komödienhandlung, sodann auf der Ebene der eigentlich komischen Handlungen"[57], wobei diese "auf jener gleichsam parasitär operieren"[58]. Die von Warning so genannte "anderweitige Handlung" kann "beschrieben werden ... als eine Ermöglichungsstruktur komischen Gegensinns", deren Funktion darin besteht, daß sich erstens an ihr "der komische Charakter abarbeitet", sie zweitens dessen "episodisches Scheitern ... in ein endgültiges" überführt und drittens "dieses endgültige Scheitern so gestalte(t), daß eine Reintegration des Gescheiterten gleichwohl möglich bleibt."[59] Warnings Schlußfolgerung lautet, "daß die Handlung einer Komödie nicht vorschnell mit einer komischen Handlung gleichgesetzt werden kann."[60]

Damit hat Warning zweifellos ein wertvolles Schema der Bauform wie auch der Wirkungsstrategie der Komödie geliefert, auf das bei der Komödienanalyse kaum verzichtet werden kann - auch wenn insbesondere seine Überlegungen zur Struktur der anderweitigen Handlung stark den Einfluß der klassischen französischen Komödie verraten (Warning stützt sich in seiner Argumentation ausschließlich auf französische Komödien) und ihre Gültigkeit für moderne Komödien erst noch unter Beweis stellen müßten.

Es kann kein Zweifel daran bestehen, daß, wie Warning schreibt, die Komödie ihre komische Wirkung hervorruft durch einzelne komische Handlungen, die sich - dem Eruptivcharakter des Lachens entsprechend - punktuell von der anderweitigen Komödienhandlung absetzen, mit ihr kontrastiert werden und die "Lacher" des Publikums hervorrufen. Die Frage jedoch bleibt nach dem Charakter der "anderweitigen Handlung". Warning hält sich mit Aussagen zu ihr auffallend zurück, seine spärliche Charakterisierung als "Ermöglichungsstruktur komischen Gegensinns" befriedigt nicht, scheint nicht ausreichend; um so mehr, als Warning selbst mit Marivaux auf einen Autor hinweist, dessen Komödien sich "nicht mehr als ein komisches Paradigma beschreiben (lassen), das parasitär auf einer bloß anderweitigen Handlung operierte, sondern die Sprachhandlung des marivaudage selbst bietet hier die syntagmatische Entfaltung des paradigmatischen Konflikts von raison und coeur."[61]

Genau dieses Verhältnis von anderweitiger Handlung und komischen Handlungen und damit der Charakter dieser anderweitigen Handlung, die Warning

---

[57] Warning, Pragmasemiotik 1976. S. 285.
[58] Warning, Pragmasemiotik 1976. S. 287.
[59] Warning, Pragmasemiotik 1976. S. 291.
[60] Warning, Pragmasemiotik 1976. S. 287.
[61] Warning, Pragmasemiotik 1976. S. 295.

nicht weiter thematisiert, soll im folgenden der Gegenstand der hier vorgetragenen Überlegungen sein.

Weswegen Warning der anderweitigen Handlung so wenig Raum in seiner Argumentation einräumt, wird in deren weiteren Verlauf deutlich: Warning versucht nämlich, die Intention der Komödie generell aus ihrer Struktur heraus zu erklären.

Dazu geht er zunächst davon aus, daß das von ihm selbst als rein nichtige Verlachkomik aufgefaßte Lächerliche, das in der Lebenswelt negativen Charakter hat, unter den Bedingungen der Theaterrezeption vergnüglich wird, und zwar durch das Spiel, durch die Darstellung durch den Schauspieler.

> Allemal ist das Verlachen der Rolle zugleich auch ein Belachen ihrer gelungenen Darstellung, und in eben dieser Darstellung wird das Rollensubstrat aus seiner lebensweltlichen Negativität herausgeholt und in die Heiterkeit, in die positive Verfaßtheit der Spielsituation eingebracht. Niemals kann der Opponent eine bloß lächerliche Figur sein, weil Lächerlichkeit die positive Verfaßtheit der Spielsituation stören würde. (62)

Verlacht wird also die Figur, die Rolle, belacht wird der Schauspieler, die Darstellung. Die lebensweltliche Negativität des Lächerlichen wird ästhetisch zur positiven Komik.

Damit kann die Komödie als Ganze genau die Funktion erfüllen, die Joachim Ritter dem Komischen zuspricht: sie demonstriert die Zugehörigkeit des Unvernünftigen, des offiziell Nichtigen zum Lebensganzen und wird deshalb im Lachen zustimmend beantwortet; daß die Vernünftigkeit, die Ordnung schließlich dennoch die Oberhand behält, daß sie stabil genug ist, auch das Nichtige zu integrieren, zeigt das Happy End, indem sich die gewünschte Ordnung etabliert, ohne die komische Figur auszustoßen.

> Der bewußte Austritt aus den Zwängen der Alltagswelt, das bewußte Unsinnmachen, die Apologie alles normativ Ausgegrenzten, angefangen von der harmlosen Normverfehlung bis hin zum Spiel mit Tabuisiertem, kann in der Tat als die elementarste kommunikative Intention der Komödie und damit zugleich als die allgemeinste Umschreibung ihrer Gebrauchsfunktion, ihres 'Sitzes im Leben' gelten. (63)

Die so festgestellte Intention, die angeblich jeder Komödie zugrundeliegen soll, diese Funktion, die angeblich jede Komödie erfüllen soll, wird ganz offensichtlich massiv geprägt durch die klassische französische Komödie; auf die moderne Komödie jedenfalls trifft diese Funktionsbestimmung, die ja letzten Endes auf eine humoristische Komödienkonzeption hinausläuft, sicherlich nur in seltenen Fällen zu. Dies scheint Warning auch zu sehen und spricht deshalb von einer "sich abzeichnende(n) Abdankung der Komödie als Höhenkammliteratur in unserem Jahrhundert."[64]

---

[62] Warning, Pragmasemictik 1976. S. 322.
[63] Warning, Pragmasemiotik 1976. S. 326.
[64] Warning, Pragmasemiotik 1976. S. 329.

Zumindest mit Blick auf die deutschsprachige Literatur des 20. Jahrhunderts läßt sich diesem Resumée nicht zustimmen. Das Gegenteil scheint der Fall: es gibt nur wenige Dramatiker, die nicht zumindest einen Teil ihres Oeuvres als Komödien bezeichnen. Warnings Theorie zeigt hier ihren doch wieder stark normativen Charakter, indem sie behauptet, alle Komödien, die ihrem Schema nicht entsprechen, seien "eigentlich" etwas anderes, etwa "Tragikomödien".

So entgeht Warning nicht der von ihm selbst gesehenen "generelle(n) Problematik der Zuordnung von Funktion und Struktur."[65] Denn auch auf ältere Komödien trifft seine Behauptung, mit der Entscheidung für die Komödienform sei grundsätzlich eine gewisse Funktion des Werkes intendiert, nicht zu: die sächsische Typenkomödie Gottschedscher Prägung etwa intendiert als reine Verlachkomödie keineswegs die Apologie des normativ Ausgegrenzten und entsprechend kommt es etwa in Lessings "Jungem Gelehrten" nicht zur Integration des Außenseiters in das Happy End.

Die Bestimmung einer generellen Komödienfunktion über die Komödienstruktur erscheint als die schwächste Passage von Warnings Arbeit, die als Analyse von Bauform und Wirkungsstrategie der Komödie nach wie vor von höchstem Wert ist. Die Analyse von Komödienfunktion und Autorenintention mit Hilfe eines generellen Strukturmusters jedoch erweist sich als unmöglich. Hierzu wird doch wieder die von Warning vernachlässigte "anderweitige Handlung" herangezogen werden müssen.

Es stellt sich die Frage, ob jede beliebige Handlung als "anderweitige Handlung" einer Komödie herangezogen werden kann; ob tatsächlich eine nicht komische Handlung, womöglich gar ein tragischer Konflikt als "anderweitige Handlung" fungieren könnte (die Komödien Kleists werden oft so interpretiert). Diese Frage zu bejahen hieße die Dialektik von Form und Inhalt zu negieren. Polemisch ausgedrückt: es hieße, zu behaupten, daß sich die Handlung der "Braut von Messina" durch Gags "aufpeppen" ließe, ohne ihren Charakter substantiell zu verändern.

Es wurde oben dargelegt, daß kein Konflikt per se komisch ist; entscheidend ist hier die Rezipientenperspektive, die sowohl einen potentiell komischen Konflikt als nahezu tragisch auffassen kann als auch einen ernsten Konflikt als komisch. Entsprechend gilt, daß sich wahrscheinlich kein Konflikt grundsätzlich der komödiantischen Gestaltung entzieht. Diese Gestaltung jedoch bleibt nicht ohne Auswirkungen auf den zentralen dramenkonstituierenden Konflikt: der Zuschauer wird durch Lachen auf Distanz gebracht, entsprechend wird er auch jenen Konflikt, der die anderweitige Handlung konstituiert, rezipieren. Die weiteren Überlegungen sollen sich mit dieser These beschäftigen.

Der von Warning scharf kritisierte Northrop Frye etwa versucht, die Komödie über genau jene anderweitige Handlung zu charakterisieren, wenn er behauptet, die Struktur der Komödienhandlung weise grundsätzlich eine "Dreisätzigkeit" auf, die darin bestehe, "daß eine feste und harmonische Ordnung durch Torheit,

---

[65] Warning, Pragmasemiotik 1976. S. 317.

Besessenheit, Vergeßlichkeit, Stolz und Vorurteil oder auch Geschehnisse, die selbst die handelnden Personen nicht verstehen, umgestoßen und dann wiederhergestellt wird."[66] Allerdings merkt er an, daß diese Dreisätzigkeit nicht immer in der Bühnenhandlung realisiert sein muß, daß sogar der häufigere Fall der ist, "in dem der erste Abschnitt weggelassen wird; das Publikum ist sich einfach eines solchen Zustands bewußt, der besser ist als der auf der Bühne gezeigte und den es jenem gleich erachtet, dem die Handlung zustrebt."[67]

Auch Fryes Position ist durchaus problematisch; auch ihr sieht man an, daß sie Ergebnisse, die aus einer bestimmten historischen Erscheinungsform der Komödie - hier der neuen attischen Komödie - abgeleitet sind, gleichsam normativ auf die Komödie insgesamt übertragen möchte. Interessant im vorliegenden Zusammenhang jedoch ist, daß Frye den handlungskonstituierenden Konflikt der Komödie als einen auffaßt, der mit den zur Beschreibung des Komischen entwickelten Kategorien erfaßt werden kann, der geprägt ist durch die Spannung von Modell (dargestellte Gesellschaftsordnung bzw. Bewußtsein des Zuschauers) und Modellverstoß (Störung der harmonischen Ordnung durch humores), wobei der Konflikt im Wissen darum, daß der Ablauf der Komödie einem archetypischen Muster folgen wird, gelassen rezipiert werden kann: "Die Handlung der Komödie läuft auf etwas hin, das, obzwar absurd, doch keineswegs immer harmlos ist."[68] Das Komödienende bekommt damit den Charakter einer realisierten Utopie, in der das Modell sich auf der Bühne verwirklicht und die Störung als unschädliche entlarvt. Es wird offensichtlich, daß Frye den handlungskonstituierenden Konflikt der Komödie als einen von grundsätzlich eher satirischer Komik auffaßt: die Störung wird verlacht, das Modell wird nicht in Frage gestellt.

Führt man Fryes Überlegungen soweit auf ihre grundlegende Struktur zurück, treffen sie sich mit denen Helmut Arntzens, der in seinem Buch "Die ernste Komödie" von der Existenz einer "Intention 'Komödie'"[69] ausgeht. Diese besteht darin, daß eine Verstörung, ein Modellverstoß dargestellt und satirisch kritisiert wird. "Doch drängt das konkrete Kritische zum Verändern und auf ein Verändertes, zur Darstellung des Utopischen also, das aber immer die Umwendung des kritisierten Problematischen, nie ein Nirgendwo ist."[70]

Komödie entfaltet sich also in der Spannung von Utopie und Wirklichkeit, wobei dieser Gegensatz - aller in der Wirklichkeit sichtbar werdenden Verstörung zum Trotz - nicht als unüberwindbar angesehen wird. "Diese Verstörung tendiert aber selbst im dunkelsten Geschehen - und damit erst wird die Intention der Ko-

---

[66] Frye, Northrop: Der Mythos des Frühlings: Komödie. In: Wesen und Formen des Komischen im Drama. Hrsg. von Reinhold Grimm und Klaus L. Berghahn. Darmstadt 1975 (=Wege der Forschung Bd. 62). S. 159 - 189. Nachfolgend zitiert als: Frye 1975. S. 170.

[67] Frye 1975. S. 170.

[68] Frye 1975. S. 179.

[69] Arntzen 1968. S. 12.

[70] Arntzen 1968. S. 13.

mödie erkennbar - auf die restitutio in integrum."[71] Eine solche behauptete Intention "Komödie" ist dann durchaus auch in der Lage, Stücke mit problematischem Ausgang zu integrieren:

> Utopisch bestimmt ist Kritik der Gegenwart im Namen einer besseren Zukunft auch dann, wenn das Kritik-Darstellungsmodell um die Darstellung verkürzt ist, ja wenn 'Bilderverbot' für die Utopie besteht ... Für diese Auffassung konkretisiert sich nämlich die utopische Intention genauer in der Negation dessen, was sie nicht will, als in der positiven Bestimmung dessen, was sie will. (72)

Darin, daß sie nicht des Happy Ends bedarf, um ihre Gültigkeit zu beweisen, erweist sich die Theorie Arntzens denen Warnings und Fryes überlegen: die Art und Weise, wie ein Konflikt thematisiert wird, die komische Thematisierung der Verstörung mit Blick auf ihre Überwindbarkeit, nicht der glückliche Ausgang, konstituiert die Komödie.

Erstaunlich allerdings ist es dann, wenn Arntzen die Komik als nicht konstitutiv für die Komödie auffaßt - "Daher konstituiert Komik die Komödie nicht, sie funktioniert aber in ihr"[73] - und sogar darüberhinausgehend behauptet, daß "das komische Lachen aus der Komödie verschwinden kann"[74].

Dem ist nicht nur mit Wolfgang Trautwein entgegenzuhalten: "Wer die Belachbarkeit der dargestellten Konflikte als Gattungsmerkmal aufgibt, ... müßte aufgrund der verbleibenden Intentionen auch 'Iphigenie', 'Der deutsche Hausvater' u. a. zur Komödie rechnen."[75] Noch eigenartiger ist, daß Arntzen entgeht, daß gerade die von ihm beobachtete Konfliktstruktur nahezu idealtypisch der des komischen Konflikts entspricht: die Spannung Utopie - Wirklichkeit ist eine Ausformung des Schemas Modell - Modellverstoß. Damit ist gerade in der Beschreibung Arntzens der komödienkonstituierende Konflikt ein potentiell komischer Konflikt. Ob er tatsächlich als solcher rezipiert wird, hängt wesentlich davon ab, ob der Zuschauer in notwendigem Maße distanziert bleibt. Hiervon scheint man beim Komödienzuschauer ausgehen zu müssen, wenn man Trautweins Prämisse von der gattungskonstituierenden Belachbarkeit der dargestellten Konflikte bejaht.

Indem der Zuschauer durch die von Warning so genannten komischen Handlungen zum Lachen gebracht und auf Distanz zum Bühnengeschehen gehalten wird, befindet er sich in einer Rezeptionshaltung, die es ihm erlaubt, den Gegensatz von Modell und Modellverstoß, der seiner Struktur nach ein komisierba-

---

[71] Arntzen 1968. S. 14 f.

[72] Hinck, Walter: Einleitung. Die Komödie zwischen Satire und Utopie. In: Reinhold Grimm, Walter Hinck: Zwischen Satire und Utopie. Zur Komiktheorie und zur Geschichte der europäischen Komödie. Frankfurt am Main 1982 (=suhrkamp taschenbuch 839). S. 7 - 19. S. 15.

[73] Arntzen 1968. S. 11.

[74] Arntzen 1968. S. 18.

[75] Trautwein, Wolfgang: Komödientheorien und Komödie. Ein Ordnungsversuch. In: Jahrbuch der deutschen Schillergesellschaft 27/1983. S. 86 - 123. Nachfolgend zitiert als: Trautwein 1983. S. 121.

rer ist, aktuell als komischen zu rezipieren. Umgekehrt erwachsen die komischen Handlungen organisch aus dem als komisch aufgefaßten handlungskonstituierenden Konflikt, sind eine Realisierung, Aktualisierung der in diesem angelegten potentiellen Komik.

> Aus der Perspektive divergierender Handlungskonzepte verliert das Lachen seine Augenblickhäftigkeit. Indem die komische Situation sowohl auf das Vorher ihres Zustandekommens als auch auf das Nachher ihrer Folgen verweist, ist sie im Handlungsgang fest eingebunden. Daß dieser notwendig auch nicht-komische Phasen enthält, von deren Ernst sich das jeweilige Lachen erst abstößt, (76)

ist demgegenüber kein Widerspruch, wie auch selbstverständlich ernsthafte Problemstellungen und sogar extrem pessimistische Lebenshaltungen ihren Ausdruck in der Komödie finden können - was in den folgenden Einzelanalysen noch zu zeigen sein wird. Plessners oben zitiertes Bonmot, eine Lage sei hoffnungslos, aber nicht ernst, scheint - diese These sei gewagt - der Haltung vieler moderner Komödien zu entsprechen. Warum die (aus anderer Perspektive durchaus ernste) Lage nicht ernst genommen wird, wäre dann von Fall zu Fall zu klären.

Aus all dem folgt, daß der Analyse der folgenden Komödien eine Analyse der "anderweitigen Komödienhandlung" zugrundeliegen wird. Die Dialektik von Form und Inhalt wird dahingehend beschrieben, daß in der "anderweitigen Komödienhandlung" ein seiner Struktur nach komisierbarer Konflikt thematisiert wird, dessen potentielle Komik sich in den komischen Handlungen aktualisiert. Durch diese wird der Rezipient in jene distanzierte Haltung versetzt, die es ihm ermöglicht, auch den handlungskonstituierenden Konflikt tatsächlich als komischen zu rezipieren. Die Bedeutung des Komödienschlusses wird aus dieser Perspektive relativiert: er muß lediglich ein belachbarer, nicht unbedingt ein Happy End sein[77].

Die Kategorien, die zur Analyse des komischen Konflikts herangezogen wurden, werden dementsprechend auch die Leitbegriffe bei der Analyse der Komödienkonzeption sein; die Fragen "Welches Modell wird im Rezipienten evoziert, damit der dargestellte Konflikt als Modellverstoß belachbar wird?", "Wirkt der Modellverstoß auf das zugrundegelegte Modell zurück und wie verhalten sich beide zueinander?" und "Worauf gründet (ästhetisch oder weltanschaulich) die Distanz, die der Autor und mit ihm der Rezipient zu dem dargestellten Gegenstand

---

[76] Trautwein 1983. S. 104.
[77] Zu dieser Unterscheidung vergl. Trautwein 1983. S. 92.

einnehmen?" werden im Einzelfall zu beantworten sein. Erst aus diesen Antworten wird sich die Intention der jeweiligen Komödie rekonstruieren lassen.[78]

Eine erste Arbeitshypothese kann dabei eine Beobachtung Bernhard Spies' bilden, der die Problemstellung Arntzens weitergedacht und dabei speziell für die moderne Komödie eine Struktur als signifikant ausgemacht hat, die wegführt von der rein satirischen Komödie, wie sie Arntzens Wirklichkeit-Utopie-Konzeption implizierte. Spies zeigt, wie in der modernen Komödie Wirklichkeit und Utopie auf eine Weise in Relation zueinander gesetzt werden, die stark an das in Kapitel 1.1.2.2. dargestellte Kipp-Modell des Komischen erinnert:

> Moderne Komödien ... fassen die Möglichkeit, das verlachte Übel zu überwinden, von vornherein als eine offene Frage auf. Sie bedienen sich weiterhin der überkommenen komödiengemäßen Manier, die gesellschaftliche Wirklichkeit vor den Richterstuhl einer Idee allgemein akzeptabler Zustände zu zitieren und solche Gegebenheiten, die vor der Idee als hinfällig erscheinen, komisch in sich zusammenstürzen zu lassen. Sie ergänzen aber diese kritische Perspektive durch deren Umkehrung: je weiter das Jahrhundert zeitlich voranschreitet, desto mehr häufen sich diejenigen Komödien, welche den Wunsch nach besseren, allgemein akzeptablen Zuständen vor den Richterstuhl der Realität bringen und die Utopie dem Rechtfertigungszwang aussetzen, sie solle sozusagen beweisen, daß angesichts der vorgefundenen Übel sie, die Utopie überhaupt noch einen Sinn ergibt. (79)

1.2. Geschichte im Drama

Wer sich auf die Suche nach einer trennscharfen Definition des Geschichtsdramas macht oder gar selbst eine solche wagt, begibt sich auf ein noch gefährlicheres Terrain, als es das der Komödie war; die Versuchung, mit Friedrich Sengle von einem "literarischen Mythos"[80] zu sprechen, ist groß. Die Probleme liegen auf der Hand, denn, so Peter Zahn,

> weder gibt es *das* Geschichtsdrama (auch formal nicht), noch ist das Verhältnis zur Geschichte ein eindeutiges. So ist ein Drama immer vom Verständnis der Zeit gegenüber

---

[78] Es dürfte aus dem bisherigen Gang der Überlegungen heraus klar geworden sein, daß ausgehend von dem gewählten Ansatz mit dem Begriff "Tragikomödie" nicht gearbeitet werden kann. Wenn die Differenz zwischen Komödie und Tragödie nicht primär im Stoff, sondern in Autorenintention und Rezeptionshaltung liegt, so ist eine wirkliche Vermischung der beiden Darstellungsweisen, in der nicht letztlich das tragische oder das komische Prinzip als dominierend erkannt werden kann, kaum vorstellbar. Die zu untersuchenden Texte werden durchweg als Komödien interpretiert, wobei selbstverständlich - anders als in den theoretischen Überlegungen zur Tragikomödie - davon ausgegangen wird, daß die Komödie ernsthafte Gegenstände darzustellen in der Lage ist, ohne daß sich dadurch ein Wandel der Gattung vollzöge.

[79] Spies, Bernhard: Dramen der Selbstbehauptung. Aspekte der Komödie im Exil. In: Exiltheater und Exildramatik 1933 - 1945. Tagung der Hamburger Arbeitsstelle für deutsche Exilliteratur 1990. Hrsg. von Edita Koch und Frithjof Trapp unter Mitarbeit von Anne-Margarethe Brenker. Maintal 1991 (=Exil. Sonderband 2). S. 268 - 280. Nachfolgend zitiert als: Spies 1991. S. 269.

[80] Sengle, Friedrich: Das historische Drama in Deutschland. Geschichte eines literarischen Mythos. 2. Aufl. Stuttgart 1969. Nachfolgend zitiert als: Sengle 1969.

der Geschichte und der gegenwärtigen Gesellschaft geprägt, was eine genaue Definition erschwert und die Analyse teilweise von den subjektiven Kriterien des Analysierenden abhängig macht. (81)

Nicht zuletzt deshalb soll hier noch einmal darauf hingewiesen werden, daß es in den vorliegenden Überlegungen nicht um eine Gattungsdefinition des Geschichtsdramas geht. Von Interesse ist vielmehr, wie das historische Moment in einem Drama beschreibbar ist, es geht um die Frage, was überhaupt das Historische, das Geschichtliche in einem Drama ausmacht, es geht um das Verhältnis zur Geschichte, das sich in einem Drama ausdrückt und immer wieder um Kategorien zur Beschreibung desselben.

Paradoxerweise werden solche Überlegungen sich aber doch wieder mit der Forschungsliteratur zum Geschichtsdrama auseinandersetzen müssen, da dies traditionell der Ort ist, an dem die hier interessierenden Fragen behandelt werden. Die Auseinandersetzung mit Definitionsversuchen zum Geschichtsdrama ist notwendig, da diese durchweg die Frage nach dem spezifisch Geschichtlichen in der dramatischen Darstellung thematisieren. Und bei der Herausarbeitung von Kategorien zur Beschreibung dieses spezifisch Geschichtlichen wird man von jenen Dramen ausgehen müssen, bei denen ein Konsens darüber besteht, daß in ihnen überhaupt "Geschichte" thematisiert wird - eben die traditionell als "Geschichtsdramen" bezeichneten Werke Schillers, Goethes, Hebbels, Grillparzers, Grabbes usw.

Wenn die Frage gestellt wird, worin sich das spezifisch historische Moment im Drama und das Verhältnis des Kunstwerks zur in ihm thematisierten Geschichte äußert, ist es unumgänglich, sich über einen Begriff von Geschichte zu verständigen, denn, wie Ulrich Weisstein schreibt: "Bei der Umfriedung des Phänomens 'Geschichtsdrama' ... hängt viel (man kann fast sagen: alles) davon ab, wie man Geschichte definiert."[82] Damit ist das zentrale Problem der hier angestellten Überlegungen, aber auch der verschiedenen Versuche zur Definition des Geschichtsdramas benannt: "Eine Definition des geschichtlichen Moments in der Dichtung erweist sich als schwieriger als die des Dramatischen."[83] Dennoch kreisen um diese Definition des geschichtlichen Moments nahezu alle Versuche, das Geschichtsdrama adäquat zu erfassen.

---

[81] Zahn, Peter: Das Geschichtsdrama. In: Formen der Literatur in Einzeldarstellungen. Hrsg. von Otto Knörrich. Stuttgart 1981 (=Kröners Taschenausgabe Bd. 478). S. 123 - 135. S. 123.

[82] Weisstein, Ulrich: Das Geschichtsdrama: Formen seiner Verwirklichung. In: Reinhold Grimm, Jost Hermand (Hrsg.): Geschichte im Gegenwartsdrama. Mit Beiträgen von Ulrich Weisstein, George L. Mosse, Andreas Huyssen u. a. Stuttgart, Berlin, Köln, Mainz 1976 (=Sprache und Literatur Bd. 99). S. 9 - 23. Nachfolgend zitiert als: Weisstein 1976. S. 10 f.

[83] Paul, Ulrike: Vom Geschichtsdrama zur politischen Dichtung. Über die Desintegration von Individuum und Geschichte bei Georg Büchner und Peter Weiss. München 1974. Nachfolgend zitiert als: Paul 1974. S. 14.

1.2.1. Zur Kritik des traditionellen Ansatzes

Elfriede Neubuhr unternimmt den Versuch, das Geschichtsdrama auf zweierlei Weise zu definieren, nämlich einmal ausgehend vom Stoff der Dichtung, einmal "vom *Anliegen* des Autors bzw. von der *Absicht*, dem *Zweck* der Dichtung her."[84] Auf die Problematik der von Neubuhr aus diesem Ansatz hergeleiteten Unterteilung in "historisches Drama" und "Geschichtsdrama" wird unten noch zu kommen sein.

Mit der Definition des Geschichtsdramas vom Stoff her beschreibt Elfriede Neubuhr jenen Ansatz, der in der Forschung traditionell - eher implizit als explizit - bei der Behandlung der Gattung zugrundegelegt wird:

> Geht man bei einer Auffächerung des Gattungsbegriffs Drama in Unter-Gattungen vom Stoff aus, so ergibt sich in der Tat jene Definition, die man aus dem eingangs angeführten Zitat von Sengle herauslesen kann ...: ein 'historisches Drama' ist ein Drama mit einem historischen (=geschichtlichen) dokumentarisch-quellenmäßig verbürgten Stoff (85).

Diese Abgrenzung der Gattung findet sich offenbar auch bei Werner Keller, der von einer "Vorliebe der Dramatiker für historische Stoffe"[86] ausgehend drei verschiedene, vom Stoff her bestimmte Dramenformen unterscheiden zu wollen scheint: das Geschichtsdrama, das Gegenwartsdrama und das Drama mit einer rein fiktionalen Fabel.[87]

Sengle gibt nirgends eine explizite Definition dessen, was er unter Geschichtsdrama versteht. Neubuhr weist jedoch nicht zu unrecht darauf hin, daß das analytische Vorgehen Sengles und die von ihm getroffene Textauswahl darauf hindeuten, daß auch er die von ihm gewählte Formulierung "Drama mit historischen Stoffen"[88] implizit als Gattungsdefintion zugrundelegt[89]. Auf andere, hiermit kaum zu vereinbarende Züge der Untersuchung Sengles - nämlich die normative Überfrachtung des Begiffs "Geschichtsdrama" durch die Bindung an eine bestimmte Geschichtsauffassung - wird unten noch zurückzukommen sein.

Die Problematik dieses Versuchs, das spezifisch Historische eines Dramas über den Stoff zu beschreiben, ist vielfältig.

Zunächst einmal hat Matthias Altherr darauf hingewiesen, daß die Abgren-

---

[84] Neubuhr, Elfriede: Einleitung. In: Geschichtsdrama. Hrsg. von Elfriede Neubuhr. Darmstadt 1980 (=Wege der Forschung Bd. CDLXXXV). S. 1 - 37. Nachfolgend zitiert als: Neubuhr 1980. S. 2.

[85] Neubuhr 1980. S. 2 f.

[86] Vergl. Keller, Werner: Drama und Geschichte. In: Beiträge zur Poetik des Dramas. Hrsg. von Werner Keller. Darmstadt 1976. S. 298 - 339. Nachfolgend zitiert als: Keller 1976. S. 298.

[87] Keller 1976. S. 298.

[88] Sengle 1969. S. 1.

[89] Vergl. Neubuhr 1980. S. 3.

zung Geschichtsdrama - Gegenwartsdrama, wie sie etwa Keller voraussetzt, entgegen dem ersten Eindruck vermittels dieses Ansatzes nicht möglich ist. In Bezug auf die Zeitstruktur, in der der Autor zu seinem Stoff steht, müßte eine Grenze gezogen werden, von der an der zeitliche Abstand zwischen Autor und Stoff groß genug wäre, um von einem Geschichtsdrama zu sprechen; eine solche Grenze aber könnte nur willkürlich gezogen werden. Mit anderen Worten: wenn zwischen der Handlungszeit und der Abfassungszeit des Dramas 100 Jahre liegen, wäre sicherlich von einem Geschichtsdrama zu sprechen; ist der Stoff jedoch Quellen entnommen, die lediglich zehn, fünf oder zwei Jahre, womöglich erst einige Wochen oder Tage alt sind, wird die Sache problematisch: grundsätzlich handelt es sich auch hier um Dramen mit einem, nach Neubuhr, "historischen (=geschichtlichen) dokumentarisch-quellenmäßig verbürgten Stoff" (s. o.). "Wenn die angestellte Überlegung richtig ist, ergibt sich als Konsequenz: prinzipiell alle Dramen, die eine Stoffquelle benutzen, sind historische Dramen, weil alle Stoffquellen bezogen auf die Jetztzeit des Autors, vergangen und demnach historisch sind, somit für diese Dramen ein historischer Stoff nachweisbar ist."[90]

Damit reduziert sich Kellers Dreiheit zu einem Oppositionspaar: dem Drama mit einem historisch verbürgten Stoff steht ein Drama mit einer frei imaginativ erfundenen Fabel gegenüber. Aber auch hier kann nicht von einer Trennschärfe des Begriffes gesprochen werden: wird davon ausgegangen, daß sich in jedem Drama (selbst im dokumentarischen Theater der 60er Jahre) historische Faktizität und künstlerisch gestaltende Imagination des Autors mischen, müßte eine Grenze gezogen werden, die besagt, wie groß das Gewicht der Fakten mindestens zu sein habe, um von einem historischen Drama zu sprechen; was wäre mit Dürrenmatts "ungeschichtlicher historischen Komödie" "Romulus der Große", was mit Schillers erklärtermaßen legerem Umgang mit der Geschichte im "Fiesko", was mit der "Jungfrau von Orleans"? Die Vorstellung einer solchen Grenzziehung, die nur willkürlich sein könnte, scheint grotesk - implizit und unreflektiert jedoch wird sie in der Forschung immer wieder vorgenommen.

Bernd W. Seiler hat den Ansatz einer Gattungsdefinition vom historisch verbürgten Stoff her konsequent zu Ende gedacht und leugnet infolgedessen jede künstlerische Freiheit beim Umgang mit einem historischen Stoff. Der "niedrige ... Stand des allgemeinen Geschichtsbewußtseins"[91] im 18. Jahrhundert führte für Seiler dazu, daß gegenüber Schiller und Goethe "die Frage nach der historischen Wahrheit gerade nicht gestellt oder der im allgemeinen großzügige Umgang mit dem Geschichtsstoff doch wenigstens nicht beanstandet wurde."[92]

Diese Situation habe sich in der Gegenwart grundlegend geändert; die von den dokumentarischen Dramen der sechziger Jahre ausgelöste Diskussion um die

---

[90] Altherr, Matthias: Darstellung und Funktion der Geschichte in Goethes "Götz von Berlichingen" und Schillers "Don Carlos". Magisterarbeit. Mainz 1988. S. 9.

[91] Seiler, Bernd W.: Exaktheit als poetische Kategorie. Zur Rezeption des historischen Dramas der Gegenwart. In: Poetica 5/1972. S. 388 - 433. Nachfolgend zitiert als: Seiler 1972. S. 406.

[92] Seiler 1972. S. 404.

historische Vertretbarkeit der dramatischen Darstellung zeigt für Seiler, "daß auf die sachlich richtige Darstellung des zum Vorwurf genommenen Realitätsausschnitts immer mehr Wert gelegt, daß die Geschichte nicht mehr als Steinbruch betrachtet, sondern als Zusammenhang von eigener Logik respektiert"[93] werde. Infolgedessen werde

> das Poetische heute eher als Maske verstanden, hinter der es das wahre Gesicht der Vergangenheit zu entdecken gilt, und sie wird natürlich um so weniger geschätzt, je mehr sie die historische Realität verbirgt. Wie sich an der Rezeption des zeitgenössischen historischen Dramas fast stets gezeigt hat, ist das 'Kunstwerk' dann nur der sehr bald vergessene Anstoß, zu Erkenntnissen zu gelangen, die von ihm selbst nicht vermittelt werden und von denen aus betrachtet es nachgerade bedeutungslos erscheinen kann. (94)

Seiler geht von dem hier referierten Ansatz aus, das spezifisch Historische eines Dramas äußere sich in der quellenmäßigen Dokumentiertheit des zugrundegelegten Stoffes. Wenn die Darstellung eines solchen Stoffes signifikant ist für die Behandlung von Geschichte im Drama, ist der geschichtliche Gehalt eines Dramas um so höher, je detaillierter sich der Autor an die Vorgaben der Quellen hält; als Mindestanforderung gilt, daß der Autor nicht hinter dem Geschichtsbewußtsein des Publikums zurückbleiben dürfe. Nach diesen durchaus logisch aus dem Ansatz abgeleiteten Schlüssen tut Seiler konsequent auch den letzten Schritt: er definiert das Geschichtsdrama als "historisches Belehrungstheater", das "mit Kunst, wie sie heute (noch?) definiert wird, nicht viel gemein" habe und im Gegensatz zur "fiktionale(n) Literatur" gesehen wird[95] - woraus ja wohl geschlossen werden darf, daß es sich bei dem Geschichtsdrama um eine nicht-fiktionale Gattung handelt.

Daß damit der Ansatz einer Definition des geschichtlichen Moments im Drama über den Stoff logisch durchaus konsequent bis zu einem Punkt getrieben ist, an dem er zur Beschreibung der Geschichtsdramen Schillers (der sich des Eingriffs in die Geschichte aus ästhetischer Notwendigkeit heraus durchaus bewußt war) und Hebbels nicht mehr brauchbar ist, liegt auf der Hand. Aber auch die Äußerungen moderner Geschichtsdramatiker befinden sich im schroffen Gegensatz zu einer solchen Definition Seilers; mehr noch: das geringe Gewicht, das dem historischen Stoff in solchen Dokumenten des Selbstverständnisses der Autoren eingeräumt wird, fällt ins Auge.

So äußert etwa Peter Hacks: "Das historische Drama ist durchaus historisch und durchaus gegenwärtig ... Das historische Drama ist zweierlei mit Bestimmtheit nicht: es ist keine aufgeputzte Geschichtskunde, und es ist kein verkleidetes Gegenwartsstück"[96], und distanziert sich damit mehr oder weniger explizit sowohl von Seilers Einordnung des Geschichtsdramas als nicht-fiktionale Gattung als auch von dem Primat des historischen Stoffes bei der Beantwortung der Frage nach

---

[93] Seiler 1972. S. 413.
[94] Seiler 1972. S. 420.
[95] Seiler 1972. S. 431.
[96] Hacks, Peter: Die Maßgaben der Kunst. Gesammelte Aufsätze. Düsseldorf 1977. Nachfolgend zitiert als: Maßgaben der Kunst. S. 334.

dem historischen Gehalt eines Dramas; stattdessen rückt die Frage nach dem Verhältnis von Vergangenheit und Gegenwart in den Mittelpunkt des Interesses. Ähnlich äußert sich Christoph Hein: "Stücke, die in der Gegenwart geschrieben werden, sind Gegenwartsstücke. Diese Banalität zu behaupten scheint mir wichtig, da heute ein Gegensatz zwischen sogenannten historischen und gegenwärtigen Stücken konstruiert wird."[97]

Aber nicht nur im 20. Jahrhundert finden sich Aussagen, die belegen, daß die Autoren keineswegs die Treue gegenüber einer historischen Quelle bzw. einem historischen Stoff für den signifikanten historischen Gehalt ihrer Stücke erachten. Als Beispiel sei hier nur Grillparzer genannt, der 1820/21 in seinem Tagebuch notiert: "Die Aufgabe der dramatischen und epischen Poesie gegenüber der Geschichte, besteht hauptsächlich darin, daß sie die Planmäßigkeit und Ganzheit, welche die Geschichte nur in großen Partien und Zeiträumen erblicken läßt, auch in dem Raum der kleinen gewählten Begebenheit anschaulich macht."[98]

Davon abgesehen existiert eine Reihe von Dramen, die im allgemeinen Sprachgebrauch durchaus als Geschichtsdramen aufgefaßt werden, jedoch keineswegs einen im oben genannten Sinne historischen Stoff aufweisen. Erinnert sei nur an die Dramen Hebbels, der seine Stoffe häufig aus dem mythischen, biblischen oder sagenhaften Bereich nimmt ("Gyges und sein Ring", "Judith", "Die Nibelungen"), jedoch zweifellos eine geschichtsphilosophische Behandlung dieser Stoffe vornimmt. An dem Charakter dieser Dramen als Geschichtsdramen wird nicht zu zweifeln sein.

Daß das spezifisch geschichtliche Moment im Drama sich nicht auf das Feststellen eines historischen Stoffes reduzieren läßt, scheint Werner Keller durchaus bewußt zu sein. So stellt er etwa fest: "das epigonale Drama gibt Antworten, die lediglich ein antiquarisches Interesse befriedigen können. Der Geschichtsdramatiker geht nicht vom Gewesenen aus, sondern von seiner Gegenwart"[99]. Oder an anderer Stelle: "Die Lebensfähigkeit eines historischen Dramas wird durch den Anteil an Zukunft bestimmt, den die Aufführungspraxis als noch uneingelöste Verpflichtung zu erkennen gibt. Je detaillierter sich ein Stück der Historientreue verpflichtet, desto rascher altert es."[100] Damit sind Aspekte als für das Geschichtsdrama signifikant bezeichnet, die mit der Formel des historischen Stoffes absolut nicht erfaßt sind, sondern eher mit einer bestimmten Art, das Thema zu behandeln, zu tun haben; dabei nähert sich Keller in den Aussagen über die Ver-

---

[97] Hein, Christoph: Statement. In: Programmbuch zur BRD-Erstaufführung von Christoph Heins "Cromwell" am Theater Essen vom 24. 10. 1986. (Hrsg.) Theater u. Philharmonie Essen, Schauspiel. Zit. nach: Schalk, Axel: Geschichtsmaschinen. Über den Umgang mit der Historie in der Dramatik des technischen Zeitalters. Eine vergleichende Untersuchung. Heidelberg 1989 (=Beiträge zur neueren Literaturgeschichte Folge 3, Bd. 87). Nachfolgend zitiert als: Schalk 1989. S. 15.

[98] Grillparzer, Franz: Sämtliche Werke. Ausgewählte Briefe, Gespräche, Berichte. Hrsg. von Peter Frank und Kurt Pörnbacher. Bd. 3: Satiren - Fabeln und Parabeln - Erzählungen und Prosafragmente - Studien und Aufsätze. Darmstadt 1964. S. 303.

[99] Keller 1976. S. 330.

[100] Keller 1976. S. 335.

knüpfung von Vergangenheit, Zukunft und Gegenwart durchaus den oben zitierten Stellungnahmen von Dramatikern an - ohne allerdings seine Ergebnisse zu formalisieren oder zu systematisieren. Wenn Keller schließlich zu dem Ergebnis kommt, "daß die eigentliche Intention eines Dramatikers in der Differenz von historischem Stoff und dramatischer Fabel gefunden werden kann"[101], so ist damit die Untauglichkeit des Kriteriums "historischer Stoff" für eine Aussage über den geschichtlichen Gehalt eines Dramas geradezu expliziert.

Einige Probleme werden möglicherweise gelöst, wenn man die Bedeutung des "historischen Stoffes" erweitert und von einem "in geschichtlicher Zeit angesiedelten Stoff" spricht; eine solche Kategorie würde immerhin die unzweifelhaft als Geschichtsdramen zu klassifizierenden Stücke Hebbels erfassen und würde die willkürliche Grenzziehung zwischen einer zur Klassifizierung als Geschichtsdrama noch ausreichenden und einer nicht mehr ausreichenden Menge an quellenmäßig verbürgtem Material überflüssig machen. Eine solche Bestimmung des geschichtlichen Moments im Drama vermittels der Zeit der Handlung würde zu einem Gegensatzpaar Geschichtsdrama - Gegenwartsdrama führen.

Wesentliche Probleme jedoch bleiben auch hier ungelöst; dies gilt etwa für die Grenzziehung zwischen Geschichte und Gegenwart, die schon oben angesprochen worden ist; vor allem aber scheint sich auch von diesem Ansatz her keine Möglichkeit zur Erarbeitung von Kategorien zu ergeben, die geeignet sind, den spezifisch geschichtlichen Gehalt eines Kunstwerks zu beschreiben. Die Zeit der Handlung mag also als notwendiges, kann aber nicht als hinreichendes Kriterium für die Beschreibung des Historischen im Drama akzeptiert werden.

Orientiert man sich am "wissenschaftlichen Sprachgebrauch", wie er sich etwa in Nachschlagewerken darstellt, so wird deutlich, daß mit dem Terminus "Geschichtsdrama" immer eine bestimmte Behandlungsart des Stoffes assoziiert wird, die aber nicht in prägnante Termini faßbar zu sein scheint und auch nie zu einer trennscharfen Definition ausreift. So behauptet etwa das Metzler Literatur Lexikon, von einem "G(eschichtsdrama) im engeren Sinne" sei zu sprechen, "wenn die Handlung weniger durch die historische Faktizität, als durch eine bestimmte Geschichtsauffassung geprägt ist."[102] Ähnliches will offenbar Gero von Wilpert zum Ausdruck bringen, wenn er schreibt: die Geschichtsdichtung

> zeigt, soweit nicht e. oberflächlich historisierendes Gewand der 'bildenden' Unterhaltungslit. als Umkleidung dient, an histor. Stoffen ... Wesen und Wirkung der geschichtlichen Kräfte in Entfaltung und Ablauf ... Sie dokumentiert das Geschichtsbild des Verfassers, versucht e. Sinndeutung des Vergangenen aus eigener ... Sicht (103).

---

[101] Keller 1976. S. 317.

[102] Metzler Literatur Lexikon. Stichwörter zur Weltliteratur. Hrsg. von Günther und Irmgard Schweikle. Stuttgart 1984. Nachfolgend zitiert als: Metzler Literatur Lexikon. S. 170.

[103] Wilpert, Gero von: Sachwörterbuch der Literatur. 7., verbesserte und erweiterte Aufl. Stuttgart 1989 (=Kröners Taschenausgabe Bd. 231). Nachfolgend zitiert als: Wilpert 1989. S. 340.

Strikt unterschieden, ja in Gegensatz zu dieser Form von Geschichtsdichtung, zu der auch das Geschichtsdrama zählt, gestellt werden die sogenannten "Historiendramen": "Im Ggs. zu diesen zeitlos gültigen Gestaltungen menschl. Begegnung stehen die sog. 'Historiendramen', die den histor. Stoff zum Ausdruck außerdichterischer, didakt., relig., politischer oder kultureller Tendenzen benutzen"[104].

Die Lexikonartikel formulieren allesamt etwas, was auch in den Aussagen der Autoren und in den Beobachtungen Kellers anklingt: das historische Moment im Drama erschöpft sich nicht in dem historischen Stoff, im Gegenteil: das Geschichtsdrama zeigt Spezifika, die es erst vom "epigonalen Drama" (Keller), vom "Historiendrama" (Wilpert), von der "aufgeputzten Geschichtskunde" (Hacks), die ja auch auf historischen Stoffen basieren, abheben; diese Spezifika erst scheinen den historischen Gehalt eines Dramas zu bestimmen, sie begrifflich zu fixieren jedoch, scheint problematisch zu sein: die "geschichtlichen Kräfte", das "Geschichtsbild", die "Geschichtsphilosophie", der "Anteil an Zukunft" oder die Aufhebung des Gegensatzes zwischen historischem Drama und Gegenwartsdrama - all dies sind keine wissenschaftlich-systematischen Kategorien, obwohl solche wohl all diese Aspekte umfassen müßten.

Auch Elfriede Neubuhr, die diesen am wissenschaftlichen Sprachgebrauch gemachten Beobachtungen Rechnung zu tragen sucht, fügt den vielen vagen Kategorien lediglich eine neue hinzu, wenn sie das Geschichtsdrama aus seinem "Zweck (=Anliegen/Absicht des Dichters)"[105], seinem "Gehalt", der "vom Dichter intendierte(n) gedankliche(n) Aussage" heraus zu bestimmen sucht: "Nimmt man die sogenannte 'gedankliche Aussage' zum Ausgangspunkt, so ergibt sich als *eine* Möglichkeit, in einer Untergattung alle jene Dramen zusammenzufassen, deren Anliegen darin besteht, *Geschichte zu deuten*, eine Geschichtsdeutung/-auffassung, ein Geschichtsbild zu geben."[106]

Abgesehen davon, daß sich die Aufspaltung der allgemein synonym gebrauchten Begriffe "historisches (=auf Quellen basierendes) Drama" und "Geschichtsdrama" (=geschichtsdeutend) kaum durchsetzen wird - die von Neubuhr vorgeschlagenen Begriffe "Geschichtsdeutung/- auffassung", "Geschichtsbild" sind kaum konkreter und handhabbarer als die oben zitierten (vom Begriff des "Anliegens" und der "gedanklichen Aussage" ganz zu schweigen).

An ähnlichen Problemen scheitert Walter Hinck, wenn er versucht, die Haltung des Autors gegenüber seinem Stoff zur Beschreibung des historischen Gehalts eines Dramas heranzuziehen: diese sei, so Hinck, dadurch gekennzeichnet, "daß der Autor den geschichtlichen Stoff nach Sinn-Vorgaben modelliert ... Es sind die ... Erfahrungen des Autors im Hier und Heute, die diese Sinnvorgaben

---

[104] Wilpert 1989. S. 381.
[105] Neubuhr 1980. S. 2.
[106] Neubuhr 1980. S. 3.

bestimmen; es ist die besondere geschichtliche Situation, aus der und für die er geschichtliche Vergangenheit zurückruft."[107]

Auf diese Weise versucht auch Hinck, das "echte" Geschichtsdrama vom verschlüsselten Gegenwartsstück einerseits und vom "Historienstück" andererseits abzugrenzen; kennzeichnend für jenes ist

> der immer bestehende, mal deutlichere, mal weniger kenntliche Bezug des Geschichtlichen zur Gegenwart. Hier ist nicht von einer Dramatik die Rede, der die Geschichte als bloßer Kostümfundus oder als bloßes Stichwortreservoir für kritische Seitenhiebe auf die Gegenwart dient ... Es ist die Rede vom Geschichtsdrama, das den vergangenen und den gegenwärtigen Zustand so miteinander verknüpft, daß im Geschichtlichen die Gegenwart zu einem vertieften Verständnis ihrer selbst und zugleich zu einem Ungenügen an sich selbst gelangt, aber auch zu einem Bild oder zur Ahnung möglicher Zukunft. (108)

Es sind immer die gleichen Paradigmen, die auftauchen. Es wird offensichtlich die Existenz einer spezifisch geschichtlichen Haltung gegenüber dem Stoff angenommen, die Geschichte deutet (was auch immer das konkret heißen mag) und die einen (wie auch immer gearteten) Bezug zur Gegenwart herstellt. Erst diese Perspektive scheint einem Drama jenen historischen Gehalt zu verleihen, der es sowohl vom reinen Kostümstück bzw. von der "aufgeputzten Geschichtskunde" als auch vom verschlüsselten Gegenwartsstück, in dem Geschichte lediglich allegorisch genutzt wird, unterscheidet. Das Bedürfnis nach einer solchen Unterscheidung ist - wiewohl sie nie begrifflich exakt gefaßt wird - in fast jeder Untersuchung erkennbar. Immer wieder fallen Begriffe wie "Geschichtsbild", "Geschichtsauffassung", "Geschichtsphilosophie".

Es gilt nun, diese Haltung dem Stoff gegenüber, die als spezifisch geschichtliche aufzufassen ist, näher zu beschreiben.

Analog zu den Problemen, die sich in Zusammenhang mit der Komödienforschung stellten, gilt auch hier: es kann nicht angehen, die Feststellung eines geschichtlichen Moments im Drama normativ an das Erkennbarwerden einer bestimmten, für "richtig" gehaltenen Geschichtsauffassung zu knüpfen. Die Frage nach dem Wesen des Geschichtlichen im Drama kann nicht die Frage nach der "richtigen" Geschichtsphilosophie oder Weltanschauung des Autors sein.

Dennoch wird genau dies in der Forschung immer wieder unternommen. Ernst Schumacher etwa, fest auf dem Boden marxistischen Geschichtsdenkens stehend, will nur das Revolutionsdrama als "echtes" Geschichtsdrama anerkennen: "Wenn das historische Drama seinen Sinn darin hat, das Wesen der Geschichte zu veranschaulichen, dann findet es seine Erfüllung notwendig in der Abbildung revolutionärer Vorgänge, in denen das Wesen der Geschichte besonders klar in Er-

---

[107] Hinck, Walter: Einleitung: Zur Poetik des Geschichtsdramas. In: Geschichte als Schauspiel. Deutsche Geschichtsdramen. Interpretationen. Hrsg. von Walter Hinck. Frankfurt am Main 1981 (=suhrkamp taschenbuch 2006). S. 7 - 21. Nachfolgend zitiert als: Hinck 1981. S. 13.

[108] Hinck 1981. S. 14.

scheinung tritt."[109] Ulrike Paul weist die Dominanz normativ verstandener Kategorien wie "Ehrfurcht vor der Geschichte" und "feiernde Darstellung geschichtlicher, besonders nationaler Gegenstände" in der Darstellung Sengles nach.[110] Werner Keller versucht, bestimmte Deutungsmuster von Geschichte a priori auszuschließen: "das prekäre Resultat ist das Geschichtsdrama als Theologie oder Theodizee"[111], und Ulrich Weisstein versucht gar, zwei verschiedene Typen von Geschichtsdramen zu unterscheiden aufgrund "richtiger" oder "falscher" Geschichtsdeutung: "2) Werke, in denen eine Deutung der Geschichte aus historischer Sicht geleistet oder wenigstens angestrebt wird; und 3) Werke, in denen die vorliegenden Tatsachen lediglich dazu benutzt werden, geschichtsphilosophische Vorurteile zu bestärken."[112] Daß diese Unterscheidung, die im Grunde einen in der Geschichte enthaltenen und aus ihr herausgezogenen "wahren" Sinn von einem in die Geschichte von außen hineinprojizierten "falschen" Sinn trennen will, nicht aufrechterhalten werden kann, wird im nächsten Kapitel zu zeigen sein.

Es kann also nicht angehen, den historischen Gehalt eines Dramas normativ vom Vorhandensein einer bestimmten geschichtsphilosophischen Grundhaltung abhängig zu machen. Vielmehr gilt es wiederum, ein Strukturmuster zu entwerfen, mit dessen Hilfe die Behandlung eines Stoffes durch einen Autor als spezifisch geschichtliche beschrieben werden kann. Um dies zu bewerkstelligen, wird nach der spezifischen Struktur geschichtlichen Erkennens und Wissens zu fragen und daraufhin zu prüfen sein, inwiefern die gewonnenen Ergebnisse auf Geschichte im Drama anwendbar sind bzw. inwiefern sie modifiziert werden müssen.

1.2.2. Geschichte und Drama - Versuch einer Annäherung

1.2.2.1. Überlegungen zur Struktur geschichtlichen Erkennens

"Die neuzeitliche abendländische Geschichte beginnt im Grunde mit der Unterscheidung zwischen *Gegenwart* und *Vergangenheit*."[113] Die Erfahrung, daß sich im Ablauf eines zeitlichen Nacheinanders wesentliche Faktoren der menschlichen Lebenswelt so grundlegend verändern, daß diese Lebenswelt nach dieser Zeitspanne nicht mehr als die gleiche, sondern als das ganz Andere erscheint, ist konstitutiv für den - um es mit Michel de Certeau zu sagen - neuzeitlich-abendländischen Geschichtsbegriff (und nur um diesen kann es gehen, wenn im Folgenden

---

[109] Schumacher, Ernst: Geschichte und Drama. In: Geschichtsdrama. Hrsg. von Elfriede Neubuhr. Darmstadt 1980 (=Wege der Forschung Bd. CDLXXXV). S. 404 - 425. S. 406.

[110] Paul 1974. S. 12.

[111] Keller 1976. S. 324.

[112] Weisstein 1976. S. 12.

[113] Certeau, Michel de: Das Schreiben der Geschichte. Aus dem Französischen von Sylvia M. Schomburg-Scherff. Mit einem Nachwort von Roger Chartier. Frankfurt, New York, Paris 1991 (=Historische Schriften Bd. 4). Nachfolgend zitiert als: Certeau 1991. S. 13.

von "Geschichte" die Rede ist). Die Erfahrung einer solchen Veränderung, die die Gegenwart von der Vergangenheit als dem wesentlich Anderen scheidet, ist nicht selbstverständlich; das mittelalterliche Geschichtsdenken kennt sie nicht, in Deutschland wird sie wesentlich von Herder formuliert. Jede Epochenschwelle läßt sich begreifen als solche Konstatierung grundlegender Veränderung, die die Gegenwart als etwas substantiell anderes als die Vergangenheit erscheinen läßt.

> Die Geschichtsschreibung trennt zunächst ihre Gegenwart von einer Vergangenheit. Doch wiederholt sie diesen anfänglichen Scheidungsakt überall. Auf diese Weise setzt sich ihre Chronologie aus 'Perioden' ... zusammen, zwischen denen jedesmal die *Entscheidung, anders* oder *nicht mehr das* zu sein, was bis dahin war ..., festgestellt wird. (114)

Dennoch stellt sich die Geschichte dem Betrachter nicht als ein Nacheinander unverbunden zusammenstehender Epochen dar, sondern als kontinuierlicher Prozeß, in dem eine Epoche nicht nur auf eine andere, sondern auch aus einer anderen folgt, in dem Ursache und Wirkung feststellbar sind und Geschichte als Ganzheit erklär- und verstehbar machen. Dieses Feststellen von Sinnstrukturen im historischen Prozeß ist die Aufgabe des Historikers; für Hayden White ist es Konsens, "daß der Historiker über die serielle Organisation der Ereignisse hinaus zu einer Feststellung ihrer Kohärenz als einer Struktur gelangen muß und den einzelnen Ereignissen und Ereignisklassen, denen sie anzugehören scheinen, verschiedene Funktionswerte zuweisen muß."[115] Damit führt der Prozeß historischen Erkennens "*weg* von der ungeordneten Masse von Fakten, *hin* zu der Aufdeckung ihrer angeblich wahren oder wirklichen Signifikanz als Elemente eines verstehbaren Prozesses."[116] "Stiftung von Kontinuität als Aufgabe des Geistes und Unterstellung eines Sinnhorizonts des Ganzen sind so Wesenselemente von Historie und Geschichtsphilosophie bereits in ihrem Ursprung."[117] Eine solche Vorstellung von Kontinuität ist Voraussetzung für eine Verstehbarkeit von Geschichte; nur als strukturierte, als kontinuierlich geordnete ist Geschichte für den Menschen als Prozeß erfahrbar; die Kontinuitätsvorstellung hat den Charakter eines Postulats. "Kontinuität heißt Kontinuität soll sein; der vermeintlich theoretische Begriff ist Produkt eines Interesses."[118]

Damit sind die beiden Pole bezeichnet, die den Geschichtsbegriff prägen und zwischen denen durchaus eine dialektische Spannung besteht: Geschichte als Veränderung, als Aufeinanderfolge grundlegend unterschiedener Epochen einerseits, als Kontinuität, als einheitlicher Prozeß, der durch Ursache und Wirkung

---

[114] Certeau 1991. S. 14.

[115] White, Hayden: Auch Klio dichtet oder: Die Fiktion des Faktischen. Studien zur Topologie des historischen Diskurses. Einführung von Reinhart Kosellek. Stuttgart 1986 (=Sprache und Geschichte Bd. 10). Nachfolgend zitiert als: White 1986. S. 138.

[116] White 1986. S. 137.

[117] Baumgartner, Hans Michael: Kontinuität und Geschichte. Zur Kritik und Metakritik der historischen Vernunft. Frankfurt am Main 1972. Nachfolgend zitiert als: Baumgartner 1972. S. 29.

[118] Baumgartner 1972. S. 32.

sowie durch Gesetzmäßigkeiten bestimmt ist, andererseits. Die Einheit dieser beiden Pole erst wird als "Geschichte" bezeichnet. "Geschichte" ist nicht nur Feststellung des einzelnen, zeitlicher Veränderung unterworfenen Faktums, "Geschichte" ist immer auch dessen Einordnung in die Ganzheit des kontinuierlichen Prozesses.[119]

Um aber aus der ungeheuren Menge potentieller geschichtlicher Daten, aus der Unmenge des in Jahrhunderten Geschehen eine der Forderung nach Kontinuität genügende historische Erzählung (nicht verstanden als literarische Gattung, sondern als Medium der Darstellung historiographischer Forschungsergebnisse) zu erstellen, muß der Historiker auswählen; die Auswahl impliziert eine Entscheidung über die Relevanz der vorliegenden Daten.

> Einerseits enthält das historische Material immer mehr Fakten, als der Historiker überhaupt in die erzählende Darstellung einzubeziehen imstande ist. Und deshalb muß der Historiker seine Daten 'interpretieren', insofern, als er bestimmte Fakten aus seiner Darstellung als irrelevant im Hinblick auf seine erzählerische Absicht ausschließt. (120)

"Erzählt wird nur, was in irgendeiner Hinsicht Bedeutung besitzt"[121]. So kann Certeau schreiben: "In der Geschichte beginnt alles mit der Geste des *Beiseitelegens*, des Zusammenfügens, der Umwandlung bestimmter, anders klassifizierter Gegenstände in Dokumente."[122] Erst durch die mit dieser Auswahl verbundene Anerkenntnis ihrer Relevanz zur Konstituierung von Kontinuität werden aus Fakten Daten und ein Schriftstück o. ä. zur Quelle: "Weit davon entfernt, 'Daten' zu akzeptieren, konstituiert diese Geste sie. Das Material wird durch konzertierte Aktionen geschaffen, die es aus der Gebrauchssphäre herausschneiden ... und ihm eine kohärente neue Verwendung geben wollen."[123] Zusammenfassend kann man also mit Baumgartner sagen: "nicht nur daß alle Geschichtsschreibung selektiv verfährt, da nicht alle Handlungszusammenhänge dargestellt werden können, auch die Handlungszusammenhänge, die ausgewählt sind, müssen ja erst in einen Zusammenhang gebracht werden, und das heißt, sie unterstehen einer sinngebenden Leitvorstellung."[124]

Diese sinngebende Leitvorstellung ist uns nun bereits mehrmals begegnet; sie liegt auch der Einteilung von Geschichte in Epochen zugrunde: immerhin muß eine Entscheidung getroffen werden, welche Faktoren der menschlichen Lebens-

---

[119] Vergl. etwa Kosellek, Reinhart: Geschichte, Historie. In: Geschichtliche Grundbegriffe. Historisches Lexikon zur politisch-sozialen Sprache in Deutschland. Hrsg. von Otto Brunner, Werner Conze, Reinhart Kosellek. Bd. 2. Stuttgart 1975. S. 593 - 717. S. 657.

[120] White 1986. S. 64.

[121] Baumgartner, Hans Michael: Thesen zur Grundlegung einer transzendentalen Historik. In: Seminar: Geschichte und Theorie. Umrisse einer Historik. Hrsg. von Hans Michael Baumgartner und Jörn Rüsen. 2. Aufl. Frankfurt am Main 1982 (=suhrkamp taschenbuch wissenschaft 98). S. 274 - 302. S. 282.

[122] Certeau 1991. S. 93.

[123] Certeau 1991. S. 94.

[124] Baumgartner 1972. S. 12.

welt als so relevant erscheinen, daß ihre Veränderung die Erfahrung der Vergangenheit als des ganz Anderen bewirkt. Diese Leitvorstellung entscheidet über die Auswahl von geschichtlich relevanten Fakten und konstituiert Geschichte als kontinuierlichen Prozeß, in dessen Rahmen das einzelne Faktum erst seine ganze Bedeutung erlangt; diese Leitvorstellung entscheidet über die Art der Geschichtsschreibung: je nachdem erscheint Geschichte als Schlachtengeschichte, als Geschichte von Revolutionen, als Geschichte großer Persönlichkeiten, als Sozialgeschichte. Es scheint an der Zeit, zu fragen, woher diese sinngebende Leitvorstellung genommen ist.

Die Behauptung des Historismus, diese Leitvorstellung sei den Ereignissen immanent, wird von der neueren Historiographie unisono bestritten. White etwa insistiert darauf,

> daß keine gegebene Folge von Ereignissen, die durch die historische Überlieferung belegt ist, eine offenkundig abgeschlossene und vollständige *Geschichte* (story) enthält ... Wir *leben* nicht Geschichten (stories), auch wenn wir unserem Leben dadurch Sinn verleihen, daß wir ihm nachträglich die Form einer Geschichte verleihen. Und ebenso ist es mit Völkern oder ganzen Kulturen. (125)

Interessant an diesem Zitat ist die Betonung des retrospektiven Charakters von Geschichtsschreibung: erst im Nachhinein ist die sinnhaft-strukturierende Darstellung von Geschichte möglich. Die Kontinuität wohnt nicht von Anfang an den Ereignissen inne, sie wird ihnen im Nachhinein durch die Erzählung des Historikers verliehen. Die sinngebende Leitvorstellung "ist nur die Projektion einer Wertstellungnahme, eines Interesses, das nicht selbst zu eben der Geschichte gehört, die unter ihm konstruiert wird."[126] Sie wird gleichsam a priori an die Ereignisse von außen herangetragen:

> Man hat gezeigt, daß jede historische Interpretation von einem Bezugssystem abhängt; daß dieses System eine implizite, besondere 'Philosophie' bleibt; daß es, indem es sich in die Analysearbeit einschleicht und sie heimlich organisiert, auf die 'Subjektivität' des Autors verweist ... 'Historische Tatsachen' werden bereits durch die Einführung eines Sinns in die 'Objektivität' konstituiert. In der Sprache der Analyse bringen sie 'Entscheidungen' zum Ausdruck, die den 'Tatsachen' vorausgehen, die nicht das Ergebnis von Beobachtungen sind (127).

So

> ist die Überzeugung des Historikers, die Form seiner Erzählung in den Ereignissen selbst 'gefunden' zu haben statt sie ihnen unterlegt zu haben, wie es der Dichter tut, das Resultat eines gewissen Mangels an sprachlicher Reflektivität, der verdeckt, in welchem Maße Beschreibungen *immer schon* Interpretationen ihrer Beschaffenheit darstellen. (128)

---

[125] White 1986. S. 111.
[126] Baumgartner 1972. S. 281.
[127] Certeau 1991. S. 74.
[128] White 1986. S. 117.

Geschichte ist also immer interpretierte Geschichte. Der Interpretationsrahmen liegt nicht in den Ereignissen selbst, sondern ist von außen, von dem Historiker an sie herangetragen. Die Fragen, die an die Quellen gestellt werden, die Kategorien, nach denen Relevantes von Irrelevantem getrennt wird, die Begriffe, nach denen Geschichte als kontinuierlicher Prozeß rekonstruiert wird - sie alle sind nicht den Ereignissen immanente Größen, sondern werden vom Historiker an diese herangetragen, sind also nicht Momente der Vergangenheit, sondern der Gegenwart. "Das Zeitgeschehen gibt dem Historiker die Mittel für seine Arbeit und bestimmt sein Interesse ... In Wirklichkeit beginnt er bei gegenwärtigen Determinierungen. Das Zeitgeschehen ist sein wahrer Beginn."[129]

Geschichte bedeutet also die Strukturierung der Vergangenheit als kontinuierlichen Prozeß aus der Perspektive der Gegenwart. Im historischen Erkennen werden die Ereignisse der Vergangenheit mit den Fragen der Gegenwart konfrontiert. Die Prämissen und Interessen der Gegenwart bestimmen die Tendenz der Geschichtsschreibung, Geschichte erscheint somit immer als Vergangenheit und Gegenwart vermittelnder Prozeß. "Ein wahrhaft historisches Bewußtsein sieht die eigene Gegenwart immer mit, und zwar so, daß es sich selbst wie das geschichtlich Andere in den richtigen Verhältnissen sieht."[130] Die Erkenntnis von Geschichte ist selbst immer historisch bedingt: die erkennende Zeit begreift von der Vergangenheit das, was ihr von ihrem eignen begrenzten Horizont aus zu begreifen möglich ist. Diese Bedingung seines Erkennens muß das erkennende Bewußtsein mitreflektieren. "Nur dann wird es nicht dem Phantom eines historischen Objekts nachjagen, das Gegenstand fortschreitender Forschung ist, sondern wird in dem Objekt das Andere des Eigenen und damit das Eine wie das Andere erkennen können."[131] Gadamers Konzeption der "Horizontverschmelzung"[132] als Modus geschichtlichen Erkennens findet sich modifiziert wieder in der neueren Auffassung von Geschichte als Rekonstruktion eines kontinuierlichen Prozesses unter Maßgabe von der Gegenwart entnommenen ordnenden Leitvorstellungen - Geschichte als aus der Perspektive der Gegenwart interpretierte Vergangenheit.

Dieser Modus geschichtlichen Erkennens ist - um Mißverständnisse zu vermeiden, sollte darauf hingewiesen werden - grundsätzlich der einzig mögliche Weg zum Verstehen. Es geht hier nicht um eine moderne historiographische "Methode"; auch der Historismus verfuhr nicht anders; auch hier wurden die Fakten der Vergangenheit ausgewählt und angeordnet nach Leitvorstellungen, die dem Wissen der Historiker und ihrer Zeit um die im geschichtlichen Prozeß relevanten Kräfte entsprangen, das vor aller geschichtlichen Rekonstruktion gegeben war.

---

[129] Certeau 1991. S. 22.

[130] Gadamer, Hans-Georg: Wahrheit und Methode. Grundzüge einer philosophischen Hermeneutik. 2. Aufl. Tübingen 1965. Nachfolgend zitiert als: Gadamer 1965. S. 289.

[131] Gadamer 1965. S. 283.

[132] Gadamer 1965. S. 290.

Lediglich hat der Historismus diese Bedingung seines Erkennens nicht mitreflektiert. So erscheint es Gadamer als "die naive Voraussetzung des Historismus, daß man sich in den Geist der Zeit versetzen, daß man in deren Begriffen und Vorstellungen denken solle und nicht in seinen eigenen und auf diese Weise zur historischen Objektivität vordringen könne."[133] Die hier beschriebene Struktur geschichtlicher Erkenntnis ist nicht eine mögliche, sondern die einzig mögliche Struktur.

> So könnte man auch von denjenigen Historikern, die von sich selbst behaupten, keiner bestimmten Ideologie verpflichtet zu sein, und das Bedürfnis unterdrückten, explizite ideologische Implikationen aus ihrer Analyse vergangener Gesellschaften abzuleiten, sagen, daß sie innerhalb eines genau bestimmbaren ideologischen Rahmens schreiben, indem sie hinsichtlich der Gestalt, die eine historische Darstellung annehmen soll, eine bestimmte Position einnehmen. (134)

Nach allem bisher Gesagten erhebt sich die Frage, "ob durch die Thematisierung von Geschichte diese erst entsteht, oder ob die Thematisierung das Bewußtwerden eines Prozesses ist, der als Prozeß auch gleichgültig gegen seine Thematisierung ist."[135] Michel de Certeau beantwortet diese Frage eindeutig: Geschichte ist interpretierte Vergangenheit. Diese Interpretation orientiert sich an Sinnvorgaben und Leitvorstellungen, die der Gegenwart entstammen und der Rekonstruktion des historischen Prozesses vorgängig sind; das Wissen um die relevanten Kräfte des geschichtlichen Prozesses ist nicht Resultat der Untersuchung, sondern Postulat der Auswahl und Anordnung der Darstellung. Erst im Schreiben der Geschichte wird Vergangenheit zu Geschichte. So bezeichnet Certeau konsequent die Praxis der Geschichtsschreibung als "das Machen von Geschichte"[136].

An dieser Stelle ist die Frage zu stellen nach dem Verhältnis der Geschichte zu einem Begriff, der schon seit längerem im Raum steht: zu dem der Geschichtsphilosophie. Wenn Geschichte die Einordnung eines Fakts in einen übergreifenden Zusammenhang darstellt, der erst den vollen Bedeutungsumfang dieses Fakts erkennen läßt, wenn andererseits die Leitvorstellungen und prägenden Kräfte dieses Zusammenhangs als gleichsam a priori gesetzte, als gekannte gedacht werden und als solche erst die Faktenauswahl konstituieren, wie ist dann die Relation zwischen historischer und geschichtsphilosophischer Erkenntnis aufzufassen?

Tatsächlich hat für Hayden White die Grenzziehung zwischen Geschichte und Geschichtsphilosophie etwas Künstliches, wird "mehr und mehr zu einer Frage der Gewichtung"[137]:

---

[133] Gadamer 1965. S. 281.
[134] White 1986. S. 91.
[135] Anacker, Ulrich, Hans Michael Baumgartner: Geschichte. In: Handbuch philosophischer Grundbegriffe. Hrsg. von Herrmann Krings, Hans Michael Baumgartner und Christoph Wild. Band 1. München 1973. S. 547 - 557. S. 548.
[136] Certeau 1991. S. 33.
[137] White 1986. S. 81.

> Wie jede Geschichtsphilosophie erreicht eine historische Erzählung ihre Wirkung als Erklärung dadurch, daß sie die tiefere Bedeutung der von ihr geschilderten Ereignisse durch ihre Beschreibung in figurativer Sprache offenbar werden läßt. Der Hauptunterschied zwischen beiden besteht darin, daß in der historischen Erzählung das figurative Element in das Innere des Diskurses verschoben wird, wo es im Bewußtsein des Lesers vage Gestalt annimmt und als die Grundlage dient, auf der 'Tatsache' und 'Erklärung' in ein Verhältnis der wechselseitigen Entsprechung treten können, während in der Geschichtsphilosophie das figurative Element im Diskurs an die Oberfläche verlegt wird, durch Abstraktion formalisiert und als 'Theorie' behandelt wird, die sowohl die Untersuchung der Ereignisse als auch deren Darstellung leitet. Insofern also, als dem eigentlichen Historiker nicht bewußt wird, in welchem Maße allein schon seine Sprache nicht nur die Art und Weise, sondern auch den Gegenstand und die Bedeutung seines Diskurses determiniert, muß er als weniger kritisch reflektiert und sogar als weniger 'objektiv' als der Geschichtsphilosoph beurteilt werden. (138)

Zum Verhältnis von Geschichtsphilosophie und Geschichtsschreibung läßt sich also sagen, daß eine geschichtsphilosophische Konstruktion Grundlage jeder Auswahl und Interpretation von Fakten, Grundlage jeder Rekonstruktion der Geschichte als kontinuierlicher Prozeß ist. Pointiert kann man formulieren: "Burckhardt ist nicht weniger metahistorisch als Hegel"[139]. Oder, um es mit Eberhard Lämmert zu sagen: "Auch Ranke komponierte, wie wir heute sehen, literarisch nach der Maßgabe der von ihm akzentuierten, geschichtsbewegenden Ideen und kolorierte die dafür entscheidenden Szenen, wenn er sich daran machte, zu erzählen, 'wie es eigentlich gewesen.'"[140]

Zusammenfassend kann man sagen: "Die Historiker, die einen deutlichen Trennungsstrich zwischen Geschichtsschreibung und Geschichtsphilosophie ziehen, erkennen nicht, daß jeder historische Diskurs eine ausgereifte, wenn auch nur implizite Geschichtsphilosophie in sich birgt."[141]

Als Abschluß dieser Überlegungen zur spezifischen Struktur geschichtlichen Erkennens soll hier noch einmal auf einen Aspekt hingewiesen werden, der oben bereits implizit angeklungen ist. Es wurde gesagt, Geschichte sei aufzufassen als ein Prozeß, der die Vergangenheit und die Gegenwart vermittelt, Geschichte sei immer Interpretation der Vergangenheit aus der Perspektive der Gegenwart. Damit ist nicht nur eine Aussage gemacht über die Standortgebundenheit geschichtlichen Erkennens, sondern auch zum praktischen Interesse überhaupt, das der Geschichtsschreibung zugrundeliegt, handelt es sich doch hier keineswegs um ein Interesse an der Vergangenheit um ihrer selbst willen. Indem Geschichte als Prozeß aus der Perspektive der Gegenwart rekonstruiert wird, erscheint sie als ein Prozeß, der eben auf die Gegenwart zuläuft, umgekehrt erscheint die Gegenwart als Resultat dieses historischen Prozesses. "Geschichte als Prozeß ist zentriert in der

---

[138] White 1986. S. 140.

[139] White 1986. S. 82.

[140] Lämmert, Eberhard: "Geschichte ist ein Entwurf": Die neue Glaubwürdigkeit des Erzählens in der Geschichtsschreibung und im Roman. In: The German Quarterly 63.1 (1990). S. 5 - 18. S. 5.

[141] White 1986. S. 151.

Gegenwart"[142]. Geschichte als Vermittlung von Vergangenheit und Gegenwart beantwortet auf diese Weise Fragen nach der Identität der Gegenwart. In diesen Fragen ist der eigentliche Antrieb der Historiographie zu sehen: "Die Gegenwart, Postulat des Diskurses, wird zum *Profit* der Operation des Schreibens: der Produktionsort des Textes verwandelt sich in den vom Text produzierten Ort."[143] Interesse an Fragen der Geschichte und Interesse an Fragen der Gegenwart sind infolgedessen nicht als Gegensätze zu sehen. Sie sind vielmehr zwei Seiten einer Medaille: das Gegenwartsinteresse bildet den Antrieb für historische Fragestellungen.

Die Frage, ob es eine spezifisch historische Haltung gegenüber einem Stoff gebe und wie diese auszusehen habe, kann damit bejaht und folgendermaßen zusammenfassend beantwortet werden: die historische Haltung interpretiert ihren Gegenstand, indem sie ihm seinen Ort in einem umfassenden Zusammenhang, im kontinuierlichen Prozeß der Geschichte zuweist. Durch diesen geschichtlichen Prozeß wird eine Vermittlung von Vergangenheit und Gegenwart vollzogen, ohne daß deren grundlegende Verschiedenheit geleugnet werden müßte. Die Konstanten und Determinanten, die maßgeblichen Kräfte und Tendenzen, die die Geschichte als Prozeß konstituieren, sind dabei nicht den Ereignissen entnommen, sondern werden vom Historiker in Form einer impliziten Geschichtsphilosophie gesetzt (daß eine solche auch dann vorliegt, wenn Geschichte bewußt als Chaos, als Sinnlosigkeit wahrgenommen und gestaltet wird, ist evident). Erst die Einordnung in diesen Prozeß, der mit dem Begriff "Geschichte" gemeint ist, gibt dem einzelnen Moment seine volle Bedeutungsfülle.

Um eine solche "historiographische Operation", um einen zentralen Begriff Certeaus zu gebrauchen, zu beschreiben, wird man also fragen müssen, welche Geschichtskonzeption oder Geschichtsphilosophie ein Historiker zugrundelegt (d. h. welche Faktoren als Konstituenten des kontinuierlichen Prozesses aufgefaßt werden) und wie der dargestellte Gegenstand in diese Konzeption eingefügt wird bzw. inwiefern dieser seine volle Bedeutung erst durch die Situierung innerhalb dieses Prozesses erlangt.

Es wird zu prüfen sein, in welcher Form die hier gewonnenen Ergebnisse für die Analyse des geschichtlichen Moments im Drama herangezogen werden können.

1.2.2.2. Konsequenzen für die Dramenanalyse

In seinem schon mehrfach herangezogenen Aufsatz "Drama und Geschichte" reflektiert Werner Keller über die Bedingungen, unter denen Vergangenheit im Drama verarbeitet wird; dabei wird dem Drama die Aufgabe zugewiesen, "der sinnverhüllten oder sinnwidrigen Realgeschichte 'Vernunft' aufzuprägen; die Ei-

---

[142] Baumgartner 1972. S. 67.
[143] Certeau 1991. S. 118.

genwelt der Kunst bietet demnach an, was in der Lebenswirklichkeit meist verdeckt bleibt: Begründung und Ziel von Geschehenspartikeln und einen Sinn, der noch aus Untergängen hervorgeht."[144] "Das Drama substituiert eine Bedeutsamkeit, die uns die Wirklichkeit gemeinhin vorenthält."[145]

Genau in der so beschriebenen Aufgabe des Geschichtsdramatikers sieht Keller den grundlegenden Unterschied zwischen "Geschichte" und "Drama":

> Im Ziel unterscheiden sich Historiker und Dramatiker grundsätzlich. Hat der eine die Pflicht, sich um Objektivität zu bemühen, der andere hat das Recht, seine Subjektivität an einem mit Vorbedacht ausgewählten Stoffe auszusprechen; wird hier versucht, die Vergangenheit auch um ihrer selbst willen zu erkennen, dient dort das Gewesene allein zur Exemplifizierung einer gegenwärtigen Frage. (146)

Diese These kann nach allem im vorausgegangenen Kapitel Dargelegten eindeutig falsifiziert werden: ein solcher Unterschied besteht gerade nicht. Was Keller als Aufgabe und Vorgehensweise des Geschichtsdramatikers beschreibt, ist exakt die historiographische Operation; genau so, wie Keller das Verhalten des Geschichtsdramatikers gegenüber seinem Stoff beschreibt, verhält sich der Historiker gegenüber dem seinen.

Wenn Keller damit tatsächlich das Spezifikum des Geschichtsdramas (und das Unterscheidungsmerkmal gegenüber der "aufgeputzten Geschichtskunde" des epigonalen Historiendramas) benennt, dann liegt es genau in der spezifisch geschichtlichen Haltung dem Stoff gegenüber. Die These kann also gewagt werden, daß eine solche Haltung auch dem Dramatiker möglich ist: er kann im Rezipienten die Vorstellung eines kontinuierlichen historischen Prozesses evozieren, der durch bestimmte Kräfte vorangetrieben, durch bestimmte Gesetzmäßigkeiten festgelegt wird, in dem sich bestimmte Ideen realisieren u. s. w. In diesen Prozeß wird der dramatische Konflikt eingeordnet; erst durch diese Einordnung in die als Prozeß verstandene Geschichte wird die volle Bedeutung des dramatischen Konflikts offenbar. Durch die Kontinuität des Geschichtsprozesses wird der Bezug zur Gegenwart hergestellt, ohne daß die Geschichte zur allegorischen Verschlüsselung von Gegenwartsproblemen mißbraucht wird. Diese Haltung des Dramatikers gegenüber seinem Stoff konstituiert den historischen Gehalt eines Dramas: neben dem eigentlichen dramatischen Konflikt wird der geschichtliche Prozeß mit seinen Determiniertheiten, Gesetzmäßigkeiten, Konstanten und Bedingungen auf der Bühne sichtbar und verleiht so dem dramatischen Konflikt eine zusätzliche Bedeutungsdimension; er wird zum historischen Konflikt.

In den großen deutschsprachigen Geschichtsdramen wird diese Spannung zwischen historischem Prozeß und dramatischem Konflikt immer wieder deutlich erkennbar; letzterer erhält seine volle Bedeutung erst durch seine Situierung in ersterem. Im "Wallenstein" etwa wird beständig die Dialektik zwischen dem Men-

---

[144] Keller 1976. S. 309.
[145] Keller 1976. S. 323.
[146] Keller 1976. S. 319.

schen als Subjekt und dem Menschen als Objekt der Geschichte thematisiert; in letzter Instanz erscheint Geschichte dann - so Benno von Wiese - als Nemesis realisierender Prozeß[147]. Erst dadurch erhält das Schicksal Wallensteins seine volle Bedeutung. Das Scheitern von Goethes Götz erweist seine volle Tragweite als Erscheinung einer Zeitenwende erst, wenn es vor dem Hintergrund eines "tragische(n) ... Geschichtsverständnis(ses), das im Gegensatz zur Aufklärung Geschichte nicht als lineare, zweckbestimmte Progression sieht, sondern als Abwärtsentwicklung, als Lebensprozeß, der in ein Spätstadium getreten ist"[148], verstanden wird. Die Ablösung von Grillparzers König Ottokar als herausragendem Herrscher seiner Zeit durch Rudolf von Habsburg realisiert den Übergang von einer frühen, archaischen Epoche, die durch die willkürliche Herrschaft eines großen Einzelnen geprägt ist, zu der Reichs- und Ordnungsvorstellung des Habsburger Reiches, in der überindividuelle Herrschaftsstrukturen das Zusammenleben regeln. Und - um ein modernes Beispiel zu wählen - das Scheitern von Brechts Galilei ist kein individuelles Versagen, sondern erhält seine tatsächliche Bedeutung erst dadurch, daß Galileis Versagen den Beginn eines Prozesses darstellt, in dessen Verlauf die Wissenschaft immer wieder ihrer Aufgabe, der Humanisierung des menschlichen Zusammenlebens, nicht gerecht wird und an dessen (vorläufigem) Ende der Abwurf der Atombombe auf Hiroshima steht. "Galileis Perspektive ist 'historisiert', weil Gegenwart aus dem historischen Prozeß gedeutet wird."[149] Bezeichnend ist, daß Brecht seinen "Galilei" nach dem Atombombenabwurf grundlegend umgestaltet hat: die Neubewertung des geschichtlichen Prozesses und der Rolle der Wissenschaft in diesem führt zu einer grundlegenden Neubewertung des historischen Sachverhalts.

Noch einmal sei darauf hingewiesen, daß es in der vorliegenden Untersuchung nicht um eine Definition der Gattung "Geschichtsdrama", sondern um handhabbare Arbeitsbegriffe zur Erfassung des geschichtlichen Moments im Drama geht. Ein solcher scheint mit dem Begriff der historiographischen Operation als Modell einer spezifisch historischen Haltung dem Stoff gegenüber gefunden. Als Gattungsdefinition hätte dieser Ansatz zweifellos seine Tücken; insbesondere gilt dies für die Trennschärfe gegenüber benachbarten Phänomenen. Zudem ist sicherlich die Gefahr einer normativen Überfrachtung gegeben: Dramen etwa, die Vergangenheit lediglich als Zeitkolorit benutzen, können mit diesem Ansatz nicht erfaßt werden, auch wenn sie sich selbst als Geschichtsdramen auffassen oder vom Publikum so aufgefaßt werden. Deshalb sei noch einmal betont, daß hier nicht per definitionem Ausgrenzungen vorgenommen und ein "wahres" Geschichtsdrama konstruiert, sondern ein Modell zur Dramenanalyse entworfen werden soll, das seine Tauglichkeit erst in den folgenden Analysen beweisen muß.

---

[147] Vergl. etwa: Wiese, Benno von: Friedrich Schiller. 3. Aufl. Stuttgart 1963. S. 664, 670, 676.

[148] Düsing, Wolfgang: Utopie im Geschichtsdrama: Goethes "Götz von Berlichingen". In: Johannes-Gutenberg-Universität Mainz (Hrsg.): Reihe Antrittsvorlesungen Bd. I, SS 1984 - SS 1985. Mainz 1985. S. 21 - 46. Nachfolgend zitiert als: Düsing 1985. S. 26.

[149] Schalk 1989. S. 29.

Umgekehrt scheint es jedoch, als sei mit dem Begriff der historiographischen Operation eine Konkretisierung und Systematisierung jener vagen Begriffe gelungen, die von Neubuhr, Hinck, Weisstein, Keller und den Lexika zur Beschreibung des Geschichtsdramas herangezogen wurden; alle oben genannten Aspekte sind in diesem Begriff aufgehoben, indem sie als Bestandteile der Haltung des Historikers gegenüber der Vergangenheit dargelegt wurden.

Insbesondere ist das spezifische Verhältnis des Geschichtsdramas zur Gegenwart erklärt. Wenn Hacks verlangt, das historische Drama habe weder "aufgeputzte Geschichtskunde" noch "verkleidetes Gegenwartsstück" zu sein, es sei "durchaus historisch und durchaus gegenwärtig" (s. o.), wenn Hein den Gegensatz zwischen Gegenwartsdrama und historischem Drama negiert, so drückt sich darin genau die Bipolarität der Geschichte zwischen Veränderung und Kontinuität aus: die geschichtliche Situation ist Vergangenheit, ist grundlegend anders als die Gegenwart; eine allegorisierende Benutzung der Vergangenheit zur Verschlüsselung aktueller Konstellationen, das "verkleidete Gegenwartsstück", ist deshalb unhistorisch. Die Verbindung zur Gegenwart wird geschaffen durch die Kontinuität des historischen Prozesses, dessen Gesetzmäßigkeiten und Konstanten auch die Gegenwart noch unterworfen ist, ja, der erst aus der Perspektive der Gegenwart rekonstruiert wird, und der im Drama als wirksam erscheint. So vollzieht sich auch in der historiographischen Operation jene von Hinck geforderte Verknüpfung von dem "vergangenen und (dem) gegenwärtigen Zustand ... , (so) daß im Geschichtlichen die Gegenwart zu einem vertieften Verständnis ihrer selbst ... gelangt" (s. o.).

Auch Wolfgang Düsing verweist auf den Konnex von Vergangenheit und Gegenwart im Geschichtsdrama und beschreibt diesen bezeichnenderweise mit Gadamers auch oben eingeführtem Begriff der Horizontverschmelzung. In Zusammenhang mit Goethes "Götz" weist er darauf hin, daß dieses Drama "nicht selbstgenügsame Darstellung der Vergangenheit ist, sondern Auseinandersetzung mit der eigenen Zeit, mit der Situation in Deutschland um 1770. Jedes Geschichtsdrama, das über die ausschließlich dekorativen Ambitionen eines reinen Kostümstücks hinausgeht, beruht auf einer derartigen 'Horizontverschmelzung'."[150] An anderer Stelle führt er als Ergänzung den Terminus "Horizontdifferenzierung" ein.[151]

Mit diesem Begriffspaar sind damit Termini zur Beschreibung der grundlegenden Bipolarität von Kontinuität und Veränderung in der Geschichte gegeben: die Rekonstruktion eines kontinuierlichen Prozesses aus dem gegenwärtigen Horizont heraus und die Einordnung eines Ereignisses in diesen Prozeß führt zur Vermittlung von Vergangenheit und Gegenwart, zur Verstehbarkeit von Vergangenheit und damit zur Horizontverschmelzung; die grundlegende Erfahrung der we-

---

[150] Düsing 1985. S. 37.
[151] Düsing, Wolfgang: Die Gegenwart im Spiegel der Vergangenheit in Herders "Auch eine Philosophie der Geschichte". In: Bückeburger Gespräche über Johann Gottfried Herder 1983. Hrsg. von Brigitte Poschmann. Rinteln 1984 (=Schaumburger Studien Bd. 45). S. 33 - 49. S. 38.

sentlichen Andersartigkeit des Vergangenen im Vergleich zur Gegenwart, die überhaupt erst Geschichte konstituiert, wie oben gesagt wurde, führt zur Horizontdifferenzierung. Je nachdem, ob der Dramatiker aus seinen geschichtsphilosophischen Grundlagen heraus stärker die Kontinuität des historischen Prozesses oder die Andersartigkeit der Vergangenheit betont, wird seine Darstellung mehr zur Horizontverschmelzung oder zur Horizontdifferenzierung - ein Beispiel hierfür wäre etwa Hildesheimers "Mary Stuart" - tendieren. Beide Begriffe fügen sich jedenfalls organisch in den oben entwickelten Ansatz ein.

Auch wird von diesem Ansatz aus die Bedeutung der Zeitenwende, die ebenfalls Düsing für viele Dramen konstatiert hat[152], begreiflich: in der Zeitenwende wird der historische Prozeß auf der Bühne sichtbar: zwei Zeiten, die eigentlich aufeinanderfolgen, treten gleichzeitig auf der Bühne auf, indem einzelne Repräsentanten der alten Zeit als "Limes-Figuren"[153] in die neue Zeit hineinragen oder umgekehrt. So wird der Prozeßcharakter von Geschichte erfahrbar, die Gesetzmäßigkeiten, Determinanten, treibenden Kräfte dieses Prozesses können auf der Bühne herausgearbeitet werden, geschichtliche Veränderung wird sichtbar.

Ein zweites Mittel neben der Zeitenwende, das ebenso wie jene die Funktion erfüllt, Geschichte als Prozeß in Erscheinung treten zu lassen und so ästhetisch erfahrbar zu machen, wendet Schiller im "Wallenstein" an: "die Geschichte" reiht sich hier gleichsam unter die Personae dramatis ein, erscheint als autonom Handelnde, gleichsam in der Nemesis, dem Schicksal personalisiert; der historische Prozeß schreitet - mit dem oder gegen den Willen des handelnden Menschen - fast unbeeinflußbar voran. Reflektierende Passagen des Dialogs, in denen der Rezipient auf diesen Charakter von Geschichte als Interpretationsrahmen für den tragischen Konflikt im "Wallenstein" hingewiesen wird, sind so zahlreich, daß hier nicht weiter auf sie eingegangen werden muß.

Elfriede Neubuhr weist in ihrem schon mehrfach zitierten Aufsatz darauf hin, daß ihr Begriff des Geschichtsdramas als eines geschichtsdeutenden Dramas auch solche Dramen umschließt, "die Geschichtsdeutung (geben) ..., aber anhand eines *nicht* historischen, d. h. nicht quellenmäßig-dokumentarisch verbürgten Stoffs."[154] Auch diese zunächst überraschende Aussage wird im Lichte der oben angestellten Überlegungen verständlich (allerdings gilt auch hier, daß damit nicht unbedingt Zustimmung zu Neubuhrs eigenwilliger Abgrenzung der Gattung signalisiert wird): wenn ausschlaggebend für den geschichtlichen Gehalt eines Dramas die spezifisch historische Haltung des Autors seinem Stoff gegenüber ist, d. h. die Situierung des dargestellten dramatischen Konflikts in dem umfassenden Zusammenhang des kontinuierlichen historischen Prozesses, der dessen volle Bedeutung erst erkennbar macht, so kann eine solche historiographische Operation durchaus auch an fiktiven Stoffen vorgenommen werden. Offen bleibt allerdings die Frage

---

[152] Vergl. etwa: Düsing, Wolfgang: Die Tragik der Zeitenwende in Grillparzers Geschichtsdrama "Ein Bruderzwist in Habsburg". Karl Konrad Polheim zum 60. Geburtstag. In: Literatur für Leser 1987. S. 188 - 198. Auch: Düsing 1985.

[153] Düsing 1985 nach Blumenberg. S. 25.

[154] Neubuhr 1980. S. 5.

nach der Zeit der Handlung eines solchermaßen auf einem fiktiven Stoff beruhenden Dramas. Es erscheint durchaus möglich, daß die Handlung auch eines solchen Stückes als in der Vergangenheit stattfindende angenommen werden muß, da nur so dem Stoff gegenüber eine spezifisch historische Haltung eingenommen werden kann, die den dramatischen Konflikt in einen in die Gegenwart mündenden zeitlichen Ablauf einordnet; nur wenn der Zeitabstand mitgedacht wird, wenn die Bühnenhandlung als das im historischen Sinne von der Gegenwart Verschiedene betrachtet werden kann, scheint eine solche Thematisierung von Geschichte möglich.

Zusammenfassend läßt sich also sagen, daß das spezifisch geschichtliche Moment eines Dramas - das man dann Geschichtsdrama nennen mag oder nicht - zu erfassen ist, indem der Umgang des Autors mit seinem Stoff als historiographische Operation beschrieben wird und damit der zentrale dramatische Konflikt als durch die Geschichte wesentlich konstituiert auffaßbar ist.[155]

1.3. Arbeitshypothesen zur Untersuchung von Geschichte als Komödie - ein Fazit

Im bisherigen Gang der Überlegung wurde die Komödie zu fassen versucht als ein Drama, dessen zentraler Konflikt als komischer Konflikt zu rezipieren ist. Auch der geschichtliche Gehalt eines Dramas wurde über die Struktur des dramatischen Konflikts zu beschreiben gesucht: der Autor nimmt dem Stoff gegenüber eine spezifisch historische Haltung ein, so daß der dramatische Konflikt als durch die Geschichte wesentlich bestimmter sichtbar wird. Auf diese Weise wird Geschichte im Drama thematisiert.

Wenn im Folgenden das Thema "Geschichte als Komödie" untersucht wird, so sollen hierzu Stücke herangezogen werden, deren zentraler dramatischer Konflikt einerseits als komischer und andererseits als historischer (jeweils im oben beschriebenen Sinne) aufgefaßt werden kann. Ausgeschieden werden also alle Dramen, in denen vergangene Epochen lediglich als Zeitkolorit den Hintergrund einer Komödienhandlung abgeben (beispielsweise Schnitzlers "Grüner Kakadu"), ebenso Komödien, in denen eine historische Szenerie als Exemplum für allgemeinmenschliche, existentielle Probleme dient (etwa Ernst Penzoldts "Portugalesische

---

[155] Nach Fertigstellung der vorliegenden Arbeit ist erschienen: Schröder, Jürgen: Geschichtsdramen. Die "deutsche Misere" - von Goethes "Götz" bis Heiner Müllers "Germania"? Eine Vorlesung. Tübingen 1994 (=Stauffenburg Colloquium Bd. 33). Ausgehend von einem gegenwärtigen Erkenntnisinteresse - nach dem Zusammenbruch des sog. Ostblocks wird geschichtliche Veränderung in der Gegenwart wieder erlebbar und das Bedürfnis nach Reflexion von Geschichte als Hilfe bei nationaler Identitätsfindung wächst - entwickelt der Autor einen Katalog von 12 Fragen, die er im Folgenden an die zu interpretierenden Geschichtsdramen heranträgt. Einen systematischen Anspruch erhebt er dabei nicht. Diese Fragen erscheinen durchaus als mögliche Konkretisierung bzw. Aktualisierungen der hier angestellten Überlegungen. Die zentrale Fragestellung Schröders - Geschichtsdrama als Verarbeitung der "mißglückten" deutschen Geschichte - mag dabei eine reizvolle Perspektive auf die deutsche Literaturgeschichte ermöglichen, ein konstituierendes Merkmal der Gattung jedoch läßt sich hieraus sicherlich nicht ableiten (was von Schröder auch nicht behauptet wird). Die Ansätze beider Untersuchungen differieren zwar, widersprechen sich jedoch m. E. nicht.

Schlacht"). Erst recht nicht von Interesse für die vorliegende Arbeit sind Stücke, die sich satirisch entweder mit den öffentlichen Angelegenheiten der Zeitgeschichte oder mit anhand historischer Figuren verschlüsselten Gegenwartskonstellationen auseinandersetzen (Helmut Prang gibt in seinem eingangs genannten Aufsatz eine Unzahl von Beispielen für solche Komödien). Per definitionem nicht berücksichtigt werden Komödien, in denen Zeitgeschichte thematisiert wird (z. B. Qualtingers "Herr Karl"); der Trennstrich zwischen Gegenwartssatire und Geschichtskomödie ist hier unglaublich schwer zu ziehen. Die Untersuchung wäre verkompliziert worden, ohne daß Ergebnisse von grundsätzlich eigenem Gewicht zu erwarten gewesen wären.

Als Untersuchungsmaterial ausgewählt werden: Ödön von Horváths "Figaro läßt sich scheiden", Max Frischs "Chinesische Mauer", "Romulus der Große" und "Achterloo" von Friedrich Dürrenmatt, Bertolt Brechts Lenz-Bearbeitung "Der Hofmeister" und Peter Hacks' "Omphale". Die dezidert unterschiedlichen weltanschaulichen Positionen dieser Autoren - hier die Marxisten Brecht und Hacks, dort Horváth, Dürrenmatt und Frisch - lassen erwarten, daß weltanschauliche Differenzen zu unterschiedlichen Varianten des Verhältnisses von Komödie und Geschichte führen. Dieser Frage soll im Folgenden nachgegangen werden.

Es wird bei all diesen Stücken zu untersuchen sein, inwiefern die zentralen Komödienkonflikte jeweils als historische aufzufassen sind, also welche Konzeption des historischen Prozesses in den einzelnen Dramen erkennbar ist, welchen Platz das Bühnengeschehen in diesem Prozeß einnimmt, aber auch in welcher Weise die Bedeutung des dramatischen Konflikts durch die Einbeziehung des historischen Horizonts erweitert oder variiert wird; nicht zuletzt, wie das Verhältnis der eigenen Gegenwart zu der abgebildeten Vergangenheit und wo ihr Ort im geschichtlichen Prozeß gesehen wird.

Gleichzeitig werden die dargestellten Konflikte als komische zu interpretieren sein: welches Modell wird im Rezipienten evoziert, auf welche Weise verstößt das Komische gegen dieses? Wirkt der Modellverstoß auf das Modell zurück und wenn ja, in welcher Weise? Wie ist die Distanz zum Gegenstand begründet, die notwendig ist, um diesen als komisch zu rezipieren?

Wenn ein komischer Konflikt gleichzeitig Geschichte thematisieren soll, und wenn ein als historisch verstandener Konflikt als komischer rezipiert werden soll, so liegt der Verdacht nahe, daß bestimmte Relationen zwischen der Geschichts- und der Komödienkonzeption eines Autors bestehen - es wurde bereits oben darauf hingewiesen, daß die Behandlung eines Themas in der Komödie nicht ohne Auswirkungen auf die Perspektive bleibt, die der Rezipient auf dieses Thema selbst entwickelt. Zu fragen sein wird also nach bestimmten Affinitäten zwischen dem Geschichtsbild eines Autors und der gewählten Komödienform, in der dieses Geschichtsbild entfaltet wird. Diese Frage wird im Zentrum der Untersuchung stehen: Warum tendiert eine Geschichtsanschauung zur Darstellung im komischen Genre? Inwiefern spiegelt sich in der gewählten Komödiendramaturgie die zugrundegelegte Geschichtsauffassung wider? Zumindest kursorisch wird am Ende der Untersuchung auch zu fragen sein, wo die wesentlichen Unterschiede zu einer tragischen Geschichtsauffassung und -darstellung liegen.

Ziel der Untersuchung ist es, feste Konstanten des Verhältnisses von Geschichts- und Komödienkonzeption herauszuarbeiten und die untersuchten Komödien auf signifikante Muster, Modelle der Geschichtskomödie zurückzuführen.

Dazu soll so vorgegangen werden, daß zunächst Einzeluntersuchungen zu den jeweiligen Autoren durchgeführt werden. Allerdings sollen die Werke, die im Zentrum der jeweiligen Analyse stehen, nicht isoliert, sondern im Kontext des Gesamtwerks betrachtet werden; es wird auf diese Weise zu zeigen sein, daß die herausgearbeiteten Komödienkonzeptionen zumindest im Rahmen des Gesamtwerks des einzelnen Autors und einer evtl. von ihm begründeten Tradition nicht zufällig und einmalig sind, sondern den Charakter signifikanter Modelle haben, auf die die Autoren immer wieder zurückgreifen. So wird beispielsweise zu zeigen sein, daß der an Horváths "Figaro läßt sich scheiden" herausgearbeitete Konnex von Geschichtsbild und Komödienkonzeption in seinen späten Stücken, zusammengefaßt in der "Komödie des Menschen", immer wieder auftaucht, oder daß Hacks' "Omphale" eine für diesen Autor typisch gewordene Komödienform repräsentiert, die sich auch in "Margarete in Aix" findet, nachdem Hacks' frühe Geschichtskomödien nach dem Muster von Brechts "Hofmeister"-Modell gearbeitet waren.

Die oben aufgeworfenen Fragen sollen in Kapitel 7, "Geschichte als Komödie - Thesen und Tendenzen" zusammenfassend - und dann auch stärker mit Blick auf theoretische Implikationen - beantwortet werden.

2. GESCHICHTE ZWISCHEN VERSPIESSERUNG UND MENSCHWERDUNG - ÖDÖN VON HORVATH

"Horváth realistisch - Horváth metaphysisch" - mit seinem Aufsatz aus dem Jahre 1971 hat Urs Jenny[1] die Kategorien vorgegeben, mit denen das Werk Horváths traditionell unterteilt wird in das diesseits und jenseits der Zäsur 1933 - dem Jahr, in dem Horváth Deutschland verließ - entstandene. Horváth als "der politisch bewußte Zeitautor von 1930 par excellence, der große Realist, der ... seinen unnachsichtigen Blick auf das Hier und Jetzt richtet"[2] wird dem metaphysisch und moralisch denkenden Exilautor nach 1933 gegenübergestellt, dessen "bisher problemloses Verhältnis zur Wirklichkeit für immer zerstört worden"[3] sei. Und auch das ästhetische Urteil über den späten Horvath steht fest: "Nichts von den späten Arbeiten hat Überzeugungskraft."[4]

Mag auch die Einteilung von Horváths Werk in verschiedene Phasen noch weiter differenziert worden sein[5] - an der Behauptung einer radikalen Zäsur und an der ästhetischen und/oder politischen Minderwertigkeit des Spätwerks wird festgehalten, wobei sich die Härte des Urteils noch steigert. Im Vergleich zu dem realistischen Autor von 1930 "muß die authentische Entwicklung Horváths in der Tat als die unwahrscheinlichste und enttäuschendste aller Möglichkeiten erscheinen, ... (man) empfindet sie fast wie einen Selbstverrat."[6] Horváths "Stücke werden zeitloser, symbolischer und damit schwächer"[7], mehr noch, der Verlust der Fähigkeit zur Wirklichkeitsgestaltung läßt Zweifel aufkommen, ob Horváth vor 1933 überhaupt eine für jene taugliche politisch-weltanschauliche Position innehatte: "Daß ihnen (den Werken Horváths vor 1933) eine entschieden gesellschaftspolitische Perspektive und Kraft mangelt, zeigte sich nach 1933 schonungslos"[8].

Anderen Forschern zufolge macht erst das (schwache) Werk nach der Zäsur

---

[1] Jenny, Urs: Horváth realistisch - Horváth metaphysisch. In: Akzente 18/1971. S. 289 - 295. Nachfolgend zitiert als: Jenny 1971.

[2] Jenny 1971. S. 290.

[3] Jenny 1971. S. 293.

[4] Jenny 1971. S. 294.

[5] Vergl. etwa: Schröder, Jürgen: Das Spätwerk Ödön von Horváths. In: Sprachkunst 7/1976. S. 49 - 71. Nachfolgend zitiert als: Schröder 1976. S. 49.

[6] Schröder 1976. S. 50.

[7] Hensel, Georg: Ödön von Horváth: Die Komik der Tragödien. In: G. H.: Theater der Zeitgenossen. Stücke und Autoren. Frankfurt am Main 1972. S. 11 - 20. S. 13.

[8] Schröder 1976. S. 70. Eine ähnliche Position vertritt Franz Norbert Mennemeier: Modernes Deutsches Drama. Kritiken und Charakteristiken. Bd. 2: 1933 bis zur Gegenwart. München 1975 (=UTB 425). Nachfolgend zitiert als Mennemeier, Mod. dt. Drama 2. 1975. S. 13.

von 1933 deutlich, "wie präzise, wie historisch, wie psychoökonomisch genau die Menschen der Volksstücke geschildert waren."[9]

Dem gegenüber stehen schon früh Positionen - etwa von Kurt Kahl[10] und Reinhard Hummel[11] -, die offenbar von einer völligen Homogenität des Horváthschen Werkes ausgehen, jedenfalls Dramen jeder Schaffensperiode heranziehen, um Kategorien zu entwickeln, die dann für das Gesamtwerk Horváths Gültigkeit haben sollen.

Die neuere Forschung hat beide Positionen relativiert und differenziert; Unterschiede zwischen Früh- und Spätwerk werden nicht ignoriert, sie werden jedoch nicht als Resultat einer Zäsur, sondern eher einer Akzentverschiebung angesehen. Johanna Bossinade etwa stellt fest, daß der Titel des letzten Teils von Horváths Roman "Der ewige Spießer", "Herr Reithofer wird selbstlos", ebenso wie der hierin auftauchende Begriff der "menschlichen Solidarität" "keineswegs nur ironisch zu verstehen"[12] sei. Ingrid Haag versucht, die erst Ende 1936 entworfene "Formel 'Komödie des Menschen' für das gesamte Theaterschaffen Horváths - vor allem aber bereits für die berühmten Volksstück-Texte der 30er Jahre - geltend zu machen."[13] Und Herbert Gamper, der eine scharfe Abgrenzung verschiedener Phasen im Werk Horváths für nicht möglich und die Einteilung in drei solcher Phasen nur als Grundlage der Verständigung für tauglich hält[14], kommt zu dem Ergebnis, "daß in Horváths poetischem Universum zwar die Beleuchtung wechselt, die Akzente sich verschieben und entsprechend die Formen der Vermittlung sich wandeln, es aber in den Grundzügen, in seinem relativ geringen Umfang, sich gleich bleibt."[15]

Damit erscheinen die Themen des Spätwerks Horváths in seinem früheren Schaffen bereits präfiguriert, jedoch treten religiöse und moralische Denkkategorien, die im Werk vor 1933 hinter realistisch gestalteter Zeitkritik eher verborgen waren, nach 1933 stärker in den Vordergrund. Umgekehrt bleibt das Anliegen der Zeitkritik im Werk Horváths auch in den Exiljahren virulent.[16]

---

[9] Hildebrandt, Dieter: Ödön von Horváth mit Selbstzeugnissen und Bilddokumenten dargestellt von D. H.. Reinbek 1975 (=Rowohlts Monographien 231). Nachfolgend zitiert als: Hildebrandt 1975. S. 87.

[10] Kahl, Kurt: Ödön von Horváth. Velber 1966 (=Friedrich Dramatiker des Welttheaters Bd. 17).

[11] Hummel, Reinhard: Die Volksstücke Ödön von Horváths. Diss. Berlin 1970.

[12] Bossinade, Johanna: Vom Kleinbürger zum Menschen. Die späten Dramen Ödön von Horváths. Bonn 1988 (=Abhandlungen zur Kunst-, Musik- und Literaturwissenschaft Bd. 364). Nachfolgend zitiert als: Bossinade 1988. S. 15.

[13] Haag, Ingrid: Zu Horváths "Komödie des Menschen". In: Austriaca 8/1982. No. 14. S. 169 - 186. Nachfolgend zitiert als: Haag 1982. S. 169.

[14] Vergl. Gamper, Herbert: Horváths komplexe Textur. Dargestellt an frühen Stücken. Zürich 1987. Nachfolgend zitiert als: Gamper 1987. S. 10.

[15] Gamper 1987. S. 9.

[16] Vergl. etwa: Fritz, Axel: Ödön von Horváth als Kritiker seiner Zeit. Studien zum Werk in seinem Verhältnis zum politischen, sozialen und kulturellen Zeitgeschehen. München 1973 (=List Taschenbücher der Wissenschaft Bd. 1446). Nachfolgend zitiert als: Fritz 1973.

Es scheint also durchaus berechtigt, die 1936 entstandene Komödie "Figaro läßt sich scheiden" mit Hilfe zweier Kategorien zu interpretieren, deren eine schwerpunktmäßig im Werk um 1930 Verwendung findet, während die andere erst Ende des Jahres 1936 expressis verbis formuliert wird, mit der Kategorie des "Spießers" einerseits, des "Menschen" andererseits.

Diese Kategorien sollen im Folgenden aus dem Roman "Der ewige Spießer"[17] einerseits und der Notiz "Die Komödie des Menschen" (HoW 11, 227 f.) und einiger anderer Texte des Spätwerks andererseits entwickelt werden. Dabei kann es nicht um eine umfassende Interpretation der jeweiligen Werke gehen. Ziel kann lediglich die eher skizzenhafte Darstellung Horváthscher Paradigmen sein, deren Zweck einzig und allein darin besteht, für die Interpretation der Komödie "Figaro läßt sich scheiden" brauchbare Hilfen zu gewinnen.

2.1. "Spießer" und "Mensch" als Paradigmen im Werk Horváths

2.1.1. Der Archetyp des Spießers

Horváth selbst hat in seiner Vorrede zum "Ewigen Spießer" eine Definition desselben gegeben, die - in aller polemischen Kürze - durchaus als Ausgangspunkt einer Beschreibung dieses Typus' genutzt werden kann: "Der Spießer ist bekanntlich ein hypochondrischer Egoist, und so trachtet er danach, sich überall feige anzupassen und jede neue Formulierung der Idee zu verfälschen, indem er sie sich aneignet" (HoW 12, 129).

Schon in dieser Definition wird deutlich, daß der Spießer nicht primär sozioökonomisch - auch das spielt, wie unten noch zu zeigen sein wird, eine Rolle - sondern psychologisch aufzufassen ist. Der Begriff ist "nicht als Klassenzuordnung gemeint, sondern zielt auf die Wertorientierung"[18], ist "als Kategorie zur Klassifizierung psychischer und charakterlicher Dispositionen zu verstehen."[19] Diese psychische Disposition kann - so zeigt das gesamte Werk Horváths - in jeder gesellschaftlichen Schicht auftreten und ist zunächst auch unabhängig von der (partei-)politischen Position (vergl. etwa die "Italienische Nacht"). Allerdings

---

[17] Horváths Werke werden im Folgenden zitiert nach der Ausgabe: Ödön von Horváth: Gesammelte Werke. Kommentierte Werkausgabe in Einzelbänden. Hrsg. von Traugott Krischke unter Mitarbeit von Susanna Foral-Krischke. Frankfurt am Main 1983 - 1988 (=suhrkamp taschenbuch 1051 - 1064). Zitiert mit der Sigle HoW unter Nennung von Band- und Seitenzahl im fortlaufenden Text. Hier: Bd. 12.

[18] Rotermund, Erwin: Zur Erneuerung des Volksstücks in der Weimarer Republik. In: Dieter Hildebrandt und Traugott Krischke (Hrsg.): Über Ödön von Horváth. Frankfurt am Main 1972 (=edition suhrkamp Bd. 584). S. 18 - 45. S. 29.

[19] Pichler, Meinrad: Von Aufsteigern und Deklassierten. Ödön von Horváths literarische Analyse des Kleinbürgertums und ihr Verhältnis zu den Aussagen historischer Sozialwissenschaften. In: Ödön von Horváth. Hrsg. von Traugott Krischke. Frankfurt am Main 1981 (=suhrkamp taschenbuch 2005). S. 67 - 86. Nachfolgend zitiert als: Pichler 1981. S. 68.

zeigt der Mittelstand eine besonders starke Affinität zum Spießertum, dieses tendiert stark zur politischen Rechten und zum Nationalismus.

Der von Horváth genannte "Egoismus" realisiert sich vor allem in der extremen Eindimensionalität des spießigen Wertesystems. Alle anderen Werte, Ideale und Interessen werden dem Streben nach eigenem materiellem Vorteil um jeden Preis untergeordnet. Alles Handeln und Denken dient nur diesem Ziel. "Bei mir muß alles einen Sinn haben" (HoW 12, 146), konstatiert Horváths Hauptfigur Kobler. Was er unter Sinnhaftigkeit versteht, macht er auch deutlich: der Vorschlag des Grafen Blanquez etwa, Kobler solle sein durch den betrügerischen Verkauf eines Kabrioletts erworbenes Geld in eine Reise in ein Luxushotel investieren, wo er eine reiche Frau zwecks Heirat kennenlernen könne, etwa "eine Ägypterin mit a paar Pyramiden" (HoW 12, 143), hat "Sinn": "Habens das ghört, was der Graf über die Ägypterin mit den Pyramiden gewußt hat? Sehns, des hätt einen Sinn!" (HoW 12, 146).

Ähnlich sinnhaft ist zweifellos der Verkauf eines defekten Automobils an einen ahnungslosen Kunden (HoW 12, 131-134), der Betrug der Geliebten um eines finanziellen Vorteils willen (HoW 12, 136) und das Bedauern darüber, daß die Schweiz und Spanien nicht in den ersten Weltkrieg verwickelt waren, weil dann Reisen in diese Länder aufgrund der infolge des Krieges herrschenden Inflation für Deutsche billiger wären (HoW 12, 151).

Daß die Mitmenschen durch diesen Egoismus lediglich ein Mittel zum Zweck werden, versteht sich fast von selbst: "man soll halt nur mit Menschen verkehren, von denen man was hat" (HoW 12, 184).

Indem dem Streben nach materiellem Vorteil alles andere untergeordnet wird, sieht sich der Spießer ständig gezwungen, sein Verhalten an den Erwartungen derer zu orientieren, "von denen man was hat". Er ist ständig auf seine Außenwirkung bedacht, der schon oben genannte Opportunismus wird zum zentralen Charakteristikum seines Handelns, der Spießer "trachtet ... danach, sich überall feige anzupassen", wie Horváth es formuliert (s. o.).

Deutlich wird dies etwa in der besonders stark satirisch gestalteten Unterhaltung zwischen einem Hofrat und einem "Mann aus dem Volke, der dem Hofrat sehr schön tat, weil er von ihm eine Protektion haben wollte" (HoW 12, 164). Kobler begegnet den Beiden auf seiner Reise nach Barcelona, wo er das von dem Grafen vorgeschlagene Ziel zu erreichen trachten will:

"'Jetzt ist es finster', sagte der Hofrat. 'Sehr finster', sagte der Mann. 'Es ist so finster geworden, weil wir durch den Tunnel fahren', sagte der Hofrat. 'Vielleicht wirds noch finsterer', sagte der Mann. 'Kruzitürken, ist das aber finster!' rief der Hofrat. 'Kruzitürken!' rief der Mann" (HoW 12, 165).

Aber auch Kobler zeigt die umfassende Verstellung zugunsten eines für opportun gehaltenen Verhaltens, die für den Spießer typisch ist: immer wieder weist der Erzähler auf die geradezu groteske Diskrepanz zwischen Denken und Fühlen einerseits und dem Handeln Koblers andererseits hin: "Also in deiner Gesellschaft, du Mistvieh, dachte er weiter, werd ich ja kaum zum Schlafen kommen, eigentlich gehört dir eine aufs Maul. Aber ich weiß schon, was ich mach! Und er sagte: 'Dürfte ich etwas in Ihren Zeitungen blättern?" (How 12, 178).

Gegenüber vermeintlich oder tatsächlich Schwächeren oder Unterlegenen hat der Spießer weniger Hemmungen, seinen Aggressionen freien Lauf zu lassen (Vergl. etwa HoW 12, 165). Auf diesen Zug des Spießertums wird unten noch ausführlicher einzugehen sein.

Logische Konsequenz dieses Opportunismus ist die Anbetung einer jeden Macht, die allein durch ihre Größe und ihre Autorität bzw. durch die Demonstration derselben dem Spießer die Realisierung all seiner Wünsche verspricht, wenn es ihm nur gelingt, sie sich gewogen zu machen. So gibt sich etwa Kobler, fasziniert durch den italienischen Faschismus, als "reichsdeutscher Faschist" aus (HoW 12, 172) und bedauert, daß sein Name nicht - entsprechend anderen, nicht übersetzbaren deutschen Namen in Südtirol - italienisiert ist: "Schad, daß ich nicht Koblero heiß!" (HoW 12, 170).

Jede inhaltliche Wertorientierung, das eigene Denken und Fühlen, die eigene Identität werden bedingungslos geopfert, wenn sich aus dieser Opferung ein materieller Vorteil gewinnen läßt. Bezeichnend für den Spießer jedoch ist, daß er sich dieses Sachverhalts nicht bewußt wird. Im Gegenteil: immer wieder versucht der Spießer, seinen eigenen Egoismus zu verbrämen, idealistische Konzeptionen zur Begründung seines Handelns heranzuziehen, sein Handeln als Ausdruck allgemeiner Notwendigkeit darzustellen; es ist dies die von Horváth genannte Aneignung und Verfälschung von Ideen, die dazu führt, "daß Eigeninteresse und Allgemeininteresse auf radikale Weise miteinander verwechselt werden"[20].

So fordert etwa der Besitzer eines "Hotel(s) in Partenkirchen, das immer leer stand, weil es wegen seiner verrückt hohen Preise allgemein gemieden wurde", ein Deutscher solle "sein ehrlich erworbenes Geld in diesen wirtschaftlich depressiven Zeiten unter keinen Umständen ins Ausland tragen" (HoW 12, 158); Kobler wird zum Paneuropäer, nachdem er eine reiche Industriellentochter kennengelernt und sich in diese verliebt hat, sie aber gezwungen ist, einen Amerikaner wegen dessen Kapital, das ihr Betrieb benötigt, zu heiraten. Von da an plädiert Kobler für einen gegen Amerika gerichteten "Zusammenschluß Europas ..., besonders auf wirtschaftlichem Gebiet" (HoW 12, 229). Ähnlich feiert er den betrügerischen Verkauf des Kabrioletts als Ausdruck von freiem Unternehmertum und Privatinitiative (HoW 12, 155); Koblers Mitreisender Schmitz vergleicht sein schmähliches Scheitern als Dichter mit der Abwendung Rimbauds von der Dichtkunst, "um ein gedichtetes Leben zu führen" (HoW 12, 180), und bekennt sich, ähnlich wie Kobler, zum angeblich hehren Ideal des Internationalismus, allerdings aus zwar nicht persönlich-egoistischem, dafür jedoch nationalistisch-egoistischem Interesse: "Ich, Rudolf Schmitz ... bin überzeugt, daß ihr Deutschen alle eure ver-

---

[20] Müller-Funk, Wolfgang: Die Eroberung der Welt durch das Kleinbürgertum. Lion Feuchtwangers "Erfolg" und Horváths "Ewiger Spießer". In: Horváths Prosa. Hrsg. von Traugott Krischke. Frankfurt am Main 1989 (=suhrkamp taschenbuch 2094). S. 57 - 73. S. 62.

lorenen Gebiete ohne Schwertstreich zurückbekommen werdet, und auch wir Deutsch-Österreicher werden uns ebenso an euch anschließen" (HoW 12, 188).

Nur partiell kommt der Spießer zum Bewußtsein der Demütigung, die er sich selbst antut; auch aus solcher Erkenntnis jedoch erwächst keine Änderung der eigenen Position. Die Selbstdemütigung wird als notwendige akzeptiert, der (materielle) Erfolg wird als ausreichende Belohnung angesehen. So antwortet Kobler seiner Vermieterin, die ihn auffordert, sich gegen das kränkende Verhalten des Grafen Blanquez zur Wehr zu setzen: "Das ist gar nicht so einfach, wie sie sich das vorstellen ... Der Graf ist nämlich leicht gekränkt, er könnt das leicht falsch auffassen, und ich muß mich mit ihm vertragen, weil ich oft mit ihm zusammenarbeiten muß" (HoW 12, 141). Das partielle Bewußtsein seiner Unfreiheit, seiner Demütigung und seines Opportunismus ist also durchaus mit dem Archetyp des Spießers vereinbar und sprengt nicht dessen Grenzen!

Die oben zitierte Stelle macht aber gleichzeitig auch den tieferen Antrieb deutlich, aus dem heraus der Spießer handelt: das Bewußtsein, in der Erreichung seiner materiell definierten Ziele abhängig zu sein vom Wohlwollen anderer, führt zu einer umfassenden Zukunfts- und Existenzangst, von der auch Kobler in regelmäßigen Abständen befallen wird (vergl. HoW 12, 146).

Diese Existenzangst des Spießers mag in ihrem Kern ökonomisch begründet sein als die Angst vor dem "endgültigen Verlust der Fiktion ... aufgrund ihrer - wie auch immer eingeschränkten - Unabhängigkeit selbständige wirtschaftliche Subjekte ... zu sein"[21] - eine Angst, die gerade in den späten 20er Jahren sicherlich nicht ganz unbegründet war. Bis zu diesem Reflexionsniveau jedoch gelangt keine der Figuren in Horváths Roman: die Angst bleibt im wesentlichen irrational und sucht sich nahezu beliebige Objekte, die sie zur Ursache der eher dumpf empfundenen Bedrohung erklären kann. "Die Angst davor, gerade erreichte oder noch gehaltene Respektabilität zu verlieren, führt zu irrationalen Kettenreaktionen, aus deren Verstrickungen Selbstbetrug und Feindprojektionen befreien sollen."[22]

Die Folge dieses Syndroms von Egoismus, idealistisch verbrämtem Opportunismus und auf Ersatzobjekte umgeleiteter Existenzangst ist ein umfassend ideologisches Weltbild, das Horváth als Dummheit bezeichnet, und das deutliche Züge der Borniertheit, des Nicht-Wissen-Wollens trägt: "Je härter sie ihre materielle Niederlage empfand, um so bewußter wurde sie ihrer ideellen Überlegenheit. Diese ideelle Überlegenheit bestand vor allem aus Unwissenheit und aus der natürlichen Beschränktheit des mittleren Bürgertums" (HoW 12, 139). Man kann Benno von Wiese durchaus zustimmen, wenn er schreibt: "Dummheit bedeutet häufig das Sich-Einkapseln in eine Idylle, die in Wahrheit gar keine ist, aber in der Dummheit als solche verklärt werden kann, so vor allem in der von Horváth mehrfach entlarvten Daseinsform des 'ewigen Spießers'"[23], sofern man Idylle begreift als

---

[21] Scheible, Hartmut: Verschollene Bürgerlichkeit. Ödön von Horváth: Jargon und gesellschaftliche Immanenz. In: Neue Rundschau 88/1977. S. 365 - 385. S. 374.

[22] Pichler 1981. S. 79.

[23] Wiese, Benno von: Ödön von Horváth. In: Ödön von Horváth. Hrsg. von Traugott Krischke. Frankfurt am Main 1981 (=suhrkamp taschenbuch 2005). S. 7 - 45. S. 18.

ein Bild der Wirklichkeit, das das eigene Weltbild und die eigene Persönlichkeit bestätigt und rechtfertigt. Eine solche "Idylle" kann durchaus angefüllt sein mit verschiedensten und umfassenden Bedrohungsvorstellungen, sofern diese nur die Ordnung, aus der heraus der Spießer sich selbst definiert, unangetastet lassen. Als solche können auftreten vor allem das Judentum (HoW 12, 165), die Sozialdemokratie (HoW 12, 165), der Arbeiter allgemein (HoW 12, 139, 159f., 173) und vor allem immer wieder das Ausland.

Damit ist auch die - neben dem nationalen Egoismus - zweite Ursache des Nationalismus geklärt, den fast alle Figuren im "Ewigen Spießer" an den Tag legen und der von Vorurteilen über die Sauberkeit im Ausland (HoW 12, 158) und über Reisende in Italien, die "meistens laut vor sich hinsingen" (HoW 12, 175) bis zu umfassenden Bedrohungsvorstellungen ("Uns is überhaupts niemand freundlich gesinnt!" (HoW 12, 158)) reicht. So ist zu konstatieren, daß bei Horváth "die Dummheit neben übersteigertem Nationalgefühl einherschreitet oder beide durch ein Beziehungsgeflecht miteinander verknüpft sind."[24]

Auf die andere Ursache des Nationalismus, den ins Völkisch-Nationale transponierten Egoismus, ist oben bereits hingewiesen worden; er tritt in Erscheinung etwa in der Figur Schmitz', in der sich der "Egoismus ... als Träger der 'vaterländischen' Ideologien"[25] enthüllt.

Damit ist eine umfassende Charakteristik des Spießers gegeben: die Eindimensionalität der Zielsetzung und das beängstigende Bewußtsein der Abhängigkeit von Anderen bei der Erreichung dieses Ziels führen zu Existenz- und Zukunftsangst einerseits und (teilweise bewußtem, teilweise idealistisch verbrämtem) Opportunismus bis zur Selbstdemütigung andererseits. Auszuhalten ist dieser Zustand nur durch ein umfassend ideologisches Weltbild, das zur Erstellung von Feindbildern und zum Nationalismus tendiert und dabei den Spießer selbst rechtfertigt. "Kleinbürgerlichkeit erscheint als Metapher für eine unbegriffene Entfremdung, die nach reaktionären Lösungen strebt."[26] Kern solcher Lösungen ist die Opferung aller Werte und Ideale und die Degradierung anderer Menschen zum Mittel für den eigenen Nutzen.

Von Interesse für die vorliegende Untersuchung ist es noch, daß Horváth diesen Archetyp des Spießers vor dem Hintergrund eines durchaus historischen Bewußtseins gestaltet:

> Wenn ich mich nicht irre, hat es sich allmählich herumgesprochen, daß wir ausgerechnet zwischen zwei Zeitaltern leben. Auch der alte Typ des Spießers ist es nicht mehr wert, lächerlich gemacht zu werden; wer ihn heute noch verhöhnt, ist bestenfalls ein Spießer

---

[24] Cyron-Hawryluk, Dorota: Der Horváthsche Archetyp des Spießers. In: Germanica Wratislaviensia 20/1974. S. 117 - 130. S. 121.

[25] Reinhardt, Hartmut: Die Lüge des "Prinzipiellen". Zur Begrenzung der Kompetenz von Kritik in Horváths Stücken. In: Deutsche Vierteljahresschrift 49/1975. S. 332 - 355. S. 348.

[26] Bossinade, Johanna: "Verloren, was ich nie besessen hab". Ödön von Horváths Exilromane. In: Horváths Prosa. Hrsg. von Traugott Krischke. Frankfurt am Main 1989 (=suhrkamp taschenbuch 2094). S. 74 - 97. S. 79.

der Zukunft. Ich sage 'Zukunft', denn der neue Typ des Spießers ist erst im Werden, er hat sich noch nicht herauskristallisiert. (HoW 12, 129)

Horváth bringt hier also durchaus das Bewußtsein einer Zeitenwende zum Ausdruck. Es steht jedoch zu vermuten, daß die anbrechende neue Zeit im gleichen Maße durch den (modifizierten) Typ des Spießers dominiert sein wird wie die alte. Schon diese, für "ein gesetzmäßiges Weltgeschehen" (HoW 12, 129) ausgegebene Prognose läßt Schlüsse auf das Geschichtsbild Horváths zu. Es wird zu untersuchen sein, ob sich diese Schlüsse im "Figaro" bestätigen.

2.1.2. Das Paradigma des Menschen

Ungefähr 1½ Jahre vor seinem Tod setzt sich Ödön von Horváth "ein Programm im Stückeschreiben": "So habe ich mir nun die Aufgabe gestellt, frei von Verwirrung die Komödie des Menschen zu schreiben, ohne Kompromisse, ohne Gedanken ans Geschäft" (HoW 11, 227).

Der Text selbst - auf den in Kapitel 2.3.1. noch einmal ausführlicher einzugehen sein wird - gibt wenig Hinweise auf den Charakter dieser Komödie des Menschen, ebenso bleibt die Bedeutung des Begriffes "Mensch" hier im Dunkeln, jedoch scheint er eine zentrale Rolle in der Konzeption von Horváths weiterem Schaffen gespielt zu haben, denn bei der Komödie des Menschen handelt es sich offensichtlich nicht um ein einzelnes Werk, eher um einen Oberbegriff für Horváths weiteres Schaffen: "Ich ... will unter dem Titel 'Komödie des Menschen' fortan meine Stücke schreiben" (HoW 11, 227).

Handschriftlich jedoch hat Horváth auf dem Manuskriptblatt vermerkt: "I. *Pompeji/Das Dorf ohne Männer*" (HoW 11,271). Es darf wohl davon ausgegangen werden, daß für Horváth diese beiden späten Komödien die Anforderungen der Komödie des Menschen erfüllt haben. In Übereinstimmung mit Johanna Bossinade, die "Pompeji" für das "für die Richtung des Spätwerks repräsentativste Beispiel"[27] hält, soll aus einer kurzen Betrachtung dieses Stückes skizzenhaft die Charakteristik des Horváthschen Paradigmas des Menschen herausgearbeitet werden.

Im Mittelpunkt der Handlung, die in Pompeji kurz vor dem Ausbruch des Vesuv spielt, steht der Sklave Toxilus. In einer Gesellschaft, in der die Beziehungen der Menschen zueinander lediglich durch wirtschaftliche Faktoren bestimmt werden, verliebt sich Toxilus in die Hetäre Lemniselenis, die dessen Liebe jedoch nur scheinbar erwidert, um ihn zu einem Diebstahl zu verleiten, mit dessen Ertrag er sie freikaufen soll. Dieser ihrer Freiheit gilt alle Sehnsucht Lemniselenis'. Nach längerem Zögern begeht Toxilus aus Liebe diesen Diebstahl; im weiteren Verlauf der Handlung, in dem Toxilus deswegen zum Tode im Zirkus verurteilt wird, findet auch Lemniselenis von der nur vorgespielten, absichtsvollen Liebe zu <u>Toxilus zu einer wirklichen</u>: "Ich hätte es nie für möglich gehalten, aber seit ich

---

[27] Bossinade 1988. S. 249.

weiß, daß Du meinetwegen zum Tode verurteilt wurdest, liebe ich Dich unendlich" (HoW 10, 284). Die Liebenden können aus dem Zirkus entfliehen und finden Zuflucht in den christlichen Katakomben, in denen sich auch der Apostel Paulus aufhält, während Pompeji vom Vesuvausbruch überrascht und vernichtet wird.

Wiederum Johanna Bossinade hat darauf hingewiesen, daß gegenüber einer früheren Fassung des Stoffs, "Ein Sklavenball", die Liebesfähigkeit des Toxilus deutlich herausgehoben wurde: "Die betonte Stilisierung des Sklaven zum 'Liebenden' erscheint als ein gegenüber der Vorlage so hervorstechender Zug, daß daraus Rückschlüsse auf die Konzeption der Figur gezogen werden können. Offenbar ist die Fähigkeit zur Liebe ein integraler Bestandteil ihrer personalen Struktur."[28] Auf ähnliche Weise erreicht Lemniselenis am Ende des Dramas einen Zustand, in dem der liebende Mensch seine innere Freiheit erlangt.[29]

Diese Liebe stellt nicht nur einen diesseitigen Wert dar - es ist kein Zufall, daß die Liebenden in den Katakomben den Apostel Paulus treffen, den Apostel der Liebe, der zudem noch gerade "Briefe (schreibt), so gleich an ganze Städte. Zum Beispiel an die Korinther --" (HoW 10, 292) (im 1. Korintherbrief steht das berühmte "Hohelied der Liebe"). Sie bekommt dadurch einen Oppositionscharakter gegenüber der durch Geld beherrschten Gesellschaft, daß sie das Gegenüber, das Du absolut setzt und zum Zweck macht. In diesem Sinne ist auch der Diebstahl des Toxilus im Rahmen des Stückes als nicht verwerflich anzusehen. Im Gegenteil: da er nicht aus Egoismus erfolgt, scheint der Bruch starrer Rechtsnormen zugunsten eines bedürftigen Individuums gerechtfertigt, erscheint durchaus als Ausdruck von Menschlichkeit.

In einer leicht theologisch angehauchten Sprache schreibt Wolfgang Boelke: "In der Konfrontation des Einzelnen mit der Gesellschaft, des Ich mit den vielen Gegenüber ist Humanität so lange nicht ersichtlich, als aus dieser Vielsamkeit nicht auch das Du heraustritt, um das einsame Ich zur Zweisamkeit hin zu ergänzen."[30]

Eine solche Konzeption findet sich im Spätwerk Horváths immer wieder; auch der Soldat in "Ein Kind unserer Zeit" kommt am Ende zu der Erkenntnis: "Denn jeder, der da sagt, auf den einzelnen kommt es nicht an, der gehört weg" (HoW 14, 121).

Indem der Einzelne, das Gegenüber, das Du, wie es in der Liebe geschieht, zum Zweck des Handelns gemacht wird, ist in der so verstandenen "Menschlichkeit" die krasse Antithese zur inhumanen Spießergesellschaft aufgestellt, in der der Egoismus Grundlage allen Handelns ist, in der das Gegenüber zum Mittel gemacht wird und in der der Satz gilt: "auf den einzelnen Menschen kommts leider nicht an" (HoW 14, 120).

Damit ist die Opposition Spießer - Mensch im wesentlichen beschreibbar als

---

[28] Bossinade 1988. S. 256.
[29] Vergl. Bossinade 1988. S. 260.
[30] Boelke, Wolfgang: Die entlarvende Sprachkunst Ödön von Horváths. Studien zu seiner dramaturgischen Psychologie. Diss. Frankfurt 1969. Nachfolgend zitiert als: Boelke 1969. S. 66.

der Gegensatz zwischen einer Haltung, die den eigenen Egoismus zum unbedingten Maßstab allen Handelns macht, und einer solchen, die den Mitmenschen altruistisch, in Liebe, wenn das Wort in seinem christlichen Sinne gebraucht wird, in den Mittelpunkt stellt.

Horváth selbst hat diesen Gegensatz in einer apercuhaften Bemerkung auf den Punkt zu bringen versucht, wenn er in einem Entwurf zu einem Vortrag notiert:

> Was ist Menschlichkeit?
> Verständnis und Verzeihung für die kleinen Schweinereien.
> Haß gegen die großen.
> Heute ist es umgekehrt. (HoW 11, 224)

Die "Fähigkeit zu einem Akt der 'menschlichen Solidarität'"[31] ist das entscheidende Merkmal des Menschen und gleichzeitig das herausstechende Unterscheidungsmerkmal gegenüber dem Spießer.

Es soll im Folgenden versucht werden, mit Hilfe des nun entwickelten Oppositionspaars des "Spießers" und des "Menschen" eine Interpretation der Komödie "Figaro läßt sich scheiden" als Geschichtskomödie im oben genannten Sinne vorzunehmen.

2.2. "Figaro läßt sich scheiden" als Geschichtskomödie

2.2.1. Der traditionelle Interpretationsansatz

Die Komödie "Figaro läßt sich scheiden", im Jahre 1936 vollendet, gehört zu den umstrittensten Dramen Horváths. Die komplexe Zeitstruktur des Werkes, das sich als Fortsetzung von Beaumarchais Figaro-Komödien versteht, aber mit Anachronismen arbeitet, die Assoziationen zu den politischen Verhältnissen der 30er Jahre des zwanzigsten Jahrhunderts provozieren, hat die Forschung dazu verleitet, das Stück als verschlüsseltes Gegenwartsdrama, als verschlüsselte Kritik an Nationalsozialismus (der sich ja selbst als "Nationale Revolution" verstand) und Stalinismus zu verstehen. Verbunden mit dem "Happy End" des Stückes mußte eine solche Konzeption in hohem Maße irritierend wirken.

Am pointiertesten hat diese Irritation vielleicht Dieter Hildebrandt formuliert, der deshalb hier in etwas längerem Zusammenhang zitiert werden soll; für ihn ist die "dramaturgische Grundverstörung" die

> ständige Hin- und Hergerissenheit (des Autors wie des Zuschauers) zwischen der Figaro-Welt (eben der großen Französischen Revolution) und jener Machtergreifung, der Horváth und viele andere ihren Emigrantenstatus zuschreiben mußten. Horváth kokettiert einerseits dauernd mit Anspielungen auf Beaumarchais und Da Ponte und Mozart, also auf eine ganz und gar wünschenswerte Revolution (im kleinen), und andererseits zielt er

---

[31] Bossinade 1988. S. 285.

auf Hitlerdeutschland. Um es pointiert zu sagen: Das Stück leidet darunter, daß die vier, die über die Grenze fliehen, gleichzeitig aus dem Frankreich des Jahres 1789 und aus dem Deutschland des Jahres 1933 (oder 1936) fliehen (ein bißchen auch aus dem Rußland 1917), einmal also vor den Postulaten 'Freiheit, Gleichheit, Brüderlichkeit', einmal vor den Konzentrationslagern. (32)

Noch eine Dissertation aus dem Jahre 1990 verleiht der Irritation des Verfassers Ausdruck ob der "undifferenzierten und politisch naiven Weise", in der von Horváth eine "Gleichsetzung von progressiven und reaktionären gesellschaftlichen Transformationen vorgenommen" wird.[33] So gilt die angebliche Anspielung auf den Faschismus mit Hilfe von Bildern aus der Französischen Revolution bis heute als eine der "schwerwiegendsten gedanklichen Schwächen"[34] des Stücks.

Diese traditionelle Forschungsposition erscheint aus mehreren Gründen problematisch.

Zum einen wird sie in einem kurzen Vorwort von Horváth selbst mehr oder weniger ausdrücklich zurückgewiesen. Wenn Horváth schreibt:

> Unter der in dieser Komödie stattfindenden Revolution ist nicht also die große Französische von 1789 gemeint, sondern schlicht nur eine jegliche Revolution, denn jeder gewaltsame Umsturz läßt sich in seinem Verhältnis zu dem Begriff, den wir als Menschlichkeit achten und mißachten, auf den gleichen Nenner bringen (HoW 8, 11),

so läßt sich diese Verwahrung gegen die Gleichsetzung der dargestellten Revolution mit einer bestimmten, historisch konkreten zweifellos auch auf die Gleichsetzung mit der sogenannten "nationalen" oder der Oktoberrevolution übertragen. Es geht Horváth um "schlicht nur eine jegliche Revolution", also um eine allgemeine Aussage mit möglicherweise historischem Charakter, nicht um eine Verschlüsselung der Gegenwart.

Zum anderen wird die Bezugnahme auf die literarische Tradition nicht in ausreichendem Maße gewürdigt. Zweifellos ist Beaumarchais' "Figaro" im Laufe der Rezeptionsgeschichte zum Symbol des selbstbewußt gewordenen Bürgertums, das sich gegen die Demütigung durch den Adel zu wehren beginnt, geworden.[35] Aus der Parteinahme der traditionell positiv besetzten Figur Figaro für die Revolution in Horváths Stück jedoch auf eine Verharmlosung eben dieser Revolution zu schließen, verkennt die Gegebenheiten des Textes und übersieht die komplexen

---

[32] Hildebrandt 1975. S. 97.

[33] Schnitzler, Christian: Der politische Horváth. Untersuchungen zu Leben und Werk. Frankfurt am Main 1990 (=Marburger Germanistische Studien Bd. 11). Nachfolgend zitiert als: Schnitzler 1990. S. 206.

[34] Fritz 1973. S. 169.

[35] Vergl. etwa Otten, Kurt: Der englische Roman im 18. Jahrhundert. In: Neues Handbuch der Literaturwissenschaft. Hrsg. von Klaus von See. Band 12: Europäische Aufklärung (II. Teil). Frankfurt am Main 1984. S. 261 - 312. S. 277: "Wie zeittypisch diese Auffassung war und mit welcher Intensität sich das Bürgertum gegen die aristokratische Anmaßung zu wehren begann, erkennt man an Beaumarchais' Drama 'Le Marriage de Figaro' ..., am Vorabend der Französischen Revolution."

Beziehungen zwischen einem literarischen Vorbild und seiner literarischen Rezeption, wie sie gerade im vorliegenden Fall gegeben zu sein scheint. Auf dieses Problem wird in Kapitel 2.2.2. noch zurückzukommen sein.

Zum dritten kommt die dargestellte Forschungsposition nicht aus ohne die Behauptung von gedanklichen Schwächen und Widersprüchen; es wäre zu prüfen, ob eine Interpretation des Werkes ohne die Notwendigkeit dieser Behauptung möglich ist. Eine solche Interpretation, die die gedankliche Stringenz und Schlüssigkeit von Horváths Werk aufzeigen könnte, würde zweifellos die Behauptung Johanna Bossinades stützen, die "Verweise auf die französische Revolution als 'Deckmantel' für eine Kritik am Dritten Reich aufzufassen, schüfe nicht bloß Probleme wegen des augenfälligen ideologischen Mißverhältnisse (sic!) zwischen den Bezugspunkten; eine solche Eindeutigkeit der Verweisstruktur ist auch textimmanent nicht gegeben"[36].

Vor allem jedoch ist die traditionelle Interpretation nicht in Einklang zu bringen mit der Zeitstruktur des Textes.

Tatsächlich verwendet Horváth in verwirrender Vielzahl Anachronismen, die die Situierung der Handlung in einer konkreten historischen Situation unmöglich machen; und keineswegs verweisen all diese Anachronismen eindeutig in das 18. oder in das 20. Jahrhundert. Die in Großhadersdorf spielenden Szenen des zweiten Akts etwa, in der Figaro beispielsweise nach der Schließung seines Friseurgeschäftes "zur Liedertafel" aufbricht (HoW 8, 45), erinnern atmosphärisch viel stärker an das 19. als an das 20. Jahrhundert. Dennoch scheint der von Jenö Krammer überlieferte Vorschlag einer seiner Studentinnen, Horváths "Figaro" so aufzufassen, "daß die ersten Bilder Figaros Zeit vergegenwärtigen, dann mit einem Übergang in die vierziger Jahre des 19. Jahrhunderts versetzt und schließlich, nach der Rückkehr Figaros, wo Kino und Radio vorkommen, in die Gegenwart verlegt werden"[37], eher ein Vorschlag für die theatralische Realisierung des Stückes als für seine literaturwissenschaftliche Interpretation zu sein. Eine solche chronologische Ordnung konkreter historischer Epochen ist in dem Text nämlich keineswegs gegeben.

So tauchen etwa bereits im ersten Akt Hinweise auf die revolutionäre Erschießung des Königs vermittels eines Revolvers auf, die in einem Dokumentarfilm in den Kinos des Exillandes anzusehen sei (HoW 8, 26) - gleichzeitig bleibt kein Zweifel daran, daß in der stattgefundenen Revolution die Ablösung der Feudalgesellschaft durch eine bürgerliche stattgefunden hat (vergl. etwa HoW 8, 14). Von daher ist Joseph Strelkas schon 1962 geäußerte Auffassung, daß "das Stück zur Zeit der Französischen Revolution spielt"[38], nicht ohne weiteres von der Hand zu weisen, um so mehr, als sie sich in Übereinstimmung mit Horváths eigener Zeitangabe befindet: "'Figaro läßt sich scheiden' beginnt einige Jahre nach der

---

[36] Bossinade 1988. S. 117.

[37] Krammer, Jenö: Ödön von Horváth. Leben und Werk aus ungarischer Sicht. Wien 1964 (=Wissenschaftliche Buchreihe der internationalen Lenau-Gesellschaft Bd. 1). S. 105.

[38] Strelka, Joseph: Brecht, Horváth, Dürrenmatt. Wege und Abwege des modernen Dramas. Wien, Hannover, Bern 1962. S. 90.

'Hochzeit des Figaro'" (HoW 8, 12) - eine Zeitangabe, die wiederum irritiert, wenn man sich die Großhadersdorfer-Szenen des 2. Akts oder die an Großstädte in den 20er Jahren des zwanzigsten Jahrhunderts erinnernden Bilder in Cherubins Piano-Bar vor Augen hält (HoW 8, 82 - 90).

Es ist schon hier erkennbar, daß nicht lediglich zwei, sondern weitaus mehr Epochen miteinander vermischt werden, und daß es vom Text her kaum gerechtfertigt erscheint, eine eindimensionale Verweisstruktur anzunehmen, in der Figuren und Orte des 18. Jahrhunderts zur Verschlüsselung von Ereignissen des 20. Jahrhunderts dienen sollen.

Interessanterweise finden sich auch in der Figurenrede Hinweise zumindest auf den Zeitraum, den die Handlung umfaßt: So kommt etwa Figaro, wenn er anhand der wichtigen Daten seines Lebens sein Alter rekonstruiert, zu dem Ergebnis, "daß ich cirka dreihundert Jahr alt bin" (HoW 8, 21); bei seiner Rückkehr in das Land der Revolution teilt er Pedrillo mit: "Seit eurer ruhmreichen Revolution gab es bis dato sechsundzwanzig mehr oder minder ruhmreiche Umstürze, in allen Ecken der Welt" (HoW 8, 74), und Cherubin und Susanne kommen bei der Überlegung, wieviel Zeit seit der Revolution vergangen sei, zu dem Ergebnis: "Zweihundert Jahre" (HoW 8, 84).

Auch wenn all diese Stellen - und noch andere ähnliche - mit einer gewissen Ironie versehen sind, so daß sie im szenischen Kontext noch zur Not realistisch wirken können - die Häufung solcher Stellen ist doch auffällig. Sie lassen den Schluß zu, daß in Horváths Komödie nicht nur zwei Zeitebenen vermischt werden, sondern daß eine auch nur halbwegs realistische Auffassung der Zeit der Handlung nicht möglich ist: das Stück spielt im kompletten Zeitraum von 1789 bis 1936 (oder sogar darüber hinaus), wobei die verschiedenen Epochen nicht chronologisch durchlaufen werden, sondern sich Kennzeichen der verschiedenen Zeiten nahezu beliebig mischen. Im Grunde ist Axel Fritz zuzustimmen, wenn er schreibt: "Diese beiden Zeitebenen (1789 und 1935) lösen sich nicht sukzessive ab, sondern durchdringen sich wechselseitig, indem sich die Handlung gleichzeitig auf beiden Ebenen bewegt. Die Geschehnisse werden also nicht historisch festgelegt, sondern verlaufen in einer historisch nicht fixierbaren Zeitvorstellung des Theaters."[39]

Zu widersprechen allerdings ist hier noch einmal der Auffassung, es finde eine Vermischung von lediglich zwei Zeitebenen statt; es sind weitaus mehr Zeitebenen, es ist ein ganzer *Zeitraum*, der auf die Bühne gebracht wird, das Stück spielt, so scheint es, irgendwann einmal an jedem Zeitpunkt des - wenn man es so nennen will - bürgerlichen Zeitalters.

Dieser Befund muß in die Interpretation mit einbezogen werden: Der im "Figaro" dargestellte Konflikt erscheint als paradigmatisch für die Verhältnisse oder Ereignisse, die den gesamten Zeitraum seit der Französischen Revolution dominieren.

---

[39] Fritz 1973. S. 112.

2.2.2. Der umfassende Prozeß der Verspießerung - Horváths pessimistisches Geschichtsbild

Es bedarf eigentlich keiner ausgiebigen Analyse, um zu zeigen, daß die kleinstädtische Szenerie Großhadersdorfs, wohin sich Figaro und Susanne nach der Flucht aus dem Land der Revolution zurückgezogen haben, um sich selbständig zu machen und einen Frisiersalon zu eröffnen, mit den Charakteristika der verspießerten Gesellschaft umfassend beschrieben werden kann; der Befund liegt auf der Hand.

Vielleicht am deutlichsten wird er im letzten Bild des zweiten Akts, bei der "Silvesterfeier im Gasthaus zur Post". Hier wird von Horváth ein regelrechtes Gesellschaftsgemälde entworfen, die Bürger Großhadersdorfs werden in der Unterhaltung gezeigt und naturgemäß treten von den bereits in Kapitel 2.1.1. erarbeiteten Charakteristika des Spießers diejenigen am deutlichsten hervor, die gesellschaftlich relevant sind: Ausländerhaß, doppelte (Schein-) Moral und Opportunismus.

Es ist bekannt geworden, daß Susanne Figaro mit dem Forstadjunkten betrogen hat, und dieser Sachverhalt liefert den bevorzugten Gesprächsstoff des Abends. Dabei ist die Schuldzuweisung klar; unbesehen ergreifen die Großhadersdorfer für ihren Mitbürger Partei, der zum Opfer stilisiert wird (Der Leser weiß es besser!): "Mit dem feschen, strammen Menschen? Eine Schmach ist das! Sie hat ihn verführt, dieses Schandweib!" (HoW 8, 62). Und sehr schnell wird auch sowohl die Ursache dieser raschen Schuldzuweisung als auch die politische Dimension derselben offenbar: "Ich sag es ja schon seit langem, man hätt diese Ausländer gar nie hereinlassen dürfen, sie unterhöhlen ja nur unsere Moral!" (HoW 8, 62). Der Haß gegen Figaro und seine Frau steigert sich zusehends, er wird als "Ausländer, windiger" bezeichnet, der "froh" sein dürfe, "daß wir Sie hier gastlich aufgenommen haben und daß Sie uns hier die Haar verschneiden können, Sie Hergelaufener Sie" (HoW 8, 63). Das Fremde wird von dem Spießer nur akzeptiert, wenn es sich ihm bedingungslos unterwirft und ihm so das Bewußtsein von Macht und Überlegenheit ermöglicht; vom Lehrer auf seine eigenen schwachen Seiten angesprochen, antwortet Basil: "Wir könnens uns ja auch leisten, du Schullehrer, und unsere Seiten gehen niemand was an, aber so ein Hergelaufener, der muß sich schon hüten, wenn er bei uns florieren möcht!" (HoW 8, 61).

Tut er dies nicht, so läßt ihn der Spießer die eigene Aggression und Überlegenheit spüren, indem er ihn vernichtet - natürlich idealistisch verbrämt und mit mehr oder weniger moralischen Gründen; so muß Figaro nach der Scheidung von Susanne seinen Laden in Großhadersdorf schließen. "Ein geschiedener Mann kann sich bei denen nicht halten, wenn er Ausländer ist" (HoW 8, 67). "Ausländerfeindlichkeit ... manifestiert sich vorzugsweise in der Gestalt moralischer Entrüstung, hinter dieser Maske ihre Aggressivität mühsam verbergend."[40]

Eine andere Facette spießigen Verhaltens zeigt der Forstadjunkt selbst, nachdem seine Affäre mit Susanne bekannt wird. Sein einziges Interesse geht dahin, "alles ab(zu)leugnen" (HoW 8, 56), um auf diese Weise seine Chance auf eine einträgliche Ehe zu wahren: "Du zerstörst mir meine Heiratsaussichten, denn welche anständigen Bürgersleut würden ihre Tochter einem ortsbekannten Ehebrecher anvertrauen -- und das ist nichts?! Aber ich leugne alles ab!" (HoW 8, 56). Dafür, daß Susanne lediglich aus erotischen Gründen ("Ich war bei Ihnen, weil Sie mir gefallen haben" (HoW 8, 56)) auf seine Annäherungsversuche eingegangen ist, fehlt dem Adjunkten jedes Verständnis. Auch für die erotische Hinwendung zu einem anderen kann er sich nur Beweggründe vorstellen, die seinen eigenen Denkschemata entsprechen: "Brauchst einen Scheidungsgrund? ... Treibst mich leichtfertig in den Ehebruch hinein, als Mittel zum Zweck, was?!" (HoW 8, 57). Es sind exakt die eigenen Denkstrukturen, die des Spießers, ausdrücklich auch die Degradierung des Mitmenschen zum Mittel, die der Adjunkt hier in Susanne hineinprojeziert.

Daß er wenig später gegenüber Figaro sein "Ehrenwort" abgeben wird, "noch nie in (seinem) Leben eine verheiratete Frau" besessen zu haben (HoW 8, 64), versteht sich fast von selbst.

Weitere Belege für die Spießerhaftigkeit der Gesellschaft im Land des Exils sind Legion, von dem ausbeuterischen Verhalten des Juweliers, der die Notlage der Exilanten ausnutzt, um deren Schmuck günstig aufkaufen zu können (HoW 8, 26 - 32), bis zu der Aufforderung Cherubins an die in seiner Bar tätige Susanne, aus Gründen des Umsatzes die Erwartung der Gäste, in seinem Etablissement bedienten durchweg exilierte Prinzessinnen, nicht zu enttäuschen (HoW 8, S. 83). Sie alle lassen nur einen Schluß zu: die Gesellschaft im Land des Exils ist umfassend vom Archetyp des Spießers dominiert, im Personal und in den dargestellten Inhalten nähert sich Horváth fast wieder den Volksstücken an. "Particularly the scenes in Großhadersdorf have the dramatis personae and situations of the Volksstücke."[41]

Überraschender vielleicht ist die Tatsache, daß auch Figaro, trotz der traditionellen Rezeption als Vertreter des selbstbewußten, progressiven Bürgertums, auch trotz des Sachverhalts, daß er einige gerade für den modernen Leser absolut zeitgemäß erscheinende Ansichten äußert, als Spießer klassifiziert werden muß.

Grundlage all seines Handelns ist das Bewußtsein, in seiner wirtschaftlichen Existenz vom Wohlwollen seiner Großhadersdorfer Mitbürger und Kunden - von

---

[40] Mennemeier, Franz Norbert: Ödön von Horváths Komödie "Figaro läßt sich scheiden". Zurücknahme und neue Perspektive: Ein ästhetisches Problem deutscher Exildramatik. In: Exiltheater und Exildramatik 1933 - 1945. Tagung der Hamburger Arbeitsstelle für deutsche Exilliteratur 1990. Hrsg. von Edita Koch und Frithjof Trapp unter Mitarbeit von Anne Margarethe Brenker. Maintal 1991 (=Exil. Sonderband 2). S. 171 - 181. Nachfolgend zitiert als: Mennemeier 1991. S. 176 f.

[41] Balme, Christopher B.: The Reformation of Comedy. Genre critique in the comedies of Ödön von Horváth. Dunedin 1985 (=Otago German Studies. Vol 3). S. 219 f.

Susanne als "Spießer" bezeichnet - abhängig zu sein: "Wir leben von diesen Spießern, ob du sie liebst oder haßt!" (HoW 8, 43). Aus diesem Bewußtsein heraus ist das ganze Handeln Figaros bestimmt, und anders als die Figuren aus Horváths früheren Werken propagiert Figaro - der höhere Grad von Bewußtheit ist ein allgemeines Kennzeichen der Figuren in Horváths Spätwerk - den Opportunismus expressis verbis, bewußt und reflektiert:

> aber die größere Kunst ist es nicht, Kundschaft zu erobern, sondern selbe nicht wieder zu verlieren, und hierbei kommts nicht nur auf erstklassiges Rasieren - Frisieren - etcetera an, sondern auf gewisse diplomatisch-psychologische Kniffe, indem man der Kundschaft menschlich entgegenkommt, sich für ihre Probleme interessiert, mit ihrem Urteil übereinstimmt, ihren Eitelkeiten schmeichelt, ihre Sorgen teilt, ihre Fragen beantwortet, lacht, wenn sie lacht, weint, wenn sie weint -- (HoW 8, 42)

Es ist geradezu ein Katalog von Verhaltensmaßregeln für Opportunisten und Spießer, den Figaro hier herunterbetet - und auch dessen ist sich Figaro bewußt; typisch allerdings, daß er die Heuchelei, zu der er gezwungen ist, mit dem hehren Ideal der Freiheit kaschiert: "Meine Freiheit äußert sich nicht zuletzt darin, daß ich heucheln darf, und geheuchelt muß werden, sonst liegen wir eines Tages draußen im Dreck!" (HoW 8, 42).

Ganz ähnlich wie die Figuren im "Ewigen Spießer" gibt sich Figaro der Illusion hin, für seinen Opportunismus und seine Selbstdemütigung mit Selbständigkeit, Unabhängigkeit und Freiheit belohnt zu werden: "Aber ich laß mich nicht mehr anstellen und bin lieber mein eigener Herr. Zwar muß man Tag und Nacht schuften, aber man will eben seine Freiheit haben" (HoW 8, 41). Wie illusorisch aber diese Auffassung ist, zeigt nicht nur der weitere Verlauf der Komödie, in der Figaro seine Abhängigkeit gerade als Exilant vom Wohlwollen seiner Mitbürger auf krasseste Weise vor Augen geführt wird; auch die für den Spießer typische, im Ökonomischen wurzelnde, aber als solche nicht erkannte und daher diffus und irrational sich äußernde Existenz- und Zukunftsangst wird immer stärker bestimmend für sein Handeln, läßt sich durch die Illusion von Selbständigkeit, Freiheit und Unabhängigkeit nicht beschwichtigen.

So ist auch die Weigerung Figaros, ein Kind in die Welt zu setzen, die er mit dem beängstigenden Zustand der Welt begründet - eine Argumentation, die gerade heute sehr aktuell klingt, wodurch sich wohl der Suhrkamp-Verlag dazu hat verleiten lassen, diese Stelle als Umschlagtext auszuwählen - letztendlich nur eine Rationalisierung dieser Zukunftsangst:

> Mit ruhigem Gewissen kann man sich in unserer Zeit kein Kind leisten. Liest du denn keine Zeitungen? Jeden zweiten Tag ein neues Gas, Flammenwerfer und Todesstrahlen -- alle werden daran glauben müssen ... Setz nur dein Kind in die Welt, setz es nur! Es wird in einer Mondlandschaft leben, mit Kratern und giftigem Dunst! (HoW 8, 55)

Eine Argumentation, die insgesamt "das kommerzielle Kalkül nur schlecht

verbergen"[42] kann, verbindet sich hier mit der Existenz- und Zukunftsangst, die sich in umfassenden Bedrohungsvorstellungen äußert, und der grundsätzlich nur reagierenden Haltung des Spießers, der sein Handeln von außen diktieren läßt und an einer aktiven Beeinflußung der Wirklichkeit nicht interessiert und wohl auch nicht dazu fähig ist. Das Resultat ist ein Verhalten, das seine Egomanie und die mangelnde "menschliche Solidarität" mit kommenden Generationen unter Berufung auf sein Gewissen zu verbrämen sucht.

Diese Verspießerung Figaros ist gerade dann besonders frappierend, wenn man sie konfrontiert mit der traditionellen Rezeption dieser Figur, mit ihrer Bedeutung als Symbol eines selbstbewußt gewordenen, progressiven Bürgertums. Charakteristisch ist etwa Napoleons Äußerung, der über die Bühnenwirkung von Beaumarchais' Komödie "Hochzeit des Figaro" "sagte, daß sie bereits die Revolution in Aktion zeige."[43] Ähnlich schon die Reaktion Ludwigs XVI, "als er zunächst die Aufführung des Stückes ablehnte mit der Begründung, daß sie eine gefährliche Inkonsequenz wäre, wenn man nicht zuvor die Bastille niederrisse."[44]

Gerade wenn diese traditionelle Konzeption der Figaro-Figur mitreflektiert wird, wird deutlich, daß der Weg der Verspießerung hier von einer Position aus angetreten wird, die ursprünglich genau die Gegenposition zum Spießertum war. Ist die selbstbewußte, progressive Bürgerlichkeit Figaros traditionell geradezu Antithese zum Spießertum, so ist in "Figaro läßt sich scheiden" diese Antithese hinfällig geworden, die Position Figaros ist zur Spießerposition mutiert, ein Opponent, eine Alternative zu dem Spießer existiert in Großhadersdorf nicht mehr.

Genau diesen Prozeß reflektiert Susanne als solchen, sie denkt die traditionelle Figaro-Figur mit, wenn sie zusammenfaßt:

> Mein Figaro freute sich über die Zukunft, wenn ein Gewitter am Himmel stand, und sprang ans Fenster, wenn es einschlug, aber du? Du gehst nicht ohne Schirm aus dem Haus, wenn nur ein paar Wölkchen am Himmel stehen! Mein Figaro saß im Kerker, weil er die Wahrheit schrieb, du würdest dich nicht mal trauen, heimlich seine Schriften zu lesen! Mein Figaro war der erste, der selbst einem Grafen Almaviva auf der Höhe seiner Macht die Meinung ins Gesicht sagte. Du wahrst die Form in Großhadersdorf! Du bist ein Spießer, er war ein Weltbürger! (HoW 8, 59)

Der Eindruck eines umfassenden Prozesses der Verspießerung jedoch entsteht erst dadurch, daß sich auch im Lande der Revolution eine Gesellschaft etabliert hat, die nur als eine durch den Archetyp des Spießers dominierte beschreibbar ist.

Ähnlich wie im Lande des Exils die Ausländer und Exilanten als Außenseiter und unterlegene Gruppe den Aggressionen der Großhadersdorfer ausgesetzt sind, müssen im Lande der Revolution die Emigranten als Sündenböcke und Haß-

---

[42] Boelke 1969. S. 138.

[43] Hinck Walter: Die europäische Komödie der Aufklärung. In: Neues Handbuch der Literaturwissenschaft. Hrsg. von Klaus von See. Band 11: Europäische Aufklärung (1. Teil). Frankfurt am Main 1974. S. 119 - 135. Nachfolgend zitiert als: Hinck 1974. S. 134.

[44] Hinck 1974. S. 134.

objekte dienen - "Lumpiges Emigrantengesindel, das täte uns hier noch Not!" (HoW 8, 73).

Ähnlich wie der Kommissar im Lande des Exils den - bei Horváth häufiger als Zeichen einer unmenschlichen Gesellschaft auftauchenden - Satz sagen kann: "Ich tu nur meine Pflicht und der Einzelne spielt leider keine Rolle" (HoW 8, 87), äußert sich der Revolutionär Pedrillo, wenn auch mit anderem Duktus: "Liebe ist ein privates Problem der individuellen Anarchie, und alles Individuelle interessiert uns politisch einen Dreck" (HoW 8, 73).

Wie stark dieses Weltbild ideologisch bestimmt ist, zeigt sich, als dem "Doktrinär Pedrillo, dem spießigen Es-geht-aufwärts-Ideologen"[45] "eine Welt ... zusammen(stürzt), ganze Berge von Theorien und überhaupt alle Rechtsbegriffe" (HoW 8, 95), als er feststellt, daß seine Frau von dem Grafen Almaviva nicht, wie er bisher angenommen hatte, vergewaltigt, sondern lediglich verführt worden ist: "Soll ich mich vielleicht noch freuen, daß er dich nicht vergewaltigt hat?" (HoW 8, 95). Wieder einmal sind Prinzipien und Weltbilder wichtiger als der einzelne Mensch. Daß diesem wider Erwarten keine Gewalt geschehen ist, wird zur Katastrophe, weil damit das ideologische Weltbild und die Borniertheit des Spießers in Frage gestellt werden.

In diese ebenfalls verspießerte postrevolutionäre Gesellschaft fügt sich der aus Großhadersdorf zurückgekehrte Figaro nahtlos ein; er hat sich "den neuen Herren zur Verfügung gestellt ... (und) ihnen alles gebeichtet" (HoW 8, 77) und ist dafür zum Schloßverwalter und Leiter des Kinderheimes, das im ehemaligen Schloß des Grafen Almaviva eingerichtet wurde, ernannt worden: "Jaja, die Revolution ist 'menschlicher' geworden, die Korruption hat gesiegt und die Protektion regiert, eine günstige Basis für selbständige Charaktere, die den zweiten Joker suchen --" (HoW 8, 77).

Es gehört zu den stärksten Momenten der Komödie, daß ausgerechnet der Opportunist Figaro, der sich dem postrevolutionären Regime im Lande der Revolution genauso anzupassen versteht wie dem System im Lande des Exils, die umfassende Korruption dieses angeblich revolutionären Systems bloßlegt und den Egoismus als Kern der revolutionären Phrase erkennbar werden läßt - nicht etwa aus hehrem Idealismus heraus, sondern ebenfalls mit dem Ziel, Vorteile aus den Verhältnissen zu ziehen.

So enthüllt er etwa, daß Pedrillo als Schloßverwalter die revolutionäre Pose lediglich benutzt hat, um durch Betrügereien bei der Abrechnung den eigenen Profit zu erhöhen - ein Verhalten, das Pedrillo nach wie vor für gerechtfertigt hält: "Paar lumpige Findelkinder mehr verrechnet, das dürft doch keine Rolle spielen angesichts der faktischen Verdienste eines alten Vorkämpfers für das allgemeine Wohl!" (HoW 8, 80). Die Schuld Pedrillos allerdings wird durch Figaro selbst relativiert, indem er darauf hinweist, Pedrillo habe "ja nur das getan, was alle tun, bis in die höchsten Spitzen hinauf" (HoW 8, 78). Es handelt sich hier

---

[45] Mennemeier 1991. S. 180.

nicht um eine individuelle Verfehlung, sondern um ein gesellschaftliches Charakteristikum im Lande der Revolution.

Figaro selbst stellt sich uneingeschränkt in den Dienst des neuen Staates und hält sofort nach Antritt seiner neuen Stelle vor den Kindern eine Blut-und-Boden-Rede, deren Duktus nur als faschistisch bezeichnet werden kann und die wieder alle Merkmale einer unmenschlichen, den Menschen nicht in den Mittelpunkt ihres Denkens stellenden Ordnung zeigt (HoW 8, 79).

Dabei ist Figaro selbst nicht notwendig zum Faschisten geworden. Auch dieses Verhalten ist Ausdruck seines spießigen Opportunismus, der jetzt allerdings nicht mehr naiv, sondern im Gegenteil ausgesprochen bewußt und zynisch erscheint. Figaro ist hellsichtig genug, auch den postrevolutionären Staat als Spießergesellschaft zu erkennen; Figaro "hat Großhadersdorf verlassen und ist nach Damaskus gegangen. Aber in Damaskus scheinen auch nur Großhadersdorfer zu wohnen, allerdings mit einem anderen Vorzeichen --" (HoW 8, 76). Figaro hat erkannt, "daß nichts auf der Welt besser gehaßt und verachtet wird wie ein redlicher Mann mit Verstand, und da gibts nur einen Ausweg: Du hast dich zu entscheiden: Redlichkeit oder Verstand. Ich hab mich entschieden. Wir leben in Zeitläuften, wo die Läufte wichtiger sind als die Menschen" (HoW 8, 81).

Diese Hellsichtigkeit Figaros darf nun aber auf keinen Fall positiv als Ideologiefreiheit interpretiert werden. Vielmehr erreicht der Opportunismus einen Grad, in dem er in offenen Zynismus umschlägt. Gerade daß Figaro den ideologischen Charakter seiner Propagandarede wie auch der ganzen Selbstrechtfertigung des Systems durchschaut und sich bewußt und um des eigenen Vorteils willen dennoch in den Dienst dieses Systems stellt, zeigt die Skrupellosigkeit seines Opportunismus. Daß die Einsicht in die Dynamik des eigenen Handelns mit dem Wesen des Spießers grundsätzlich durchaus vereinbar ist, wurde schon oben in Zusammenhang mit der Figur Koblers dargelegt.

Damit stellt sich der Befund etwa in der Mitte des dritten Aktes folgendermaßen dar: es werden zwei Systeme vorgestellt, die ihrem eigenen Selbstverständnis nach Antipoden sind - man kann wohl davon ausgehen, daß das Land des Exils den vorrevolutionären Zustand darstellt, mehr noch: im Land der Revolution hat sich ein Regime etabliert, das dem eigenen Verständnis nach gegenüber dem im Lande des Exils herrschenden das historisch spätere ist, das dieses historisch abgelöst hat. Damit gelingt es Horváth, mit der Konstruktion Revolutionsland versus Exilland zwei aufeinanderfolgende Stufen der geschichtlichen Entwicklung gleichzeitig auf die Bühne zu bringen; in der Ablösung des alten Regimes durch das neue hat sich nach dem Verständnis der Figuren eine Zeitenwende vollzogen, die Revolution wird zu den "zwangsläufig-weltgeschichtlichen Elementarentwicklungen" (HoW 8, 16) gezählt, sie ist "eines der menschheitshistorisch bedeutungsvollsten Ereignisse, ein Orkan der Revolution fegt Jahrhunderte über den Haufen" (HoW 8, 17). Immerhin "gebiert sich eine neue Welt in sich selbst" (HoW 8, 17) und gleichzeitig "ist eine Welt zusammengebrochen" (HoW 8, 34).

Da diese Welt jedoch im Lande des Exils noch weiter existiert, gelingt es

Horváth, den geschichtlichen Prozeß in der Gleichzeitigkeit zweier aufeinanderfolgender Epochen auf der Bühne sichtbar zu machen. Der Vergleich der früheren Gesellschaftsform mit der späteren macht Horváths Konzeption von geschichtlichem Fortschritt deutlich, und das Resultat ist deprimierend: die vorrevolutionäre Gesellschaft sowohl als auch die nachrevolutionäre, die ursprünglich als deren Antithese angetreten war, sind durch den Typus des Spießers dominiert, sind in ihren wesentlichen Strukturen nicht zu unterscheiden, die vermeintliche Zeitenwende hat substantiell zu keiner Veränderung geführt. Daß in diesem Spannungsfeld gleichsam als dritte Kraft zwischen und über den Systemen die Symbolfigur des selbstbewußten, progressiven Bürgertums, Figaro, den gleichen Prozeß der Verspießerung durchläuft, zeigt, wie umfassend dieser Prozeß abläuft. Im ganzen Verlauf von Horváths Komödie wird - bis etwa zur Mitte des dritten Akts - keine Kraft erkennbar, die als Alternative zum Archetyp des Spießers gelten könnte.

Hier wird auch die Funktion der eingangs herausgearbeiteten Zeitstruktur evident: Horváth wollte keine Aussage über eine bestimmte Revolution machen, weder über die sozialistische, noch über die bürgerliche, noch über die faschistische, sondern ein Prinzip des geschichtlichen Prozesses auf der Bühne darstellen, das jederzeit, an jedem Punkt im Ablauf der Geschichte Gültigkeit hat.

In diesem Sinne ist auch der Kritik an der angeblich naiven Gleichsetzung progressiver und reaktionärer gesellschaftlicher Umstürze entgegenzutreten: es geht in Horváths Stück nicht um die Ziele einer Revolution, es erscheint überhaupt keine revolutionäre Handlung auf der Bühne. Es geht um die postrevolutionären Gesellschaften, wie sie realiter entstehen und die sich nicht mehr an den Zielen der Revolution orientieren, sondern zur Realisierung des immer gleichen Systems tendieren, zu der durch den Spießer dominierten Gesellschaft; es geht, so könnte man pointiert formulieren, nicht um die Ziele und Rechtfertigungen der "Revolutionen" von 1789, 1917 und 1933, es geht um Robespierre, Stalin und Hitler.

Damit wird der "in der Kreisstruktur verbildlichte ... fatalistische ... Mechanismus, nach dem das Schicksal der Horváthschen Menschen abrollt"[46], wie ihn Ingrid Haag für die Volksstücke konstatiert, durch den späten Horváth auf die Geschichte übertragen und zu deren eigentlichem Prinzip. "Einen Ausblick auf ein positives geschichtliches Prinzip gibt es nicht."[47]

Dieses pessimistische Geschichtsbild ist bei Horváth kein Einzelfall, der nur im "Figaro" aufträte. Es wurde bereits darauf hingewiesen, daß die Einleitung des "Ewigen Spießers" durchaus schon eine vergleichbare Perspektive nahelegt: die vermeintliche Zeitenwende wird lediglich erneut zu einer "Spießergesellschaft" führen. Andererseits findet sich im Nachlaß Horváths eine Skizze "Die Reise ins Paradies", in der die Hauptfiguren vermittels eines zur Zeitmaschine umgebauten Automobils eine Reise in die Vergangenheit antreten bis zurück in die Eiszeit und

---

[46] Haag, Ingrid: Ödön von Horváth und die "monströse Idylle". In: Recherches Germanique 8/1976. S. 152 - 168. S. 160.

[47] Wehrli, Beatrice: Horváth statt Brecht. Eine Fallstudie. In: Schweizer Monatshefte 63/1983. S. 505 - 518. S. 517.

immer auf die gleichen, ausbeuterischen, menschenverachtenden und gewalttätigen Strukturen stoßen.[48]

Umgekehrt zeigen Briefe Horváths[49] und Gespräche, die er mit seinen Freunden führte,[50] wie stark Horváths Verständnis der Vorgänge im Dritten Reich mit dieser seiner Geschichtsauffassung übereinstimmen: die Herrschaft des Nationalsozialismus wird in erster Linie als eine neue Form der (von Horváth schon früher kritisierten) Herrschaft der Spießer aufgefaßt.

Was abschließend noch gefragt werden muß, ist, inwiefern von diesem pessimistischen Geschichtsbild aus die Konzeption einer Komödie - und zwar immerhin einer mit (fast) traditionellem "Happy End" - entworfen werden kann, die Frage ist die nach dem Zusammenhang von Geschichtsbild und Komödienkonzeption. Die Annäherung an diese Frage soll versucht werden, indem zunächst das Ende von Horváths "Figaro" analysiert wird. Der Leitbegriff der Analyse wird hierbei das oben entwickelte Paradigma des Menschen sein.

2.2.3. "Menschwerdung" als utopische Hoffnung

Nach allem bisher Dargelegten überrascht das Ende von Horváths "Figaro": dem zurückgekehrten Grafen Almaviva, der bereits durch die revolutionäre Exekutive festgenommen, auf Intervention Figaros aber wieder freigelassen wurde, teilt ein plötzlich - auch gegenüber der zurückgekehrten Susanne - Humanität ausstrahlender Figaro mit: "Jetzt erst hat die Revolution gesiegt, indem sie es nicht mehr nötig hat, Menschen zu verfolgen, die nichts dafür können, ihre Feinde zu sein" (HoW 8, 99).

Das Ergebnis überrascht; der zynisch-opportunistische Spießer Figaro wird zum Verkünder einer Sentenz, in der kaum noch etwas Kritisierbares steckt, sein Handelns steht zudem in Übereinstimmung mit diesen Worten. Vollends unbefriedigend erscheint dieser Umschwung, wenn man das Land der Revolution zuvor als Chiffre für das faschistische Deutschland betrachtet hat. Es gilt, die doch offenbar vor sich gegangene Wandlung nachzuvollziehen, wobei es hier nicht um ein psychologisches Nachvollziehen gehen kann. "Figaros Entwicklungsgang folgt weniger den Gesetzen psychologischer Wahrscheinlichkeit, als vielmehr einer vorgegebenen, auktorial gelenkten ideellen Perspektive"[51].

Das zu der Wandlung führende Initialereignis liegt in drei verschiedenen

---

[48] Vergl. Horváth, Ödön von: Gesammelte Werke in 8 Bänden. Hrsg. von Traugott Krischke und Dieter Hildebrandt. Frankfurt am Main 1972 (=Werkausgabe edition suhrkamp). Nachfolgend zitiert als: Horváth, Werke 1972. Bd. 8. S. 723 - 725.

[49] Vergl. etwa Karte vom 01.04.37 an Franz Theodor Czokor. In: Lechner, Wolfgang: Mechanismen der Literaturrezeption in Österreich am Beispiel Ödön von Horváths. Diss. Insbruck 1977 (=Stuttgarter Arbeiten zur Germanistik Bd. 46). S. 312 f.

[50] Vergl. beispielsweise: Becher, Ulrich: Stammgast im Liliputanercafé. In: Ödön von Horváth: Stücke. Hrsg. von Traugott Krischke. Mit einem Nachwort von Ulrich Becher. Reinbek bei Hamburg 1961 (=Rowohlt Paperback). S. 419 - 429. S. 421.

[51] Bossinade 1988. S. 120.

Versionen vor. Am deutlichsten wird es wohl in einer (eben deshalb?) ausgeschiedenen Fassung, die Figaro mit den Heimkindern bei Tisch zeigt. Am Anfang der Szene ist Figaro noch ganz autoritär-spießiger Erzieher, dessen Kommunikation mit den Kindern sich wesentlich auf das Erteilen barscher Befehle zum Einhalten der Tischsitten reduziert: "Links die Gabel, rechts das Messer! ... Nimm die Finger aus dem Teller!" (HoW 8, 173), "Nimm die Finger aus der Nase!" (HoW 8, 174).

Nachdem eines der Kinder jedoch von den anderen denunziert wird, weil es das Tischgebet ("Tod und Vernichtung unseren Feinden!" (HoW 8, 175)) nicht mitgesprochen hat, kommt es zu folgendem Dialog zwischen Figaro und dem Kind, der in etwas längerem Zusammenhang zitiert werden soll:

> FIGARO *zu Cäsar*: Warum hast du nicht mitgebetet?
> CÄSAR Weil ich keine Feinde hab.
> FIGARO Meinst du?
> CÄSAR Ich möchte keine Feinde haben.
> *Stille*.
> FIGARO Wenn dir aber einer eine hinhaut, dann haust ihm doch eine zurück?
> CÄSAR Nein.
> FIGARO Und warum nein?
> CÄSAR Weil mir keiner eine hinhaut, wenn ichs nicht möcht.
> ....
> *Stille*.
> CÄSAR Neulich hat mir zwar einer eine hingehaut --
> FIGARO Na und du?
> CÄSAR Ich hab ihm keine zurückgehaut.
> FIGARO *grinst*: Weil er dir zu groß war, was?
> CÄSAR Nein. Weil er mir zu klein war.
> *Stille*. (HoW 8, 175 f.)

Inmitten des umfassenden Prozesses von Verspießerung wird Figaro mit einem nicht-spießigen Bewußtsein konfrontiert, wie es durch Cäsar geradezu idealtypisch repräsentiert wird: der Junge empfindet kein Bedürfnis, seine Aggressionen an Schwächeren und Unterlegenen auszuleben; er wehrt sich gegen die ihm angebotenen Feindbilder als Ursache einer dumpf empfundenen Bedrohung, und - nicht zuletzt - er sagt als Heimkind dem Heimleiter Figaro mutig und absolut nicht opportunistisch seine Meinung. Hält man sich vor Augen, welche Bedeutung all jene Verhaltensweisen, die von Cäsar negiert werden, im Rahmen der Charakteristik des Spießers hatten, so wird deutlich, daß dieses Kind von Horváth geradezu als Gegenbild zu dem den Kreislauf der Geschichte dominierenden Archetyp des Spießers konstruiert ist.

Entsprechend ist auch die Reaktion Figaros. Wie schon in den Volksstücken bezeichnet auch hier die Regieanweisung "Stille" einen Moment, in dem "das Bewußtsein oder Unterbewußtsein miteinander (kämpft)" (HoW 11, 220), eine Erschütterung des Bewußtseins, eventuell ein Zusammenbrechen eines Bewußtseins, in diesem Fall sogar einen daraus resultierenden Lernprozeß. Nach dem Zusammentreffen "mit diesem Buben, der keinem eine zurückhaut, wenn er ihm zu klein ist", sieht Figaro "plötzlich wieder das Ziel der Revolution" (HoW 8, 176), das er in einem - für den eher pessimistischen Charakter der Komödie bezeichnenden - Rätsel formuliert: "Immer gesucht, nie gefunden, und dennoch immer wieder verloren ---- was ist das? ... Er sagte, es wäre die Menschlichkeit" (HoW 8, 177).

Dieses Rätsel Figaros findet sich auch in der Erstfassung des Stückes; hier ist es Fanchette, die Figaro offen den Vorwurf der Verspießerung macht und ihn beschuldigt, korrupt und unfähig zu lieben zu sein (HoW 8, 80 f.). Auch hier bedeutet die nicht-opportunistische Offenheit eines anderen für Figaro die "Initialzündung" zur Menschwerdung; er löst Fanchette das Rätsel, "aber nur dir, weil du mich so beschimpft hast" (HoW 8, 81).

Damit vollzieht sich Figaros Menschwerdung, für die das Wiedererstarken seiner Liebe zu Susanne zentrale Bedeutung hat: es kommt zu einer Wiedervereinigung der Eheleute am Ende des Stückes.

Die Bedeutung der Liebe für Horváths Konzeption des Menschen als der Fähigkeit, die Bedürfnisse eines Anderen in den Mittelpunkt des eigenen Denkens zu stellen und zum Maßstab des Handelns zu machen, wurde oben schon angesprochen. Wie hoch Horváth den Wert dieses Aspekts für die dramaturgische Konzeption des "Figaro" ansetzt, macht eine Notiz deutlich, in der er den Aufbau der Komödie konzipiert:

II. Stadium
Figaro: (wird bürgerlich) Ich habe einen entscheidenden Fehler begangen. Ich hab für die Liebe meine Überzeugung geopfert. Nein, nicht geopfert, ich hab es nicht für so wichtig genommen -
III. Stadium
Figaro: Ich hab recht gehabt. Die Liebe ist wichtiger als jede Überzeugung. (How 8, 183)

Die Liebe erscheint als das zentrale Kriterium, das den Menschen vom Spießer trennt, erscheint als dem Egoismus, dem Opportunismus und der Ideologie diametral entgegengesetzt. Indem Figaro den geliebten Einzelnen in den Mittelpunkt seiner Überlegungen stellt, werden Überzeugungen, ideologisch fundierte Überbau-Phänomene, die von dem Einzelnen abstrahieren, zweitrangig. Das erste Stadium der Entwicklung Figaros wäre dann am Anfang des Stückes anzusetzen - Figaro, der gerade bekannt hat, nur wegen Susanne geflohen zu sein, nun seine Frau sprechen will, an die er "schon seit fünf Minuten immer ... denken" muß und dann in der Tür auf Susanne trifft, die ihn aus dem gleichen Bedürfnis heraus sucht (HoW 8, 24 f.), ist noch der Figaro der Beaumarchais/Da Ponte-Tradition. Der Prozeß der Verspießerung vollzieht sich in Großhadersdorf, wo die abstrakte "Überzeugung" über den konkreten Einzelnen gestellt wird. Rückgängig gemacht wird er in Figaros Wiedervereinigung mit Susanne.

Kennzeichnend für die Menschwerdung Figaros am Ende der Komödie ist, daß das humane Prinzip der Liebe nicht nur gegenüber Susanne Anwendung findet; auch in Bezug auf den Grafen Almaviva propagiert Figaro das Primat des Individuums gegenüber ideologischen Grundsätzen (vergl. HoW 8, 97). Die Menschwerdung Figaros findet schließlich - explizit in der sog. "Prager Fassung"

- ihren Ausdruck in Figaros Bereitschaft, auf Susannes Kinderwunsch einzugehen und dem damit verbundenen Geständnis, das geradezu als Inbegriff seiner Menschwerdung aufgefaßt werden kann: "Aber heute, heut hab ich keine Angst mehr vor der Zukunft -" (HoW 8, 169).

"In the end, Figaro manages to conquer his fear of the future and can thus free himself from dependence upon the good will of others. He can also revert to the frank, solid, positive Charakter of the motif tradition."[52]

Damit ist der Punkt bezeichnet, von dem aus der Irr- und Widersinn des die Geschichte dominierenden Prinzips gleichzeitig als Modellverstoß verlacht und als durchbrechbar komisch relativiert werden kann. Denn daß die Menschlichkeit Figaros im Rahmen der Bühnenhandlung geschichtsmächtig wird, daß es Figaro gelingt, den umfassenden Prozeß der Verspießerung, als der Geschichte zuvor dargestellt wird, zu durchbrechen, daran kann kein Zweifel bestehen. Mit der Menschwerdung Figaros ist auch die Revolution als historische Größe zur Humanität und damit zu ihrem wahren Sieg gelangt; erst jetzt vollzieht sich die wirkliche Zeitenwende, die in den Revolutionen zuvor eine lediglich prätendierte war, erst jetzt ist eine substantielle Revision der die Geschichte prägenden Gesetzmäßigkeit erfolgt. "Erst jetzt hat die Revolution gesiegt, indem sie es nicht mehr nötig hat, Menschen zu verfolgen, die nichts dafür können, ihre Feinde zu sein" (s. o.). Damit erscheint - erstmals im Rahmen des Stückes - Geschichte nicht mehr notwendig als ein Einanderablösen von substantiell gleichartigen, weil durch den Archetyp des Spießers dominierten Gesellschaftsformen und Epochen. Der Widersinn der Geschichte kann relativiert und verlacht werden.

Auffallend ist, daß Horváth hier dem Archetyp des Spießers, der ja durchaus als überindividuelle, gesellschaftliche Größe aufgefaßt wird, als historische Größe und fast als geradezu anthropologische Konstante, ein ausgesprochen individualistisches Konzept entgegensetzt: es geht ihm um eine Umstrukturierung der Wertorientierung des Einzelnen, die ihrerseits ganz auf die Individualität des Gegenübers abgestellt sein soll. In der Tat fällt die Nähe zu einer christlichen Caritas-Konzeption auf, das Auftreten des Apostels Paulus in "Pompeji" ist sicher nicht zufällig.

Die Opposition des Archetyps des Spießers als gesellschaftlicher und des Paradigmas des Menschen als individualistischer Konzeption "impliziert auch einen Isotopiebruch innerhalb des dramatischen Revolutionsbegriffs."[53] Die Revolution, die am Ende des Stückes siegreich ist, ist als revolutionierende Umkehr

---

[52] Herschbach, Robert A.: Horváths Plays in Exile: From Desperation to "Wunschtraum". In: Deutsches Exildrama und Exiltheater. Akten des Exilliteratur-Symposiums der Univ. of South Carolina 1976. Hrsg. von Wolfgang Elfe u. a. Bern, Frankfurt, Las Vegas u. a. 1977 (=Jahrbuch für internationale Germanistik. Reihe A. Bd. 3). S. 127 - 132. S. 131.

[53] Bossinade 1988. S. 128. In Anbetracht dessen kann kaum nachvollzogen werden, daß Axel Fritz den von Figaro verkündeten Sieg der Revolution als Rechtfertigung des bestehenden (revolutionären) Regimes - das er immerhin als Chiffre für das nationalsozialistische Deutschland auffaßt - versteht (Vergl. Fritz 1973. S. 172). Das Paradigma des Menschen ist Gegenentwurf zu jedem bisher (in der Geschichte und im Rahmen der Bühnenhandlung) realisierten Modell.

des Einzelnen eine andere als die, vor der die Hauptfiguren zu Beginn des Stückes fliehen. Die "Revolution" ist für Horváth "ganz wesentlich auf die moralische Beschaffenheit und das Verhalten von Individuen konzentriert, die Darstellung des Gesellschaftlichen (dient) ihm dagegen primär zur Gestaltung eines Bewährungsfeldes für einzelne Menschen."[54]

Noch einmal jedoch muß darauf insistiert werden, daß die so verstandene Revolution in Horváths "Figaro" durchaus als geschichtsbildende Kraft wirkt insofern, "als die in Figaro und Susanne zentrierte Gemeinschaft ausnahmslos allen das Leben sichert: dem ehemaligen Feind, dem politischen Opportunisten, dem ehemaligen Emigranten, den Waisen, den Alten."[55] Die Menschwerdung Figaros ist nicht nur eine innere Umkehr zur Moralität, sie ist zugleich die gesellschaftlich und historisch wirksame Durchbrechung des Kreislaufs der Geschichte, die Antithese zum diese bisher dominierenden Archetyp des Spießers.

Damit scheint Horváths Komödie einen optimistischen Ausgang zu nehmen, sie scheint satirisch konzipiert zu sein auf eine ähnliche Weise, wie wir dies noch bei Brecht sehen werden: von einem als realisierbar gewußten und als siegreich gezeigten Modell eines humanen Geschichtsverlaufs her kann die Abweichung von diesem Modell - die sich perpetuierende Dominanz des Spießers - als Modellverstoß kritisch verlacht und als überwindbare relativiert werden. Dieser Befund jedoch paßt weder zu der eher leisen, melancholischen Komik, die den "Figaro" dominiert, noch zu der pessimistischen Vorrede des Autors, aus der eigentlich nicht das sichere Vertrauen auf den Sieg des positiven Prinzips in der Geschichte spricht, das nötig wäre, um dessen Bedrohung als in letzter Konsequenz irrelevant zu verlachen:

> In der 'Hochzeit des Figaro' wetterleuchtete die nahe Revolution, in 'Figaro läßt sich scheiden' wird zwar voraussichtlich nichts wetterleuchten, denn die Menschlichkeit wird von keinen Gewittern begleitet, sie ist nur ein schwaches Licht in der Finsternis. Wollen es immerhin hoffen, daß kein noch so starker Sturm es auslöschen kann. (HoW 8, 11)

Christopher B. Balme hat darauf hingewiesen, daß Horváths Komödie durch zwei gegensätzliche Welten strukturiert wird: "Die reale, für das zeitgenössische Publikum leicht erkennbare und identifizierbare Exilerfahrung und die fiktionale Welt des Schlosses und der Revolution." Letztere erscheint als eine Welt, in der "märchenhafte Elemente" vorherrschen und die Rückkehr der Exilanten erscheint als "eine Rückkehr in eine fiktionale Welt, in der, im Gegensatz zur unaufhaltsamen Tragik der Exilszenen, die Gesetzlichkeit des Märchens und der Komödie vorherrscht."[56]

Bei aller Kritik an Balme im Detail - so scheinen die Exilszenen nicht unbe-

---

[54] Schnitzler 1990. S. 191.
[55] Bossinade 1988. S. 134.
[56] Balme, Christopher B.: Zwischen Imitation und Innovation. Zur Funktion der literarischen Vorbilder in den späten Komödien Ödön von Horváths. In: Horváths Stücke. Hrsg. von Traugott Krischke. Frankfurt am Main 1988 (=suhrkamp taschenbuch 2092). S. 103 - 120. Nachfolgend zitiert als: Balme 1988. S. 111.

dingt tragisch, eher in recht bitterer Weise irrwitzig-lächerlich und satirisch gezeichnet, das Land der Revolution ist keineswegs so unproblematisch dargestellt, wie es Balme suggerieren will - ist dem Befund im Ganzen zuzustimmen: den realistischen, an Horváths Volksstücke gemahnenden Szenen des Exils wird eine Welt gegenübergestellt, die ausschließlich von (neben den Waisenkindern) literarischen Figuren bewohnt wird, die von Beaumarchais und Mozart/Da Ponte her bekannt sind. Die Realisierung der Utopie einer humanen Geschichtsentwicklung ist beschränkt auf einen Ort, der ein rein literarischer ist.

Indem die in der Geschichte zu realisierende Utopie auf der Bühne als eine nur im fiktionalen, im ästhetischen Raum zu realisierende dargestellt wird, wird sie gleichsam mit Fragezeichen versehen. Die Utopie der Durchbrechung der verspießerten Geschichte bildet nach wie vor den Rahmen, das Modell, von dem aus der Widersinn der Geschichte als Modellverstoß verlachbar und aus der Distanz als aufhebbar, als weniger bedrohlich relativiert wird. Indem jedoch die Realisierung dieses Modells auch auf der Bühne dem fiktional-märchenhaften Bereich vorbehalten bleibt, werden Zweifel an der Realisierbarkeit dieser Utopie manifest. Der Zweifel, ob nicht der Widersinn von Geschichte nur auf der Bühne zum Happy-End der Komödie aufgelöst werden kann, wird bildhaft. Auf diese Weise herrscht der pessimistische Eindruck fort, der schon in Horváths Geschichtsbild deutlich wurde, auf diese Weise findet die Skepsis des Horváthschen Vorworts ihren adäquaten ästhetischen Ausdruck. Die Komödienkonzeption Horváths realisiert hier - zumindest ansatzweise - die Komik als "Kipp-Phänomen": die Realität wird, gemessen am Modell der Utopie, als widersinnig und lächerlich dargestellt, die Gültigkeit der Utopie selbst jedoch wird außerordentlich pessimistisch beurteilt, weil sich die Frage nach ihrer Realisierbarkeit nur zweifelnd beantworten läßt, so daß die Utopie als zumindest potentiell defizitär erscheint. So ist "die - nicht laute, aber eindringliche, nicht optimistische, vielmehr eher weise und resignative - Komik des Stücks"[57] zu erklären.

Um kurz vorzugreifen: eine ähnliche Konzeption des Komödienkonflikts von nicht zustimmungsfähiger Realität und nicht realisierbarer Utopie wird auch bei Max Frisch und Friedrich Dürrenmatt zu finden sein, wobei die Frage nach der Realisierbarkeit der Utopie, die bei Horváth nicht eindeutig beantwortet wird, für Dürrenmatt und Frisch sich kaum mehr stellt: nicht einmal im ästhetischen Raum ist die Utopie mehr als realisierte darstellbar.

Es scheint von daher verkehrt, das Ende des "Figaro" als ein parodistisches aufzufassen, wie das etwa Alexander Fuhrmann tut.[58] Das Happy End des Stücks, so meint Walter Huder, werde "als sarkastische Idylle geboten, als eklatante Ko-

---

[57] Mennemeier, Franz Norbert, Frithjof Trapp: Deutsche Exildramatik 1933 - 1950. München 1980. S. 99.

[58] Vergl Fuhrmann, Alexander: "Zwischen Budapest und dem Dritten Reich". Horváths Umwege in die Emigration. In: Literatur und Kritik. Österreichische Monatsschrift XXIV/1989. H. 231/232. S. 17 - 28. S. 25.

mödie vom 'Sieg der Menschlichkeit'."[59] Johanna Bossinade ist zuzustimmen, wenn sie demgegenüber betont: "Von der immanenten Optik des Stückes her läßt sich Figaros Entwicklung vom 'Kleinbürger' zum 'Menschen' zwingend nicht in Frage stellen, und das gilt genauso für die sie abstützenden ideologischen Prämissen."[60]

Die Darstellung des Happy End im "Figaro" ist als Realisierung der Utopie einer Durchbrechung der Geschichte als Kette einander ablösender Spießer-Gesellschaften durch eine Revolution der Menschlichkeit durchaus ernst, nicht ironisch oder parodistisch gemeint. Von diesem Happy End her konstituiert sich die ganze Komödie, von ihm her ist sie konzipiert. Dennoch darf dieses Ende nicht als naiv gewertet werden: durch seinen literarischen, fiktionalen Charakter wird die Frage nach der Realisierbarkeit der Utopie (zumindest auf Dauer) skeptisch beantwortet, ohne daß die Utopie als wünschenswerte aufgegeben wird. Es scheint sich "bei diesem späten Werk Horváths weniger um die Vereinfachung eines komplizierten Bewußtseins zu handeln, sondern eher um ein Spielmodell, das Hoffnung nicht ausschließen möchte."[61] Wenn Bernhard Spies somit insgesamt über die Komödie des Exils schreibt:

> Die sogenannte Lehre der Moderne, daß nicht die Mächte und die durch sie gesetzten Fakten sich vor den Vorstellungen eines allgemeinen Besseren auszuweisen haben, daß es vielmehr die Utopien sind, deren Berechtigung in Frage steht - diese Lehre erging an die Exilschriftsteller in der bitteren praktischen Existenzbedrohung des Exils ... Der Exilkomödie ist anzumerken, daß ihre Autoren der traditionellen Komödienintention wie einer verlorenen Wahlmöglichkeit nachtrauern und daß sie - noch - davor zurückschrecken, die Hoffnung auf die Überwindung des Lächerlich-Schlimmen statt als Utopie sogleich als Atopie zu formulieren (62),

so ist damit die Situation Horváths exakt getroffen. Nur im fiktiven Raum ist die Utopie als realisierte darstellbar, hinter eine dauerhafte Realisierung der humanen Alternative in der Geschichte müssen Fragezeichen gesetzt werden. Die Auflösung des lächerlichen Widersinns der Geschichte im Happy End der Komödie scheint nur als literarische möglich. Dennoch wird an der Utopie als Modell festgehalten, die Anerkenntnis ihrer Illusionshaftigkeit wird verweigert.

Es soll im Folgenden gezeigt werden, daß "Figaro läßt sich scheiden" in Horváths Werk nicht die einzige Realisation einer so konzipierten Geschichtskomödie ist. Vielmehr soll die Gültigkeit dieser Konzeption auch für die beiden letzten, von Horváth dem Zyklus der "Komödie des Menschen" zugerechneten Stücke bewiesen werden: die Opposition von pessimistischem Geschichtsbild und der

---

[59] Huder, Walter: Ödön von Horváth. Existenz und Produktion im Exil. In: Deutsche Exilliteratur 1933 - 1945. Hrsg. von Manfred Durzak. Stuttgart 1973. S. 232 - 244. S. 240.

[60] Bossinade 1988. S. 133.

[61] Doppler, Alfred: Die Exilsituation in Horváths späten Dramen. In: Sprachkunst. Beiträge zur Literaturwissenschaft 19/1988. 2. Halbband. Ödön von Horváth zum 50. Todestag. S. 33 - 42. Nachfolgend zitiert als: Doppler 1988. S. 41.

[62] Spies 1991. S. 279.

skeptisch gesehenen Hoffnung auf die Überwindung des Fatalismus' der Geschichte konstituiert auch die "Komödie des Menschen".

2.3. Noch einmal: "Die Komödie des Menschen"

2.3.1. Die Konzeption der "Komödie des Menschen"

Ödön von Horváth hat die Notiz "Die Komödie des Menschen", in der er einen großen Teil seiner dramatischen Produktion zurückzieht und für nicht existent erklärt (HoW 11, 227), nach Auskunft seines Bruders Lajos "am 1. 11. 1936 in einem Zustand tiefster Depression niedergeschrieben" (HoW 8, 271). Aus dieser Tatsache sowie aus der Zweifelhaftigkeit des in der Zurücknahme zum Ausdruck kommenden literarischen Urteils rührt es her, daß der Wert dieser Notiz in der Forschung nicht unumstritten ist. Konsens jedoch scheint zu sein, daß die Notiz "als Ausdruck einer langjährigen Krise sowie als künstlerische Absichtserklärung des Autors ... ernstzunehmen"[63] ist. Für die vorliegende Arbeit ist vor allem die Absichtserklärung, "frei von Verwirrung die Komödie des Menschen zu schreiben, ohne Kompromisse, ohne Gedanken ans Geschäft" (How 11, 227), von Interesse.

Eva Kun[64] hat darauf hingewiesen, daß für den in Ungarn geborenen und mit der ungarischen Sprache und Kultur vertrauten Ödön von Horváth mit dem Konzept einer "Komödie des Menschen" die implizite Bezugnahme auf Imre Madáchs "Tragödie des Menschen"[65] selbstverständlich gewesen sein muß, ein Werk, dem "in der ungarischen Literatur ein ähnlicher Rang zukommt wie der Faust-Dichtung Goethes in der deutschen"[66]. Madáchs Werk stellt eine von Luzifer geführte Reise Adams und Evas durch die Geschichte der Menschheit dar, die sich - beginnend mit der Vertreibung aus dem Paradies über das alte Ägypten, Athen und Rom, über das mittelalterliche Prag Kaiser Rudolfs und die Hexenprozesse bis hin zu den bürgerlichen Revolutionen und in die Einsamkeit des Weltraums - als eine Kette immerwährender Entfremdung, Gewalt und Leid erweist.

Die Bezugnahme auf Madách in Horváths "Komödie des Menschen" bedeutet Referenz, aber auch Abgrenzung; nach den Ergebnissen der vorausgehenden Untersuchung kann davon ausgegangen werden, daß die Übereinstimmung mit Madách in dem pessimistischen Geschichtsbild besteht. So kommt auch Eva Kun zu der sicherlich plausiblen Annahme, daß unter dem Titel "Komödie des Menschen" ein Zyklus von Dramen geplant war, in denen - ähnlich wie bei Madách

---

[63] Bossinade 1988. S. 196.

[64] Kun, Eva: "Die Komödie des Menschen" oder Horváth und Ungarn. In: Sprachkunst 19/1988. S. 1 - 23. Nachfolgend zitiert als: Kun 1988.

[65] Madách, Imre: Die Tragödie des Menschen. Aus dem Ungarischen übertragen von Jeno Mohacsi. Mit 23 Holzschnitten von György Buday. Budapest/Leipzig o. J.

[66] Kindlers Neues Literaturlexikon. Hrsg. von Walter Jens. München 1988 - 1992. Bd. 10. S. 841.

die einzelnen Bilder - "eigenständige Stücke einzelne Epochen der Menschheitsgeschichte darstellen, seine (Horváths) Enttäuschung, seine pessimistische Meinung über die Gegenwart"[67] zum Ausdruck bringen sollten.

Wenn der Unterschied, der aus Madáchs "Tragödie" Horváths "Komödie des Menschen" macht, nicht in dem zum Ausdruck kommenden Geschichtsbild liegt, so scheint nach den bisherigen Ergebnissen die These erlaubt, daß das typisch Komödiantische in Horváths Konzeption das Beharren auf dem gattungsspezifischen Happy End ist. Damit stellt sich hier erneut die Frage nach dem Verhältnis von Geschichtsbild und Komödienkonzeption, nach dem Verhältnis von Realität und Happy End. Sie wird im Folgenden analog zu den Befunden aus der "Figaro"-Analyse zu beantworten sein, wobei die Problematik des Komödienschlusses in Bezug auf die Wirklichkeit evident wird in Alfred Dopplers Befund, jedes Stück der "Komödie des Menschen" sei ein "historische(s) Gleichnis, durch das eine Wendung der Dinge vom Bösen zum Guten suggeriert wird, eine Wendung, die sich außerhalb des Stücks nirgendwo wahrnehmen läßt."[68]

Noch ein zweites Mal thematisiert Horváth das Verhältnis von Tragödie und Komödie und damit seine Komödienkonzeption in seiner Notiz, und zwar, wenn er schreibt, er wolle seine Stücke "eingedenk der Tatsache, daß im ganzen genommen das menschliche Leben immer ein Trauerspiel, nur im einzelnen eine Komödie ist" (HoW 11, 277 f.), schreiben. Unter Hinweis auf eine ähnlich programmatische Äußerung Schopenhauers kommt Balme zu dem Ergebnis, diese Stelle mache "deutlich, daß der 'Komödie des Menschen' eine pessimistische Grundintention zugrunde liegt."[69] Diese Annahme kann nach den bisherigen Ergebnissen der vorliegenden Untersuchung kaum bezweifelt werden. Sie wird jedoch mit Blick auf Horváths Komödienkonzeption weiter differenziert werden müssen.

2.3.2. "Dorf ohne Männer" und "Pompeji" als Geschichtskomödien

Ein Blick auf die beiden Komödien "Pompeji" und "Dorf ohne Männer" offenbart schnell die im Vergleich zum "Figaro" parallele Grundstruktur dieser Komödien.

Beide Komödien beginnen mit der Beschreibung eines Ist-Zustands. Dieser erscheint jeweils als der einer unmenschlichen Gesellschaft: die Gesellschaft Pompejis wird umfassend charakterisiert durch die Reduktion zwischenmenschlicher Beziehungen auf die möglichst optimale, im weitesten Sinne kommerzielle Ausnutzung des Anderen; Sinnbild dieser Verhältnisse ist die Sklavenhaltergesellschaft, wobei in dem Stück deutlich wird, daß sich auch die Sklaven den Normen der herrschenden Gesellschaft verschrieben haben. "Geld bestimmt weitgehend

---

[67] Kun 1988. S. 20.
[68] Doppler 1988. S. 39. Doppler kann sich hier, wie die vorliegende Untersuchung auch, nur auf die beiden Stücke "Dorf ohne Männer" und "Pompeji" beziehen.
[69] Balme 1988. S. 112.

Handlungsweisen und Überlegungen aller Figuren bis in das Gefühlsleben hinein, allen voran das der Sklaven, da in dieser Gesellschaft ihr Menschenwert genau ihrem Marktwert entspricht."[70] So verkauft etwa der Bankier K. R. Thago seine Lieblingshetäre Lemniselenis wieder auf dem Sklavenmarkt, als er eine sechsmonatige Reise antritt, um sie nicht ein halbes Jahr umsonst ernähren zu müssen (HoW 10, 238 f.).

Kennzeichnend für diese Welt ist es, daß die einzelnen Figuren Masken tragen, "die die wesentlichen Züge ihrer Charaktere, so wie man sich selbe eben landläufig vorstellt, darstellen sollen" (HoW 10, 231). Die Unterwerfung des Einzelnen unter die Marktgesetze führt dazu, daß sich jeder so geben muß, wie es diese Marktgesetze vorschreiben, wie es von außen erwartet wird, wie es dem jeweiligen Rollenklischee entspricht. Wenn die Figuren im Laufe des ersten Bildes ihre Masken abnehmen, wird die bereits frappierende physiognomische Differenz zwischen den einzelnen Charakteren und ihrer aufgrund des jeweiligen Rollenklischees diktierten Außenwirkung evident.

Auf ähnliche Weise wird die höfische Gesellschaft in "Dorf ohne Männer" als eine korrupte geschildert, die Aussage des Statthalters, "Die Gerechtigkeit ist zwar eine schöne Sache, eine gute Sache, aber wer die Macht hat, der braucht sie nicht" (HoW 10, 85), ist geradezu paradigmatisch für sie. Menschen werden tausenderweise als Soldaten vom König bei den Feudalherren bestellt, diese lassen "auch die Knaben zusammenfangen" (HoW 10, 88), um diesem Befehl zu genügen, bis die gesamte männliche Einwohnerschaft ganzer Dörfer im Krieg gefallen ist. Die Intrige - darauf baut die ganze Handlung des Stückes auf - ist der gängige Weg zur Durchsetzung der eigenen Interessen.

Es braucht nicht weiter ausgeführt zu werden, daß diese Gesellschaftsformen, die Sklavenhaltergesellschaft und die Feudalgesellschaft, bei Horváth im wesentlichen mit den Kategorien beschreibbar sind, die oben zur Charakterisierung des Spießers entwickelt wurden. Beide Gesellschaftsformen, beide historischen Epochen sind geprägt durch den Archetypus des Spießers.

Dem wird nun jeweils eine Figur gegenübergestellt, die so angelegt ist, daß sie als Realisation des Paradigmas des Menschen aufgefaßt werden kann: in "Pompeji" ist dies vor allem die Figur des Sklaven Toxilus, dessen Humanität durch die Absolutsetzung seiner Liebesfähigkeit demonstriert wird; um seine geliebte Lemniselenis freizukaufen, ist Toxilus bereit, sich über abstrakte Normen, die ihrer Natur nach über den Einzelfall stehen, hinwegzusetzen; die Bedürfnisse des geliebten Einzelnen werden für Toxilus zum einzigen Maßstab seines Denkens und Handelns: "Ich bin erwacht: es gibt nur ein Verbrechen: dich weiter im Joche der Sklaverei zu lassen, dich wieder weiter zu verschachern wie ein Stück Tier -- heut kenne ich nur dieses einzige Verbrechen und sonst sei mir alles recht!" (HoW 10, 275).

Demgegenüber repräsentiert König Matthias Corvinus in "Dorf ohne Männer" das Ideal eines gerechten Herrschers, das sich im wesentlichen auch als das

---

[70] Balme 1988. S. 116.

des "Menschen" beschreiben läßt: er versucht, in seinem Land der Gerechtigkeit zum Durchbruch zu verhelfen und wehrt sich gegen irrationale Feindbilder und Vorurteile. Seine Antwort auf die Anschuldigungen des Grafen von Hermannstadt gegen dessen Gattin, der er die Schuld an allem ihm widerfahrenen Unglück zusprechen will, da sie aus einer verfluchten Sippe stamme, kann im Kontext des Jahres 1937 kaum mißverständlich sein: "es kommt nicht darauf an, ob man einer verfluchten Rass angehört, sondern darauf, ob man Rasse hat!" (HoW 10, 155). Zudem ist auch Matthias gezeichnet als Liebender.

In beiden Stücken ist der humane Einzelne in der Lage, die inhumane Gesellschaft zu reformieren ("Dorf ohne Männer") bzw. sich mit einer Gruppe Gleichgesinnter zu retten, während die Welt um ihn herum untergeht ("Pompeji"). "Durch die Humanitas des Helden kann der zu 'tödlicher' Verblendung, zu Scheinheiligkeit, Betrug und Gefühlskälte neigende Gesellschaftskomplex (in 'Dorf ohne Männer') überwunden werden."[71] Toxilus und Lemniselenis retten sich mit der Dienerin Matrosa in die Katakomben der christlichen Gemeinde von Pompeji, während um sie herum die Stadt unter den Lavaströmen des ausbrechenden Vesuv begraben wird.

In beiden Fällen erweist sich also die Menschlichkeit als geschichtsmächtig bzw. zukunftsträchtig gegenüber der vom Archetyp des Spießers dominierten Gesellschaft, in beiden Fällen wird - wie im "Figaro" - die Opposition unmenschliche Gesellschaft versus humaner Einzelner aufgelöst zugunsten des Einzelnen, während die inhumane Gesellschaft im einen oder anderen Sinne zu Ende geht. In beiden Fällen hält Horváth somit am gattungstypischen Happy End fest, das damit für seine Komödienkonzeption konstitutiv wird. Wie im "Figaro" bildet auch in "Pompeji" und in "Dorf ohne Männer" das Paradigma des Menschen das Modell, von dem aus die unmenschliche Gesellschaft als Modellverstoß der Lächerlichkeit preisgegeben und gleichzeitig als historisch veränderbare relativiert wird.

Um den gesamten Bedeutungsgehalt dieser Werke voll zu erfassen, müssen sie jedoch im Kontext des geplanten Zyklus interpretiert werden. Johanna Bossinade legt eine handschriftliche Skizze Horváths vor, in der der Stoff zur "Komödie des Menschen" auf eine Weise gegliedert ist, "die einem Querschnitt durch die Epochen des Europäischen Kulturkreises gleichkommt. Den sieben Abschnitten sollten wahrscheinlich sieben Einzeldramen zugeordnet werden."[72]

Wenn man davon ausgeht, daß "Dorf ohne Männer" und "Pompeji" in dieses Schema eingeordnet werden sollten, so erscheint das Projekt der "Komödie des Menschen" als eine Reihe von Komödien, in denen sich der menschliche Einzelne gegen eine unmenschliche, vom Archetyp des Spießers dominierte Gesellschaft durchsetzt, situiert in verschiedenen historischen Epochen.

Gerade aber durch diese Einbindung in einen Zyklus wird die Bedeutung der einzelnen Realisierung der Utopie stark relativiert. Die Einbindung macht deutlich, daß der Sieg der Menschlichkeit auf der nächsten historischen Stufe wie-

---

[71] Bossinade 1988. S. 116.
[72] Bossinade 1988. S. 197.

der aufgehoben ist: Ausgangspunkt des nächsten Stückes ist wiederum die inhumane Gesellschaft. Der Sieg der Humanität, der in der einzelnen Komödie das Happy End konstituiert, erweist sich nur als partiell und temporär, als beherrschendes Prinzip der Geschichte bleibt die Wiederkehr von substantiell immer gleichen, vom Spießer dominierten Gesellschaften in Kraft.

Damit hat sich der Zyklus "Komödie des Menschen" der pessimistischen Konzeption der "Tragödie des Menschen" angenähert. Erst im Kontext dieses Zyklusses erhalten die einzelnen Dramen ihre volle Bedeutung. Diese liegt wiederum - wie auch im "Figaro" - in einer Relativierung des optimistischen Schlusses; vereinzelt und zeitlich begrenzt gelingt es dem humanen Einzelnen, die Geschichte zu bestimmen, dauerhaft durchbrochen wird der Kreislauf des Widersinnigen nicht; die Gegenwelt der christlichen Gemeinde lebt, während Pompeji untergeht; einige Jahrhunderte später jedoch hat sich christliches Denken wieder nicht als dominierendes durchgesetzt: die Gesellschaft in "Dorf ohne Männer" ist immer noch nicht von christlichen Idealen bestimmt, die menschliche Geschichte ist "im ganzen genommen ... immer ein Trauerspiel, nur im einzelnen eine Komödie" (HoW 11, 228).

Wenn Ingrid Haag schreibt: "Die hinter verschiedenen Masken getarnte *Wiederkehr des Immergleichen* ist ein grundlegender Aspekt der Horváthschen Auffassung von der 'Komödie des Menschen'"[73], so gilt das auch und gerade für das Geschichtsbild des Spätwerks. Horváths Komödienkonzeption ist ohne diese seine Geschichtskonzeption eigentlich gar nicht zu begreifen.

In den Dramen "Pompeji" und "Dorf ohne Männer" sind die Verweise auf diesen Sachverhalt eher versteckt, aber doch vorhanden. Nachdem Matthias Corvinus den korrupten Statthalter hat verhaften lassen und seiner Überzeugung Ausdruck verleiht, "der (komme) nicht mehr zurück", antwortet ein Hofbeamter skeptisch: "Wer weiß!", worauf es in der Regieanweisung heißt: "Matthias horcht auf und sieht den Hofbeamten groß an" (HoW 106).

Es gibt innerhalb des Stückes keine Stelle, die mit dieser durch die Regieanweisung bzw. die Reaktion des Königs besonders hervorgehobenen Skepsis des Hofbeamten korrespondiert. Erst der Blick auf die Geschichte als Ganzes, auf die ganze "Komödie des Menschen" zeigt die Berechtigung dieser Skepsis: der Typus des korrupten Statthalters wird weiterhin der die Geschichte dominierende sein.

Damit konnte gezeigt werden, daß, obwohl die Notiz "Die Komödie des Menschen" erst eineinhalb Jahre nach "Figaro läßt sich scheiden" entstand und obwohl der "Figaro" zu den von Horváth zurückgenommenen Dramen gehört, eine Interpretation desselben mit den erst später entworfenen Kategorien möglich ist, daß das sich 1936 in der Notiz manifestierende Denken Horváths Schaffen schon länger beeinflußt hat. Umgekehrt ist deutlich geworden, daß die spezifische Verknüpfung von Geschichtsbild und Komödienkonzeption, wie sie am "Figaro" herausgearbeitet wurde, keine singuläre Erscheinung ist, sondern im Gegenteil eine Konzeption, die konstitutiv für das gesamte (Spät-) Werk Horváths, insbeson-

---

[73] Haag 1982. S. 174.

dere die "Komödie des Menschen" ist. "Horváths 'Figaro' ist eine solche 'Komödie des Menschen' geworden"[74].

---

[74] Mennemeier 1991. S. 174.

3. GESCHICHTE ALS "FARCE DES INKOMMENSURABLEN" - MAX FRISCH

Anders als Horváth, anders auch als die noch zu behandelnden Dürrenmatt und Hacks, ist Max Frisch kein ausgesprochener Komödienautor, nicht einmal ein Autor, in dessen Werk die Komödie eine herausragende Stellung einnähme. Zwar unternimmt Beda Allemann den Versuch, Dürrenmatt und Frisch auf eine Stufe zu stellen, und konstatiert: "Zumal im Bereich der zeitgenössischen deutschen Komödie stehen sie unangefochten da."[1] Die Gegenposition vertritt Walter Schmitz, wenn er schreibt: "Max Frisch hat nie ein echtes Lustspiel geschrieben."[2] Tatsache jedoch ist: im Oeuvre Frischs finden sich vier Dramen, die Frisch selbst in der Gattungsbezeichnung dem komischen Genre zurechnet: die Farce "Die Chinesische Mauer", die Komödie "Don Juan oder die Liebe zur Geometrie", der Schwank "Die große Wut des Philipp Hotz" und das Stück "Biografie: Ein Spiel", über das Frisch notiert: "Ich habe es als Komödie gemeint."[3] Unter diesen Dramen ist "Die Chinesische Mauer" das einzige, das den privaten Raum deutlich verläßt und sich einer politisch-historischen Fragestellung zuwendet.

"Die Chinesische Mauer" nimmt in mehrfacher Hinsicht eine Sonderstellung im Werk Max Frischs ein: zum einen hat das Stück ihn mehr als fünfundzwanzig Jahre hindurch beschäftigt; Alexander Stephan hält es neben "Graf Öderland" für "das Stück, mit dem sich Frisch am meisten abgemüht hat."[4] 1946 erfolgt die Uraufführung am Zürcher Schauspielhaus, Frisch hat zuvor erst zwei Dramen veröffentlicht: "Santa Cruz" und "Nun singen sie wieder". 1955 und 1965 legt er Neufassungen vor, 1972 die sogenannte "Version für Paris", die seither als die verbindliche Fassung gilt und im Wesentlichen auch der vorliegenden Arbeit zugrundegelegt wird. Nach 1972 veröffentlicht der Autor lediglich noch ein Drama, "Triptychon". Die Arbeit an der "Chinesischen Mauer" begleitet also Max Frisch in nahezu allen Phasen seines dramatischen Schaffens.

Darüberhinaus gehört die "Chinesische Mauer" sicherlich auch zu Frischs umstrittensten Werken; dies gilt zunächst hinsichtlich ihrer künstlerischen Qualität: während das Drama bei Kritik und Publikum eher zurückhaltend aufgenom-

---

[1] Allemann, Beda: Die Struktur der Komödie bei Frisch und Dürrenmatt. In: Hans Steffen (Hrsg.): Das deutsche Lustspiel. Bd. 2. Göttingen 1969. S. 200 - 217. Nachfolgend zitiert als: Allemann 1969. S. 200.

[2] Schmitz, Walter: Max Frisch: Das Werk (1931 - 1961). Studien zu Tradition und Traditionsverarbeitung. Bern 1985 (=Europäische Hochschulschriften R. 1, Bd 570). Nachfolgend zitiert als: Schmitz 1985. S. 192.

[3] Frischs Werke werden im Folgenden zitiert nach der Ausgabe: Max Frisch: Gesammelte Werke in zeitlicher Folge. Jubiläumsausgabe in sieben Bänden. 1931 - 1985. Hrsg. von Hans Mayer unter Mitwirkung von Walter Schmitz. Frankfurt am Main 1986 (=suhrkamp taschenbuch 1401 - 1407). Zitiert mit der Sigle FrW unter Nennung der Band- und Seitenzahl im fortlaufenden Text. Hier: Bd. 5, S. 580.

[4] Stephan, Alexander: Max Frisch. München 1983 (=Autorenbücher 37). Nachfolgend zitiert als: Stephan 1983. S. 50.

men wurde[5] und sich - anders als andere Stücke Frischs - bis heute keinen festen Platz in den Spielplänen deutschsprachiger Bühnen sichern konnte, urteilt etwa Klaus Matthias geradezu euphorisch: "*Die Chinesische Mauer* ist Frischs bedeutsamster Beitrag zur Weltliteratur der Gegenwart"[6]. Manfred Durzak schließt sich diesem Urteil an mit der Begründung, daß hier die "Innovation, die das Interesse vordringlich provoziert, ... in erster Linie von der Form" ausgehe - anders als im restlichen Frühwerk Frischs, dessen moralisches Pathos sich abgenutzt habe.[7]

Vor allem umstritten jedoch ist "Die Chinesische Mauer" in Bezug auf Autorenintention und Thema des Stücks. Nach Meinung Marianne Kestings debattiert Frisch "in der *Chinesischen Mauer* ... die schwierige Stellung des Intellektuellen in der modernen Gesellschaft"[8], Adelheid Weise ist der Meinung, daß er sich hier "mit der 'deutschen Vergangenheit' auseinandersetzt"[9]. Alexander Stephan sieht die Stoßrichtung des Stückes hingegen nicht in die Vergangenheit, sondern in die Zukunft gerichtet ("Dazwischen entsteht ein drittes Stück, 'Die Chinesische Mauer', das vor der nächsten, endgültigen militärischen Auseinandersetzung warnt: dem Atomkrieg"[10]), während Heinrich Geisser die Problematik der "Chinesischen Mauer" überhaupt nicht politisch-gesellschaftlich, sondern eher existentiell zu fassen versucht: "Die Menschen machen sich ein Bildnis, das sie in einer Rolle fixiert und sie zur Lebenslüge zwingt. Nur in der Liebe gelingt es dem Menschen, sich zur Erkenntnis der Wirklichkeit durchzuringen."[11]

Entsprechend konstatiert Walter Schmitz "den antihistorischen Gehalt"[12] eben jenes Stückes, das Erna Dahms ausdrücklich als "Geschichtsfarce"[13] bezeichnet, während Peter Gontrum es "as an exemple of the particular species of drama known as World Theater"[14] auffaßt.

Es soll im Folgenden untersucht werden, in welchem Verhältnis diese ver-

---

[5] Vergl. Schmitz 1985. S. 157 f.

[6] Matthias, Klaus: Die Dramen von Max Frisch. Strukturen und Aussagen. 1, 2. In: Literatur in Wissenschaft und Unterricht 3/1970. S. 129 - 150, 236 - 252. S. 138.

[7] Durzak, Manfred: Dürrenmatt, Frisch, Weiß. Deutsches Drama der Gegenwart zwischen Kritik und Utopie. Stuttgart 1972. Nachfolgend zitiert als: Durzak 1972. S. 174.

[8] Kesting, Marianne: Panorama des zeitgenössischen Theaters. 58 literarische Portraits. Revidierte und erweiterte Neuausgabe. München 1969. Nachfolgend zitiert als: Kesting 1969. S. 263.

[9] Weise, Adelheid: Untersuchungen zur Thematik und Struktur der Dramen von Max Frisch. Göppingen 1969 (=Göppinger Arbeiten zur Germanistik 7). S. 27.

[10] Stephan 1983. S. 37.

[11] Geisser, Heinrich: Die Entstehung von Max Frischs Dramaturgie der Permutation. Bern, Stuttgart 1973 (=Sprache und Dichtung 21). Nachfolgend zitiert als: Geisser 1973. S. 58.

[12] Schmitz 1985. S. 157.

[13] Dahms, Erna: Zeit und Zeiterlebnis in den Werken Max Frischs. Bedeutung und technische Darstellung. Berlin 1976 (=Quellen und Forschungen zur Sprach- und Kulturgeschichte der germanischen Völker. N. F. Bd 67). Nachfolgend zitiert als: Dahms 1976. S. 26.

[14] Gontrum, Peter: Max Frisch's "Die Chinesische Mauer". A new Approach to World Theater. In: Revue des Langues Vivantes 36/1970. S. 35 - 44. S. 36.

schiedenen Aspekte, die an der "Chinesischen Mauer" von der Forschung hervorgehoben wurden, zueinander stehen; es wird zu fragen sein, ob mit Hilfe einer Interpretation des Textes als Geschichtskomödie eine Synthetisierung dieser auf den ersten Blick divergierenden Ansätze zu leisten ist.

3.1. Die Geschichtskonzeption der "Chinesischen Mauer"
3.1.1. Geschichte als Wiederholung des Ewiggleichen - die China-Handlung

"Der geschichtliche Prozeß untersteht dem Prinzip der Veränderung und hat keine Endgültigkeit. Forciertes Aufhalten dieses Gesetzes wäre reaktionäre Widernatürlichkeit"[15], so versucht Margret Eifler mit Blick auf das Prosawerk Frischs Geschichtsauffassung zusammenzufassen. Dieses Motiv des Aufhalten-Wollens des geschichtlichen Prozesses wird in der "Chinesischen Mauer" schon zu Beginn aufgegriffen, mehr noch, die titelgebende Chinesische Mauer erscheint, wie es der Heutige formuliert, als "einer der immerwiederholten Versuche, die Zeit aufzuhalten, und hat sich, wie wir heute wissen, nicht bewährt" (FrW 2, 141).

Nach Siegen über seine äußeren Feinde beschließt der chinesische Kaiser Hwang Ti den Bau der Chinesischen Mauer, um sein Imperium so vor den benachbarten Völkern zu schützen, um den Status Quo aufrecht zu erhalten. Von Anfang an hat das Projekt in Frischs Farce nicht nur einen politisch-pragmatischen Charakter, vielmehr dient es ausdrücklich dem Ziel, den Status Quo festzuschreiben, jede Veränderung und damit jede Zukunft zu verhindern - Hwang Ti bezeichnet als sein Ziel ausdrücklich eine "Mauer, die uns vor jeder Zukunft schützen wird" (FrW 2, 203) - mit anderen Worten: den Lauf der Geschichte aufzuhalten. Geradezu programmatisch verkündet Hwang Ti: "ich lächle ... über alle, die hoffen, daß es in Zukunft anders wird. Sie werden ihre Zukunft nie erleben. Denn die Macht ist mein. Ich werde die Zukunft verhindern, ich werde eine Mauer bauen, das heißt, das Volk wird sie bauen" (FrW 2, 171).

Hwang Ti versucht, die Geschichtlichkeit der eigenen Gegenwart zu negieren, indem er jede Veränderung verhindert und seiner Herrschaft gleichsam Ewigkeit verleiht, damit den geschichtlichen Prozeß stoppt. Dieser Versuch jedoch, so scheint es, scheitert schon im Rahmen der Bühnenhandlung: das Stück endet mit einer Revolution, die das chinesische Volk unter der Führung des Prinzen Wu Tsiang unternimmt, durch die der Herrschaft Hwang Tis ein Ende bereitet, Hwang Ti und die Repräsentanten seiner Herrschaft hingerichtet werden. Entgegen dem ersten Anschein jedoch führt diese Revolution offenbar zu keiner substantiellen Veränderung. "Der Vorgang ermöglicht es zwar einem Prinzen, in einem Volksaufstand Hwang Ti zu stürzen, doch bringt der Aufstand nur eine neue

---

[15] Eifler, Margret: Max Frisch als Zeitkritiker. In: Gerhard P. Knapp (Hrsg.): Max Frisch. Aspekte des Prosawerks. Bern 1978 (=Studien zum Werk Max Frischs 1). S. 173 - 189. S. 178.

Tyrannis, und zwar eine womöglich noch schlimmere als die Hwang Tis."[16] Ein Vergleich der beiden Herrscherfiguren bestätigt diesen Eindruck.

In einer langen Gerichtsszene charakterisiert Hwang Ti sich selbst. Hwang Ti hat einen stummen Bauern verhaften lassen, den er verdächtigt, der oppositionelle Dichter Min Ko, die "Stimme des Volkes" zu sein. Um den Stummen, der in seinem Prozeß nicht aussagt, nicht aussagen kann, zu einem Geständnis zu provozieren, hält der Kaiser dem Stummen all das vor, "was du denkst hinter deiner dreckigen Stirn" (FrW 2, 193), um ihm so zu demonstrieren, daß alles Leugnen zwecklos ist. Das Resultat dieser Passage ist eine wirklichkeitsgetreue Selbstcharakterisierung Hwang Tis, die im Widerspruch steht zu dem offiziell von ihm verbreiteten Bild. Der Kaiser erscheint nun als "ein Feigling, ein lächerlicher Tropf, ein Idiot" (FrW 2, 194), der die Herrschaft entgegen aller ideologischen Verbrämungen an sich gerissen hat, um persönliche Vorteile daraus zu ziehen: "Die Große Mauer, sagst du, nichts als Geschäft! Millionen verrecken dabei, sagst du, für unser Geschäft" (FrW 2, 193). Er erscheint als "ein Blutegel", der "das Blut der Armen" aussaugt, der sich "von den Früchten eurer Kraft" ernährt (FrW 2, 193): "Ich bin nicht der Retter eures Vaterlands, ich bin ein Räuber am Volk, ein Mörder am Volk, ein Verbrecher - bestreite es, wenn du kannst!" (FrW 2, 194). Da sich Hwang Ti dieses Charakters seiner Herrschaft durchaus bewußt ist und infolgedessen in ständiger Angst vor der Gegenwehr des Volkes lebt, sieht er sich gezwungen, seine Herrschaft mit Hilfe von Terror zu sichern (vergl. FrW 2, 195).

Diesem Muster, diesem Psychogramm des autoritären Herrschers entspricht Wu Tsiang, der sich zum Führer des Aufstandes gemacht hat, in genau der gleichen Weise wie Hwang Ti selbst: auch er ist im Grunde seines Herzens ein Feigling, der rücksichtslos andere instrumentalisiert, um einen eigenen Vorteil zu erreichen. Hwang Ti berichtet, wie Wu Tsiang als sein Feldherr reagierte, als die feindlichen Truppen der chinesischen Armee den Frieden anboten: "Da sprach Wu Tsiang, der Tapfere: Wir kämpfen bis zum letzten Mann! Und also geschah es. Er opferte seine ganze Truppe, dreißigtausend - MEE LAN Und er selber lebt? HWANG TI Er ist der geborene General, kein Zweifel" (FrW 2, 172). Seine geistige Verwandtschaft mit Hwang Ti zeigt sich in einem Gespräch zwischen dem Kaiser und seinem Prinzen, in dem beide die Einzelheiten des Mauerbaus planen und in dem jeder versucht, den eigenen Profit bei dem Unternehmen zu erhöhen (vergl. FrW 2, 179). Auch zum Führer der Revolution macht sich der Prinz Wu Tsiang vor allem, nachdem er die Chance schwinden sieht, durch die Heirat mit Mee Lan, der Tochter des Kaisers, ein Anrecht auf den chinesischen Thron zu erwerben. Am terroristischen Charakter seiner Herrschaft schließlich läßt bereits der Akt der Machtergreifung keinen Zweifel (FrW 2, 208 - 211).

So kann der Heutige in Bezug auf den Prinzen resümieren: "Wir kennen diese Figur, die so leicht zu durchschauen ist" (FrW 2, 209) - es ist wieder die gleiche Figur, der gleiche Typus, der bereits zuvor in der Person Hwang Tis an

---

[16] Waldmann, Günther: Das Verhängnis der Geschichtlichkeit. Max Frisch: "Die Chinesische Mauer". In: Albrecht Schau (Hrsg.): Max Frisch - Beiträge zu einer Wirkungsgeschichte der deutschen Literatur 2. Freiburg 1971. S. 225 - 233. S. 226.

der Macht war; "although Hwang Ti *is* violently removed at the end of the play, it is clear that the deed is done merely by a younger version of himself. The continuity of tyranny is assured."[17]

Die eingangs zitierte Aussage Margret Eiflers, der geschichtliche Prozeß unterstehe dem Prinzip der Veränderung und kenne keine Endgültigkeit, und das Aufhalten dieses Gesetzes wäre reaktionäre Widernatürlichkeit, muß somit relativiert werden: der Versuch Hwang Tis, den Fortschritt der Geschichte aufzuhalten, ist gleichzeitig erfolglos und erfolgreich. Er selbst ist zwar gestürzt, die Zeit geht über ihn hinweg, der Wandel, der Wechsel jedoch führt nicht zu substantieller Veränderung; die auf Hwang Ti folgende Herrschaft Wu Tsiangs ist von der seines Vorgängers nicht zu unterscheiden. Cegienas de Groot versucht, das Verhältnis von Veränderung und Konstanz mit Hilfe der Beobachtung zu beschreiben, daß hier "Individualität und Typenhaftigkeit übereinandermontiert und dann wieder auseinandergenommen werden: Hwang Ti kommt als zeitgebundenes Individuum zu Fall, als zeitenthobener Typus des Tyrannen bleibt er bestehen."[18] Die Vorstellung, "im äußerlichen Wechsel der Akteure und der Handlungen zugleich ein Fortschreiten der Geschichte zu erkennen"[19], wird von Max Frisch in der China-Handlung der "Chinesischen Mauer" vehement zurückgewiesen.

Der auf der Bühne dargestellte Vorgang wird von Frisch nicht als historischer Einzelfall dargeboten; er hat vielmehr paradigmatischen Charakter, weist auf eine Gesetzmäßigkeit der Geschichte hin. Um dies zu demonstrieren, läßt Frisch Hwang Ti die Rampe überspielen und sich direkt an die Zuschauer wenden. Die entsprechende Passage soll in etwas längerem Zusammenhang zitiert werden:

> Ich weiß genau, was ihr denkt, ihr da unten. Aber ich lächle über eure Hoffnung. Ihr denkt, noch heute abend werde ich von diesem Thron gestürzt, denn das Spiel muß doch ein Ende haben und einen Sinn, und wenn ich gestürzt bin, könnt ihr getrost nach Hause fahren, ein Bier trinken und einen Salzstengel essen. Das könnte euch so passen. Ihr mit eurer Dramaturgie! Ich lächle. Geht hinaus und kauft euch eine Zeitung, ihr da unten, und auf der vordersten Seite, ihr werdet sehen, steht mein Name. Denn ich lasse mich nicht stürzen; ich halte mich nicht an Dramaturgie. (FrW 2, 175)

Hwang Ti schlägt hier den Bogen über mehr als 2000 Jahre, und wieder wird die Dialektik von Konstanz und Wandel thematisiert: selbstverständlich wird Hwang Ti "noch heute abend ... von diesem Thron gestürzt", an der Gültigkeit seiner Aussage jedoch ändert dies nichts - der Typus Hwang Ti wird auch 2000

---

[17] Butler, Michael: The plays of Max Frisch. New York 1985. S. 38.

[18] de Groot, Cegienas: Zeitgestaltung im Drama Max Frischs. Die Vergegenwärtigungstechnik in "Santa Cruz", "Die Chinesische Mauer" und "Biographie". Amsterdam 1977 (=Amsterdamer Publikationen zu Sprache und Literatur 33). Nachfolgend zitiert als: de Groot 1977. S. 130.

[19] Durzak, Manfred: Max Frisch und Thornton Wilder. Der vierte Akt von "The Skin of Our Teeth". In: Manfred Jurgensen (Hrsg.): Frisch. Kritik - Thesen - Analysen. Beiträge zum 65. Geburtstag. Bern 1977 (=Queensland Studies in German Language and Literature 4). S. 97 - 120. S. 106.

Jahre später noch die Geschichte dominieren und die Titelseiten der Zeitungen beherrschen. Die Bühnenhandlung der "Chinesischen Mauer" demonstriert keinen Einzelfall, sondern einen signifikanten Ausschnitt aus dem geschichtlichen Prozeß, der sich so - bei aller scheinbaren Veränderung - als ewige Wiederholung des immer Gleichen darstellt. Von Fortschritt kann in der Geschichte sowenig die Rede sein wie von Sinn.

Es bleibt Brutus vorbehalten, diese Geschichtsauffassung des Autors expressis verbis zu formulieren, und zwar gleich zweimal im Verlauf des Stückes: "Heißt dies Geschichte, daß der Unverstand/Unsterblich wiederkehrt und triumphiert?" (FrW 2, 168, 216). Er ist es auch, der sich, als er die Wirtschaftsbosse Frack und Cut erdolcht, keine Illusionen darüber macht, welcher Typus forthin die Geschichte dominieren wird: "Getrost! - als Sorte bleibt ihr an der Macht" (FrW 2, 213). Und in der Erstfassung der "Chinesischen Mauer" antwortet Brutus auf die Aussage der Inconnue de la Seine, "allein die Welt geht weiter -": "Ohne dass sie vorwärts geht?"[20] Die Aussage des Heutigen, "Die Farce geht weiter" (FrW 2, 166), wird damit geradezu zum Motto von Frischs Geschichtsauffassung.

Damit entwirft Frisch nicht nur "ein negatives Bild von Geschichte"[21], wie Erna Dahms formuliert, sondern im Grunde genommen ein ahistorisches: das Wesen, die Substanz der historischen Gesellschaften ist im Grunde gar kein geschichtliches, gar kein dem historischen Wandel unterworfenes; dieser beeinflußt lediglich die wechselnden Erscheinungsformen des immer Gleichen, des offenbar Ewigen. Substantiellen Veränderungen ist die menschliche Gesellschaft in ihrem Gang durch die Geschichte nicht ausgesetzt, Geschichte ist im Grunde ein sinnloser Kreislauf, eine ewige Wiederholung.

Dies bringt auch die äußere Form des Dramas zum Ausdruck: die letzte Szene ist im wesentlichen eine Wiederholung der ersten. Wieder treten Romeo und Julia mit (fast) dem gleichen Text auf, wieder spielt "Musik wie zu Anfang" (FrW 2, 213), wieder wird zur Polonaise der Masken gerufen. Daß dies Wiederholung eines Rituals ist, wird am Vergleich mit der Spieluhr deutlich: "Sie bewegen sich in der Art einer Spieluhr: jede Figur, wenn sie vorne ist, hat das Wort und dreht sich um sich selbst weiter" (FrW 2, 215). Eine Entwicklung hat sich zwischen dem ersten und dem letzten Bild nicht vollzogen. "Die zyklische Bewegung des Stücks, die für den Kreislauf der Geschichte steht, wird durch diesen Szenenzusammenschluß deutlich akzentuiert."[22]

Vom "kaleidoskopischen Wechsel ohne Wandel"[23] sprechen Reinhold Grimm und Carolyn Wellauer treffend mit Blick auf die Grundkonzeption Frischs.

---

[20] Frisch, Max: Die chinesische Mauer. Eine Farce. Basel 1947 (=Sammlung Klosterberg. Schweizerische Reihe). Nachfolgend zitiert als: Chinesische Mauer 1947. S. 63.

[21] Dahms 1976. S. 72.

[22] Durzak 1972. S. 182.

[23] Grimm, Reinhold, Carolyn Wellauer: Max Frisch. Mosaik eines Statikers. In: Zeitkritische Romane des 20. Jahrhunderts. Die Gesellschaft in der Kritik der deutschen Literatur. Hrsg. von Hans Wagner. Stuttgart 1975. S. 276 - 300. Nachfolgend zitiert als: Grimm/Wellauer 1975. S. 295.

Und in ganz ähnlichen Worten wie der Brutus der Urfassung formuliert der "Gantenbein"-Erzähler den Sachverhalt: "Das Leben geht weiter, aber nicht vorwärts" (FrW 5, 242).

Gerade dieses Zitat aus dem "Gantenbein"-Roman zeigt, daß die Wiederholung, die Wiederkehr des immer Gleichen, die Nicht-Entwicklung, der Nicht-Fortschritt ein Thema ist, das im Werk Max Frischs immer wieder auftaucht, das offenbar charakteristisch für sein Weltbild ist. "Vielfach betont er auch mit dem Ende, dass sich das ganze Geschehen, vielleicht in wenig veränderter Form, wiederholen wird. Die Zeit geht weiter, die Probleme bleiben bestehen."[24] "Santa Cruz" endet mit den Worten, die eine Gestalt an den sterbenden Pelegrin richtet: "Ich bin aus deinem Blute das Kind, Viola, die alles von neuem erfährt, die alles noch einmal beginnt" (FrW 2, 75). Am Ende von "Nun singen sie wieder" schwören die Überlebenden des Krieges, die Feindbilder der Toten, die diese längst als Irrtum erkannt haben, als deren Vermächtnis zu betrachten und zur Grundlage ihres Handelns zu machen (FrW 2, 132 - 135). Graf Öderland wird aufgefordert, genau die Macht zu übernehmen, die abzuschaffen er ursprünglich ausgezogen war (FrW 3, 88 f.), Biedermann zeigt in dem Nachspiel in der Hölle, daß er aus dem Vorausgegangenen nichts gelernt hat und eine erneute Wiederholung des Geschehens erwartet werden kann. Kürmann, die Hauptfigur von "Biografie: Ein Spiel", spielt immer wieder die gleichen Szenen seines Lebens durch, ohne Wesentliches ändern zu können, und Stiller kann schreiben: "Meine Angst: die Wiederholung!" (FrW 3, 420).

"'*Wiederholung*'", schreibt Walter Schmitz, sei "bei Frisch de facto *identisch mit mechanisch-bewußtloser Repetition.*"[25] Die Kreisstruktur ist typisch für seine Werke, Entwicklung, Fortschritt, substantielle Veränderung haben in seinem Weltbild keinen Platz, die Wiederholung im genannten Sinn wird ihm zum zentralen Motiv. In den meisten seiner Texte allerdings erscheint sie als Prinzip der privaten Biographie, selten dient sie zur Kennzeichnung gesellschaftlicher Prozesse. Mit der "Chinesischen Mauer" macht Frisch deutlich, daß jenes Prinzip, das für ihn das private wie das gesellschaftliche Leben des Menschen dominiert, auch das Prinzip des welthistorischen Prozesses ist: die ewige Wiederholung des immer Gleichen.

3.1.2. Die Lemuren der Vergangenheit

In einem Artikel für das Programmheft der Uraufführung von "Nun singen sie wieder" wendet sich Frisch gegen "das erprobte und fast sichere Mittel der historischen Verkleidung: man schlägt die Geschichte, die Ereignisse aus dem soundsovielten Jahrhundert, und man meint die Gegenwart ... Es ist das Zeitstück in

---

[24] Schnetzler-Suter, Annemarie: Max Frisch. Dramaturgische Fragen. Bern 1984 (=Europäische Hochschulschriften R. 1, Bd. 296). S. 42.
[25] Schmitz 1985. S. 172.

der Tarnung" (FrW 2, 288). Ähnlich wie Peter Hacks (vergl. Kap. 1.2.1.), wenn auch ausgehend von anderen Positionen, verwirft Frisch diese Form der Geschichtsdramatik sowohl aus ästhetischen Gründen als auch aus solchen der intellektuellen Redlichkeit: "Man fragt sich dann jedesmal, warum das Dargestellte, was ja Geheimnis genug ist, noch hinter einem Kreuzworträtsel stehen mußte, ferner, ob eine frühere Geschichte einfach aus ihrem eigenen und ebenfalls wirklich gewesenen Dasein entstellt werden darf, um unsere Deutung der Gegenwart wiederzugeben" (FrW 2, 289).

Auch wenn man aus dieser Stelle sicherlich schließen darf, daß Frisch seine eigenen Stücke ganz offenbar nicht auf diese Weise konzipiert - interpretiert wurde gerade die "Chinesische Mauer" durchaus als Verschlüsselung der Gegenwart.[26] Um eine solche "Aufschlüsselung" seines Werkes zu verhindern, sie zumindest nicht zu provozieren, bringt Frisch mit Hilfe der historischen Masken den Geschichtsprozeß als ganzen auf die Bühne und ins Bewußtsein der Zuschauer.

Die verschiedenen Masken repräsentieren dabei gleichsam Archetypen historischen Verhaltens, die sich im Verlauf der Weltgeschichte in immer anderen Persönlichkeiten realisieren. Die Zahl der Archetypen ist dabei relativ begrenzt; ähnlich wie Wu Tsiang und Hwang Ti Vertreter ein und desselben Typus sind, ohne daß individuelle Unterschiede ins Gewicht fielen, werden auch andere historische Persönlichkeiten lediglich als austauschbare Repräsentanten, als Inkarnationen des immer gleichen, sich nicht ändernden Archetyps aufgefaßt. So ist es gleichgültig, ob der überzeitliche Archetyp "rücksichtsloser Eroberer" durch Napoleon oder durch Alexander den Großen repräsentiert wird. So zählt der "Junge Mann" (der Vorläufer des "Heutigen" in den späteren Fassungen der "Chinesischen Mauer") in der Urfassung die personae dramatis auf: "... Alexander der Große ... das haben wir geändert, wir geben ihn als Napoleon, was keinen Unterschied macht; wir müssen uns an unseren Fundus halten ..."[27] Indem Geschichte als durch (durch wechselnde Persönlichkeiten repräsentierte) immer gleiche Archetypen determiniert dargestellt wird, wird der fehlende Fortschritt und der Kreislaufcharakter von Geschichte plausibel - eine ähnliche Konzeption wird unten an Dürrenmatts "Achterloo" zu beobachten sein. Die Aussage der China-Handlung wird damit auf der Ebene der historischen Masken noch einmal unterstrichen, jene wird zum Exempel der Gesetzmäßigkeit des historischen Prozesses, nicht zum Einzelfall, der nach einer Entschlüsselung mit Blickrichtung auf die Gegenwart verlangt. Die "Masken sind nur wechselnde historische Hüllen für das immer Gleiche, das sich immer wiederholt. Das einmalige Geschehen, dem man

---

[26] Vergl. etwa Neis, Edgar: Erläuterungen zu Max Frisch: "Die Chinesische Mauer". Hollfeld 1971 (=Königs Erläuterungen 221). Nachfolgend zitiert als: Neis 1971. Der Band strotzt nur so von Parallelisierungen zur Zeit des Kalten Krieges.

[27] Chinesische Mauer 1947. S. 7.

als solchem einen Sinn unterschieben könnte, einfach weil es geschehen ist, wird in seiner Sinnlosigkeit gezeigt, als eine ergebnislose Kreisbewegung."[28]

Über die Bekräftigung der Aussage der China-Handlung hinaus jedoch hat der Maskenreigen noch weitere Funktionen.

So fällt bereits beim ersten Lesen auf, daß (ab der zweiten Fassung) die historischen Figuren nicht den Prosastil sprechen, in dem die China-Handlung und die Reden des Heutigen gestaltet sind; vielmehr sprechen sie jeweils in einem Stil, der der Sprache angenähert ist, in der sich die jeweilige Figur im kollektiven Bewußtsein etabliert hat. Also Romeo und Julia sowie Brutus sprechen eine an die Verse Shakespeares angelehnte Sprache, Pilatus schildert seinen Prozeß gegen Jesus von Nazareth in der Sprache der Bibel (vergl. FrW 2, 152), Philipp von Spanien zitiert seine Rolle aus Schillers "Don Carlos" ("Ich habe das Meinige getan -" (FrW 2, 156)).

Frisch selbst erläutert den Sinn dieses Vorgehens: "Die Figuren, die unser Hirn bevölkern, haben ihre Existenz ausschließlich in der Sprache. Daher die Stil-Zitate: Brutus nach Shakespeare, Philipp von Spanien nach Schiller. Pilatus kennen wir aber nicht aus der römischen Geschichte, sondern aus der Bibel. Daher das Bibelzitat" (FrW 2, 225).

Dem Verfahren Frischs liegt also ein Verständnis von Geschichte zugrunde, das dem in Kapitel 1.2.2. entwickelten gar nicht so unähnlich ist: Geschichte als eine retrospektive Rekonstruktion, die von Interessen der Gegenwart bestimmt ist. Die geschichtlichen Persönlichkeiten existieren heute nicht mehr an sich, sondern so, wie sie im kollektiven Bewußtsein der Gegenwart aufbewahrt werden. Dieses kollektive Bewußtsein und damit die gegenwärtige Existenz historischer Figuren aber ist stärker geprägt von den Fragestellungen und Interessen der Gegenwart als durch das tatsächliche geschichtliche So-Sein der Figuren. Für diesen Sachverhalt findet Frisch den durchaus adäquaten Ausdruck, wenn er sie in Stil-Parodien auf die literarische und historische Überlieferung sprechen läßt. So kann der Heutige zu Napoleon sagen: "Sie gehören zu den Figuren, die unser Hirn bevölkern, und insofern, als Figur unseres Denkens, sind Sie durchaus noch lebendig" (FrW 2, 148). "Letzten Endes *sind* die Masken nicht etwa Napoleon oder Don Juan. Nicht weil es fiktive Figuren sind, sondern weil sie mit ihren Masken für die moderne, die 'heute' im Rahmen des Dramas relevante geschichtliche Bedeutung der Gestalten stehen, welche ursprünglich die Namen der Masken trugen."[29] Dies ist die einzige Form der Existenz, die das Vergangene heute noch besitzt. "Die Historie als Bewußtsein der Lebenden" (FrW 2, 611), wie Max Frisch im "Tagebuch 1946 - 1949" notiert, ist es, die er im Reigen der historischen Masken gestaltet.

Auf diese Weise fließen Geschichtsdrama und das für Frisch so typische Bewußtseinsdrama ineinander. "Schauplatz ist immer die menschliche Seele! Ihren Gesetzen ist alles unterworfen" (FrW 2, 575). Dieses berühmte Diktum Frischs gilt auch für die "Chinesische Mauer" und die darin entworfene Geschichtskon-

---

[28] Lüthi, Hans Jürg: Max Frisch. "Du sollst dir kein Bildnis machen". München 1981 (=UTB 1085). Nachfolgend zitiert als: Lüthi 1981. S. 54.

[29] de Groot 1977. S. 115.

zeption. So kann der Heutige am Ende des Vorspiels sagen: "Ort der Handlung: diese Bühne. Zeit der Handlung: heute abend" (FrW 2, 145).

Die Tatsache, daß die historischen Persönlichkeiten heute lediglich im kollektiven Bewußtsein existieren, also in der Form, in der sich die Gegenwart für sie interessiert, in der Form, in der sie der Gegenwart etwas zu sagen haben, hat weitreichende Folgen. Wie es Gerhard Kaiser formuliert: "Aber wir entscheiden nicht nur über die Masken, die Masken entscheiden auch über uns."[30]

Indem die Figuren der Vergangenheit das kollektive Bewußtsein der Gegenwart bevölkern, stellen sie diesem eine Reihe von konventionalisierten Handlungsmustern und Verhaltensschemata zur Verfügung, mit denen auf historische Situationen in der Gegenwart reagiert werden kann: "Bonaparte, der immer noch Rußland unterwerfen will, und Philipp, der Ketzerverbrenner, und Brutus, der die Welt zu ändern hofft durch Attentat ... und alle die anderen gibt es eigentlich heute noch ..." (FrW 2, 227). Für Schmitz "deutet Frisch (diese Figuren der Überlieferung) als Bewußtseinsinhalte, archetypische Vorstellungen, die das sachgemäße Erkennen trüben."[31]

Dies ist sicherlich richtig, greift aber zu kurz. Sicherlich stellen diese Bewußtseinsinhalte Wahrnehmungsmuster zur Verfügung, nach denen die Gegenwart strukturiert wird, so daß diese in ihrem So-Sein nicht vorurteilslos erkannt, sondern immer wieder in die überkommenen Kategorien eingeordnet wird. Sie bilden aber gleichzeitig ein Reservoir von Handlungsschemata, nach denen die Menschheit in den verschiedenen Situationen immer wieder gleich handelt. Dem circulus vitiosus, in dem sich die Geschichte bewegt, entspricht damit ein ebensolcher unseres Bewußtseins: indem zur Bewältigung geschichtlicher Situationen auf die immer gleichen tradierten Verhaltensmuster zurückgegriffen wird, nimmt sich die Menschheit die Möglichkeit, neue Verhaltensmuster zu entwickeln und ihrem kollektiven Bewußtsein einzuverleiben. Der Rückgriff auf die immer gleichen Denkschemata führt zur Wiederholung der immer gleichen Handlungen, führt zum Kreislaufcharakter von Geschichte. Die Struktur unseres Bewußtseins, wie sie in dem Reigen der historischen Masken dargestellt wird, fungiert als eigentliche Begründung jenes Geschichtsbildes, das die China-Handlung entworfen hat: die Geschichte als Wiederholung des ewig Gleichen ist nicht metaphysisch, sondern psychologisch begründet.

In dem 1966/67 entstandenen Stück "Biografie: Ein Spiel" sagt der als eine Art Spielleiter fungierende Registrator zu der Hauptfigur Kürmann, der immer wieder erfolglos versucht, eine entscheidende Episode seines Lebens, die erste Begegnung mit seiner Frau, erneut so durchzuspielen, daß es nicht zu der unglücklichen Ehe kommt: "Sehen Sie: Sie verhalten sich nicht zur Gegenwart, sondern zu einer Erinnerung. Das ist es. Sie meinen die Zukunft schon zu kennen durch Ihre Erfahrung. Darum wird es jedesmal dieselbe Geschichte" (FrW 5, 492). Was hier

---

[30] Kaiser, Gerhard: Max Frischs Farce "Die Chinesische Mauer". In: Thomas Beckermann (Hrsg.): Über Max Frisch. 4. Aufl. Frankfurt am Main 1973 (=edition suhrkamp 404). S. 116 - 136. Nachfolgend zitiert als: Kaiser 1973. S. 121.

[31] Schmitz 1985. S. 161.

über das individuelle Bewußtsein und seine Auswirkungen auf den Gang der privaten Biographie gesagt wird, gilt genauso für das kollektive historische Bewußtsein und seinen Einfluß auf den historischen Prozeß.

So erst können diese "Figuren, die unser Hirn bevölkern", zu Dämonen, zu lebenden Toten werden, zu den "Lemuren einer Geschichte, die nicht zu wiederholen ist" (FrW 2, 150), zu den "Lemuren, die da promenieren und lauern auf ihre historische Wiederkunft, taub für jede Entwicklung unseres Bewußtseins!" (FrW 2, 158). Die Lemuren müssen nichts anderes tun als warten, können sie sich doch darauf verlassen, daß sie über kurz oder lang wieder das Rollenmuster für menschliches Handeln abgeben werden. Ironisch demonstriert Frisch das an einem harmlosen Beispiel: zu Emile Zola, der auf der Bühne immer wieder sein "j'accuse" ausruft, bemerkt der Heutige: "Sein Aufruf hat sogar etwas erreicht. Daher gilt Herr Zola heute noch als Vorbild; kein Literat von Anstand läßt es sich nehmen, bei Gelegenheit zu protestieren" (FrW 2, 197). Weniger harmlos ist die Zuversicht Napoleons: "Ich werde wiederkommen" (FrW 2, 183).

Damit variiert Max Frisch in der "Chinesischen Mauer" ein für ihn geradezu ultratypisches Thema: das der Rolle, des Verhaltensmusters, des Bildnisses, die die freie Entfaltung des Ich und das adäquate Reagieren auf die Wirklichkeit verhindern.

Nach Jürgen H. Petersen bezeichnet der Begriff der Rolle in Psychologie und Soziologie "ein meist unbewußtes oder unterbewußtes Verhalten, das sich an bestimmten überindividuellen Modellen orientiert."[32] Solche Rollen, "Routinemuster", entstehen für Max Frisch in allen möglichen Situationen und aus unterschiedlichsten Quellen. Gemeinsam ist ihnen, daß sie zu einer Verfestigung der Perspektive, zu einem Bildnis führen, das es nicht mehr erlaubt, die Veränderung, die Wirklichkeit des Lebens zu registrieren, sondern fixierte Wahrnehmungsmuster und Handlungsschemata, verbunden mit den entsprechenden Erwartungen, zur Verfügung stellt; "alle Bindungen, seien es berufliche, eheliche oder soziale, (führen) zu solchen Mustern, Routinemustern ..., unter denen das Leben langsam erstickt."[33] Verkürzt ausgedrückt bedeutet Identitätsfindung ganz wesentlich Emanzipation von solchen von außen aufoktroyierten Rollen, Bildnissen, Mustern. "Dieser Weg ist schwierig und gefahrvoll, denn das werdende Ich ist einer wahren Flut von Bildern ausgesetzt, die in Geschichte und Gegenwart von Familie, Gesellschaft und Staat gebildet worden sind und Anspruch auf alleinige Richtigkeit und Gültigkeit erheben."[34]

Dieses Thema der Rolle und des Bildnisses, das das Leben erstickt und die adäquate Partizipation an der Wirklichkeit verhindert, variiert Frisch immer wieder in seinem Werk. So beschwert sich schon der tote Funker in Frischs zweitem

---

[32] Petersen, Jürgen H.: Max Frisch. 2., erweiterte und verbesserte Aufl. Stuttgart 1989 (=Sammlung Metzler Bd. 173). Nachfolgend zitiert als: Petersen 1989. S. 95.

[33] Frisch, Max: Gespräch mit Heinz Ludwig Arnold. In: Heinz Ludwig Arnold (Hrsg.): Gespräche mit Schriftstellern. München 1979 (=Beck'sche schwarze Reihe 134). S. 9 - 73. S. 49.

[34] Lüthi 1981. S. 10.

Drama, "Nun singen sie wieder", über die Art und Weise, wie die Überlebenden frühere Irrtümer der Toten zur Begründung ihres Handelns mißbrauchen: "Sie nehmen die Worte aus unserem Leben, sie machen ein Vermächtnis daraus, wie sie es nennen, und lassen uns nicht reifer werden, als sie selber sind" (FrW 2, 135). "Als der Krieg zu Ende war" zeigt die Liebe zwischen einer Deutschen und einem Russen, die gerade deswegen nicht erstarrt, weil die Liebenden keine gemeinsame Sprache sprechen und sich deswegen kein Bild voneinander machen können. Der Roman "Stiller" liefert das Gegenstück: eine Ehe, die am Bedürfnis der Partner, sich voneinander ein festes Bild zu machen, scheitert; darüberhinaus variiert er in den Versuchen der Hauptfigur, der festgelegten Rolle durch die Erfindung einer bzw. mehrerer fiktiver Identität(en) zu entgehen, das Thema auf ähnliche Weise wie der "Gantenbein"-Roman. Don Juan flieht vor der Rolle, die die literarische Tradition an ihn heranträgt (vergl. Kap. 3.2.1.), und "Andorra" ist die geradezu klassische Variation jenes Themas, das Frisch schon im "Tagebuch 1946 - 1949" einführt: "Du sollst dir kein Bildnis machen" (FrW 2, 369). Bereits oben wurde darauf hingewiesen, daß auch für Kürmann, die Hauptfigur aus "Biografie: Ein Spiel" gilt: "Seine Zukunft ist durch Erfahrungsmuster bereits vorausbestimmt, die Chance der Wahl kann deshalb nicht wahrgenommen werden."[35]

Wieder zeigt sich der Befund, der auch schon in Zusammenhang mit dem Begriff der "Wiederholung" in Kapitel 3.1.1. erhoben werden konnte: in der "Chinesischen Mauer" variiert Frisch Probleme, Fragestellungen und Motive, die für sein Schreiben und sein Weltbild extrem typisch sind, normalerweise aber auf ihre Auswirkungen im privaten, existentiellen Bereich hin befragt werden. In der "Chinesischen Mauer" werden sie insofern variiert, als die Bedeutung des Phänomens Rolle wie des Phänomens Wiederholung für die Menschheitsgeschichte dargestellt wird. Einer weitverbreiteten Forschungsmeinung, wie sie etwa Stephan paradigmatisch formuliert - "daß Frisch auch nach 1945 die jeweiligen gesellschaftlichen Gegebenheiten seiner Stücke zuerst als Folie für existentielle Parabeln und dann erst als Abbild seiner Umwelt oder als Beitrag zum Verständnis spezifischer Gesellschaftsformen oder Epochen benutzte"[36] - ist nur bedingt zuzustimmen. Vielmehr konstatiert Frisch spätestens seit der zweiten Fassung der "Chinesischen Mauer" parallele Strukturen im individuellen wie im kollektiven Bewußtsein; beide funktionieren nach dem gleichen Gesetz und zeitigen entsprechend parallele Wirkungen in der individuellen Biographie einerseits und der "kollektiven Biographie", der Geschichte andererseits. Die von Frisch zustimmend notierte Aussage C. G. Jungs, "daß die Psyche die mächtigste Tatsache in der Menschenwelt sei" (FrW 2, 218), gilt auch für die "Chinesische Mauer": sie erscheint als eigentliches Agens der Weltgeschichte.

Freilich verstärkt sich durch dieses Untersuchungsergebnis noch mehr der Eindruck, daß Frischs Geschichtsbild in der "Chinesischen Mauer" in letzter Konsequenz ahistorisch ist. Wenn Ulrich Profitlich kritisiert, daß die Dispositionen,

---

[35] Geisser 1973. S. 76.
[36] Stephan 1983. S. 57.

die in der "Chinesischen Mauer" als letzte Ursachen der Bühnenhandlung erscheinen, als ahistorische präsentiert werden[37], so ist dem schwer zu widersprechen. Es ist letzten Endes die menschliche Psyche, die sich immer gleichbleibenden Gesetzen und Mustern folgt, die die Ursache des Kreislaufcharakters von Geschichte ist.

Umgekehrt bekommt jedoch gerade durch seine Verankerung in sich gleichbleibenden Dispositionen der menschlichen Psyche der Kreislauf der Geschichte seine Unausweichlichkeit: der Kreisform des Dramas entspricht nicht nur der circulus vitiosus des realen Geschichtsablaufs, sondern auch die Struktur des kollektiven Bewußtseins der Menschheit, das per se nicht in der Lage ist, die vorgegebenen Handlungsmuster zu durchbrechen und zu transzendieren. So erst erscheint der Tanz der historischen Masken als "Totentanz" (FrW 2, 183): "Es ist, als sei'n sie tot, doch reden sie/Und tanzen auch und drehen sich im Kreis,/Wie sich Figuren einer Spieluhr drehn" (FrW 2, 215).

Angesichts dieses Sachverhalts ist es kaum nachvollziehbar, wie Gerhard Kaiser dem Schluß der Farce, an dem die ganze Handlung wieder von vorn beginnt, einen positiven Aspekt im Sinne einer erneut gewährten Chance abgewinnen kann.[38] Die dargestellte Struktur des kollektiven Bewußtseins eröffnet eigentlich keine Chance, den Teufelskreis der Geschichte zu durchbrechen - sowenig wie sein individuelles Bewußtsein Kürmann aus "Biografie" erlaubt, die Chance zum Neuanfang zu nutzen. Der Optimismus Kaisers findet (zumindest in den späteren Fassungen) keine Grundlage im Text. Tatsächlich ist "'Die Chinesische Mauer' ... wohl das verzweifeltste Stück Max Frischs, das auswegloseste und aussichtsloseste."[39] "The past will determine the future."[40]

Die ganze Fatalität dieses Umstands wird deutlich durch die Perspektive, die der Heutige in das Stück hineinbringt.

3.1.3. Die propagierte Notwendigkeit der Zeitenwende - Der Heutige

Durch die Figur des Heutigen führt Max Frisch gleichsam eine zweite Ebene in sein Geschichtsbild ein. Bisher wurde Geschichte vor allem aufgefaßt als eine Kette bewußt-unbewußter gesellschaftlicher Handlungsweisen, die den immer gleichen Wahrnehmungs- und Handlungsschemata folgen und deshalb einen Fortschritt nicht ermöglichen. Geschichte erschien vor allem als eine Geschichte der Herrschafts- und Gesellschaftsformen, gleichzeitig als Bewußtseinsgeschichte, da

---

[37] Vergl. Profitlich, Ulrich: "Verlorene Partien": Modelle des Mißlingens im Drama Max Frischs. In: Gerhard P. Knapp (Hrsg.): Max Frisch. Aspekte des Bühnenwerks. Bern 1979 (=Studien zum Werk Max Frischs 2). S. 107 - 130. Nachfolgend zitiert als: Profitlich 1979. S. 122.

[38] Vergl. Kaiser 1972. S. 132.

[39] Neis 1971. S. 47.

[40] Koepke, Wulf: Understanding Max Frisch. Columbia 1991 (=Understanding european and latin american literature). S. 37.

dieser ein prägender Einfluß auf jene eingeräumt wurde; in beiden Bereichen haben substantielle Veränderungen nicht stattgefunden, das Prinzip der Wiederholung dominiert. Durch den Heutigen führt Max Frisch gleichsam die technologische Basis menschlichen Zusammenlebens in das Geschichtsbild der "Chinesischen Mauer" ein, Geschichte als Technologiegeschichte, und auf dieser Ebene sind durchaus substantielle, ja umwälzende Veränderungen zu verzeichnen:

> Wir befinden uns, meine Herrschaften, im Zeitalter der Wasserstoffbombe ... Wer heutzutage ein Tyrann ist, gleichgültig wo auf diesem Planeten, ist ein Tyrann über die gesamte Menschheit. Er hat (was in der Geschichte der Menschheit erstmalig ist) ein Mittel in der Hand, um sämtlichem Leben auf der Erde den Garaus zu machen. (FrW 2, 205)

Diese Umwälzung der technologischen Basis, die Erfindung der Atom- und Wasserstoffbombe, hat für Max Frisch durchaus den Charakter einer Zeitenwende; nichts ist mehr wie vorher, die Situation, vor die sich die Menschheit gestellt sieht, ist grundlegend neu, sie befindet sich an einer Wegkreuzung, wie Frisch in seinem Tagebuch notiert: "es ist das erfrischende Wachsein eines Wanderers, der sich plötzlich an einer klaren und deutlichen Wegkreuzung sieht, das Bewußtsein, daß wir uns entscheiden müssen, das Gefühl, daß wir noch einmal die Wahl haben und vielleicht zum letzten Mal; ein Gefühl von Würde; es liegt an uns, ob es eine Menschheit gibt oder nicht" (FrW 2, 401). "Das ist das Neue, das Entscheidende an unserer Lage. Unser Zeitalter kann sich den Krieg nicht mehr leisten, ohne sich selbst auszutilgen" (FrW 2, 615).

Die durch die technologische Entwicklung faktisch vollzogene Zeitenwende verlangt ein radikales Umdenken, eine grundsätzliche Neuorientierung angesichts der vollzogenen Veränderung; den Krieg, jahrhundertelang die Fortsetzung der Politik mit anderen Mitteln, kann sich die Menschheit "nicht mehr leisten". Die Entwicklung des kollektiven Bewußtseins der Menschheit jedoch korrespondiert bisher nicht mit dieser Zeitenwende: einer linear verlaufenden Technologiegeschichte steht die zirkuläre Struktur der Gesellschafts- und Bewußtseinsgeschichte gegenüber.

Walburg Schwenke trifft das Problem, vor das sich der Heutige gestellt sieht, ziemlich genau: "Soll die Vernichtung der Menschheit verhindert werden, so gilt es - parallel zur politisch-direkten Handlung - die im individuellen Bewußtsein verankerten überkommenen Denk-'Figuren' auszuräumen"[41] - wobei darauf zu insistieren ist, daß - wie oben nachgewiesen wurde - nicht lediglich das individuelle, sondern das kollektive Bewußtsein durch diese "Denk-Figuren" determiniert wird.

Der Heutige macht die Inadäquatheit des in der Zirkelstruktur befangenen, nichtsdestotrotz geschichtsmächtigen historischen Bewußtseins in Anbetracht der faktisch vollzogenen Zeitenwende deutlich:

---

[41] Schwenke, Walburg: Leben und Schreiben: Max Frisch. Eine produktionsästhetische Auseinandersetzung mit seinem Werk. Frankfurt am Main, Bern 1983 (=Europäische Hochschulschriften. R. 1. Bd. 589). S. 171.

> Zum ersten Mal in der Geschichte der Menschheit ... (und darum, meine Herrschaften, hilft uns keine historische Routine mehr!) stehen wir vor der Wahl, ob es die Menschheit geben soll oder nicht ... Entscheiden wir uns aber: Es soll die Menschheit geben! so heißt das: Eure Art, Geschichte zu machen, kommt nicht mehr in Betracht. (FrW 2, 206)

Der Umwälzung der technologischen Grundlagen des menschlichen Zusammenlebens muß eine Zeitenwende auch in der Art des bewußt-unbewußten "Geschichtemachens" folgen, eine grundlegende Änderung des historischen Bewußtseins und daraus resultierend eine substantielle Wende im Bereich des inner- und intergesellschaftlichen Zusammenlebens, soll auf die neue Situation adäquat reagiert werden können. "Sie alle, meine Herrschaften, Sie sollten nicht wiederkehren. Es ist zu gefährlich. Eure Siege, eure Reiche, eure Throne von Gottesgnaden, eure Kreuzzüge hin und Kreuzzüge her, es kommt nicht mehr in Frage. Wir wollen leben. Eure Art, Geschichte zu machen, können wir uns nicht mehr leisten" (FrW 2, 157).

Zusammenfassend kann man sagen: "Der Heutige lebt im Bewußtsein, eine Zeitenwende zu erleben, einen Umschlagpunkt der Geschichte, an dem die überlieferten Formen des Zusammenlebens und der Auseinandersetzung mit der Umwelt in puren Wahnsinn münden; die Gabelung, an der über Fortsetzung oder Ende aller Geschichte entschieden wird."[42]

Die "Chinesische Mauer" gibt wenig Anlaß, die Chancen für die Realisierung einer solchen notwendigen, substantiellen Zeitenwende allzu optimistisch einzuschätzen. Dem etwas gewaltsamen Versuch Kaisers, eine optimistische Perspektive in dem Stück zu entdecken - "Immerhin bleibt sein Stück ein Appell, und wer noch appelliert, hat die Hoffnung nicht ganz verloren"[43] - kann man mit Frisch, der die "Chinesische Mauer" für "eine bereits ziemlich verzweifelte Farce" (FrW 2, 589) hält, entgegenhalten, daß die "deutsche ... Geschichte ..., nehmt alles nur in allem, sich von Schiller bis Brecht sehr wenig hat führen lassen von Deutschlands großer Literatur" (FrW 5, 354). Im Bühnenraum der "Chinesischen Mauer" jedenfalls scheitert der Heutige sang- und klanglos. Das letzte Bild gehört den Masken, den Lemuren der Vergangenheit, und Napoleons Zuversicht in Bezug auf seine baldige Wiederkehr. Dem Heutigen bleibt nichts übrig, als resignierend zu konstatieren, daß "die ganze Farce soeben von vorne beginnt ..." (FrW 2, 213).

"Die Sinnlosigkeit, den Lauf der Geschichte ändern zu wollen,"[44] steht damit als das letzte Wort der "Chinesischen Mauer" da. Der Teufelskreis des kollektiven Bewußtseins ist nicht zu durchbrechen, der Rückgriff auf tradierte Wahrnehmungs- und Handlungsmuster erlaubt kein Überschreiten des fixierten Rahmens

---

[42] Charbon, Remy: Die Lemuren der Vergangenheit. Max Frisch: "Die Chinesische Mauer". In: R. C.: Die Naturwissenschaften im modernen deutschen Drama. Zürich 1974 (=Zürcher Beiträge zur deutschen Literatur- und Geistesgeschichte 41). S. 62 - 70. S. 65.

[43] Kaiser 1972. S. 136.

[44] Dahms 1976. S. 71.

möglichen geschichtlichen Handelns. Geschichte als Wiederholung des ewig Gleichen ist das Resultat. Ein Aufbrechen dieses circulus vitiosus durch die erkennende Vernunft ist nicht möglich. Auch die grundlegend geänderte, ein ebenso grundlegend geändertes Verhalten fordernde Realität wird anhand der überlieferten Schemata wahrgenommen und beantwortet. So ist mit Durzak "die Inkongruenz von Geschichte und Wahrheit"[45] zu konstatieren, Vernunft und Geschichte stehen sich diametral gegenüber: die Vernunft vermag nicht, auf den Geschichtsverlauf einzuwirken, sie realisiert sich nicht in der Geschichte; das, was sich tatsächlich in der Geschichte realisiert, ist nicht das von der Vernunft als notwendig Erkannte.

In diesem Sinne ist die "Chinesische Mauer" und, so wird man wohl jetzt sagen können, die gesamte Menschheitsgeschichte "eine Farce des Inkommensurablen" (FrW 2, 225): die Realität der historischen Situation mit ihren impliziten Notwendigkeiten und das geschichtliches Handeln bestimmende kollektive Bewußtsein der Menschheit sind nicht in Übereinstimmung zu bringen, sie decken sich nicht. Die nicht nur moralisch, sondern existentiell geforderte Zeitenwende ist von einem der Realität nicht angemessenen Bewußtsein nicht zu erwarten.

Ulrich Profitlich hat in Frischs Werk einen charakteristischen Typus des Scheiternden ausgemacht; diese Figuren "handeln zwar ihrer Einsicht (ihrer 'Gesinnung') gemäß, doch diese Einsicht ist - gemessen an den Maximen, die das Stück insgesamt vertritt und vermittelt - offenbar unzulänglich. Die Figuren begreifen nicht, was sie tun müßten, und dieser Unzulänglichkeit ihrer Einsicht entspringt die Unangemessenheit ihres Verhaltens."[46] Der geschichtlich handelnde, der den Geschichtsverlauf bestimmende Mensch erscheint in der "Chinesischen Mauer" ganz offensichtlich diesem Typus zugehörig.

Diese pessimistische Grundhaltung nimmt in der "Chinesischen Mauer" im Laufe der Bearbeitungen zu. Steht in der ersten Fassung noch "die individuelle Problematik der Wahrheitsfindung, des wirklichen Lebens"[47] im Vordergrund, so wird im Verlauf der Textentwicklung zunächst das politische Anliegen angesichts der Massenvernichtungswaffen und dann die skeptische Geschichtssicht als Bezugsrahmen des Bühnenmodells immer wichtiger. Eröffneten frühere Fassungen eine vorsichtig optimistische Perspektive auf Sinnhaftigkeit wenigstens im Privat-Individuellen, so dominiert in den späteren Fassungen der "Jahrmarkt der Geschichte ... als mosaikhaftes Karussell, als kaleidoskopischer Reigen und Kehraus der Kulturen"[48]. Für Frisch "gibt es ..., ob in der Weltgeschichte oder in der Biographie des Einzelnen, nirgends mehr den Augenblick der Schicksalswende, des tragischen Gipfelpunkts, in dem die Menschen Einsicht in die wahren Wesenszu-

---

[45] Durzak 1972. S. 178.
[46] Profitlich 1979. S. 115.
[47] Geisser 1973. S. 61.
[48] Grimm/Wellauer 1975. S. 297.

sammenhänge gewinnen könnten."⁴⁹ Ein "existentielles Endzeitbewußtsein"⁵⁰ prägt damit auch dieses Werk Frischs.

Es wurde im vorhergehenden Kapitel gezeigt, daß Ödön von Horváth zwar zunächst von einem ähnlich pessimistischen, zyklischen Geschichtsbild ausgeht, dann aber doch durch die bildhafte Gestaltung einer utopischen Hoffnung auf "Menschwerdung" zu einem (wenn auch ironisch gebrochenen) Happy End gelangt, und so ein typisches Merkmal der traditionellen Komödie realisiert. Ein solches Happy End fehlt bei Max Frisch. Nicht einmal in ironischer Brechung, so scheint es, ist für Frisch eine utopische Hoffnung als realisierte gestaltbar. Die Frage stellt sich, wie man von einer solch pessimistischen Geschichtsauffassung zu einen Stück kommen kann, das der Autor als "Farce", als dem komischen Genre zugehörig aufgefaßt wissen will. Es fragt sich auch, welche Komödiendramaturgie adäquater Ausdruck des bisher dargestellten Geschichtsbildes sein kann.

Um bei der Beantwortung dieser Frage der Gefahr von Kurzschlüssen infolge der schmalen Untersuchungsbasis zu entgehen, soll nun zunächst ein kurzer Blick auf theoretische Äußerungen Frischs zur Komödie geworfen und die Bauform der anderen von Frisch als Komödien bezeichneten Stücke kursorisch analysiert werden. Es wird zu untersuchen sein, inwiefern die so gewonnenen Ergebnisse zur Analyse der Komödiendramaturgie der "Chinesischen Mauer" herangezogen werden können.

3.2. "Die Chinesische Mauer" als Farce

3.2.1. Die Komödie im Werk Max Frischs

In einer Rezension zur Uraufführung von Friedrich Dürrenmatts Komödie "Romulus der Große" aus dem Jahr 1949 findet sich in knappen Umrissen eine der sonst eher seltenen theoretischen Reflexionen Frischs über die Gattung Komödie. Er schreibt:

> Jede große Komödie setzt eine Bejahung voraus, eine durchaus zweifellose, und vielleicht gibt es darum kaum eine moderne Komödie; es scheint mir entscheidend, daß Dürrenmatt nicht einfach den Ausverkauf einer Kultur zeigt, ... sondern im Mittelpunkt einen Menschen, der diesen Ausverkauf vollzieht im Sinne einer Erkenntnis, im Sinne einer unerschütterlichen Bejahung, die allein alles andere was geschieht, als Komödie erscheinen läßt. (FrW 2, 345 f.)

"Bejahung" ist ein Zentralbegriff für Frischs Vorstellung von einer Komö-

---

[49] Biedermann, Marianne: Das politische Theater von Max Frisch. Lampertheim 1974 (=Theater unserer Zeit 13). S. 97.

[50] Kieser, Rolf: Das Tagebuch als Idee und Struktur im Werk Max Frischs. In: Max Frisch. Hrsg. von Walter Schmitz. Frankfurt am Main 1987 (=suhrkamp taschenbuch 2059). S. 17 - 33. S. 19.

die; er steht auch im Mittelpunkt einer längeren Passage des "Tagebuchs 1946 - 1949", die ihrerseits auf 1947 datiert ist:

> Nichts wäre schöner als ein Lustspiel, doch nicht ein antiquarisches, es müßte schon ein gegenwärtiges sein, meinetwegen in Kostüme verkleidet, ein Lustspiel um unsere Probleme ... Das Verlangen danach wäre gewaltig, überhaupt das Verlangen nach einer fröhlichen und im Grunde zweifellosen Bejahung, einer Bejahung allerdings, die unseren wirklichen Fragen und unserem heutigen Bewußtsein nicht ausweicht ...
> Denkbar wäre eine Heiterkeit ..., entspringend aus einer unwiderstehlichen Zuversicht, der gegenüber alle Leiden und Leidenschaften, die sich abspielen, unverhältnismäßig würden und insofern komisch. Das Lustspiel, glaube ich, ist nicht eine Frage der Fabel, sondern des Klimas. Es geht nicht ohne die große Zuversicht, ohne ein Gefühl, daß im Grunde doch alles zum besten bestellt sei und daß die Welt nur ein gutes Ende nehmen kann, ein erlösendes Ende, das ist der fromme Goldgrund, den wir so sehr ersehnen, und ohne ihn gibt es kein wirkliches Lustspiel... (FrW 2, 505 f.)

Die Komödienkonzeption, die Frisch hier entwirft, ist offensichtlich eine genuin humoristische: aus dem Wissen um die Ordnung und Sinngerichtetheit der Welt heraus kann der Modellverstoß belacht (nicht verlacht) werden; seine Unschädlichkeit steht von vornherein fest. Mehr noch: das Widersinnige, "alle Leiden und Leidenschaften", wäre Bestandteil einer im Ganzen sinnhaften Ordnung bzw. eines auf einen unzweifelhaft positiven Ausgang gerichteten Prozesses. Im Wissen um die Sinnhaftigkeit des Ganzen kann der einzelne Modellverstoß humoristisch-verständnisvoll belacht werden, ohne einem satirischen Verlachen preisgegeben werden zu müssen; der komische Widerspruch bleibt bestehen und wird hingenommen. Die Bejahung bezieht sich somit vor allem auf die extrem optimistisch beurteilte Wirklichkeit, damit aber auch gleichzeitig auf den einzelnen Modellverstoß, der lustvoll belacht wird, da er die Sinnhaftigkeit der Wirklichkeit nicht gefährden kann, vielmehr Bestandteil derselben ist.

Es wird in Kapitel 6 zu zeigen sein, daß Peter Hacks von einer marxistisch fundierten teleologischen Geschichtssicht aus zu einem Komödienmodell kommt, das zumindest auf den ersten Blick durchaus Ähnlichkeit mit dem hier von Frisch skizzierten hat. So ist denn auch die Zuversicht des Revolutionärs, mit der er das Kommen einer neuen Gesellschaft erwartet und den Untergang des Alten bejaht, einer der "Goldgründe", die Frisch sich theoretisch als Ursprung einer Komödie vorstellen kann. In der Praxis jedoch ist Frisch eher skeptisch - nicht nur der Zuversicht, sondern auch ihrer Komödienfähigkeit gegenüber: "der Wille zur Zuversicht, der den Revolutionär erfüllt, ist noch keine Zuversicht" (FrW 2, 508). Zudem "ist die Bejahung der Revolutionäre, wie es scheint, selten so kampflos, daß ihnen das Verneinte wirklich zur Komödie würde" (FrW 2, 346).

"Das andere ist die Bejahung, wie sie Dürrenmatt besitzt, die religiöse - die zu erläutern, wie gesagt, nicht meine Sache ist" (FrW 2, 346). Ob die Interpretation, die Frisch damit dem "Romulus" zuteil werden läßt, adäquat ist, kann hier nicht diskutiert werden. Die Frage wird implizit Gegenstand des Kapitels 4.2. sein. Wichtiger im vorliegenden Zusammenhang ist, daß auch dieser "Goldgrund", auch diese grundsätzliche Bejahung Frisch verschlossen bleibt, daß er, wie er in der "Romulus"-Rezension schreibt, zum vermeintlichen Anliegen Dürrenmatts "letztlich keinen Zugang habe" (FrW 2, 344). So bleiben Frisch nur Orientierungslosigkeit und Skepsis, die jedoch nach seinem eigenen Bekunden *keine* Grundlage für eine Komödie sind: "Woher aber die Zuversicht? Woher der Goldgrund? Die Botschaften höre ich wohl" (FrW 2, 508).

Zumindest ex negativo gibt Frisch in diesen Passagen, in denen er letztlich seine Unfähigkeit konstatiert, eine der skizzierten Konzeption gerecht werdende Komödie zu schreiben, Hinweise, wie seine eigenen Komödien *nicht* aufzufassen sind: als humoristische Bejahung des Dargestellten. Dieses Ergebnis soll bei der kursorischen Betrachtung jenes Frisch-Stücks berücksichtigt werden, das auf den ersten Blick als das glatteste, versöhnlichste erscheint und auch von Frisch als einziges ausdrücklich als "Komödie" bezeichnet wird: "Don Juan oder die Liebe zur Geometrie".

Vor allem Hiltrud Gnüg und Hans Jürg Lüthi weisen in ihren Arbeiten zum "Don Juan" darauf hin, daß bei Max Frisch die Rezeptionsgeschichte des Don Juan-Stoffes gleichsam als Folie mitgedacht werden muß: "der bestimmte fixierte Don Juan-Typ, ... wird hier als Erwartungshorizont zitiert, der durch das Stück in seiner psychologisierenden Ausgestaltung konterdeterminiert wird."[51] "Mit dem (Don Juan-) Stoff übernimmt Max Frisch ... auch das Bildnis, das zu ihm gehört und das ihm während der Jahrhunderte angedichtet worden ist. Und wenn nun auch Max Frisch ein neues Bildnis hinzudichtet, so bleibt doch das überlieferte ständig präsent"[52]. Damit wäre die Grundlage einer Literaturparodie gegeben. Die spezifische Qualität bekommt Frischs Stück jedoch dadurch, daß nicht nur dem Publikum, sondern - eine groteske Konzeption - auch den Figuren des Stücks die Rezeptionsgeschichte des Don Juan-Stoffes, das überlieferte Bildnis präsent ist. "Frischs Don Juan ist eine sehr literaturbewußte Gestalt."[53] "Die Beteiligten kennen die Vorlage."[54] Die betonte Literarizität der gesamten Bühnenhandlung ("Ort: Ein theatralisches Sevilla/Zeit: Eine Zeit guter Kostüme" (FrW 3, 96)) macht dies ebenso deutlich wie die immer wiederkehrenden Zitate und Verweise auf Tirso de Molina, Molière und Mozart, so daß Don Juan bei der Inszenierung seiner Höllenfahrt zu Recht sagen kann: "wir arbeiten mit Überlieferung" (FrW 3, 152).

Indem aber der literarische Don Juan-Mythos den Figuren des Dramas präsent ist, fungiert er als Rollenerwartung gegenüber dem Don Juan der Komödie, dessen Identität mit dem durch die Literatur entworfenen Bildnis keineswegs übereinstimmt: "Von dem Vater Donna Annas wird ihm die Rolle des Helden aufge-

---

[51] Gnüg, Hiltrud: Das Ende eines Mythos: Max Frischs "Don Juan oder die Liebe zur Geometrie". In: H. G.: Don Juans theatralische Existenz. Typ und Gattung. München 1974. S. 222 - 237. S. 235.

[52] Lüthi 1981. S. 17.

[53] Kurz, Paul Konrad: Urteil und Gesellschaft. Die Welt des Max Frisch. In: P. K. K.: Über moderne Literatur II. Standorte und Deutungen. Frankfurt am Main 1969. S. 145.

[54] Gockel, Heinz: Max Frisch. Drama und Dramaturgie. München 1989 (=Analysen zur deutschen Sprache und Literatur). S. 73.

zwungen, später auch die des Totschlägers, die Gesellschaft zwingt ihm die Rolle des Frauenhelden auf ... Don Juan lebt nicht sich selbst, sondern die Rollen, aus denen ihn die Verhältnisse nicht entlassen."[55]

Die "Don Juan"-Komödie kann durchweg aufgefaßt werden als der fortdauernde Versuch Don Juans, der in der literarischen Tradition fixierten Rolle zu entkommen. Der Versuch scheitert, Don Juan "bleibt ... früher oder später keine andere Wahl: Tod oder Kapitulation, Tragödie oder Komödie" (FrW 3, 171). Die Katastrophe bleibt aus, Don Juan stirbt nicht, er resigniert. Diese Resignation scheint für Frisch konstitutiv für die Komödie zu sein, führt sie doch zu der typischen, auch an der "Chinesischen Mauer" beobachteten Kreisform: was am Anfang war, ist auch am Ende. Die Rolle "Don Juan", die am Anfang gesetzt wird, der literarische Mythos, der durch die Literatur fixiert und beim Rezipienten wie bei den Figuren des Stückes als verbindlich erachtet wird, bleibt in Kraft, indem sich Don Juan ihm unterwirft und selbst seine Höllenfahrt als Verführer inszeniert. Die Versuche Don Juans, seine wahre Identität gegen das Bildnis durchzusetzen, erweisen sich als nichtig, als Scheinhandlung. Das Bildnis, die Rolle, erweist sich als übermächtig, es bewahrt seine Gültigkeit, zum Status Quo des Anfangs kehrt das Ende zurück.

Eine ähnliche Struktur läßt sich mit Blick auf das von Frisch als Komödie "gemeinte" (s. o.) Stück "Biografie: Ein Spiel" feststellen.[56] Auch hier fungiert das von Kürmann tatsächlich gelebte Leben als Wahrnehmungs- und Verhaltensmuster, dem Kürmann zu entfliehen sucht. Er bestreitet die Notwendigkeit genau dieses Lebenslaufs - "Ich weigere mich nur, daß wir allem, was einmal geschehen ist - weil es eben geschehen ist, weil es Geschichte geworden ist und damit unwiderruflich - einen Sinn unterstellen, der ihm nicht zukommt" (FrW 5, 522) - und versucht, seine Biographie zu ändern, als ihm die Möglichkeit dazu geboten wird, indem er sich in Schlüsselsituationen anders verhält als zuvor. Der Versuch mißlingt. Kürmann ist unfähig, sich von seinen immer gleichen Wahrnehmungs- und Verhaltensmustern zu lösen, er reagiert nicht frei auf die Realität, sondern folgt den in seinem Bewußtsein gespeicherten Bildern von derselben: "Sie verhalten sich nicht zu der Gegenwart, sondern zu einer Erinnerung. Das ist es. Sie meinen die Zukunft schon zu kennen durch ihre Erfahrung. Darum wird es jedesmal dieselbe Geschichte" (s. o.). Das Resultat ist wiederum ein Kreislauf, eine Wiederholung. Die Anstrengungen Kürmanns erweisen sich als nichtig, als Scheinhandlung; sie haben, abgesehen von Änderungen im Detail, zu keiner substantiellen Ände-

---

[55] Petersen 1989. S. 100.

[56] Die Interpretation von "Biografie" ist insofern etwas problematisch, als das Stück von Frisch als Modell jener "Dramatik der Permutation" (FrW 5, 369) konzipiert war, die er in seiner Schillerpreis-Rede fordert. Sie soll den Eindruck der Notwendigkeit des Geschehens meiden und stattdessen zeigen, daß die Wirklichkeit nur eine lediglich zufällig realisierte Möglichkeit unter mehreren gleich möglichen ist. Da Frisch jedoch selbst im Briefwechsel mit Höllerer zugibt, daß "Biographie" diese seine Intention nicht realisiert, und statt des von Zufall bestimmten Ablaufs einen "Schicksalslauf" präsentiert (Frisch, Max: Dramaturgisches. Ein Briefwechsel mit Walter Höllerer. Berlin 1969 (=LCB-Edition Bd. 15). S. 28), scheint die obige Interpretation gegen die Intention Frischs statthaft.

rung des vorgegebenen Musters geführt. Dieses erweist seine Übermacht, es ist am Ende ebenso in Kraft gesetzt wie am Anfang, eine Veränderung, ein Fortschritt hat nicht stattgefunden: "Sie haben gesagt: Wenn Sie noch einmal anfangen könnten in Ihrem Leben, dann wüßten Sie genau, was sie anders machen würden - ... Warum machen Sie dann immer dasselbe!" (FrW 5, 501).

Es läßt sich hier wohl die These wagen, daß alle von Frisch dem komischen Genre zugerechneten Stücke eine gemeinsame Struktur aufweisen: es wird ein präfiguriertes Muster vorgestellt, dessen Gültigkeit bestritten wird, da es dem Leben nicht gerecht wird - Don Juan ist anders, als es die literarisch fixierte Rolle will, Kürmann faßt einen alternativen Lebenslauf als genauso mehr oder weniger notwendig auf wie den tatsächlich gelebten, die im kollektiven Bewußtsein der Menschheit fixierten Wahrnehmungs- und Verhaltensschemata werden der geschichtlichen Realität der Massenvernichtungsmittel nicht gerecht. Das Muster wird auf diese Weise in Frage gestellt, angegriffen, als realitätsfern, als defizitär destruiert. Die Emanzipation von diesem Muster jedoch mißlingt: der Alternative gelingt es nicht, sich zu realisieren, sich Wirklichkeit und Wirksamkeit zu verschaffen.

Diese Konstellation führt nicht notwendig zur Komödie. Im Falle von "Andorra" etwa läßt sie sich ebenso beobachten, jedoch führt sie hier zur Hinrichtung Andris, zur Katastrophe. Die Fabel von "Andorra" nimmt einen durchaus linearen Verlauf, es zeigt sich eine Entwicklung, wenn auch hin zur Katastrophe.

Den Komödienkonflikten ist nicht einmal diese Wirksamkeit beschieden: sie entpuppen sich durchweg als Auslöser einer Scheinhandlung, die am Ende wieder in den Status Quo des Anfangs einmündet, in der sich die Nichtigkeit der Anstrengung, dem vorgegebenen Muster zu entfliehen, in ihrer Wirkungslosigkeit offenbart. "Tod oder Kapitulation, Tragödie oder Komödie" lautet für Frisch die Alternative (s. o.). Während "Andorra" in der Katastrophe, in der Tragödie endet, triumphiert in Frischs Komödien die Kapitulation, die Wiederherstellung des ewig Gleichen; zwischen Anfang und Ende findet keine wirkliche Entwicklung statt, die Kreisstruktur ist typisch für diese Stücke.

Frisch baut somit seine Komödienkonflikte nach dem Modell von Komik als Kipp-Phänomen auf: das gültige Muster, das "Normale" wird am Kriterium der Wirklichkeitsadäquatheit, der "Lebendigkeit" gemessen und als defizitär entlarvt, dadurch in seiner Gültigkeit außer Kraft gesetzt. Der Maßstab jedoch, der das Gängige somit als Modellverstoß, als komisch entlarvt, ist - bei aller Sympathie, die ihm der Rezipient und wohl auch der Autor entgegenbringen - nicht in der Lage, sich Realität zu verschaffen und somit gültiges Modell zu sein. Sowohl Modell als auch Modellverstoß sind defizitär, entlarven gegenseitig ihren defizitären Charakter, sind damit widersinnig, in letzter Konsequenz lächerlich: auch wenn in Frischs Komödien am Ende das Überkommene triumphiert - seine Existenzberechtigung hat es verloren. Eine zur Orientierung taugliche sinnhafte Größe existiert in den Komödien Frischs am Ende nicht.

So erscheint die Komödie Frischs als "eine Komödie, die auf das Gattungsmerkmal des versöhnlichen Schlusses radikal verzichtet, ja den gewohnten Komödienausgang bewußt Lügen straft."[57] Der "Goldgrund" der Bejahung, der eine humoristische Komödienkonzeption ermöglichen würde, ist Frisch ebenso fremd wie die weltanschauliche Sicherheit, die es erlauben würde, den komischen Modellverstoß satirisch zu verlachen und das Modell dabei unangetastet zu lassen.

Wenn Frisch über seinen Schwank "Die große Wut des Philipp Hotz" schreibt:

> Ich frage mich, ob nicht beispielsweise der Intellektuelle - der arme Mann, der nicht tut, was er redet, und der daran leidet, daß ihm seine Tatunfähigkeit stets bewußt ist, und der schließlich, bloß damit die Welt (seine Frau) ihn ernst nehme, etwas Läppisches tut im vollen Bewußtsein, daß es läppisch sein wird - nicht schwankfähig geworden ist (FrW 4, 458),

so präsentiert er damit eine weitere Variante seiner Komödienformel.

Es wird nun noch einmal zu untersuchen sein, welche spezifische Ausprägung diese in der "Chinesischen Mauer" erfährt.

3.2.2. Die Farcenkonzeption der "Chinesischen Mauer"

Seine "Chinesische Mauer" bezeichnet Max Frisch als "Farce". Die Gattungsbezeichnung läßt den Rezipienten etwas hilflos zurück: die gängigen Definitionen der Gattung treffen die Substanz der Farce Frischs kaum. Die Farce erscheint "als einem außerliterarischen Genre des niederen Lachtheaters"[58] zugehörige Gattung, als ein "nur theatralisch gestaltetes Erzählen von Witzen"[59], das in formaler Hinsicht gekennzeichnet ist durch "eine einfache Handlungsstruktur, die Typisierung der Figuren und die Dominanz von burlesken ... und szenisch-optischen Elementen."[60] Ihr Thema ist die Darstellung "ewiger Typen des sozialen, familiären und beruflichen Lebens in typischen Situationen"[61]. Abgesehen von Details (die weitgehende Typisierung der Figuren, die Darstellung derselben als ewige Typen) tragen all diese Charakteristika der Gattung kaum dazu bei, die Struktur der "Chinesischen Mauer" substantiell zu erschließen. Gerade der Charakter der Farce als "niederes Lachtheater", als Aneinanderreihung gespielter Witze wird dem Werk Frischs - dessen nicht unkomplizierte Struktur oben analysiert

---

[57] Allemann 1969. S. 211.

[58] Mack, Gerhard: Die Farce. Studien zur Begriffsbestimmung und Gattungsgeschichte in der neueren deutschen Literatur. München 1989 (=Theorie und Geschichte der Literatur und der schönen Künste Bd. 79). Nachfolgend zitiert als: Mack 1989. S. 13.

[59] Bentley, Eric: Das lebendige Drama. Eine elemtare Dramaturgie. Velber bei Hannover 1967. S. 229.

[60] Mack 1989. S. 23.

[61] Catholy, Eckehard: Farce. In: Reallexikon der deutschen Literaturgeschichte. Hrsg. von Werner Kohlschmitt und Wolfgang Mohr. 2. Aufl. Berlin 1958. Bd. 1. S. 456 ff. Nachfolgend zitiert als: Catholy 1958. S. 456.

wurde - nicht gerecht. Die Herleitung der Gattung aus ihrem mittelalterlichen Ursprung und ihrer frühneuzeitlichen Blüte[62] hilft ebenso wenig weiter wie der Hinweis, in der "Chinesischen Mauer" werde die Tendenz der Farce zur Satire dominant.[63] Zum einen ist, wie oben gezeigt wurde, eine eigentlich satirische Konzeption im Werk Frischs nicht nachweisbar (es fehlt der feste Standpunkt, das unangreifbare Modell, von dem aus ein satirisches Verlachen des Modellverstoßes erst möglich wird), zum anderen ist die Zugehörigkeit des Satirischen zu den genuinen Merkmalen der Gattung eher umstritten, wenn auch eine *Verwandtschaft* zwischen Farce und Satire allgemein konstatiert wird[64]. Wenn de Groot als Kennzeichen der Farce "die zahlreichen, satirischen Anspielungen auf Mißstände des öffentlichen Lebens", die typenhafte Darstellung und die allegorisch-satirische oder -moralisierende Tendenz nennt und konstatiert: "Diese Charakterisierungen sind direkt auf die 'Chinesische Mauer' anwendbar"[65], so ist damit bestenfalls eine rein äußerliche Bestimmung der Frischschen Konzeption gewonnen, die zudem näheren Untersuchungen nicht standhält.

In Zusammenhang mit Frischs erstem Stück, "Santa Cruz", das der Autor mit der Gattungsbezeichnung "eine Romanze" versieht, weist Jürgen H. Petersen darauf hin, daß dieser Terminus sich offenbar nicht in erster Linie auf eine wissenschaftlich genau erfaßbare literarische Gattung bezieht, sondern einen Hinweis auf die Handlungsstruktur des Bühnengeschehens gibt: Frisch "denkt dabei offensichtlich nicht an den eine bestimmte Verserzählung bezeichnenden literaturwissenschaftlichen Terminus, sondern an das 'Romantische' der Geschichte, das Ineinander von Wirklichkeit und Irrealität, das Traumhafte der Beziehungen."[66] Ein ähnliches Phänomen scheint auch im Zusammenhang der "Chinesischen Mauer" vorzuliegen: die Bezeichnung "eine Farce" beschriebe dann nicht primär eine literarische Gattung, sondern die Sinnstruktur der Bühnenhandlung und des in ihr Dargestellten.

Mack stellt fest, daß das Wort Farce im allgemeinen Sprachgebrauch nicht nur eine literarische Gattung bezeichnet; es fungiert genauso als "Beschreibungsbegriff der Lebenswelt, der in kritischer Absicht Phänomenen unserer gesellschaftlichen Wirklichkeit die Nichtigkeit und den Irrealisierungseffekt des Theatergenres zuschreibt."[67] Wer einen lebensweltlichen Vorgang als Farce bezeichnet, weist damit auf das Uneigentliche dieses Vorgangs hin, auf seine Folgenlosigkeit, seine Scheinhaftigkeit - dem, der eine Farce inszeniert, wird unterstellt, den Vorgang als zynisches Spiel zu betrachten -, seinen Widersinn.

In genau diesem Sinne wird speziell in der Urfassung der "Chinesischen Mauer" das Wort immer wieder gebraucht; insbesondere Mee Lan und Min Ko

---

[62] Vergl. Wilpert 1989. S. 289.
[63] Vergl. Metzler Literatur Lexikon. S. 151.
[64] Vergl. etwa Catholy 1958. S. 456.
[65] de Groot 1977. S. 157.
[66] Petersen 1989. S. 39.
[67] Mack 1989. S. 21.

bezeichnen das Leben, das die Bühnenfiguren führen, immer wieder als "Farce", womit das Irreale, das nur Scheinhafte, das Vorgespielte dieses Lebens getroffen werden soll; "Farce" erscheint als Synonym für "ein Vergleich, eine Verkleidung, ein Mummenschanz"[68]: "Wir reden von lauter Dingen, die es nicht gibt: von Fürsten und Helden, von Siegen der Gerechtigkeit, von Treue und Glauben, von Frieden. Spürst Du nicht, wie leer all diese Worte sind?"[69] "Wir reden von lauter grossen Dingen, die wir selber nicht glauben. Wir tun nur so ... Und was dahinter ist, die Wahrheit, das wollen wir nicht hören. Warum machen wir eine Farce aus unserem Leben?"[70]

Als Farce erscheint hier das Uneigentliche, das nur Vorgespielte, das eben auf Grund seines nur scheinhaften Charakters nicht in der Lage ist, auf die Wirklichkeit Einfluß zu nehmen, das folgenlos bleibt: die Worte, die benutzt werden, sind leer, sie beziehen sich auf Dinge, die es nicht gibt, sie haben keinen Bezug zur Realität, folglich auch keine Folgen in derselben. Sie werden von den Sprechenden selbst nicht geglaubt, sind nur Schein, ein zynisches Spiel, das das Eigentliche, die Wahrheit, verbirgt. Die Scheinhaftigkeit, Nichtigkeit, Folgenlosigkeit eines Sachverhalts ist es, was in der "Chinesischen Mauer" als Farce bezeichnet wird.

Mit dem Zurücktreten der existentiell aufgefaßten Problematik ab der zweiten Fassung der "Chinesischen Mauer" wird auch der auf die Uneigentlichkeit des gelebten Lebens zielende Gebrauch des Begriffes "Farce" seltener. Wo er jetzt auftaucht, zielt er auf den menschheitsgeschichtlichen Prozeß und auf geschichtliches Handeln der Menschen, ohne daß er seine Semantik wesentlich ändert: Scheinhaftigkeit, Nichtigkeit, Folgenlosigkeit und Widersinnigkeit kennzeichnen geschichtliches Handeln, werden zu den Konstituenten des historischen Prozesses.

Deutlich wird dies bereits im Vorspiel: die Zeit der Handlung des Stückes ist nach den Worten des Heutigen "heute abend. (Also in einem Zeitalter, wo der Bau von Chinesischen Mauern, versteht sich, eine Farce ist.)" (FrW 2, 145). Der "Bau von Chinesischen Mauern" ist ein Synonym für den Versuch, den Fortgang der Geschichte, die Zukunft zu verhindern, der Gegenwart den historisch-vergänglichen Charakter zu nehmen, dem Status Quo Ewigkeit zu verleihen. Die besondere Qualität der Gegenwart jedoch führt dazu, daß ein solcher Versuch, die Geschichte aufzuhalten, von Anfang an als Farce erscheinen muß: die Zeitenwende hat sich mit der Spaltung des Atoms bereits vollzogen, es ist bereits eine Situation eingetreten, in der der Status Quo anachronistisch, realitätsfern ist, aufgegeben werden muß, wenn nicht die Existenz der Menschheit als ganze aufs Spiel gesetzt werden soll. Der Versuch, einen bereits anachronistisch gewordenen Status Quo gegen die durch die technologische Entwicklung bereits vollzogene Zeitenwende aufrecht zu erhalten, ist nichtig, ist folgenloses Scheinhandeln, ist Farce:

---

[68] Chinesische Mauer 1947. S. 56.
[69] Chinesische Mauer 1947. S. 56.
[70] Chinesische Mauer 1947. S. 56.

die Chinesische Mauer ist nicht in der Lage, die Zeit aufzuhalten, heute weniger denn je.

Aber nicht nur der Versuch, einen anachronistischen Status Quo gegen die Realität aufrecht zu erhalten, ist nichtig, auch der Versuch des Heutigen, ein der Realität adäquates Bewußtsein zu propagieren, bleibt ohne Einfluß auf die Wirklichkeit, bleibt folgenlos, nichtig. "Nicht nur der Versuch, die Zukunft künstlich zu verhindern, sondern auch das Bestreben, sie auf Grund bisheriger Erfahrung anders zu gestalten, erweist sich als Farce."[71]

Damit ist die "Chinesische Mauer" geprägt von zwei gegensätzlichen Modellen geschichtlichen Handelns, die beide auf Grund jeweils übermächtiger gegenläufiger Tendenzen zur Wirkungs- und Folgenlosigkeit verdammt sind. Das Beharren auf dem Status Quo, das "Business as usual", das Verhaftetbleiben in tradierten Wahrnehmungs- und Handlungsschemata erscheint in Anbetracht einer bereits grundlegend gewandelten Realität inadäquat, uneigentlich, nicht mehr in der Lage, auf die Wirklichkeit angemessen zu reagieren und einzuwirken, insofern nichtig und scheinhaft. Aber auch der Versuch, gegen ein durch tradierte Wahrnehmungs- und Handlungsmuster determiniertes kollektives Bewußtsein die Forderungen der Vernunft, der Realität geltend zu machen, bleibt folgenlos: der circulus vitiosus ist nicht zu durchbrechen. Geschichtliches Handeln wird weiterhin geprägt sein durch wirklichkeitsinadäquate Denkmuster und Verhaltensweisen, die Vernunft bleibt folgenlos in ihrem Versuch, sich in der Geschichte zu realisieren. Vernunft und Geschichte stehen einander getrennt als Gegensätze gegenüber. "Aus solcher Perspektive erscheint freilich die gesamte Geschichte der Menschheit als Farce."[72]

Indem Frisch nun eine solche Scheinhandlung, eine solche Kreislauf-Struktur, in der Anfang und Ende sich gleichen, eine solche Reihe folgenloser Handlungen auf die Bühne bringt, erfüllt er doch wieder eines der Charakteristika der literarischen Gattung Farce: "Mit Recht also hat Frisch *Die Chinesische Mauer* eine 'Farce' genannt, kennzeichnet sich diese Gattung des Schauspiels doch in erster Linie durch ihre Scheinhandlung."[73]

Das Tertium comparationis von "Farce" als literarische Gattung und "Farce" als kritische Bezeichnung für einen lebensweltlichen Vorgang liegt in der offenbaren Scheinhaftigkeit des Dargestellten. Die theatralische Farce, die ursprünglich aus einer Aneinanderreihung derb-komischer Witze bestand, zeichnet sich mehr als andere Gattungen - mehr auch als andere komische Gattungen - durch ihren antiillusionistischen Charakter aus. Ein Belachen der derben Späße kann nur erfolgen, wenn der Zuschauer Distanz zum Bühnengeschehen empfindet, wenn die alltäglichen Normen der Lebenswelt ganz offenbar ihrer Gültigkeit enthoben sind.

---

[71] Jurgensen, Manfred: Max Frisch. Die Dramen. Bern 1968. Nachfolgend zitiert als: Jurgensen 1968. S. 56.
[72] Jurgensen 1968. S. 62.
[73] Jurgensen 1968. S. 58.

> Da die grundlegenden Wert- und Erkenntnisorientierungen seines Alltags ernst genommen werden wollen, wenn negative Konsequenzen vermieden werden sollen, muß der Rezipient nun erst einmal in die Lage versetzt werden, seine lebensweltlichen Einstellungen (moralische, intellektuelle, emotionale) suspendieren ... und die Entleerung jener Maßgaben als komisch belachen zu können. Dies kann nur gelingen, wenn das Geschehen auf der Bühne gegenüber der Lebenswelt abgegrenzt und als Geltungsbereich eigener Gesetze gekennzeichnet wird. (74)

Dadurch ergibt sich ein ganz spezifischer Realitätsbezug der Farce: er "liegt daher eben nicht in der Mimesis von Alltagssituationen, die in anderen dramatischen Gattungen so nicht möglich ist, sondern in der Ambivalenz ihrer Komik, die die Probleme des Alltags durch deren Verfremdung und Verwandlung durchschaubar macht."[75]

Dieser antimimetische, antiillusionistische Charakter der Farce, der es dem Rezipienten ermöglicht, den Modellverstoß zu verlachen, weil seine Distanz durch die Erkenntnis der Irrealität des Modellverstoßes gesichert ist, erscheint als eigentliches Gattungsspezifikum der Farce; "während die Komödie auf die gesellschaftliche und naturbezogene Wahrheit verpflichtet bleibt - 'ihr Stoff ist die Wirklichkeit' ... - gewinnt die Farce gerade aus dem Übertreten dieser Beschränkung ihr Gattungsspezifikum."[76] Die bereits mehrfach erwähnte typisierende Figurengestaltung etwa ist eine Folge dieses Gattungsspezifikums, macht sie doch Illusion und Einfühlung unmöglich, erschwert sie zumindest wesentlich.

Volker Roloff weist darauf hin, daß eben aus diesem Grund die Farce für Autoren des 20. Jahrhunderts wieder interessant wird: per definitionem handelt es sich hier um eine Gattung, die Distanz zum und Verfremdung des Bühnengeschehens impliziert und dadurch die für das Gegenwartsdrama typische Rezeptionshaltung fördert.[77]

Dies gilt auch für Max Frisch. In Kapitel 3.1.3. wurde gefragt, wie es möglich ist, von einem derart pessimistischen Geschichtsbild, wie Frisch es in der "Chinesischen Mauer" entwirft, zu einer komischen Gestaltung zu gelangen. Die Antwort, die Frisch gibt, lautet: durch den spezifischen Realitätsbezug der Farce.

Die Fabel der "Chinesischen Mauer" enthält mehrere Elemente, die potentiell als komische rezipiert werden können: gemessen an den (auf den ersten Blick zustimmungsfähigen) Prämissen des Heutigen erscheint das kollektive Bewußtsein, das letztendlich geschichtsmächtig wird, als Modellverstoß; das Modell selbst jedoch wird als defizitär entlarvt, da die Vernunft sich unfähig zeigt, sich in der Geschichte zu realisieren. Die Nichtigkeit menschlichen Handelns in der Ge-

---

[74] Mack 1989. S. 34.

[75] Roloff, Volker: Alltagssprache als Fremdsprache. Aspekte der modernen Farcenkomik bei Brecht, Sartre und Botho Strauß. In: Forum Modernes Theater Bd. 1/1 (1986). S. 15 - 34. Nachfolgend zitiert als: Roloff 1986. S. 18.

[76] Mack 1989. S. 28. Das eingefügte Zitat entstammt einem Brief von Schiller an W. v. Humboldt vom 29./30.11.1795.

[77] Vergl. Roloff 1986. S. 23.

schichte, seine Folgenlosigkeit und Scheinhaftigkeit, der Kreislaufcharakter von Geschichte - all dies sind Widersprüche, die als komische aufgefaßt werden können. Es besteht jedoch die Gefahr, daß auf Grund der persönlichen Betroffenheit des Rezipienten, auf Grund der zu erwartenden Katastrophe, auf die die Geschichte, wie sie sich in der "Chinesischen Mauer" darstellt, zusteuert, diese Widersprüche nicht in der notwendigen Haltung eines temporären existentiellen Nicht-Betroffenseins rezipiert werden (vergl. Kap. 1.1.2.3.). Die Folge wäre, daß der für den Menschen bedrohliche Geschichtsverlauf nicht als sinnwidrig-komisch, sondern als tragische Grundbedingung menschlicher Existenz empfunden würde.

Dem wirkt Frisch durch den radikal antiillusionistischen Charakter der Farce entgegen: indem Illusion und Einfühlung nicht zustandekommen, wird der Rezipient in die Freiheit versetzt, den Handlungsablauf auf der Bühne als das zu sehen, was er nach dem Willen des Autors sein soll: als Nichtigkeit, als Widersinn, als Farce.

Indem Frisch sein Stück eine Farce nennt, spielt er mit der Doppelbedeutung des Wortes: zwar weist sein Text das zentrale Gattungsmerkmal der Farce auf, den antiillusionistischen Grundcharakter. Er liefert eine Farce ab, um den Zuschauer in die Lage zu versetzen, ohne Identifikation, ohne das Gefühl der Betroffenheit, gleichsam "sub specie aeternitatis" den komischen Widersinn des Dargestellten erkennen zu können. Der Inhalt seiner Farce jedoch ist nicht lediglich eine Reihe von Theaterwitzen; der widersinnige Kreislaufcharakter von Geschichte, die ewig gleichen Archetypen geschichtlichen Handelns, die Nichtigkeit und Folgenlosigkeit desselben, die daraus resultierende Scheinhandlung, die Determiniertheit des kollektiven Bewußtseins - all dies ist nicht nur Theater. Es ist die Realität des geschichtlichen Prozesses, der seinerseits als Farce erkannt werden kann, wenn er aus der notwendigen Distanz betrachtet und ohne falsche Metaphysizierungen zur Kenntnis genommen wird.

"Nimmer verdient,/Schicksal zu heißen, bloß weil er geschehn:/Der Blödsinn,/Der nimmerzulöschende einst!" (FrW 4, 328). Die berühmte Stelle, mit der der Chor der Feuerwehrleute die Handlung des "Biedermann" einleitet, könnte auch als Motto über der "Chinesischen Mauer" stehen. Dafür, daß der Blödsinn als Blödsinn erkannt und nicht als Schicksal mit tragischem Sinn aufgeladen wird, sorgt die Farce.

4. GESCHICHTE ALS DER EINFALL DES GROTESKEN - FRIEDRICH DÜRRENMATT

4.1. Zur Struktur von Dürrenmatts Komödie

Anders als die bisher behandelten Horváth und Frisch hat Dürrenmatt eine recht umfangreiche Sammlung theoretischer und dramaturgischer Schriften hinterlassen. Das Urteil über den Wert dieser theoretischen Texte jedoch muß durchaus ambivalent ausfallen: ganz offensichtlich ist Dürrenmatt zu sehr Praktiker, zu wenig Theoretiker, Systematiker, als daß das Resultat seiner Überlegungen eine konsequent-systematische Literaturtheorie (sei es - wie Dürrenmatt selbst oft den Eindruck hervorzurufen sucht - der zeitgenössischen Literatur insgesamt oder auch nur seiner eigenen Arbeiten) mit eindeutig festgelegten Begriffen wäre. Entsprechend kritisch rezipiert die Forschung diese Äußerungen: "Dürrenmatt ist nun allerdings kein Theoretiker im strengen Sinn des Wortes; auch seine scheinbar grundsätzlichen Äußerungen zum Theater sind eher experimentell als definitiv zu verstehen"[1], merkt Gerhard Neumann schon 1969 kritisch an. Und Hajo Kurzenberger schließt sich dem an, wenn er Dürrenmatts Theorien als "Überlegungen zu einer zeitgenössischen Dramaturgie, die sicherlich eher wegen der Griffigkeit ihrer Formulierungen als der Stringenz ihrer Beweisführung zum Allgemeingut moderner Dramentheorie avanciert sind"[2], bezeichnet.

Gerade diese letzte Äußerung aber weist auch auf die Kehrseite der Medaille hin: die wenig systematischen, nicht stringenten Überlegungen des Schweizers haben in der deutschsprachigen Dramatik nach 1945 eine Verbreitung gefunden und einen Einfluß ausgeübt, die wahrscheinlich nur noch von Brechts Theorie des Epischen Theaters übertroffen werden. Seine "Theaterprobleme", deren markanteste Passage in dem bekannten Ausspruch "Uns kommt nur noch die Komödie bei"[3] gipfelt, haben weit über den "Insiderkreis" von Germanisten und Theaterleuten hinaus Verbreitung gefunden. Wenn Elsbeth Pulver mit Blick auf Dürrenmatt schreibt: "wer sein dramatisches Werk interpretiert, wird kaum darum herumkommen, die von ihm vorgeschlagenen und definierten Begriffe zu verwenden: man diskutiert bekanntlich das Groteske anhand von Dürrenmatt und zieht auch dessen theoretische Überlegungen bei"[4], so ist dem grundsätzlich zuzustimmen.

---

[1] Neumann, Gerhard, Jürgen Schröder u. a.: Dürrenmatt, Frisch, Weiss. Drei Entwürfe zum Drama der Gegenwart. München 1969. Nachfolgend zitert als: Neumann 1969. S. 28.

[2] Kurzenberger, Hajo: Theater der Realität als Realität des Theaters. Zu Friedrich Dürrenmatts Dramenkonzeption. In: Text + Kritik 50/51: Friedrich Dürrenmatt I. München 1976. S. 53 - 64. S. 55.

[3] Dürrenmatts Werke werden im Folgenden zitiert nach der Ausgabe: Friedrich Dürrenmatt: Gesammelte Werke in sieben Bänden. Zürich 1991. Zitiert mit der Sigle DüW unter Nennung von Band- und Seitenzahl im fortlaufenden Text. Hier: Bd. 7, S. 59.

[4] Pulver, Elsbeth: Literaturtheorie und Politik. Zur Dramaturgie Friedrich Dürrenmatts. In: Text + Kritik 50/51: Friedrich Dürrenmatt I. München 1976. S. 41 - 52. S. 41.

So wird auch im Folgenden zunächst versucht werden, Dürrenmatts Komödienkonzeption, ihre theoretische Grundlegung und ihre Wirkungsintention aus seinen theoretischen Schriften zu rekonstruieren; wo dabei Zweideutigkeiten, Inkonsequenzen oder anscheinend gewagte Behauptungen zutage treten, sollen diese durch Heranziehung seiner Komödien aus dem Weg geräumt bzw. untermauert werden. Das Ziel dieser Überlegungen soll nicht eine umfassende Darstellung der Dürrenmattschen Theorie sein, sondern die Erstellung eines Interpretationsrahmens, dessen Begrifflichkeit dann zur Deutung des "Romulus" und von "Achterloo" herangezogen werden kann.

4.1.1. Der Begriff des Grotesken

Daß der Begriff des Grotesken eine zentrale Stellung in den Überlegungen Dürrenmatts einnimmt, fällt auf den ersten Blick ins Auge; die Bedeutung dieses Begriffs wird schon in den theoretischen Schriften der frühen 50er Jahre - etwa in den bereits erwähnten "Theaterproblemen" - hervorgehoben: "Unsere Welt hat ebenso zur Groteske geführt wie zur Atombombe" (DüW 7, 59). Und noch in einem der letzten Interviews vor seinem Tod bezeichnet Dürrenmatt die Groteske als die unserer Zeit angemessene Darstellungsform: "Wir sind im Zeitalter der Groteske und der Karikatur."[5]

Problematisch wird der Begriff dadurch, daß Dürrenmatt in seinen theoretischen Schriften das Groteske nicht zu definieren versucht; immer wird seine Bedeutung als selbstverständlich vorausgesetzt oder metaphorisch umschrieben; mehr noch: die "Verhältnisse liegen hier deshalb nicht ganz klar, weil D. den Begriff der Groteske keineswegs einheitlich, vielmehr inflationär verwendet."[6] Aus den Überlegungen Dürrenmatts selbst ist also offensichtlich eine exakte Begriffsbestimmung des Grotesken nicht zu ziehen; es werden die Ergebnisse der Forschung konsultiert werden müssen, wobei jeder der angebotenen Definitionsversuche auf seine Brauchbarkeit zur Interpretation des Dürrenmattschen Werkes hin befragt werden muß.

Gerhard P. Knapp weist 1976 darauf hin, daß sich das Problem der fehlenden Eindeutigkeit des Begriffes im Grunde in der Literaturwissenschaft wiederfin-

---

[5] Dürrenmatt, Friedrich: Dürrenmatt über Dürrenmatt: "Man wird immer mehr eine Komödie". Interviewer: Sven Michaelsen. In: F. D.: Über die Grenzen. Hrsg. von Michael Haller. Zürich 1990 (=pendo-profile). S. 11 - 27. Nachfolgend zitiert als: Dürrenmatt über Dürrenmatt. S. 11.

[6] Söring, Jürgen: Weltgeschichte und Weltkomödie - Dürrenmatts Dramaturgie im Grundriß. In: Hommage à Friedrich Dürrenmatt. Neuenburger Rundgespräch zum Gedächtnis des Dichters. Hrsg. von Jürgen Söring und Jürg Flury. Frankfurt am Main, Bern, New York, Paris 1991. S. 25 - 49. Nachfolgend zitiert als: Söring 1991. S. 40.

det: "Der Sinnbezirk des Terminus 'Groteske' gehört sicherlich zu den diffusesten und verschwommensten der heutigen Literaturwissenschaft."[7]

Dieser Befund, der im Grunde bis heute nur unwesentlich zu revidieren ist, trifft bereits auf Wolfgang Kaysers Standardwerk "Das Groteske" zu. Kennzeichnend für das Groteske ist laut Kayser, "daß die Kategorien unserer Weltorientierung versagen."[8] Im Grotesken stellt sich "eine erschreckende Vermischung von Mechanischem, Pflanzlichem, Tierischem und Menschlichem ... als unsere Welt dar, die zugleich aus den Proportionen geraten ist."[9] Als Reaktion auf ein solches eigentlich Nicht-sein-Könnendes, das aber gerade durch seine Existenz die Kategorien einer Weltorientierung in Frage stellt, als Reaktion auf "das Unfaßbare, Undeutbare, ... das Lächerlich-Entsetzlich-Grauenvolle"[10] werden im Betrachter "mehrere und offensichtlich widersprüchliche Empfindungen ... geweckt, ein Lächeln über die Deformationen, ein Ekel über das Grausige, Monströse an sich, als Grundgefühl aber ... ein Erstaunen, ein Grauen, eine ratlose Beklommenheit, wenn die Welt aus den Fugen geht und wir keinen Halt mehr finden."[11]

Es wird deutlich, daß es sich hier eher um eine Reihung von Beispielen für das Groteske und eine Beschreibung der Rezipientenreaktion auf diese handelt - daß Kayser zu keiner Definition des Grotesken vorstößt, hat beispielsweise Klaus Völker schon früh moniert.[12] Kayser jedoch bleibt bei einer solchen Beschreibung des Grotesken nicht stehen - er versucht eine generelle inhaltliche Deutung desselben unter weltanschaulichem und psychologischem Aspekt. Je nach Perspektive erscheint das Groteske als "die entfremdete Welt"[13], als "die Gestaltung des 'Es'"[14] oder "der Versuch, das Dämonische in der Welt zu bannen und zu beschwören"[15]. Damit wird die Liste von Merkmalen des Grotesken immer länger, Kaysers Begriff des Grotesken ist als literaturwissenschaftlicher Arbeitsbegriff kaum mehr brauchbar. Gleichzeitig umfaßt das Phänomen des Grotesken angeblich immer weitere Bereiche, die Kategorien verlieren zunehmend an Trennschärfe; beispielhaft ist etwa die Gleichsetzung des Grotesken mit dem Absurden.[16]

---

[7] Knapp, Gerhard P.: Wege und Umwege: ein Forschungsbericht. In: Friedrich Dürrenmatt. Studien zu seinem Werk. Hrsg. von Gerhard P. Knapp. Heidelberg 1976 (=Poesie und Wissenschaft Bd. 33). S. 19 - 43. Nachfolgend zitiert als: Knapp 1976. S. 35.

[8] Kayser, Wolfgang: Das Groteske in Malerei und Dichtung. o. O. 1960 (=rowohlts deutsche enzyklopädie). Nachfolgend zitiert als: Kayser 1960. S. 137.

[9] Kayser 1960. S. 25.

[10] Kayser 1960. S. 26.

[11] Kayser 1960. S. 23.

[12] Vergl. Völker, Klaus: Das Phänomen des Grotesken im neueren deutschen Drama. In: Sinn oder Unsinn? Das Groteske im modernen Drama. Fünf Essays. Basel 1962 (=Theater der Zeit Bd. 3). S. 9 - 46. S. 10.

[13] Kayser 1960. S. 136.

[14] Kayser 1960. S. 137.

[15] Kayser 1960. S. 138.

[16] Vergl. Kayser 1960. S. 27.

Ähnlich unscharf ist die Grenzziehung beispielsweise zum Phantastischen und zum Tragikomischen hin.

Die Verdienste des Kayserschen Werkes liegen heute offen auf der Hand, aber auch die Kritik an dieser Arbeit ist Legion und muß hier nicht im einzelnen referiert werden; Kernpunkte jedoch sind neben der Verschwommenheit des Begriffs "die Überbetonung des Spukhaften und Grauenerregenden, die mangelnde Berücksichtigung des Komisch-Lächerlichen und die synonyme Verwendung der Begriffe 'grotesk' und 'absurd'"[17]. Insbesondere der Einwand der Überbetonung des Spukhaften und der mangelnden Berücksichtigung des Komischen wiegt in Zusammenhang mit Dürrenmatt schwer, betrachtet gerade dieser doch das Groteske als Grundlage seiner Komödie, die ja durchaus mit burlesken Elementen arbeitet und nicht vorschnell mit Kayser generell zur Tragikomödie erklärt werden darf.[18] So äußert sich auch Dürrenmatt selbst: "Es ist wichtig, einzusehen, daß es zwei Arten des Grotesken gibt: Groteskes einer Romantik zuliebe, das Furcht oder absonderliche Gefühle erwecken will ..., und Groteskes eben der Distanz zuliebe" (DüW 7, 26). Ersteres ist offensichtlich der Hauptgegenstand der Untersuchung Kaysers, während letzteres Dürrenmatt in seinen Komödien zu realisieren versucht.

Entsprechend gerät Reinhold Grimm in Schwierigkeiten, wenn er mit dem Kayserschen Begriff des Grotesken das Werk Dürrenmatts zu analysieren versucht; er kommt dabei zu dem Ergebnis, daß das "Groteske ... die *Grundstruktur* im Werk Friedrich Dürrenmatts"[19] bilde, wobei er zunächst "eine glatte Übereinstimmung" konstatiert: "Offenbar decken sich Dürrenmatts Vorstellungen vom Grotesken weitgehend mit der Kayserschen Begriffsbestimmung."[20] Im Laufe der Untersuchung jedoch muß Grimm diese These revidieren; er tut dies auf eine etwas überraschende Weise: "Offensichtlich ist Kaysers Begriffsbestimmung des Grotesken zu eng."[21] Er will sie um die Kategorien des Vital-Komischen, des Derb-Grotesken usw. erweitern. Damit jedoch gelangt er zu einem Groteskbegriff, der außer dem Schönen so ungefähr alle Erscheinungen in sich aufnimmt und an Trennschärfe gegenüber Kayser eher noch verliert.

Daß Grimm jedoch mit einer solchen Konzeption nicht allein steht, zeigt Otto F. Best, der noch 1980 schreibt: "das Proteische, Anarchische, Abenteuerliche (Schweifende), Vitale, Zügellose, Offene, Willkürliche, Launige (Mond!), Zufäl-

---

[17] Schulte, Vera: Das Gesicht einer gesichtslosen Welt. Zu Paradoxie und Groteske in Friedrich Dürrenmatts dramatischem Werk. Frankfurt am Main, Bern, New York, Paris 1987 (=Europäische Hochschulschriften, Reihe I, Bd. 1002). Nachfolgend zitiert als: Schulte 1987. S. 184.

[18] Vergl. Kayser 1960. S. 7.

[19] Grimm, Reinhold: Paradoxie und Groteske im Werk Dürrenmatts. In: Der unbequeme Dürrenmatt. Mit Beiträgen von Gottfried Benn, Elisabeth Brock-Sulzer, Fritz Buri, Reinhold Grimm, Hans Mayer und Werner Oberle. Hrsg. von Reinhold Grimm, Willi Jäggi u. a. Basel, Stuttgart 1962 (=Theater der Zeit Bd. 4). S. 71 - 95. Nachfolgend zitiert als: Grimm 1962. S. 91.

[20] Grimm 1962. S. 72.

[21] Grimm 1962. S. 94.

lige (Fortuna!), Chaotische, Kranke, das 'Es', das Janusgesichtige, Ambige - sie alle bestätigen als 'Archetypus des Grotesken' ... das Teuflische"[22]. Was mit solchen Begriffsbestimmungen gewonnen sein soll, bleibt schleierhaft.

In bewußter Opposition gegen diese Forschungsrichtung und insbesondere in Auseinandersetzung mit Kayser entwickelt Arnold Heidsieck seinen Begriff des Grotesken. Eindrucksvoll an seiner Arbeit ist vor allem das Bemühen um Trennschärfe: in einzelnen Kapiteln wird die Abgrenzung des Grotesken gegenüber benachbarten Phänomenen versucht, die Kayser oft mit jenem identifizierte oder unter jenes subsumierte.[23]

Heidsieck selbst versucht nun, das Groteske primär inhaltlich zu fassen, der gesellschaftliche Gehalt des Grotesken steht für ihn im Mittelpunkt:

> 'Grotesk' ist zunächst nicht ein Begriff der Ästhetik, sondern des Erkennens, der über eine bestimmte Beschaffenheit von Wirklichkeit aussagt. Und zwar bezeichnet er spezifisch deren Entstellung - von einer Art, die den Betrachter entsetzt und zugleich lachen macht, die grauenvoll und lächerlich in eins ist ...
> Nicht eine Laune der Natur gilt uns grotesk, sondern solche Entstellung, die das Schreckliche und Lächerliche auf die Spitze treibt: die produzierte Entstellung des Menschen, die von Menschen verübte Unmenschlichkeit. (24)

Aus dieser logischen Struktur des Grotesken resultiert ein Lachen, das nicht befreit, das "'im Halse stecken' (bleibt), da es sich der restlosen Perversion menschlicher Freiheit gegenüber sieht."[25]

Zusammenfassend ist damit für Heidsieck "das groteske Formprinzip seiner Intention nach ein realistisches, nicht surrealistisch-phantastisches"[26]: "Grotesk ist immer nur das bekannte Fremde, die Verkehrung des Menschen, nicht ein Alogisch-Irreales, sondern ein logischer, in der Wirklichkeit anzutreffender Widerspruch."[27]

Heidsiecks Untersuchung enthält zweifellos eine Vielzahl wertvoller Ergebnisse, so vor allem die Integration des Lachens in den Begriff des Grotesken und seine Betonung der Relation von Norm und Entstellung, von Bekanntheit und Fremdheit, seine Betonung des Widerspruchscharakters des Grotesken (die implizit ja auch bei Kayser schon vorhanden war).

Daß die stark auf gesellschaftliche Inhalte abzielende Definition des Grotesken jedoch zur Interpretation des Dürrenmattschen Werkes kaum herangezogen werden kann, muß nicht durch tiefschürfende Analysen nachgewiesen werden.

---

[22] Best, Otto F.: Einleitung. In: O. F. B. (Hrsg.): Das Groteske in der Dichtung. Darmstadt 1980 (=Wege der Forschung Bd. 394). S. 1 - 22. S. 16.

[23] Heidsieck, Arnold: Das Groteske und das Absurde im modernen Drama. Stuttgart, Berlin, Köln, Mainz 1969. Nachfolgend zitiert als: Heidsieck 1969. Vergl. insbesondere die Kapitelüberschriften S. 28, 37, 79.

[24] Heidsieck 1969. S. 17.

[25] Heidsieck 1969. S. 18.

[26] Heidsieck 1969. S. 77.

[27] Heidsieck 1969. S. 31.

Heidsieck selbst betont, daß Dürrenmatts Werk seiner Vorstellung des Grotesken nicht entspricht: "Die Strenge des im Grunde Grotesken wird aufgelöst, die Entstellung des Menschen zu farcenhafter Komik herabgemindert. Eine Ausnahme hiervon macht Dürrenmatts Drama *Der Besuch der alten Dame*"[28], in dem allein sich nach Heidsiecks Auffassung das Groteske realisiert. Daß damit seine und Dürrenmatts Konzeption des Grotesken offensichtlich deutlich differieren, bedarf keines weiteren Beweises.

Problematisch an allen dargestellten Ansätzen ist wieder einmal, daß sie alle Erscheinungsformen des Grotesken generell auf einen begrifflichen Nenner zu bringen suchen, unabhängig von der geschichtlichen Situation, in der sie entstehen, unabhängig auch von der Intention des Autors, der sich des Grotesken bedient; über inhaltsorientierter Definition (Heidsieck) bzw. unsystematischer Addition von Beispielen und deren generalisierender Deutung (Kayser) wird eine formale Bestimmung des Grotesken, die dann zu der Interpretation des einzelnen Werkes herangezogen und dabei mit Inhalt gefüllt werden könnte, weitgehend vernachlässigt.

Entsprechend fordert Fritz Heuer:

> Wenn aber der Bereich grotesker Darstellungen oder der 'Inhalt' des Begriffs jeweils nur als ein geschichtlicher Zusammenhang aufgezeichnet werden kann, dann läßt sich das Spezifische der Begriffsbestimmung nicht leichthin in eine für alle inhaltlichen Merkmale allgemein verbindliche Definition formen. Was den für die Literaturwissenschaft erforderlichen brauchbaren Arbeitsbegriff betrifft, so ist für ihn auch lediglich das Formale abzustecken, das in den vorgegebenen historischen Werken ein charakteristisches poetisches Integrationsprinzip, die Weise, wie es eine Situation der poetischen Gestaltung und Wirkung und darin zugleich einen geschichtlichen Zusammenhang von Werkgestalten erschließt, mit methodischem Bewußtsein erkennen läßt. (29)

Einen solchen primär formal bestimmten Arbeitsbegriff versucht Gerhard P. Knapp mit Blick auf Dürrenmatt zu erstellen.

Er geht dabei davon aus, daß sich das Groteske erst in Opposition zu einem als "normal" akzeptierten Kontext abhebt: "Man muß sich darüber klar sein, daß das Groteske, als Stilqualität wie als Darstellungsform, lediglich aus dem Kontext durch Kontrastierung evident wird."[30] Indem das Groteske als Kontrast aus dem als gültig akzeptierten Kontext hervorsticht, tritt eine Irritation des Rezipienten auf: wenn der jeweilige Kontext als das Normale, als das Reale gesehen wird, so kann - den Regeln dieses Modells folgend - das als Groteskes ins Auge stechende *eigentlich* nicht existieren; da es aber eben doch existiert, stellt es den zugrundegelegten Begriff von Normalität in Frage. Knapp betont die Verwandtschaft des Grotesken mit dem Paradoxen in diesem Zusammenhang:

---

[28] Heidsieck 1969. S. 89.

[29] Heuer, Fritz: Das Groteske als poetische Kategorie. Überlegungen zu Dürrenmatts Dramaturgie des modernen Theaters In: Deutsche Vierteljahresschrift für Literaturwissenschaft und Geistesgeschichte 47/1973. S. 730 - 768. S. 766.

[30] Knapp 1976. S. 38.

> *Das Groteske ... setzt die Empirie voraus, und es vernichtet sie zugleich.* Will man das in einen Begriff fassen, so muß man das Paradox in seiner eigentlichen Bedeutung heranziehen: das was gegen die Regeln des 'gesunden Menschenverstands' ist, stellt empirisches Wissen in Frage. Mit dem Begriff des Grotesken ist der des Paradoxen untrennbar verbunden. (31)

Das, was ist, obwohl es nicht sein kann, stellt die Gültigkeit der gegebenen Vorstellung darüber, was sein kann, in Frage. Eine solche Verbindung zwischen dem Grotesken und dem Paradoxen sieht auch Dürrenmatt; wenn er formuliert, "das Groteske ist nur ein sinnlicher Ausdruck, ein sinnliches Paradox" (DüW 7, 59), so liegt der Gedanke nahe, daß Dürrenmatt das Paradox als Denkfigur auffaßt, das Groteske als sinnlichen Ausdruck desselben.

Mit diesem Modell - dem Grotesken als sinnlicher Ausdruck des Paradoxen - kann auch Kaysers Formel vom Versagen der Kategorien unserer Weltorientierung gefaßt werden: "Im Grotesken versagt ein als selbstverständlich geltender Sinn ... vor etwas, das ihm nicht entspricht und deshalb widersteht; die Spannung zwischen beiden ist unabdingbar."[32]

In dieser spezifischen Relation zu einem empirischen Kontext liegt auch das wichtigste Unterscheidungskriterium des Grotesken gegenüber dem Absurden: "dieses formt sich seinen Kontext, es läßt keinen Kontrast zu und existiert nur als Totales. Das empirische Regelsystem, das durch Groteskes gestört ... wird, hat keinerlei Bedeutung im Angesicht des Absurden."[33] Das Absurde liefert eben doch, indem das Leben als umfassend sinnlos gedeutet wird, eine gleichsam negative Sinndeutung des Lebens; ein Widerspruch gegen die behauptete Sinnlosigkeit hat keinen Platz. Das Groteske hingegen verharrt in paradoxem Widerspruch. Es verunsichert bestehende Ordnungs- und Sinnvorstellungen, ohne neue an deren Stelle zu setzen, aber auch ohne die absolute Sinnlosigkeit des Seins zu behaupten. Es enthält sich gleichsam jeder Deutung, die an die Stelle des Infragegestellten gesetzt werden könnte. Pointiert formuliert: "Das Absurde behauptet die Sinnlosigkeit, das Groteske greift bestimmten Sinn an."[34]

Es fällt an diesen Überlegungen die enge Beziehung des Grotesken zur Struktur des Komischen auf, speziell zur Struktur des Komischen als Kipp-Phänomen, wie es in Kapitel 1.1.2. dieser Arbeit dargestellt wurde: das Groteske, das sinnliche Paradox, verstößt allein dadurch, daß es ist, obwohl es nicht sein dürfte, gegen das zugrundegelegte (Wirklichkeits-) Modell. Da die Existenz des eigentlich Nicht-sein-Könnenden aber nicht geleugnet werden kann, wird durch diesen Modellverstoß das zugrundegelegte Modell als defizitär, in diesem Falle als mit der Wirklichkeit nicht übereinstimmend entlarvt und in Frage gestellt, ohne daß es

---

[31] Knapp 1976. S. 39.

[32] Pietzcker, Karl: Das Groteske. In: Deutsche Vierteljahresschrift für Literaturwissenschaft und Geistesgeschichte 45/1971. S. 197 - 211. Nachfolgend zitiert als: Pietzcker 1971. S. 199.

[33] Knapp 1976. S. 38.

[34] Pietzcker 1971. S. 207.

durch ein anderes Modell ersetzt würde. Das Groteske kann somit als ein Sonderfall des Komischen rezipiert werden.

Analog zu den in der vorliegenden Arbeit entwickelten Überlegungen geht denn auch Knapp davon aus, daß die Rezeption des Grotesken als Grausiges oder Komisches (die Verquickung dieser beiden Erlebnisweisen wird seit Kayser als für das Groteske konstitutiv angesehen) wesentlich von der Haltung des Rezipienten - Distanzierung oder Identifikation - abhängt; er betont, die grotesken Phänomene seien

> *per se* weder komisch noch grausig, sie evozieren lediglich, je nach Kontext und Verständnishorizont, diese Stimmung beim Rezipienten. Das Groteske sprengt offenbar, auf der Folie physischer Wahrscheinlichkeit, diese derart unvermutet, daß es wie ein *Einbruch des Metaphysischen* aufgenommen wird. Gelächter würde dann den Unglauben, das Bewußtsein, daß alles ein Spiel der Fiktion sei, repräsentieren, und Grauen das Akzeptieren dieses Metaphysischen als ein Reales. (35)

Zusammenfassend definiert Knapp

> das Groteske als das stilistische oder darstellerisch-formale Paradoxon ... ein *kombiniertes Paradoxon* allerdings, das durch verklammerndes *Kontrastieren zweier Wirklichkeitsebenen* (der physisch-empirischen und der imaginativen) eine *Brechung der Perspektive des Rezipienten* erwirkt und eine Spannung, die zwei mögliche Reaktionen auslöst. (36)

Mit einer solchen Begriffsbestimmung scheint der geforderte literaturwissenschaftliche Arbeitsbegriff gegeben zu sein, der das Groteske vom Absurden wie vom Phantastischen trennt und gleichzeitig dem Verständnis des Grotesken als Komisches Raum läßt; um so mehr, als sich in den Schriften Dürrenmatts Äußerungen finden, die die enge Verwandtschaft seines eigenen Begriffes des Grotesken mit dem hier dargestellten nahelegen, so etwa, wenn er über Kassners Buch "Zahl und Gesicht" schreibt:

> ein ebenso verwirrendes wie scharfsinniges Buch, worin eine groteske vierdimensionale Welt entworfen wird, eine Welt der reinen Begriffe, der 'Dinge an sich', der 'Zahlenwesen', eine Welt mit einer 'nichteuklidischen Logik', in welcher der Identitätssatz A = Nicht-A lautet, in der das Absolute gleich dem Unendlichen, das Sein gleich dem Nichtsein ist, eine Konzeption zu einer Ästhetik des Grotesken. (DüW 6, 278)

Die oben gegebene Begriffsbestimmung läßt erfassen, inwiefern Dürrenmatt die "ebenso verwirrende wie scharfsinnige" Konstruktion einer Welt, die, mit logischen Begriffen entworfen, die Gesetze der Logik radikal in Frage stellt, als "Konzeption einer Ästhetik des Grotesken", des Sinnlich-Paradoxen, auffassen kann.

Es soll im folgenden gezeigt werden, daß dieser Begriff des Grotesken konstitutiv für die Struktur der Dürrenmattschen Komödie ist; dabei geht es nicht dar-

---

[35] Knapp 1976. S. 39.
[36] Knapp 1976. S. 40.

um, die Verwendung einzelner grotesker Phänomene, Gestalten oder Stilmittel bei Dürrenmatt nachzuweisen, wie das etwa Reinhold Grimm in dem oben genannten Aufsatz tut. Daß groteske Gestalten von Claire Zachanassian aus dem "Besuch der alten Dame" bis zu Monika Steiermann aus "Justiz" ihren festen Platz in den Personenlisten von Dürrenmatts Werken haben, ist evident. Gezeigt werden soll vielmehr, daß Günter Niggls in Zusammenhang mit den "Wiedertäufern" aufgestellte Behauptung, das Groteske erscheine "vornehmlich in der Gesamtanlage ..., weniger in sprachlich-szenischen Einzelheiten"[37], für das Gesamtwerk Gültigkeit hat, daß sich in der Konzeption der Dürrenmattschen Komödie insgesamt die Struktur des Grotesken realisiert.

4.1.2. Die Komödienkonzeption Dürrenmatts

Schon ein kurzer Blick auf die Komödientheorie Dürrenmatts zeigt das immense Gewicht, das dem Begriff des "Einfalls" innerhalb dieser Theorie zukommt. Der Einfall wird zum hervorstechenden Kennzeichen der Komödie - zumindest der alten attischen Komödie des Aristophanes, die schon der junge Dürrenmatt sich zum Vorbild wählt: "Das gemeinsame All dieser Vorgänge (der Handlungen der aristophanischen Komödien) liegt durchaus im Einfall, darin, daß sie vom Einfall leben, nur durch den Einfall möglich sind" (DüW 7, 23).

Dieser Einfall darf jedoch nicht einfach als komische Idee, als Witz, als Gag verstanden werden. Die neue attische Komödie - und mit diesem Terminus umfaßt Dürrenmatt alle Komödien nach Aristophanes - "besitzt ... den zentralen gewaltigen Einfall - die Kraft, die Welt in eine Komödie zu verwandeln - nicht mehr. Sie ist nicht die Komödie der Gesellschaft, sondern die Komödie in der Gesellschaft" (DüW 7, 23 f.), der Einfall und "die Einfälle, die Pointen", die statt des ersteren in der neuen attischen Komödie wichtig werden, werden in Opposition zueinander gesetzt (DüW 7, 24).

Was Dürrenmatt mit dem Einfall, den er von den Pointen unterschieden wissen will, meint, wird deutlich, wenn er die Einfälle der alten attischen Komödie beschreibt: in den Alltag der griechischen Polis bricht ein unerwartetes, ein fast surreales, ein groteskes Ereignis ein: die Vögel errichten ein Wolkenkuckucksheim zwischen Himmel und Erde, ein Bauer fliegt mit seinem Mistkäfer zum Himmel, um den Frieden zu holen, die Frauen verweigern ihren Ehemännern den Geschlechtsverkehr, um sie zum Friedensschluß zu zwingen. Durch jeweils einen solchen Einfall wird eine groteske Situation, ein komischer Konflikt geschaffen, der dann ein neues Licht auf sonst eher verborgen bleibende Mechanismen der griechischen Gesellschaft wirft. "Es sind Einfälle, die in die Welt wie Geschosse einfallen (um ein Bild zu gebrauchen), welche, indem sie einen Trichter aufwerfen, die Gegenwart ins Komische umgestalten" (DüW 7, 23).

---

[37] Niggl, Günter: Begriff und Gestalt der Komödie bei Friedrich Dürrenmatt. In: Acta Hohenschwangau 1981. Hrsg. von Helmut Kreutzer. München 1982 (=Dialog Schule - Wissenschaft). S. 23 - 37. Nachfolgend zitiert als: Niggl 1982. S. 35.

Mit diesen Worten ist die Dürrenmattsche Komödienkonzeption im Kern umschrieben. Der von Dürrenmatt selbst gegebene Hinweis auf die Doppeldeutigkeit des Begriffs "Einfall", der im Zentrum seiner Konzeption steht, wurde von Gerhard Neumann schon 1969 aufgenommen:

> So meint die Kategorie des 'Einfalls', auf den Dürrenmatt wiederholt als Zentrum seiner Kunst hinweist, zweierlei: einmal das Hereinbrechen eines Unberechenbaren, Irrationalen ... in eine scheinbar geordnete Welt; zum anderen den unvermittelt auftauchenden Bühneneinfall des Autors, der - zumindest ebenso unberechenbar - zum Keim der Komödie wird. (38)

Tatsächlich läßt sich eine solche Grundstruktur in den meisten, möglicherweise in allen Komödien Dürrenmatts nachweisen: in eine geordnete, scheinbar erklärte und verstehbare, in eine "normale" Welt bricht das Unvorhergesehene, das eigentlich nicht Mögliche, eben das Groteske ein; in die wohlgeordnete, wohlanständige Kleinbürgerwelt Güllens fällt Claire Zachanassian mit ihrer Forderung ein, für einen hohen Geldbetrag ihren ehemaligen Geliebten Alfred Ill umzubringen; in die Alltagswelt des "Meteors" - hier ist der Titel Programm - fällt die zweimalige Auferstehung des Literaturnobelpreisträgers Schwitters ein. Im wahrsten Sinn des Wortes - er wird angeblich von einem Engel in einen Mistkarren fallen gelassen - fällt Jan Bockelson mit seinen Wiedertäufern in das katholische Münster des gleichnamigen Stückes ein. Jedesmal wird durch diesen Einfall des Grotesken die zugrundegelegte Weltordnung, das Normale, das Selbstverständliche, von dem aus das eingetretene Groteske unmöglich schien, massiv in Frage gestellt. Ähnliches geschieht in den "Physikern", auch wenn hier das Unerwartete - die Leiterin der Irrenanstalt entpuppt sich als Wahnsinnige, die die drei Physiker längst in ihrer Hand hat - sich erst gegen Ende ereignet und die Handlung des Stückes, die Pläne der Physiker rückwirkend in ganz anderem Licht erscheinen läßt.

> Der 'Einfall des Unfalls', der Zufall, der alles durcheinander bringt, ist das Grundereignis aller Dramen Dürrenmatts ...
> Dürrenmatt führt eine eingewohnte, 'normale' Welt vor, eine Welt, die sich an Regeln, Ordnungen, an Rationalität und übliche Abläufe gewöhnt hat, und er läßt in diese Welt etwas hineinplatzen, das alles auf den Kopf stellt und damit außer Kraft setzt. (39)

Diese Konzeption realisiert Dürrenmatt durch den ihm eigenen Realitätsbezug seines Theaters: "Ich stelle mit einem Theaterstück nicht die Wirklichkeit dar, sondern für den Zuschauer eine Wirklichkeit auf."[40] Nicht mimetische Wiedergabe der Realität ist das Ziel, sondern die Gestaltung eines Weltmodells, einer Büh-

---

[38] Neumann 1969. S. 37.

[39] Knopf, Jan: Der Dramatiker Friedrich Dürrenmatt. Berlin 1987. Nachfolgend zitiert als: Knopf, Dramatiker Dürrenmatt 1987. S. 26.

[40] Dürrenmatt, Friedrich: Werkstattgespräch mit Horst Bienek. In: Horst Bienek: Werkstattgespräche mit Schriftstellern. 3., vom Autor durchgesehene und erweiterte Ausgabe. München 1976 (=dtv 291). S. 120 - 136. S. 122.

nenwirklichkeit, die dennoch den gleichen Prinzipien und Gesetzmäßigkeiten unterworfen ist wie die Wirklichkeit außerhalb des Theaters. In diesem Verständnis der Bühnenwirklichkeit als Modell der Wirklichkeit steht Dürrenmatt Brecht gar nicht so fern.

Das so entworfene Wirklichkeitsmodell wird nun als Spiel- und Experimentierfeld genutzt: es wird die Frage gestellt, was denn mit einer Welt, die den gleichen Gesetzmäßigkeiten wie unsere unterworfen ist, geschähe, wenn sie mit dem eigentlich für unmöglich Gehaltenen konfrontiert würde. Dürrenmatt definiert als die Aufgabe des Dramatikers, "daß er beschreibt, was wahrscheinlicherweise geschähe, wenn sich unwahrscheinlicherweise etwas Bestimmtes ereignen würde. Das, was sich unwahrscheinlicherweise ereignet, ist der dramatische Vorfall, das was wahrscheinlicherweise geschieht, der dramatische Ablauf dieses gewählten Vorgangs" (DüW 7, 149).

Was wahrscheinlich passiert, wenn eine vermeintlich geordnete Welt mit dem Grotesken konfrontiert wird, ist ein schrittweiser Zusammenbruch des untauglich gewordenen Weltbildes, eine zunehmende Verzerrung bis zur Unkenntlichkeit, zum Grotesken hin: "Mit dem unerwarteten Eintreffen Claire Zachanassians in Güllen fallen bis dahin wenigstens dem äußeren Schein nach gültige 'Ordnungen' in sich zusammen"[41], an der Vitalität des immer wieder auferstehenden Meteors gehen die übrigen Figuren zugrunde: er, der nicht sterben kann, verbreitet Tod um sich. Auf diese Weise deckt Dürrenmatt Tendenzen auf, die der Wirklichkeit immanent sind, die ihren Strukturen tatsächlich als Möglichkeit bereits heute innewohnen, auch wenn sie nicht offen zutage treten.

So will Dürrenmatt "die Welt durch(denken), indem ich sie durchspiele. Das Resultat dieses Denkprozesses ist nicht eine neue Wirklichkeit, sondern ein komödiantisches Gebilde, in dem sich die Wirklichkeit analysiert wiederfindet" (DüW 7, 674).

Man kann also Wolfram Buddecke durchaus zustimmen, wenn er Dürrenmatts Dramen als "Beispiele für Gedankenexperimente, die nicht die Demonstration vorgegebener Wahrheiten intendieren, sondern als Erkundungsversuche angelegt sind,"[42] auffaßt: "Immer nämlich geht es darum, ein Geschehen auszulösen, das Aufschlüsse über den heutigen Menschen verspricht - Aufschlüsse, die ein unter den alltäglichen Bedingungen seiner Existenz sich vollziehendes Geschehen nicht vermitteln würde."[43] Indem Dürrenmatt in seinen Dramen "nach der Formel 'was wäre, wenn?' verschiedene Problembereiche des Untersuchungsgegenstands 'Mensch' ausleuchten und Möglichkeiten sondieren"[44] will, wird auch der ihm ei-

---

[41] Motekat, Helmut: Tragik und Groteske im zeitgenössischen Drama. Friedrich Dürrenmatt. In: H.M.: Das zeitgenössische deutsche Drama. Einführung und kritische Analyse. Stuttgart, Berlin, Köln, Mainz 1977 (=Sprache und Literatur Bd. 90). S. 160 - 179. S. 175.

[42] Buddecke, Wolfram: Friedrich Dürrenmatts experimentelle Dramatik. In: Universitas 28/1973. S. 641 - 653. Nachfolgend zitiert als: Buddecke 1973. S. 642.

[43] Buddecke 1973. S. 644.

[44] Buddecke 1973. S. 649.

gene Wirklichkeitsbezug deutlich, an dem er trotz der Unwahrscheinlichkeit des Einfalls und des zugrundegelegten fingierten Weltmodells festhält. Ziel seiner Dramatik ist es, gleichsam im Experiment, der Wirklichkeit innewohnende Tendenzen zur Verzerrung ins Groteske bloßzulegen, die er durch einen extremen Reizfaktor, durch die Konfrontation mit dem nicht für möglich Gehaltenen, aus dem Bestehenden entwickelt.

In diesem Zusammenhang erhellt sich auch der berühmte Satz aus den "21 Punkten zu den Physikern": "Eine Geschichte ist dann zu Ende gedacht, wenn sie ihre schlimmstmögliche Wendung genommen hat."[45]

In Dürrenmatts theoretischen Überlegungen finden sich mehrfach Passagen, die sich mit dem Verhältnis von Möglichkeit, Wahrscheinlichkeit und Wirklichkeit zueinander beschäftigen; da diese Passagen nicht nur sehr signifikant für das Denken Dürrenmatts sind, sondern auch wesentlich zur Klärung seiner Konzeption der schlimmstmöglichen - wobei die Betonung hier wohl auf dem zweiten Wortteil zu liegen hat - Wendung beitragen können, sollen sie hier in etwas größerem Zusammenhang zitiert werden:

> Wirklich ist die Möglichkeit, die sich verwirklicht hat, die Möglichkeit ist die Möglichkeit, die sich verwirklichen könnte. Die Unmöglichkeit bleibt unmöglich, weil sie sich nicht verwirklichen läßt. Die Möglichkeit und die Unmöglichkeit schließen einander aus ... Sowohl das Unwahrscheinliche als auch das Wahrscheinliche können wirklich werden. Das Wahrscheinliche wird wahrscheinlicher wirklich als das Unwahrscheinliche, doch dialektisch schließen sich die beiden Begriffe nicht aus, wie es die Begriffe Möglichkeit und Unmöglichkeit tun. (DüW 7, 145)

Anders als das Unmögliche, das prinzipiell nicht wirklich werden kann, kann das Mögliche, auch wenn es unwahrscheinlich ist, grundsätzlich Realität werden; aus dieser Überlegung zieht Dürrenmatt die Rechtfertigung, seine Kunstwelten mit zwar unwahrscheinlichen, aber seiner Auffassung nach möglichen Einfällen zu konfrontieren, "noch mögliche Geschichten" zu schreiben, wie der Untertitel seiner Erzählung "Die Panne" lautet. Eine noch stärkere Rechtfertigung allerdings scheint er aus seiner These von der Wirklichkeit als Unwahrscheinlichkeit, die eingetreten ist, zu ziehen:

> Alles Zukünftige ist bloß wahrscheinlich, wobei im Wahrscheinlichen auch das Unwahrscheinliche eingeschlossen ist: Das Wahrscheinliche liegt noch in unserer ungefähren Berechenbarkeit, es tritt wahrscheinlich ein, aber es muß nicht eintreten, das Unwahrscheinliche dagegen, das ebenfalls einzutreten vermag, aber nicht dazu genötigt ist, liegt gänzlich außerhalb des Voraussagbaren. Da jedoch das Zukünftige, sobald es eintritt, eine Möglichkeit der Wahrscheinlich-Unwahrscheinlichkeitskette darstellt, die wirklich geworden ist, und weil, was von einer zukünftigen Tatsache gilt, auch für jede Tatsache zutrifft, damit auch für eine vergangene, darf der Satz gewagt werden, daß die Wirklichkeit eine Unwahrscheinlichkeit darstellt, die eingetreten ist. (DüW 6, 417)

---

[45] Dürrenmatt, Friedrich: Werkausgabe in dreißig Bänden. Hrsg. in Zusammenarbeit mit dem Autor. Zürich 1980 (=detebe 20831 - 20861). Nachfolgend zitiert als: Dürrenmatt, Werke 1980. Bd. 7, S. 91.

Von einem beliebigen Zeitpunkt vor einem Ereignis aus betrachtet, ist dieses Ereignis nur als Resultat einer ganz bestimmten Kette von Ereignissen, deren Eintreten mehr oder weniger wahrscheinlich ist, denkbar. Je größer der zeitliche Abstand ist, desto länger erscheint diese Kette. Daß unter allen möglichen Kombinationen von Ereignissen genau die eine eintritt, die dann zu dem bestimmten Ereignis, zu der eintretenden Wirklichkeit führt, erscheint für Dürrenmatt in der Vorschau unwahrscheinlich. Kausalität läßt sich erst aus der Retrospektive feststellen. So erscheint für ihn die Wirklichkeit als die Unwahrscheinlichkeit, die eingetreten ist.

Hieraus zieht Dürrenmatt seine Rechtfertigung, Unwahrscheinlichkeiten zu konstruieren, die jedoch möglich, also potentiell wirklich sind; da es ihm nun darum geht, Tendenzen und Strukturen aufzudecken, die unserer Wirklichkeit immanent sind, aber zur Zeit noch nicht offenliegen, liegt der Schluß nahe, die Wirklichkeit mit derjenigen Unwahrscheinlichkeit zu konfrontieren, deren Eintreten aus der Perspektive der Gegenwart am wenigsten erwartet wird, auf die man am wenigsten vorbereitet ist. "Die schlimmstmögliche Wendung ist nicht voraussehbar. Sie tritt durch Zufall ein."[46] "Die 'schlimmstmögliche Wendung' der Geschichte zur Komödie ist diejenige, die die Wunschplanungen und Projektionen der Menschen am stärksten aus den Angeln hebt und als unsinnig zurückweist."[47]

Indem die Wirklichkeit mit der am wenigsten erwarteten, mit der vermeintlich unmöglichen, tatsächlich aber nur unwahrscheinlichen Entwicklung, mit der schlimmstmöglichen Wendung konfrontiert wird, wird das, was bereits heute als Potential in der Wirklichkeit verborgen liegt, konsequent durchgespielt, eben "zu Ende gedacht". Daß diese schlimmstmögliche Wendung mit dem Grotesken sehr eng verwandt ist, dürfte deutlich geworden sein.

In diesem Zusammenhang ist auch bereits der Begriff "Zufall" genannt worden, und dessen herausragende Bedeutung für die Dürrenmattsche Dramaturgie ist offensichtlich geworden: der Zufall entscheidet wesentlich darüber, welche der möglichen Unwahrscheinlichkeiten letzten Endes Wirklichkeit wird; insbesondere die "schlimmstmögliche Wendung", die den Menschen völlig unvorbereitet trifft, wird durch den Zufall hervorgerufen - gerade darauf gründet sich ja ihre Unvorhersehbarkeit, ihre Nicht-Planbarkeit, ihr überraschendes Eintreten. "Je planmäßiger die Menschen vorgehen, desto wirksamer vermag sie der Zufall zu treffen."[48]

So ist Vera Schultes Behauptung, der Zufall werde geradezu zum Symbol der Dürrenmattschen Weltauffassung, durchaus zuzustimmen:

> Charakteristisches Symbol der individuellen Ohnmacht bzw. der Unfaßbarkeit der Wirklichkeit ist der 'Zufall', an dem er (Dürrenmatt) mit Vorliebe planmäßig und logisch vor-

---

[46] Dürrenmatt, Werke 1980. Bd. 7, S. 91.

[47] Durzak, Manfred: Dramaturgie des Labyrinths - Dramaturgie der Phantasie. Friedrich Dürrenmatts dramentheoretische Position. In: Friedrich Dürrenmatt. Hrsg. von Armin Arnold. Stuttgart 1982 (=LGW-Interpretationen Bd. 60). S. 173 - 186. S. 185.

[48] Dürrenmatt, Werke 1980. Bd. 7, S. 91.

gehende Menschen scheitern läßt. Mit dem Paradox des durch den 'Zufall' ad absurdum geführten Logikers möchte er die prinzipielle Undurchschaubarkeit der Welt demonstrieren. (49)

Das zugrundegelegte Weltbild wird durch die Konfrontation mit dem durch den Zufall herbeigeführten Grotesken, dem sinnlichen Paradox, das es nicht fassen kann, massiv in Frage gestellt, das Weltmodell entwickelt in der schlimmstmöglichen Wendung alle ihm innewohnenden Tendenzen zur grotesken Verzerrung seiner selbst. Damit ist für den Rezipienten jene verunsichernd-sinnwidrige Konstellation gegeben, die oben als Struktur des komischen Konflikts als "Kipp-Phänomen" wie auch des Grotesken als einer Sonderform desselben dargestellt wurde: "Die schlimmstmögliche Wendung, die eine Geschichte nehmen kann, ist die Wendung in die Komödie" (DüW 7, 95).

Diese Konzeption hat zu massiven Mißverständnissen geführt; so gilt es etwa, mit Ulrich Profitlich festzuhalten, "was die These von der Zufallsbestimmtheit allen Geschehens *nicht* besagt. Sie besagt nicht, durch den Zufall nähmen die Ereignisse ausnahmslos einen von der Norm abweichenden ('unwahrscheinlichen') Verlauf."[50] Sie besagt allerdings, daß auch die erwartungsgemäß eintretenden Ereignisse keinen grundsätzlich anderen Charakter haben als die unwahrscheinlicherweise entstandenen, grotesken, deren Zufälligkeit evident scheint.

Auch Jiri Stromsik verfällt einem geradezu klassischen Mißverständnis, wenn er glaubt, der Satz von der schlimmstmöglichen Wendung werde "eigentlich erst dann logisch, wenn man die literarische Geschichte als Spiegelbild der Weltgeschichte versteht, die an ihr Ende gelangt ist."[51] Dürrenmatt hält dem entgegen: "Die schlimmstmögliche Wendung ist für mich ja kein weltanschauliches, sondern ein dramaturgisches Prinzip"[52] - was ja auch aus der bisherigen Darstellung zweifelsfrei hervorgegangen ist.

In der dargestellten Komödienform realisiert sich auch eine weitere Intention Dürrenmatts, die man mit dem vielleicht etwas abgegriffenen Wort Ideologiekritik bezeichnen könnte. Dürrenmatt, der sich selbst als "Antimetaphysiker" bezeichnet,[53] betreibt in seinen Stücken die "Entlarvung aller Spielarten von Dogmatikern und Ideologien."[54]

---

[49] Schulte 1987. S. 109.

[50] Profitlich, Ulrich: Der Zufall in den Komödien und Detektivromanen Friedrich Dürrenmatts. In: Zeitschrift für deutsche Philologie 90/1971. S. 258 - 280. S. 277.

[51] Stromsik, Jiri: Apokalypse komisch. In: Facetten. Studien zum 60. Geburtstag Friedrich Dürrenmatts. Hrsg. von Gerhard P. Knapp und Gerd Labroisse. Bern, Frankfurt am Main, Las Vegas 1981. S. 41 - 59. S. 53.

[52] Dürrenmatt, Friedrich: Die Welt als Labyrinth. Ein Gespräch mit Franz Kreuzer. Zürich 1986. Nachfolgend zitiert als: Welt als Labyrinth. S. 27.

[53] Dürrenmatt, Friedrich: Das Leben im "Durcheinandertal". Interviewer: Michael Haller. In: F. D.: Über die Grenzen. Hrsg. von Michael Haller. Zürich 1990 (=pendo-profile). S. 51 - 73. Nachfolgend zitiert als: Leben im "Durcheinandertal". S. 63.

[54] Winter, Michael: Friedrich Dürrenmatt - Positionen einer radikalen Aufklärung. In: Facetten. Studien zum 60. Geburtstag Friedrich Dürrenmatts. Hrsg. von Gerhard P. Knapp und Gerd Labroisse. Bern, Frabkfurt am Main, Las Vegas 1981. S. 9 - 39. S. 12.

Dabei faßt Dürrenmatt den Ideologiebegriff sehr weit: indem ein Weltdeutungsmodell durch die Konfrontation mit dem Grotesken, das von seiner Position her nicht erklärbar ist, als defizitär in Frage gestellt wird, wird es als ideologisch entlarvt. Das bedeutet aber: praktisch jedes Weltbild, das die Wirklichkeit für erklärt oder doch zumindest für erklärbar und verstehbar hält, jedes Weltbild, das den Zufall nicht so zentral berücksichtigt, wie Dürrenmatt dies tut, jedes Weltbild, das für sich mehr als nur hypothetische Gültigkeit beansprucht, gerät in Ideologieverdacht.

Kennzeichnend für die Ideologie ist für Dürrenmatt ein Wahrheitsbegriff, der sich der Korrektur durch die Empirie verweigert, bezeichnend ist, daß "sich dem ideologischen Allgemeinen gegenüber das Besondere bewähren" muß (DüW 7, 218):

> Wo das Existentielle dem Ideologischen gegenübersteht, nimmt der Ideologe gegen das Existentielle Stellung, nicht das, was ist, ist für ihn berechtigt, sondern das, was sein sollte, auch wenn das, was ist, notwendig ist. Das Wort 'Um so schlimmer für die Tatsachen', das Hegel zugeschrieben wird, tritt in Kraft (DüW 6, 652).

Wie weit dieser Ideologiebegriff reicht, wird deutlich, wenn man sich vor Augen hält, daß nicht nur die klassischen politischen Ideologien, sondern auch Weltdeutungskonzeptionen wie etwa der Idealismus oder das Christentum von einer solchen Definition umfaßt werden.

Von einem nicht ideologischen Bewußtsein erwartet Dürrenmatt die Aufgabe des Wahrheitsanspruches, des Anspruchs, Wirklichkeit erklären und verstehen zu können; dieser sollte ersetzt werden durch das Wissen um die Hypothesenhaftigkeit jedes Weltbilds, das Handeln sollte an diesem Wissen ausgerichtet werden. Ein solches Denken "könnte die Politik hindern, sich ihren Maßstab, ihr Ziel und ihren Gegner absolut zu setzen ... Es könnte dazu führen, die Ideologien als bloße Arbeitshypothesen zu begreifen, die leichter durch andere Arbeitshypothesen ersetzbar wären, erwiese es sich als notwendig" (DüW 7, 676). Die Relevanz dieser Überlegungen für das Verständnis der Stücke Dürrenmatts wird in Zusammenhang mit der Analyse der Figur des Romulus, aber auch des Jan Hus in "Achterloo" zu demonstrieren sein.

Die so konzipierte Komödie ist für Dürrenmatt Welttheater im eigentlichen Sinn des Wortes: sie kann Wirklichkeit erfassen und sie kann Wirklichkeit durchschaubar machen; "diese zusammengeflunkerten Geschichten, so erstunken und erlogen sie sind, wirken oft mächtiger als manche Wirklichkeit. Sie machen die Wirklichkeit durchschaubar" (DüW 7, 491). Eine Welt, die anonym und undurchschaubar geworden ist, ist in der Form des Schillerschen Dramas nicht mehr zu bewältigen, "weil wir keine tragischen Helden, sondern nur Tragödien vorfinden, die von Weltmetzgern inszeniert und von Hackmaschinen ausgeführt werden" (DüW 7, 56). In einer Welt, in der die "Macht ... nur zum kleinsten Teil sichtbar," zum größten Teil "wie bei einem Eisberg ... im Gesichtslosen, Abstrakten versunken" ist (DüW 7, 56), ist es für Dürrenmatt nur durch seine Komödienform möglich, die Strukturen, Tendenzen, Mechanismen und Potenzen der Wirklichkeit in Bilder zu fassen, sinnlich darzustellen. So erscheint das Groteske als "eine äußerste Stilisierung, ein plötzliches Bildhaftmachen und gerade darum fähig, Zeitfragen, mehr noch, die Gegenwart aufzunehmen," (DüW 7, 26), als "Gestalt einer Ungestalt, das Gesicht einer gesichtslosen Welt" (DüW 7, 59).

Gleichzeitig rückt die groteske Darstellung die Wirklichkeit für den Rezipienten in eine Distanz, die ihm - darin dem Verfremdungseffekt Brechts nicht unähnlich - eine distanzierte Haltung auch der eigenen Realität gegenüber und dadurch neue Erkenntnisse über sie ermöglicht - auf Dürrenmatts Aussage, ihn interessiere nicht das romantische Groteske, sondern das Groteske "eben der Distanz zuliebe, die nur durch dieses Mittel zu schaffen ist" (s. o.), wurde bereits oben hingewiesen. Diese Distanz ist es auch, die die Rezeption der dargestellten Widersprüche als komische ermöglicht: die eigentlich bedrohlichen Widersinnigkeiten der Wirklichkeit werden durch die groteske Komödie in eine Distanz gerückt, von der aus sie als komischer Widersinn belacht und ertragen werden können. Denn, wie Dürrenmatt in einem Interview kurz vor seinem Tod äußerte: "Humor entsteht aus Distanz."[55]

Nachdem nun die theoretische Grundlegung und Konzeption der Dürrenmattschen Komödie herausgearbeitet wurde, sollen im folgenden die konkrete Umsetzung des Konzepts in Dürrenmatts Komödie "Romulus der Große" untersucht und die bisher herausgearbeiteten Kategorien zur Interpretation dieses Stückes als Geschichtskomödie herangezogen werden.

4.2. "Romulus der Große" - die Realisierung des Grotesken

Anders als das literarische Werk Dürrenmatts seit Ende der sechziger Jahre ist der literarische Rang seiner frühen Arbeiten weitgehend unumstritten. Eine Ausnahme hiervon stellt bis zu einem gewissen Grad die 1948/49 entstandene und mehreren Neufassungen unterworfene Komödie "Romulus der Große" dar: geradezu euphorischen Urteilen wie etwa dem Elisabeth Brock-Sulzers ("Der *Romulus* ist eine der glücklichsten, der theatergemäßesten, der menschlichsten Schöpfungen des Berners."[56]) stehen eher distanzierte Wertungen - als Beispiele sind etwa Günter Scholdt[57] und Manfred Durzak[58] zu nennen - gegenüber. Relativ bescheiden

---

[55] Dürrenmatt über Dürrenmatt. S. 25.

[56] Brock-Sulzer, Elisabeth: Friedrich Dürrenmatt. Stationen seines Werkes. Mit Fotos, Zeichnungen, Faksimiles. 4. Aufl. Zürich 1986 (=Diogenes Taschenbuch 21388). Nachfolgend zitiert als: Brock-Sulzer 1986. S. 57.

[57] Scholdt, Günter: Romulus der Große? Dramaturgische Konsequenzen einer Komödien-Umarbeitung. In: Zeitschrift für deutsche Philologie 97/1978. S. 270 - 287. Nachfolgend zitiert als: Scholdt 1978.

[58] Vergl. Durzak 1972.

blieb deshalb die Resonanz des "Romulus" auf den Bühnen außerhalb der Schweiz.[59]

Manfred Durzak formuliert geradezu paradigmatisch einen Vorwurf, der dabei immer wieder gegen Dürrenmatts Stück ins Feld geführt wird: den der mangelnden Einheit.

> Freilich ist eben als Kritik gegenüber Dürrenmatt anzumerken, daß die ... Doppelbödigkeit der närrischen Passivität des Romulus in den beiden ersten Akten des Stücks kaum hervortritt. ... Der ästhetische Mangel der Komödie besteht augenscheinlich darin, daß Dürrenmatts Protagonist in den beiden ersten Akten als konventioneller Komödienheld agiert, nämlich als eine von einem spezifischen Laster besessene Person, die eben durch die Verabsolutierung einer bestimmten Haltung oder Eigenschaft die Wirklichkeit subjektiv verzerrt. (60)

Es soll im folgenden gezeigt werden, daß die - nach Auffassung des Verfassers durchaus richtige - Beobachtung Durzaks keineswegs als ästhetischer Mangel aufzufassen ist. Vielmehr realisiert sich gerade in dieser von Dürrenmatt als "Taktik"[61] bezeichneten wirkungsästhetischen Konzeption die eigentliche Intention der Dürrenmattschen Komödie, wie sie im vorhergehenden Kapitel skizziert wurde. Die Bauform des "Romulus", so die These, ist das eigentliche Medium der "Botschaft" Dürrenmatts.

Um diese These zu verifizieren, soll die Untersuchung der im Leser bzw. Zuschauer evozierten Rezeptionshaltung gegenüber der Figur des Romulus im Zentrum der folgenden Überlegungen stehen. Das große Gewicht, das damit der Hauptfigur eingeräumt wird, scheint vertretbar, sind doch "Ort, Zeit und Handlung ... in Dürrenmatts Komödie 'Romulus der Große' ganz auf die Hauptfigur, eben Romulus bezogen und von ihr her bestimmt. Alle anderen Figuren ... sind nur Kontrastfiguren zur Hauptfigur, deren Auftreten dazu dient, die Romulusfigur mehr und mehr im Verlauf des Geschehensablaufs zu profilieren."[62]

4.2.1. Die Entwicklung der Rezeptionshaltung

4.2.1.1. Romulus als lächerliche Figur

Der Eindruck, den Romulus in den beiden ersten Akten des Stückes hervorruft, ist tatsächlich ausgesprochen ambivalent; mehr noch, der beherrschende Eindruck ist der einer teilweise fast erschreckenden Inadäquatheit seines Handelns,

---

[59] Vergl. Brock-Sulzer 1986. S. 57.
[60] Durzak 1972. S. 61.
[61] Dürrenmatt, Werke 1980. Bd. 2, S. 120.
[62] Haller, Horst: Friedrich Dürrenmatts ungeschichtliche Komödie "Romulus der Große". Ein Versuch, sie zu verstehen. In: Germanistische Studien 1. Braunschweig 1966 (=Schriftenreihe der Pädagogischen Hochschule - Kanthochschule Braunschweig 12). S. 77 - 106. Nachfolgend zitiert als: Haller 1966. S. 99.

legt man die üblicherweise angenommenen Pflichten eines Kaisers seinem Staat gegenüber zugrunde.

Im Angesicht des Einfalls der Germanen in das Römische Reich interessiert sich Romulus vor allem für die Legeleistung seiner Hühner - die private Leidenschaft der Hühnerzucht steht für ihn über den sich aus den Notwendigkeiten der Staatsführung ergebenden Konflikten (DüW 1, 252 f.). Eine ähnlich hedonistische Rangfolge seiner Wertvorstellungen signalisiert die Einschätzung seines Kochs als "wichtigsten Mann meines Reiches" (DüW 1, 251). Es fällt dem Zuschauer schwer, der Auffassung Kaiserin Julias angesichts des Verkaufs der Büsten des kaiserlichen Palasts zu widersprechen, Romulus könne "doch unmöglich die bedeutenden Dichter, Denker und Staatsmänner von Roms großer Vergangenheit verschleudern!" (DüW 1, 262).

Romulus' Unfähigkeit, den Anforderungen, die die Führung eines Staates an den Kaiser stellt, zu genügen, die Präferenz, die er privaten, alltäglichen Banalitäten einräumt, und seine Interesselosigkeit gegenüber der großen Politik, seine Passivität angesichts der Bedrohung des Reichs durch die Germanen haben nicht nur solch schrullig-liebenswerte Aspekte.

Spätestens der Bericht Ämilians zeigt die verheerenden Folgen von Romulus' Passivität angesichts des germanischen Einfalls:

> Ich schlich durch zerstörte Städte und durch rauchende Dörfer, ich ging durch zerhackte Wälder und zog über zerstampfte Äcker ... Ich sah die Männer hingemetzelt, die Frauen geschändet und die Kinder verhungert ... Ich hörte das Schreien von Verwundeten, das Ächzen der Gefangenen, das Prassen der Schieber und das Gewieher der Kriegsgewinnler. (DüW 1, 301)

Ämilian selbst rissen die Germanen die Kopfhaut ab und zwangen ihn unter das Joch (vergl. DüW 1, 301 f.).

Romulus selbst wird später, unter geänderten Vorzeichen, in Ämilian "das große, letzte Argument gegen den sehen, der sich wie ich nicht wehrt, den Menschen, der immer wieder geschändet wird, das tausendfach besudelte Opfer der Macht" (DüW 1, 325). Ämilians Bericht offenbart die grausamen Folgen, die Romulus' Nicht-Handeln für sein Volk hat; Folgen, die vielleicht hätten vermieden werden können, wenn Romulus politische und militärische Anstrengungen unternommen hätte, das germanische Heer am Überfall zu hindern bzw. an den Grenzen zurückzuschlagen. Im Kontext der ersten beiden Akte erscheint das Leiden des römischen Volkes als Resultat der Passivität und der lächerlichen Unfähigkeit des römischen Kaisers, der hier nur gleichsam in der Außensicht dargestellt wird, dessen wirkliche Motive und Gedanken dem Rezipienten verborgen bleiben. Die Kritik Zenos - "Eine Welt geht in Flammen auf, und man reißt hier faule Witze. Täglich sterben Tausende von Menschen, und hier wurstelt man weiter" (DüW 1, 267 f.) - erscheint dem Rezipienten ebenso berechtigt wie die Julias: "Romulus, dein Reich wankt, deine Soldaten opfern sich, und du sprichst unablässig von deinem Federvieh!" (DüW 1, 260).

Wenn Sigrun R. Gottwald schreibt, daß "der Vorwurf politischer Unfähigkeit (gegen Romulus) ... vom Standpunkt seiner Umwelt aus unbedingt gerechtfertigt" sei,[63] so wird man hinzufügen müssen: nicht nur vom Standpunkt seiner Umwelt aus; deren Standpunkt ist in den ersten beiden Akten auch der des Rezipienten.

Im Rezipienten wird hier ein Modell evoziert, das durchaus konventionelle Vorstellungen über die Aufgaben eines Staatsmannes und das Wesen eines Krieges beinhaltet: Aufgabe des Staatsmannes ist es, für das Wohl seines Volkes und seines Staates zu sorgen. Erwartet wird von ihm eine altruistische, womöglich gar eine heroische Haltung (gerade im Jahre 1948 mag eine solche Erwartungshaltung an staatsmännische Pose noch recht weit verbreitet, zumindest in guter Erinnerung gewesen sein). Die Möglichkeit, Unheil von der eigenen Bevölkerung fernzuhalten, bietet im vorliegenden Falle die Führung eines Verteidigungskrieges, der die Kriegsführung auf das Territorium des Gegners verlagert.

Diesem Modell genügt Romulus in keiner Hinsicht; dabei erscheint dieses Nicht-Genügen in keiner Beziehung werthaft: es erscheint lediglich als das Resultat von Unfähigkeit. So wird Romulus in den ersten beiden Akten dem Verlachen fast uneingeschränkt preisgegeben; das zugrundegelegte Modell, von dem aus Romulus verlacht wird, wird nicht in Frage gestellt, sondern vielmehr bestätigt. Damit scheint "Romulus der Große" in den ersten beiden Akten der Konzeption der Verlachkomödie (beispielsweise der sächsischen Typenkomödie) zu folgen: durch das Verlachen eines gegen das Modell verstoßenden, nicht werttrâchtigen Außenseiters wird die bestehende Modellvorstellung, die auch der Rezipient teilt, bestätigt. Die übrigen Figuren "scheinen die einzigen Vernünftigen und Würdigen, Romulus aber der verräterische Spaßvogel"[64] - so lassen sich die Oppositionen am Ende des zweiten Akts beschreiben.

Eine solche Rezeption der ersten beiden Akte scheint Dürrenmatt selbst keineswegs als Resultat eines ästhetischen Mangels zu empfinden; vielmehr beabsichtigt er sie und fordert die Schauspieler des "Romulus" auf, diesem Konzept Rechnung zu tragen:

> Eine besondere, zusätzliche Schwierigkeit ergibt sich noch für den Darsteller des Romulus selber. Ich meine die Schwierigkeit, die darin liegt, daß er dem Publikum nicht allzu schnell sympathisch erscheinen darf ... Im ersten Akt muß der Ausspruch des Präfekten: 'Rom hat einen schändlichen Kaiser', im zweiten jener Ämilians: 'Dieser Kaiser muß weg', begreiflich sein. (65)

Daß diese Wirkungsstrategie nicht konsequent durchgehalten wird, weist

---

[63] Gottwald, Sigrun R.: Der mutige Narr im dramatischen Werk Friedrich Dürrenmatts. New York, Frankfurt am Main, Rom 1983 (=New Yorker Studien zur neueren deutschen Literaturgeschichte Bd. 3). Nachfolgend zitiert als: Gottwald 1983. S. 104.

[64] Syberberg, Hans Jürgen: Friedrich Dürrenmatt: Romulus der Große. In: Das deutsche Drama vom Expressionismus bis zur Gegenwart. Interpretationen. Hrsg. von Manfred Brauneck. 2. Aufl. Bamberg 1972. S. 203 - 219. S. 211.

[65] Dürrenmatt, Werke 1980. Bd. 2, S. 120.

auf den Bruch in der Figur hin, der im 3. Akt dann sichtbar wird: mit zahlreichen Bonmots, mit denen Romulus die Lacher auf seiner Seite hat, mit seiner unaufgeregt-unideologischen Haltung ("Meldungen stürzen die Welt nie um. Das tun die Tatsachen, die wir nun einmal nicht ändern können, da sie schon geschehen sind, wenn die Meldungen eintreffen" (DüW 1, 225); "Nur *einen* Ruhm lasse ich mir nicht nehmen: Man soll von mir nicht sagen dürfen, ich hätte jemals den Schlaf eines Menschen unnötigerweise gestört" (DüW 1, 258)) gewinnt Romulus beim Leser Sympathien, die dem reinen Verlachen des Normverstoßes durchaus widerstehen. Mit seinen "kunsttheoretischen" Äußerungen macht sich Romulus gar zum Sprachrohr des Autors, der sich wenige Jahre später in seinen "Theaterproblemen" in ganz ähnlicher Wortwahl äußert: "Wer so aus dem letzten Loch pfeift wie wir alle, kann nur noch Komödien verstehen" (DüW 1, 259). Diese - zunächst eher in den Hintergrund tretenden - Tendenzen, die zur Identifikation mit Romulus herausfordern, werden im 3. Akt weiter ausgebaut werden. Für die Wirkungsabsicht Dürrenmatts in den ersten beiden Akten jedoch gilt zusammenfassend: "Es gilt also, den Narren eingangs zu diskreditieren, um den Wendepunkt zur zweiten Phase nichts von seiner Überraschungswirkung einbüssen zu lassen."[66] Welchen Charakter und welche Funktion dieser Wendepunkt hat, soll im Folgenden untersucht werden.

4.2.1.2. Romulus als Identifikationsfigur

Im dritten Akt des "Romulus" wird ein radikaler Wechsel der Perspektive vollzogen, indem der Kaiser die eigentliche Motivation für sein Handeln offenbart: er führt seinen schon im zweiten Akt andeutungsweise geäußerten Vorsatz: "Ich möchte die Weltgeschichte nicht stören, liebe Julia" (DüW 1, 279) weiter aus und macht damit offenbar, daß der Eindruck der ersten beiden Akte, Romulus handle auf Grund von Unfähigkeit inadäquat, falsch war. Eine rigorose moralische Konzeption ist der Grund für Romulus' Handeln.

Durch die vielen Verbrechen, die Rom in seiner Geschichte auf sein Haupt geladen hat, hat es die Berechtigung verloren, weiter Subjekt der Geschichte zu sein: "Nicht ich habe mein Reich verraten, Rom hat sich selbst verraten. Es kannte die Wahrheit, aber es wählte die Gewalt, es kannte die Menschlichkeit, aber es wählte die Tyrannei. Es hat sich doppelt erniedrigt: vor sich selbst und vor den anderen Völkern, die in seine Macht gegeben waren" (DüW 1, 325). Der Thron des römischen Reiches erscheint als ein "Berg aufgerichteter Schädel, diese Ströme von Blut, die auf seinen Stufen dampfen, die ewigen Katarakte der römischen Macht" (DüW 1, 325 f.). In den Augen Romulus' beendet der aktuelle Abstieg des Reichs eine Geschichte von Verbrechen, deren Schuld noch nicht abgetragen ist: "Rom ist schwach geworden, eine taumelnde Greisin, doch seine Schuld ist nicht abgetragen, und seine Verbrechen sind nicht getilgt" (DüW 1, 326).

---

[66] Gottwald 1983. S. 103.

In dieser Situation hat sich Romulus entschlossen, durch sein Nicht-Handeln als Kaiser das römische Reich an die Germanen auszuliefern und damit seinen Untergang und seine Bestrafung voranzutreiben: "Ich habe wissentlich das Vaterland zugrundegerichtet, das Ihr verteidigen wollt" (DüW 1, 327); "ich bin Roms Richter" (DüW 1, 312).

Dadurch bekommt das Handeln Romulus' eine neue Dimension: es erscheint nicht mehr nur lediglich als an sich wertloser Modellverstoß; vielmehr wird das ursprünglich in den ersten beiden Akten zugrundegelegte Modell massiv erschüttert: Romulus läßt sich leiten von Werten wie Gerechtigkeit, Menschlichkeit, Wahrheit. Das römische Reich erscheint nicht (mehr) als Realisation dieser Werte in der Geschichte. Würde Romulus dem konventionellen Modell, dem gängigen Bild eines Herrschers, genügen, würde er sich gegen die genannten Werte vergehen. Das Modell erscheint defizitär, gelingt es ihm doch nicht, diese Werte zu integrieren; vielmehr besteht ein Oppositionsverhältnis. Indem Romulus gegen das Modell verstößt, erscheint er als Vertreter und Rächer jener Werte, die er mit der Erfüllung des Modells verriete.

Aber Romulus will mehr: es geht ihm nicht nur rückwärtsgerichtet um eine Bestrafung Roms für die Verbrechen, die es sich in seiner Geschichte hat zuschulden kommen lassen; mit Blick auf die Zukunft geht es Romulus um eine radikale Änderung der Kräfte, die die Geschichte dominieren. Es geht ihm um die Abschaffung des Weltreichs als dominierendem Subjekt der Geschichte: "Ich bezweifle nicht die Notwendigkeit des Staates, ich bezweifle nur die Notwendigkeit unseres Staates. Er ist ein Weltreich geworden *und damit* eine Einrichtung, die öffentlich Mord, Plünderung, Unterdrückung und Brandschatzung auf Kosten der anderen Völker betrieb, bis ich gekommen bin" (DüW 1, 311; Hervorh. vom Verf.). Indem das Weltreich als historisches Subjekt eliminiert wird, sollen auch Mord, Plünderung, Unterdrückung und Brandschatzung als Leitprinzipien des menschlichen Miteinanders abgelöst werden; Romulus strebt eine substantielle Zeitenwende an, die nicht auf den Untergang eines Weltreichs reduziert werden kann - sie äußert sich vielmehr in der Humanisierung der Geschichte durch bewußtes Handeln des Menschen. Romulus' "Versuch, das römische Reich zu liquidieren, zielt gerade darauf ab, Eroberungskriegen, Ausbeutung und Blutvergießen ein Ende zu setzen, in der Hoffnung, dass an ihrer Stelle friedliche und menschenfreundliche Tätigkeiten ... zu neuem Ansehen gelangen werden."[67]

"Romulus' moralisches Denken und Verhalten hatte nur Sinn, weil es auf eine menschlichere Zukunft bezogen war."[68] Dieser Zusammenhang wird von der Forschung oft übersehen. Er erst macht aus dem Handeln Romulus' mehr als das rein destruktive Zerstören und Richten eines Weltreichs, nämlich die konstruktive Herbeiführung einer substantiellen Zeitenwende. Daß es sich hierbei nicht um eine willkürliche Überinterpretation einer einzelnen Stelle handelt, zeigt ex negativo die Rede Odoakers im vierten Akt:

---

[67] Gottwald 1983. S. 121 f.
[68] Gottwald 1983. S. 121.

> Wenn Du nicht meine Unterwerfung annimmst, wenn wir zwei nicht gemeinsam vorgehen, wird die Welt an meinen Neffen fallen, und ein zweites Rom wird entstehen, ein germanisches Weltreich, ebenso vergänglich wie das römische, ebenso blutig. Die Zerstörung Roms, dein Werk, wird sinnlos geworden sein, wenn dies geschieht. (DüW 1, 343)

Auch wenn die Zerstörung Roms, die Bestrafung und der Untergang des schuldig gewordenen historischen Subjekts, vollzogen ist, ist Romulus' Handeln sinnlos, wenn ein neues, gleichgeartetes Weltreich Rom ablöst, wenn mit der Zerstörung Roms nicht die Wende zu einer Humanisierung der Geschichte vollzogen wird. In dieser liegt der eigentliche Zweck von Romulus' Handeln.

Erst rückblickend wird damit das Verhalten des Romulus für den Rezipienten zustimmungsfähig: "Romulus ist durch eine aktive und konstruktive, dabei realistische und un- bzw. gegenideologische *Menschlichkeit* bestimmt."[69]

Auch wenn eine derart positive Zeichnung des Romulus wieder Kritik herausfordert - diese wird im nächsten Kapitel zu leisten sein - ist die Richtung, in die sich die Haltung des Lesers entwickelt, evident: Romulus erscheint als Vertreter humaner, positiver Werte, die Komik, die er in den ersten beiden Akten (und auch noch im dritten) zeigt, ist nicht lediglich Ausdruck eines nicht werthaften Modellverstoßes. Vielmehr erhebt der Modellverstoß Anspruch auf Gültigkeit, mehr noch, er setzt ein neues Wertsystem an die Stelle des alten - Romulus wird zur Identifikationsfigur. Aus dem Lachen über Romulus wird ein Lachen mit Romulus.

Die Figur des Kaisers gewinnt zunächst noch an Integrität dadurch, daß Romulus das eigene Schuldigwerden, das in der Vernichtung seines Reichs liegt, die Schuld am Leiden seines Volkes durchaus sieht. Die eigene Bestrafung bzw. Buße ist in seinen Plan integriert: "Die Germanen werden mich töten. Ich habe immer mit diesem Tode gerechnet. Das ist mein Geheimnis. Ich opfere Rom, indem ich mich selber opfere" (DüW 1, 316). Die Bestrafung Roms umschließt auch die Buße für die eigene Schuld, Romulus ist bereit, den Untergang Roms mit dem Tod zu büßen. Aus dieser Bereitschaft leitet er seine moralische Legitimation ab.

Damit hat sich ein wesentlicher Wandel in der Haltung des Rezipienten vollzogen:

> Hatte der zweite Akt ein Bild des Kaisers gezeichnet, das ihm schwerlich Sympathien eintragen konnte, so hat sich dieser Eindruck für das Publikum am Ende des dritten Aktes geändert. In diesem Akt hat sich der Kaiser eindeutig gemacht. Seine Verhaltensweisen gewinnen von der Apologie her den Charakter schwer zu widerlegender Schlüssigkeit. (70)

Gottwald spricht von "einer Änderung der Perspektive: wurde der Narr in der er-

---

[69] Waldmann, Günter: Dürrenmatts paradoxes Theater. Die Komödie des christlichen Glaubens. In: Wirkendes Wort 14/1964. S. 22 - 35. S. 23.

[70] Haller 1966. S. 95.

sten Phase von der Warte seiner Umwelt aus betrachtet, so werden die Dinge jetzt aus seinem eignen Blickwinkel dargestellt. Die Verschiebung der Perspektive hat eine Verschiebung der Sympathien zur Folge."[71]

Mehr als das: indem das Publikum die Perspektive des Romulus übernimmt, sich mit ihm identifiziert, mit ihm statt über ihn lacht, wird das alte Modell, das dem Verlachen des Romulus zugrunde lag, vollends entwertet; was ursprünglich als Modellverstoß ohne eigene Werthaftigkeit verstanden werden mußte, erscheint nun als Ausdruck systematischen, wertorientierten Handelns, als Ausdruck eines eigenen Wertesystems. Indem der Rezipient sich mit Romulus identifiziert, wird dieses Wertesystem als dem ursprünglichen Modell überlegen anerkannt, dieses wird nicht nur als defizitär entlarvt, sondern vollends außer Gültigkeit gesetzt. Das alte Modell wird durch ein neues ersetzt, es erscheint nun seinerseits als Modellverstoß - und damit lächerlich.

Damit wird die Funktion des von Durzak monierten "ästhetischen Mangels" deutlich: es ist eine ideologiekritische. Das Publikum wird dazu verleitet, eine Position einzunehmen, die konventionell, "selbstverständlich", naheliegend ist; es setzt eine gängige Vorstellung von Wesen und Aufgabe eines Herrschers und Zweck eines Krieges als Modell, auf dessen Grundlage die Normabweichung verlacht wird. Indem sich nun jedoch der Modellverstoß als zustimmungsfähig, als sinnhaft, ja: sinnhafter als das ursprüngliche Modell entpuppt, wird die gewohnte Vorstellung von Politik von Grund auf destruiert. Das Publikum empfindet die eigene vormalige Haltung als sinnwidrig, als ideologisch und lächerlich.

So wird verständlich, warum die Vertreter jenes ursprünglichen Modells, das ja in den ersten beiden Akten durchaus noch zustimmungsfähig erschien, schon dort mit einigen Passagen ins Lächerliche gezogen werden: "Ihre Vorstellung von ihrer Lage ist so ideologisch gefärbt, daß sie trotz aller Misere noch an das Wunder eines Sieges über die Germanen glauben."[72] Sie sprechen vom "Endsieg" (DüW 1, 283), von der "totale(n) Mobilmachung" (DüW 1, 270), und der "Reichsmarschall" Mares verkündet absurderweise: "Die strategische Lage wird stündlich günstiger. Sie verbessert sich von Niederlage zu Niederlage" (DüW 1, 285). Daß die Position dieser Figuren auf einer unbeweisbaren (aber durch die Geschichte widerlegten, somit nach Dürrenmatt ideologischen) apriorischen Setzung beruht, zeigt Tullius Rotundus, wenn er sagt: "Ein so vollkommen durchorganisiertes juristisches Gebilde wie das römische Imperium steht auf Grund seiner Werte auch die schlimmsten Krisen durch" (DüW 1, 289). Und wieder bleibt es Ämilian überlassen, den ernsten, schrecklichen, nicht mehr komischen Aspekt dieser Ideologie aufzuzeigen: "Soldaten sind Menschen, und Menschen können kämpfen. Es sind noch viele Menschen hier. Weiber, Sklaven, Greise, Krüppel, Kinder, Minister. Geh, nimm ein Messer" (DüW 1, 293).

Mit dieser Konstellation endet die erste Fassung der Komödie: Romulus' für einen Kaiser unkonventionelle Haltung bleibt zustimmungsfähig, sein Handeln

---

[71] Gottwald 1983. S. 119.
[72] Haller 1966. S. 87.

ist erfolgreich. Durch Diplomatie gewinnt Romulus noch einmal das gesamte römische Imperium von den Germanen zurück, bevor er es freiwillig aufgibt und dem Gegner überläßt, im sicheren Wissen um Odoakers Bereitschaft zur Humanisierung. Die konventionelle Herrscher-, Politik- und Kriegsideologie verbleibt in der Lächerlichkeit, indem sich Romulus' Modellverstoß letztendlich durchsetzt.

Diese Konstellation ist nicht eigentlich grotesk: Auch wenn Vera Schulte den "Einfall, einen Kaiser als Richter seines Volkes auftreten zu lassen" für den "zentralen" der Komödie hält[73] - einer jener Einfälle, die nach Dürrenmatt die Wirklichkeit ins Groteske heben, ist es nicht. Am Ende des Stückes bleibt ein gültiges Weltmodell erhalten, nämlich das durch Romulus repräsentierte. Aus dieser Perspektive ist Geschichte tatsächlich sinnhaft, verstehbar, erklärbar, geordnet oder doch zumindest durch menschliches Handeln sinnhaft zu ordnen; von einem Paradoxon kann keine Rede sein. Ein (konventionelles) gültiges Modell wird durch ein anderes (unkonventionelles) gültiges Modell ersetzt, ersteres erscheint aus dieser Perspektive als Modellverstoß. Sinnwidrig, grotesk ist daran nichts.

Die für Dürrenmatt so typische Wendung ins Groteske wird erst mit dem vierten Akt der zweiten Fassung vollzogen. Erst dieser bringt den Einfall des Grotesken: "Durch einen ganz neuen vierten Akt ergibt sich ein andersartiges Stück mit neuer Problematik und neuem Gehalt. Erst damit findet Dürrenmatt zu seinen eigenen Anschauungen und verwirklicht die von ihm aufgestellten Theorien."[74]

4.2.2. Der Einfall der Geschichte - die groteske Destruktion der Ideologien

Die erste Fassung des "Romulus" bringt einen Geschichtsoptimismus, eine extrem zuversichtliche Auffassung über die Möglichkeit sinnhaften menschlichen Handelns in der Geschichte zum Ausdruck, gegen die Dürrenmatt, wie Günter Scholdt meint, schon bald Bedenken kamen: "Er widerrief ... die mehr oder weniger unbeabsichtigt verkündete Einheit von Vernunft und Humanität, von Handeln und Sinn, Kategorien, deren Beziehung zueinander er im früheren wie im späteren Schaffen beinahe ausschließlich als das der Antinomie beschrieben oder dargestellt hatte."[75] Dieser Widerruf erfolgt im vierten Akt. Es soll im folgenden untersucht werden, auf welche Weise dies geschieht und welche Folgen für das Geschichtsbild wie für die Komödienkonzeption dies nach sich zieht.

Akzeptiert man die hier vorgetragene Argumentation, daß das eigentliche Ziel von Romulus' Handeln, das erst die Zerstörung des römischen Imperiums sinnvoll macht, im Herbeiführen einer substantiellen Zeitenwende liegt, so muß Romulus' Plan im vierten Akt der Neufassung als umfassend gescheitert angesehen werden. Im Gefolge des humanen germanischen Feldherrn Odoaker befindet

---

[73] Schulte 1987. S. 129.
[74] Bayerl, Elfriede: Friedrich Dürrenmatts "Romulus der Große". Ein Vergleich der Fassungen. Diss. Wien 1970. S. 14 f.
[75] Scholdt 1978. S. 284.

sich dessen Neffe Theoderich. "Er verseucht mein Volk durch seinen Lebenswandel. Er rührt kein Mädchen an, trinkt nur Wasser und schläft auf dem Boden. Er übt sich täglich in Waffen ... Er stellt das Ideal der Germanen dar. Er träumt von der Weltherrschaft, und das Volk träumt mit ihm" (DüW 1, 341).

In Odoaker, dem Hühnerzüchter, der den Feldzug gegen Rom unternommen hat, um sich dem Kaiser zu unterwerfen und so den Aufstieg Germaniens zu einem Weltreich mit allen damit verbundenen Implikationen zu verhindern, tritt Romulus ein Gleichgesinnter gegenüber. Doch nicht Odoaker wird den weiteren Gang der Geschichte prägen, nicht er, der "ein ganzes Leben lang ... die wahre Größe des Menschen (suchte), nicht die falsche, nicht die Größe meines Neffen, den sie einmal Theoderich den Großen nennen werden" (DüW 1, 342). Im Falle eines Sieges der Germanen wird die Zukunft Theoderich gehören - daß dieser binnen weniger Jahre sowohl Odoaker als auch Romulus umbringen wird, ist im Text bereits angedeutet. Mit dem Machtantritt Theoderichs wird "ein zweites Rom entstehen, ein germanisches Weltreich, ebenso vergänglich wie das römische, ebenso blutig" (DüW 1, 343).

Es bleiben also zwei Alternativen, die aus der im dritten Akt aufgebauten Perspektive heraus gar keine sind: unterwirft sich Romulus Odoaker, ist die Folge die Schreckensherrschaft der Germanen, unterwirft sich Odoaker Romulus, wird das römische Imperium als Weltreich seine verbrecherische Politik weiterführen. Eine Humanisierung der Geschichte, die Ablösung von Gewalt, Tyrannei und Unterdrückung als treibende Kräfte der Geschichte vollzieht sich nicht; der Versuch, Geschichte durch planvolles menschliches Handeln sinnhaft zu gestalten, ist gescheitert. Die Geschichte, die in diesem vierten Akt gleichsam als handelnde Person in das Bühnengeschehen eintritt, offenbart eine Eigendynamik, die sich dem planvollen Eingriff des Menschen entzieht. "Geschichte wird prinzipiell als chaotischer Vorgang begriffen, aus dem der Gedanke jeglicher vernünftigen Entwicklung, jeder logischen Progression verbannt ist."[76] "Der Einzelne gesteht also letztlich doch seine Ohnmacht vor dem historischen Prozeß ein, der sich wider alle Erwartung autonom entwickelt."[77]

Dies nicht erkannt zu haben, ist der eigentliche Fehler Romulus' wie auch Odoakers:

> Mein lieber Odoaker, ich wollte Schicksal spielen, und du wolltest das deine vermeiden, nun ist es unser Schicksal geworden, gescheiterte Politiker darzustellen ... Ich richtete Rom, weil ich seine Vergangenheit fürchtete, du Germanien, weil es dir vor seiner Zukunft grauste. Wir ließen uns von zwei Gespenstern bestimmen, denn wir haben keine Macht über das, was war, und über das, was sein wird (DüW 1, 346).

In der Forschung wird dieser Kern des Scheiterns von Romulus und Odoaker oft übersehen bzw. falsch verstanden. Eine Position, wie sie durchaus repräsentativ Edgar Neis äußert, führt völlig in die Irre: "Romulus - das ist seine Fehl-

---

[76] Durzak 1972. S. 45.
[77] Durzak 1972. S. 62.

rechnung - ist dem Klischee von den fürchterlichen Germanen erlegen."[78] Eine solche Interpretation impliziert doch wohl, daß bei richtiger Einschätzung der maßgebenden Faktoren erfolgreiches und planvolles geschichtliches Handeln eben doch möglich wäre. Genau dies aber ist nicht der Fall: der Fehler Romulus' und Odoakers liegt in einer grundsätzlichen Fehleinschätzung ihrer Möglichkeiten zu sinnhaftem geschichtlichem Handeln und damit einer Fehleinschätzung des Wesens von Geschichte selbst. Die Geschichte als autonomer Prozeß ist in seiner Kausalität dem Menschen nicht begreifbar, die die Geschichte determinierenden Faktoren sind nicht erkennbar, damit nicht vorhersagbar; erfolgreiches zielgerichtetes Handeln in der Geschichte wird dem Menschen damit unmöglich.

So ist es durchaus folgerichtig, wenn Ulrich Profitlich den "Verzicht auf Exponierung der am Geschichtsverlauf beteiligten Faktoren"[79] konstatieren muß: anders als etwa in Brechts "Mutter Courage" bleibt eine Gesetzmäßigkeit der Geschichte im "Romulus" nicht nur den Bühnenfiguren, sondern auch dem Zuschauer verborgen. Das Nichterkennen einer solchen Gesetzmäßigkeit ist kein individuelles Versagen, sondern im Wesen der Geschichte selbst begründet: "Die überpersonalen, kollektiv wirkenden Geschichtsmächte sind nicht 'da', sie erhalten keinerlei faßbare Gestalt, sie ereignen sich unbegreiflich und unbegriffen."[80]

Der für Dürrenmatts Komödie so typische Einfall des Grotesken, in dem in eine für verstehbar, für erklärbar, für erklärt gehaltene Welt etwas einbricht, was aus dieser Perspektive heraus unerklärlich, nicht sein dürfend erscheint, vollzieht sich im "Romulus" (ähnlich wie in den "Physikern") am Ende der Komödie: es ist die Geschichte selbst, die als das Groteske, das Unverstehbare schlechthin erscheint und damit das im dritten Akt aufgebaute Modell als ideologisch entlarvt. "Die Unsinnigkeit des geschichtlichen Prozesses tritt also auch hier gegen Ende des Stückes hervor. Was pathetisch als Untergang des Abendlandes gedeutet werden könnte, erweist sich als simpler Machtwechsel."[81]

Der Einfall der Geschichte als des Grotesken hat das Handeln Romulus' als absurd entlarvt - "Es ist alles absurd geworden, was ich getan habe" (DüW 1, 343). Die Geschichte erscheint gleichsam als Modellverstoß, der jedoch auf Grund seiner überwältigenden Faktizität das Modell eines vernünftig-sinnhaften Handelns des Menschen in der Geschichte, wie es am Ende des dritten Akts auch das Publikum akzeptiert hat, massiv in Frage stellt. Ähnlich wie bei Horváth und Frisch stehen sich Geschichte und Vernunft unversöhnlich gegenüber, beide erscheinen defizitär: der Geschichte fehlt die Vernunft, der Vernunft fehlt die Realität bzw. die Realisierbarkeit. Die sinnwidrige, zufallsbestimmte Geschichte wirkt

---

[78] Neis, Edgar: Erläuterungen zu Friedrich Dürrenmatt: "Romulus der Große", "Ein Engel kommt nach Babylon", "Der Meteor". 3. Aufl. Hollfeld o. J. (=Königs Erläuterungen Bd. 211). S. 37.

[79] Profitlich, Ulrich: Geschichte als Komödie. Dürrenmatts "Romulus der Große". In: Geschichte als Schauspiel. Deutsche Geschichtsdramen. Interpretationen. Hrsg. von Walter Hinck. Frankfurt am Main 1981 (=suhrkamp taschenbuch 2006). S. 254 - 269. Nachfolgend zitiert als: Profitlich 1981. S. 255.

[80] Knopf, Dramatiker Dürrenmatt 1987. S. 51 f.

[81] Durzak 1972. S. 68.

grotesk und lächerlich; das Modell jedoch, von dessen Position aus diese Lächerlichkeit erst erscheint, wird durch sie massiv in Frage gestellt, erscheint als ideologisch. Das Komisch-Groteske realisiert sich im vierten Akt des "Romulus" geradezu klassisch als "Kipp-Phänomen": keine der gegensätzlichen Positionen hat Bestand, eine wird durch die andere in Frage gestellt, beide erscheinen defizitär, beide erscheinen - unter verschiedenem Aspekt - lächerlich.

Der Einbruch der Geschichte als des Grotesken führt damit zur schlimmstmöglichen Wendung, zum Heraufdämmern des Reichs Theoderichs, das die Hinfälligkeit von Romulus' Bemühungen offenbart. Damit nähert sich Dürrenmatt ähnlich wie Frisch einem Geschichtsbild, das man - auch wenn es paradox klingt - unhistorisch nennen kann: die Geschichte als das Groteske zu bestimmen, das sich unabhängig von menschlichem Handeln vollzieht, führt logisch dazu, daß die den Geschichtsverlauf bestimmenden Faktoren nicht mehr in der Geschichte zu finden, sondern fast metaphysisch begründet sind. Immer und grundsätzlich ist Geschichte sinnwidrig und zufallsbestimmt, läuft autonom, in ihrer Kausalität undurchschaubar ab. Entsprechend kommt es auch nicht zu einer substantiellen Wende im Geschichtsverlauf, das blutige römische Weltreich wird durch das ebenso blutige germanische Weltreich abgelöst. "Es ist offenbar niemals anders gewesen als heute und wird wohl auch niemals anders gehen: *semper eadem*"[82]. Auf die Nähe zum Geschichtsbild sowohl Horváths als auch Frischs, die damit sichtbar wird, wird in Kapitel 7.1. noch einmal einzugehen sein.

"Die Wirklichkeit hat unsere Ideen korrigiert", faßt Romulus zusammen, und Odoaker ergänzt: "Aufs bitterste" (DüW 1, 346). Diese Sätze können geradezu als Quintessenz der Komödie gelten. Sie machen auch retrospektiv den eigentlichen Charakter der Position Romulus' sichtbar: sie ist ideologisch im Sinne Dürrenmatts. "Wo das Existentielle dem Ideologischen gegenübersteht, nimmt der Ideologe gegen das Existentielle Stellung, nicht das, was ist, ist für ihn berechtigt, sondern das, was sein sollte" (DüW 6, 652). Was oben über den problematisch weiten Ideologiebegriff Dürrenmatts gesagt wurde, soll hier nicht wiederholt werden; evident aber ist, daß auch Romulus unter diesen Begriff des Ideologischen fällt, auch er ist jemand, der nach einem aus der Idee heraus entwickelten Konzept erfolglos auf die Realität einzuwirken versucht, auch er bezieht - wie ehrenwert auch immer - gegen das Existentielle und für das Ideologische Position. Problematisch wird dies vor allem durch die Opfer, die Romulus der Idee zu bringen bereit ist.

So schreibt Dürrenmatt 1957 in einer Anmerkung zum "Romulus":

> Man sehe genau hin, was für einen Menschen ich gezeichnet habe, mutig, gelöst, human, gewiß, doch im letzten ein Mensch, der mit äußerster Härte und Rücksichtslosigkeit vorgeht und nicht davor zurückschreckt, auch von anderen Absolutheit zu verlangen, ein gefährlicher Bursche, der sich auf den Tod hin angelegt hat (83).

---

[82] Söring 1991. S. 28.
[83] Dürrenmatt, Werke 1980. Bd. 2. S. 120.

Es ist fast wörtlich Dürrenmatts Definition des Ideologen, die hier zur Charakterisierung des Romulus herangezogen wird.

Der moralische Rigorismus Romulus', der ja durchaus vom Rezipienten im dritten Akt als zustimmungsfähig anerkannt wurde, wird aus dieser Perspektive problematisch; als tatsächliches Resultat seines Handelns bleibt lediglich, daß "sein versuchter Sabotageakt am Gang der Weltgeschichte nicht nur seiner Gemahlin, sondern vielen Menschen das Leben (kostet), gemäß dem Prinzip 'Der Zweck heiligt die Mittel'."[84] "Was sich in diesem vermeintlich definitiven Plan bekundet, ist Verbohrtheit, anmaßender Rigorismus, Rücksichtslosigkeit, ja Blindheit für die mit der 'Gerechtigkeits'-Idee verbundenen Opfer"[85].

Damit wird Romulus, der zunächst lächerliche Figur war, dann zur Identifikationsfigur wurde, zum Ideologen und damit eben wieder zum Narren, zu demjenigen, der dem Modell, das wirklichkeitsadäquates Verhalten verlangt, nicht genügt, zur lächerlichen Figur. Lächerlich allerdings in einem ganz anderen Sinne als zu Beginn: daß Romulus' Konzept eines sinnhaften geschichtlichen Handelns des Menschen nicht aufgeht, ist nicht allein ihm anzulasten; die Vernunft- und Sinnwidrigkeit der Geschichte, der gegenüber Romulus' Handeln inadäquat erscheint, macht jene genauso lächerlich wie diesen. "Ein derartiges Narrentum ist ein weitaus tiefergehendes, die so erzielte Lächerlichkeit eine ungleich schmerzlichere, als das eher oberflächliche Narrentum in der ersten Phase der Darstellung."[86]

In diese retrospektive Umwertung der Position Romulus', die den vermeintlichen Anti-Ideologen als Ideologen, den vermeintlich Weisen als Narren entlarvt, ist auch Romulus' Bereitschaft zur Selbstopferung einbezogen: "Daß Romulus sich selbst als Opfer mit ins Kalkül zieht, macht seine Handlungsweise dabei nicht weniger anfechtbar; ist sie doch bloß negative Heldenpose, im Prinzip vergleichbar der des von ihm selbst ausgiebig verspotteten Spurius Titus Mamma."[87]

Dementsprechend scheitert auch dieses als ideologisch zu begreifende Element des Gedankengebäudes Romulus' an der Wirklichkeit. Die moralische Selbstrechtfertigung, die Romulus daraus zog, daß er bereit war, seine Schuld am Untergang seines Volkes mit dem Tod zu sühnen, wird ihm verwehrt: er wird von Odoaker in Pension geschickt - eine Wendung, die Romulus als "wohl das Entsetzlichste, was mir zustoßen könnte" (DüW 1, 345), empfindet.

Diese Einschätzung Romulus' ist zunächst schwer nachzuvollziehen. "Es scheint absurd zu behaupten, der Schluß des 'Romulus' sei der schlimmstmögli-

---

[84] Wagener, Hans: Heldentum heute? Zum Thema Zeitkritik in Dürrenmatts Romulus der Große. In: Facetten. Studien zum 60. Geburtstag Friedrich Dürrenmatts. Hrsg. von Gerhard P. Knapp und Gerd Labroisse. Bern, Frankfurt am Main, Las Vegas 1981. S. 191 - 206. S. 202.

[85] Profitlich 1981. S. 262.

[86] Gottwald 1983. S. 146.

[87] Scholdt 1978. S. 280.

che. Er ist es."[88] In der Pensionierung, in der Verunmöglichung des Selbstopfers und der damit verbundenen Buße wird die Sinnlosigkeit von Romulus' Handeln, wird sein verheerender Irrtum evident:

> Ich legte mein ganzes Leben auf den Tag hin an, da das römische Imperium zusammenbrechen würde. Ich gab mir das Recht, Roms Richter zu sein, weil ich bereit war zu sterben. Ich verlangte von meinem Lande ein ungeheures Opfer, weil ich mich selbst als Opfer einsetzte. Ich ließ das Blut meines Volkes fließen, indem ich es wehrlos machte, weil ich selbst mein Blut vergießen wollte. Und nun soll ich leben. Und nun soll mein Opfer nicht angenommen werden. (DüW 1, 343)

Das Scheitern der welthistorischen Pläne des Romulus, das im Herandämmern des Reichs Theoderichs manifest wird, findet seine Entsprechung im Scheitern der persönlichen Pläne: Romulus darf seine Schuld nicht büßen, sich ihrer nicht entledigen, er muß mit ihr weiterleben. Die Erkenntnis der Unordnung und Sinnlosigkeit von Geschichte hat ihr Äquivalent in der Unmöglichkeit einer Wiederherstellung der Ordnung im Moralischen. Der Einbruch des Grotesken in Form der eigengesetzlichen Geschichte führt zur schlimmstmöglichen Wendung sowohl im politischen als auch im persönlichen Bereich, die ideologische Fehleinschätzung rächt sich hier wie dort: daß Romulus mit seiner Schuld weiterleben muß, drückt individuell die schlimmstmögliche Wendung aus, die Romulus' Plan im Ganzen genommen hat.

Zusammenfassend kann man sagen, daß sich die Realisierung des Grotesken im "Romulus" durch einen zweifachen Perspektivwechsel, durch ein Spiel mit Modell und Modellverstoß vollzieht: setzt die Komödie zu Beginn eine konventionelle Vorstellung von Herrschaft, Politik und Krieg als Modell beim Publikum voraus, so wird dieses Modell im dritten Akt destruiert; der vermeintliche Modellverstoß Romulus' erscheint derart werthaft, daß er selbst zum Modell wird und das ursprüngliche Modell lächerlich, indiskutabel macht. Auch diese neue Perspektive jedoch wird nicht beibehalten: sie wird mit dem Grotesken in Form der Geschichte konfrontiert und damit massiv in Frage gestellt. Umgekehrt bleibt die Geschichte selbst nur Modellverstoß; sie bleibt vernunftwidrig, lächerlich, widersinnig, defizitär, aus ihr kann kein neues Wertsystem, kein gültiges Modell entwickelt werden, nachdem das vom Publikum akzeptierte "Modell Romulus" ins Wanken geraten ist.

So hat am Ende der Komödie kein Wertsystem, kein Welterklärungsmodell Bestand; alle haben vor der Geschichte als dem Grotesken kapituliert, das Publikum sieht sich der Geschichte als dem Unerklärlichen ausgeliefert. Die Bauform des "Romulus", von Durzak als ästhetischer Mangel gewertet, ist damit der adäquate Ausdruck der Dürrenmattschen Geschichtskonzeption: als das Groteske, das Unerklärliche, das alle Erklärungsmuster ad absurdum führende Widersinnige hat die Geschichte das letzte Wort.

---

[88] Steiner, Jacob: Die Komödie Dürrenmatts. In: Der Deutschunterricht 15/1963. H. 6. S. 81 - 91. S. 87.

4.2.3. Romulus als "mutiger Mensch"

Nun liegt der Schluß nahe, die Komödie sei der Ausdruck der Verzweiflung, doch ist dieser Schluß nicht zwingend. Gewiß, wer das Sinnlose, Hoffnungslose dieser Welt sieht, kann verzweifeln, doch ist diese Verzweiflung nicht eine Folge dieser Welt, sondern eine Antwort, die man auf diese Welt gibt, und eine andere Antwort wäre das Nichtverzweifeln, der Entschluß etwa, die Welt zu bestehen, in der wir oft leben wie Gulliver unter den Riesen ... Es ist immer noch möglich, den mutigen Menschen zu zeigen.
 Dies ist denn auch eines meiner Hauptanliegen. Der Blinde, Romulus, Übelohe, Akki sind mutige Menschen. (DüW 7, 60)

Dürrenmatt hat sich immer wieder dagegen gewehrt, daß die von ihm entworfenen widersinnigen, grotesken Welten als sinnlos und absurd aufgefaßt werden. Er hat sich (theoretisch) immer dagegen ausgesprochen, auf den Widersinn der Wirklichkeit mit Verzweiflung zu reagieren. Eine Gegenposition (die theoretisch nie weiter ausgeführt wurde) soll die des "mutigen Menschen" darstellen.

Unter diesen "mutigen Menschen" wird an oben zitierter Stelle ausdrücklich auch Romulus genannt - was die Forschung immer wieder in Mißverständnisse geführt hat. Symptomatisch ist etwa die Position Jennifer E. Michaels': "Romulus darf nicht einmal sterben, sondern muß pensioniert werden, ein Schicksal, das er stoisch akzeptiert. Trotz seines Scheiterns bleibt er sympathisch. Er ist ein mutiger Mensch, weil er wenigstens versucht hat, die Welt zu ändern."[89]

Das ist nun mit den bisherigen Untersuchungsergebnissen überhaupt nicht in Übereinstimmung zu bringen: der Versuch Romulus', "die Welt zu ändern", als geschichtliches Subjekt sinnhaft zu handeln, wurde ja als letzten Endes ideologisch dargestellt! In ideologischen Fehleinschätzungen der geschichtlichen Wirklichkeit kann das spezifisch Mutige des mutigen Menschen eigentlich nicht liegen!

Dürrenmatt spricht auch nicht vom Entschluß, "die Welt zu ändern", sondern vom Entschluß, "die Welt zu bestehen" als dem Charakteristikum des mutigen Menschen. Entsprechend merkt er auch zum "Romulus" an, Romulus sei ein Mensch, "dessen Tragik genau in der Komödie seines Endes, in der Pensionierung liegt, der aber dann - und nur dies macht ihn groß - die Einsicht und Weisheit hat, auch sie zu akzeptieren."[90]

Die eigentliche Größe gewinnt Romulus erst durch die Aufgabe seiner Ideale; erst jetzt sieht er die Wirklichkeit nicht mehr durch eine ideologische Brille verzerrt, sondern erkennt sie in ihrer ganzen grotesken Widersinnigkeit, die von menschlichem Handeln unbeeinflußbar bleibt. Daß Romulus angesichts dieser ideologiefreien Sicht der Wirklichkeit nicht verzweifelt - etwa indem er der Versuchung nachgibt, sich Spurius Titus Mamma, der ihn ermorden will, auszuliefern

---

[89] Michaels, Jennifer E.: Vom "Romulus" zum "Engel" ("Romulus der Große", "Die Ehe des Herrn Mississippi", "Ein Engel kommt nach Babylon"). In: Friedrich Dürrenmatt. Hrsg. von Armin Arnold. Stuttgart 1982 (=LGW-Interpretationen Bd. 60). S. 54 - 70. S. 58.

[90] Dürrenmatt, Werke 1980. Bd. 2. S. 120.

und damit eine Art Selbstmord zu begehen (DüW 1, 344) - sondern den Mut aufbringt, die Realität zu ertragen, macht ihn zum mutigen Menschen: "Macht haben wir nur über die Gegenwart, an die wir nicht gedacht haben und an der wir nun beide scheitern. Ich muß sie nun in der Pensionierung durchleben, eine Tochter, die ich liebte, einen Sohn, eine Gattin, viele Unglückliche auf dem Gewissen" (DüW 1, 346). Ein solches Aushalten der illusionslos gesehenen Wirklichkeit erfordert mehr Mut als die ideologische Hoffnung auf Veränderung.

Ein solches Ertragen der Realität eröffnet dann durchaus Perspektiven zu wenigstens partiell sinnhaftem Handeln, auch wenn eine substantielle Beeinflussung des geschichtlichen Ablaufs nicht möglich ist. Ein solches, auf den engeren Kreis beschränktes, partiell sinnhaftes Handeln im Wissen um den wahren Charakter der Wirklichkeit ist es auch, was Romulus Odoaker empfiehlt:

> Ertragen wir denn das Bittere. Versuche, Sinn in den Unsinn zu legen, in diesen wenigen Jahren, die dir bleiben, die Welt treu zu verwalten ... Es werden einige Jahre sein, die die Weltgeschichte vergessen wird, weil sie unheldische Jahre sein werden - aber sie werden zu den glücklichsten Jahren dieser wirren Erde zählen. (DüW 1, 346)

"Machen wir es schnell. Spielen wir noch einmal, zum letzten Mal Komödie" (DüW 1, 347) - mit der Haltung des mutigen Menschen, der die Wirklichkeit illusionslos erträgt, ist auch die Position beschrieben, von der aus der groteske Widersinn der Geschichte als lächerlich, als Komödie rezipiert werden kann. Der mutige Mensch hat aus seiner Illusionslosigkeit heraus soviel innere Distanz, daß der Widersinn der Geschichte ihn nicht mehr tangiert, er ist in der Lage, den Widerspruch zwischen Vernunft und Geschichte als komischen aufzufassen. "Auch der nimmt Distanz, auch der tritt einen Schritt zurück, der seinen Gegner einschätzen will, der sich bereit macht, mit ihm zu kämpfen oder ihm zu entgehen" (DüW 7, 60).

Viele Jahre nach dem "Romulus", im "Mitmacher"-Komplex von 1976, läßt Dürrenmatt den blinden Seher Tiresias zu der Pythia Worte sprechen, die das Problem seiner ersten Komödie in nuce enthalten:

> So wie ich, der die Welt seiner Vernunft unterwerfen wollte, in dieser feuchten Höhle mit dir konfrontiert worden bin, die du die Welt mit deiner Phantasie zu bezwingen versuchtest, so werden auf ewige Zeiten jene, für welche die Welt eine Ordnung, solchen gegenüberstehen, für welche die Welt ein Ungeheuer ist. Die einen werden die Welt für kritisierbar halten, die anderen nehmen sie hin. (DüW 7, 374)

Es ist keine Frage, auf welche Seite sich die Waage im "Romulus" neigt.

4.3. Geschichte als Labyrinth - "Achterloo"

4.3.1. Das Labyrinth als Paradigma der Welt bei Dürrenmatt

Ungefähr seit Ende der 70er-Jahre drängt sich im Schaffen Dürrenmatts das Motiv des Labyrinths immer weiter in den Vordergrund und wird zum Zentralbegriff in Dürrenmatts Werk: im Jahre 1981 erscheint "Stoffe I - III" mit dem in einem unterirdischen Labyrinth spielenden "Winterkrieg in Tibet" und der programmatischen "Dramaturgie des Labyrinths"[91], 1985 wird die Ballade "Minotaurus" veröffentlicht, große Interviews der letzten Jahre tragen die Titel "Die Welt als Labyrinth" (1986) und "Das 'Labyrinth' oder Über die Grenzen des Menschseins" (1990). Es scheint unumgänglich, den Begriff des Labyrinths auch zur Interpretation zumindest der nach 1980 entstandenen Werke - also auch von "Achterloo" - heranzuziehen.

Mit dem "Labyrinth" scheint Dürrenmatt ein Bild gefunden zu haben, das seine Vorstellung der Welt umfassend darzustellen in der Lage ist. Kennzeichnend für das Labyrinth ist zunächst, "daß der Versuch, sich über das Labyrinth einen Plan zu machen, scheitern muß."[92] Wie zentral dieser Punkt die Situation des Einzelnen in der Welt trifft, braucht nach der Analyse des "Romulus" nicht weiter ausgeführt zu werden: "Der Einzelne steht einer Welt gegenüber, die für ihn undurchschaubar ist. Das Labyrinth ist die Welt vom Minotaurus aus gesehen" (DüW 7, 513).

Die Situation des Menschen in der Welt erscheint der des Minotaurus im Labyrinth vergleichbar: ein Ausbrechen ist genauso unmöglich wie ein Durchschauen, wie verzweifelt auch immer das eine wie das andere versucht wird:

> Oft aber wird er in plötzlicher, unerklärlicher Wut gegen die Mauern des Labyrinths gerannt sein, um den riesigen Gebäudekomplex, der ihn umgab, einzustoßen ... bis er sich schließlich im Innenhof - im Park - oder in einem der Innenhöfe - einem der Parks - wiederfand, um erschöpft weiterzuäsen oder einfach hingestreckt liegenzubleiben. (DüW 6, 74)

---

[91] Die eigenwillige literarische Form der "Stoffe" macht es nahezu unmöglich, das erste Auftreten des Labyrinth-Gleichnisses im Denken Dürrenmatts genauer zu datieren. Im Interview mit Franz Kreuzer äußert Dürrenmatt: "Dann habe ich unter den Titeln *Mondfinsternis, Tibetkrieg* und *Rebell* rekonstruiert, was an Fragmenten vorlag, an Versuchen, die ich einfach nicht bewältigt hatte" (Welt als Labyrinth. S. 21). Es handelt sich also offensichtlich nicht um einen Nachlaß zu Lebzeiten, sondern um Werke, die - basierend auf Entwürfen früherer Jahre - erst um 1980 entstanden sind. So ist etwa der "Winterkrieg" um 1945 konzipiert und 1951 erstmals erfolglos in Angriff genommen worden (DüW 6, 66), dann wieder 1972 (dreiseitige Konzeption), gleichzeitig mit der ersten Fassung der "Dramaturgie des Labyrinths". Beide Texte wurden 1978 - offenbar grundlegend - überarbeitet (DüW 6, 82). In welchem Stadium der Entstehung das Labyrinth zum dominierenden Motiv wurde, ist ohne Studium des Nachlasses nicht feststellbar.

[92] Welt als Labyrinth. S. 43.

Immer wieder fasziniert von der Vieldeutigkeit und der vielseitigen Anwendbarkeit des gefundenen Bildes - "Nicht *eine* Erklärung ist der Sinn eines Gleichnisses, sondern alle seine möglichen Erklärungen zusammen, wobei die Zahl dieser möglichen Erklärungen zunimmt, das Gleichnis wird immer mehrdeutiger" (DüW 6, 81). "Das Labyrinth ist also ein Gleichnis, das überhaupt auf sehr vieles paßt."[93] - findet Dürrenmatt immer weitere Parallelen zwischen dem Menschen in der Welt und dem Minotaurus: "Endlich stellt das Labyrinth eine Strafe dar ... Eine Schuld jedoch, die vom Minotaurus nicht begriffen werden kann, weil er Minotaurus ist, kann für Minotaurus keine Schuld darstellen. So ist er durch das Labyrinth für eine Schuld bestraft, die außer ihm liegt, vor seiner Geburt, die seine Ursache ist" (DüW 6, 78).

An anderer Stelle erläutert Dürrenmatt - nun den Menschen mit den Opfern des Minotaurus, den Jünglingen und Jungfrauen identifizierend - zusammenfassend die wichtigsten Deutungsansätze für das gefundene Bild:

> Zunächst ist es ein Bild der Existenz des Menschen. Ich weiß nie, was hinter der nächsten Ecke auf mich lauert. Irgendwo ist der Minotaurus, ich weiß nicht, wann ich ihm begegne: Irgendwo lauert der Tod.
>
> Es ist auch ein Bild für unsere Welt, die je mehr Gänge wir entdecken, desto verzweigter, desto unübersichtlicher wird. Je mehr wir wissen, desto mehr auch wissen wir nicht. (94)

Im Kontext des Dürrenmattschen Denkens, wie es sich im bisherigen Verlauf der Untersuchung darstellte, könnte man die Bedeutung des Labyrinths als Bild vielleicht so zusammenfassen: das Labyrinth ist die sinnliche Darstellung eines nicht ideologischen Weltbildes. Alle Weltmodelle, die die Welt als geordnet und damit als erklärbar auffassen, stehen für Dürrenmatt unter Ideologieverdacht, sie sind Gedankenkonstrukte, die der Wirklichkeit nicht standhalten. Der mutige Mensch, der die Wirklichkeit illusionslos sieht, begreift sie als rein zufallsbestimmt, als sinnwidrig, als undurchschaubar, als menschlichem Planen unzugänglich, als Ungeheuer, um es mit Tiresias zu sagen, das es hinzunehmen gilt. Dieses für Dürrenmatt einzige ideologiefreie Bild der Wirklichkeit findet seinen Ausdruck im Labyrinth. Es ist Dürrenmatts definitiver Versuch, die Existenz des Menschen, wie er sie schon seit den 50er Jahren auffaßt, in ein nicht ideologisch gefärbtes Bild zu fassen.

"Vom Standpunkt eines Spielballs aus sind die Bewegungsgesetze kaum

---

[93] Dürrenmatt, Friedrich: Das "Labyrinth" oder Über die Grenzen des Menschseins. Interviewer: Michael Haller. In: F. D.: Über die Grenzen. Hrsg. von Michael Haller. Zürich 1990 (=pendo-profile). S. 99 - 120. Nachfolgend zitiert als: Grenzen des Menschseins. S. 102.

[94] Grenzen des Menschseins. S. 100.

konzipierbar"[95], hatte Brecht schon im April 1955 mit Blick auf Dürrenmatt kritisch angemerkt. Dürrenmatt jedoch hat einen anderen Standpunkt nie akzeptiert, hat ihn vielmehr für ideologisch gehalten. Das Labyrinth ist das vom Standpunkt des Spielballs aus konzipierte Weltmodell. Die Entlarvung eines Wissens, das vorgibt, genauere Angaben über das Labyrinth machen zu können, eines metaphysischen Wissens, wie Dürrenmatt es nennt, betrachtet er denn auch als eines seiner zentralen Anliegen: "Und es ist mir wichtig, daß man sich die alte Kantische Frage klar macht: Was kann ich wissen, was muß ich glauben? ... So betrachtet, bin ich auch ein Antimetaphysiker. Ich will den Menschen zeigen, daß sie im Leben immer wieder alles durcheinanderbringen und immer wieder so tun, als hätten sie metaphysisches Wissen."[96]

Interessant im vorliegenden Zusammenhang ist nun, daß Dürrenmatt ausdrücklich auch die Geschichte für ein solches Labyrinth hält: "darum mein Konzept einer 'wirklichen' Weltgeschichte, auch sie ist labyrinthisch" (DüW 6, 81). Dabei denkt Dürrenmatt durchaus in Kategorien, wie sie in Kapitel 1. 2. dargestellt und durch Hayden White, Michel de Certeau und Hans Michael Baumgartner repräsentiert wurden. Bezüglich der Erkenntnismöglichkeiten allerdings ist Dürrenmatt weitaus skeptischer.

Dürrenmatt ist sich dessen bewußt, daß "Geschichte" zunächst eine geradezu unermeßliche Menge von Fakten ist, daß im Grunde alles, was zu irgendeiner Zeit an irgendeinem Ort geschieht, Geschichte ist. Historische Darstellung muß daher immer abstrakt sein.

> Wäre sie konkret, wäre sie reine Dokumentation. Sie müßte zu einer so unermeßlichen Bibliothek anwachsen, daß diese - stelle ich mir vor - die Sonne jenseits der Bahn des Pluto mit dem Ring ihrer aneinandergereihten und ineinandergeschachtelten Gebäude umgäbe, immer weiter, je mehr die Vergangenheit anschwölle, ins Weltall hineinwachsend, müßte sie doch die Lebensgeschichte jedes einzelnen Menschen enthalten, der je lebte (DüW 6, 52).

Aus diesem Grund "ist denn auch die Weltgeschichte nicht zu bewältigen ohne die Stilisierung, welche jede Verallgemeinerung mit sich bringt, läßt sich nicht aufzeichnen ohne Ungerechtigkeit" (DüW 6, 52), "darum ist jede andere Weltgeschichte nicht mehr als eine Sammlung notdürftiger fragmentarischer Hypothesen zur wirklichen konkreten Weltgeschichte, eine unvollkommene Konzeption, bloß summarisch, mit Vermutungen über verlorene Hintergründe und nie mehr aufzutreibende Materialien und Dokumente" (DüW 6, 55).

Anders als die Geschichtswissenschaft, die, wie oben dargestellt wurde, sich in durchaus ähnlicher Weise der Bedingungen ihrer Erkenntnismöglichkeiten bewußt ist, zieht Dürrenmatt aus diesen Tatsachen radikal pessimistische Schlüsse

---

[95] Brechts Werke werden im Folgenden zitiert nach der Ausgabe: Bertolt Brecht: Gesammelte Werke in 20 Bänden. Hrsg. vom Suhrkamp Verlag in Zusammenarbeit mit Elisabeth Hauptmann. Frankfurt am Main 1967 (=Werkausgabe edition suhrkamp). Zitiert mit der Sigle BrW unter Nennung von Band- und Seitenzahl im fortlaufenden Text. Hier: Bd. 16. S. 930.

[96] Leben im "Durcheinandertal". S. 67.

hinsichtlich der Erkenntnismöglichkeit überhaupt: da man, um zu historischer Erkenntnis zu gelangen, aus der Unmenge der geschichtlichen Begebenheiten die für wichtig gehaltenen auswählen muß, hat man als Gegenstand der Erkenntnis prinzipiell nur das eigene Bild der Geschichte, niemals die Geschichte an sich:

> Was Hegel schrieb, ist eine Dramaturgie, die er der Geschichte unterstellte. Sie ist als Dramaturgie auf die Geschichte bezogen belanglos, aber wie jede Dramaturgie eine Angelegenheit der Ästhetik ... Weitgehend scheint mir der Streit der Historiker über die Methoden ein Streit unter Dramaturgen zu sein. Romanciers sind sie alle, unter ihnen scheint mir Ranke der größte, gesetzt, man vermag bei der Lektüre zu vergessen, daß auch er Geschichtsschreiber sein wollte. (DüW 7, 709)

So sind für Dürrenmatt, "was wir als geschichtliche Gesetzmäßigkeiten ausgeben, ... im besten Fall Erklärungsversuche unvollkommener Statistiken und Vermutungen, die nur vage Voraussagen zulassen, im schlimmsten Fall bloß ästhetisch bedingte Kapitelüberschriften jenes Abenteuerromans, den wir Weltgeschichte nennen" (DüW 5, 56). Die Geschichte an sich bleibt nicht erkennbar und verstehbar: "Daß wir von den Ländereien, die er (der Fluß der Zeit) hinter sich ließ, einige Kunde haben, trügt ... Was wir Weltgeschichte nennen, gleicht vorerst einem Blick auf den Andromedanebel" (DüW 6, 50).

Danach hat die Geschichte genau jene Struktur, die nach Dürrenmatts Auffassung das Labyrinth auszeichnet: durch die unzähligen Verästelungen, durch die Vielzahl von Sackgassen, durch die Verzweigtheit und Unübersichtlichkeit der miteinander verschränkten Begebenheiten ist es dem Menschen unmöglich, sich in der Geschichte zu orientieren, sich einen Plan von ihr zurechtzulegen. Wiederum gilt: wird die Perspektive auf die Geschichte nicht durch ideologische Prämissen, durch vermeintliches metaphysisches Wissen verzerrt, ist das Labyrinth das nach Auffassung Dürrenmatts einzig brauchbare Bild für die Geschichte.

Daß diese im Denken Dürrenmatts im Laufe der 80er Jahre so zentral gewordene Denkkategorie des Labyrinths auch deutliche Spuren in der 1983 in der ersten, 1988 in der letzten Fassung (die der folgenden Analyse im wesentlichen zugrundeliegen wird) entstandenen Komödie "Achterloo" hinterließ, ist evident; es muß und kann im Rahmen dieser Untersuchung nicht eingehender bewiesen werden. Geradezu paradigmatisch ist die Reflexion des Kaisers Sigismund über den möglichen Charakter der Spielwelt, in der er lebt, und über die Arbeit Georg Büchners, der diese Welt zu erschaffen glaubt: "Er schreibt und schreibt. Aber vielleicht hat er das Stück gar nicht geschrieben, das wir spielen. Vielleicht gibt es ein Achterloo hinter Achterloo, wo ein Irrsinniger ein Stück schreibt, in welchem ein Irrsinniger ein Stück schreibt, das von Irrsinnigen gespielt wird" (DüW 3, 419).

Entsprechend der labyrinthischen Struktur, entsprechend auch der von Dürrenmatt so häufig hervorgehobenen Vieldeutigkeit des Labyrinth-Bildes, ist "Achterloo" unter vielerlei Perspektiven interpretierbar: "In Dürrenmatts *Achterloo* vermischen sich - der Funktion der jeweiligen Stellen gemäß - Elemente der hohen Tragödie, des Geschichtsdramas und des politischen Diskussionsstücks mit solchen des psychologischen Kammerspiels, aber auch der Boulevardkomödie, der Travestie wie auch des literarischen Kabaretts."[97]

Gerade unter diesem Aspekt kann es im folgenden natürlich nicht um eine Gesamtinterpretation gehen. Entsprechend dem Erkenntnisinteresse der vorliegenden Arbeit wird die Frage nach der in "Achterloo" dargestellten Geschichtskonzeption und deren Verhältnis zu der dramaturgischen Gestaltung der Komödie und des komischen Konflikts im Mittelpunkt der Überlegungen stehen. Es wird allerdings zu zeigen sein, daß damit kein marginaler, sondern ein zentraler Zugang zum Verständnis der Komödie eröffnet wird. Andere zentrale Fragen - etwa nach der Identitätsproblematik in "Achterloo" oder nach der Rolle des Schriftstellers/Intellektuellen und seinem Verhältnis zur Wirklichkeit - müssen dabei ausgeklammert bleiben.

4.3.2. "Achterloo" als Zeitstück

"(Ich) wollte einfach einmal ein politisches Stück über diese Konstellation schreiben, weil mich die Situation in Polen aufregte."[98] Dürrenmatts letztes Bühnenstück "Achterloo" ist das erste, das konkret zu einem Ereignis der Zeitgeschichte Stellung nimmt. Die Forderungen der Gewerkschaft "Solidarität" unter der Führung Lech Walesas hatten in Polen zu einer relativ weitreichenden Liberalisierung und Demokratisierung des sozialistischen Staates geführt. Die damals noch geltende Breschnew-Doktrin drohte die Aufrechterhaltung der sozialistischen Ordnung in einem Land des Warschauer Pakts durch Waffengewalt von Seiten der anderen sozialistischen Staaten an, falls sich in diesem Land Tendenzen zur Abkehr vom Sozialismus durchsetzten; so befürchtete die Welt den Einmarsch sowjetischer Truppen nach Polen. In dieser Situation verhängte der polnische Staats- und Parteichef General Jaruzelsi in der Nacht zum 13. Dezember 1981 den Ausnahmezustand über Polen und setzte eine Militärdiktatur ein.

Dürrenmatt erlebte die Situation aus der Perspektive eines polnischen Bekannten: "Er war überzeugt, die Polen führen Krieg gegen Rußland, die Russen marschieren ein, und die Polen erheben sich gegen die Militärdiktatur ... Ich erlebte es also auch noch durch eine Familie hindurch, durch das Entsetzen dieses Menschen, daß die Polen sich nicht wie ein Mann erhoben."[99]

Diese Situation bildet die Grundkonstellation, die in "Achterloo" reflektiert wird: so bezeichnet Georg Büchner das Stück, das er gerade schreibt (und das zur gleichen Zeit auf der Bühne gespielt wird) als "Ein Zeitstück" (DüW 3, 342), das

---

[97] Bloch, Peter André: "Achterloo" oder: Das Endspiel des dramatischen Helden. In: Hommage à Friedrich Dürrenmatt. Neuenburger Rundgespräche zum Gedächtnis des Dichters. Hrsg. von Jürgen Söring und Jürg Flury. Frankfurt am Main, Bern, New York, Paris 1991. S. 51 - 75. Nachfolgend zitiert als: Bloch, "Achterloo" 1991. S. 71.

[98] Dürrenmatt, Friedrich, Charlotte Kerr: Rollenspiele. Protokoll einer fiktiven Inszenierung und Achterloo III. Zürich 1986. Nachfolgend zitiert als: Rollenspiele. S. 41.

[99] Rollenspiele. S. 96.

"am Morgen des 12. und am Morgen des 13. Dezember 1981 in Warschau" (DüW 3, 339) spielt. Es bietet eine durchaus provokative Deutung der Vorgänge im Polen des Jahres 1981, die von der primär moralisch begründeten Verurteilung Jaruzelskis, wie sie in den westlichen Medien betrieben wurde, deutlich differiert. Diese Differenz zwischen einer für selbstverständlich gehaltenen moralischen Beurteilung der polnischen Vorgänge und der Sichtweise Dürrenmatts ist - wie noch zu zeigen sein wird - einer der Gründe für das Unverständnis der Forschung "Achterloo" gegenüber: Jaruzelski *muß* als Schurke, Walesa *kann nicht* als komische Figur dargestellt werden.

Dürrenmatts Sicht der polnischen Militärdiktatur mag in den veröffentlichten "Achterloo"-Fassungen so weit in den Hintergrund getreten sein, daß sie überlesen werden kann. An anderer Stelle jedoch äußert er sich eindeutig: "Es war mir klar, daß Jaruzelski nicht anders handeln konnte."[100] Diese provozierende Ansicht, die den Kern seiner Überlegungen ausmacht, begründet er mit der kritischen internationalen Lage und der daraus hervorgehenden Gefahr eines dritten Weltkrieges:

> Bei Jaruzelski ist es die Unmöglichkeit, sich zu wehren, bei kleinen Staaten zwischen zwei Weltmächten könnte das die Weltkatastrophe auslösen. Die Lage war damals schon sehr zugespitzt, Afghanistan besetzt, ich weiß nicht, was passiert wäre, wenn die Russen in Polen einmarschiert wären. Du darfst nicht vergessen, Reagan ist einer der populärsten Politiker ... Vielleicht hätte es Krieg gegeben, aber für die Polen ist Jaruzelski ein Verräter. (101)

Die Verhängung des Kriegsrechts war in Dürrenmatts Augen die einzige Möglichkeit, den Einmarsch der Sowjetunion abzuwenden, der womöglich eine militärische Reaktion der USA provoziert hätte. "Es war das letzte Mal, daß ein dritter Weltkrieg drohte."[102] Die Alternative lautete also Verhängung des Kriegsrechts oder dritter Weltkrieg. "Ein dritter Weltkrieg würde das Ende der Menschheit bedeuten, er kann nur durch Verrat vermieden werden."[103] So wird "Achterloo" zu einem "Stück über die Notwendigkeit des Verrats in der Politik".[104]

Diese Einschätzung der Situation ist in "Achterloo" ständig präsent, nicht nur in Bonmots wie dem Napoleons: "Arteriosklerotiker stehen Hysterikern gegenüber" (DüW 3, 357). Vielmehr liefert Napoleon/Jaruzelski expressis verbis eine Analyse der Situation, die sich mit dem Standpunkt Dürrenmatts weitgehend deckt und die groteske Struktur der Konstellation betont.

Für Napoleon ist es von entscheidender Bedeutung, daß der amerikanische Präsident glaubt, die polnische Militärdiktatur sei auf Initiative der Sowjetunion entstanden:

---

[100] Dürrenmatt, Friedrich: Abschied vom Theater. Göttingen 1991 (=Göttinger Sudelblätter). Nachfolgend zitiert als: Abschied vom Theater. S. 15.
[101] Rollenspiele. S. 42.
[102] Abschied vom Theater. S. 17.
[103] Abschied vom Theater. S. 17.
[104] Rollenspiele. S. 41.

> Nach der Ansicht des Präsidenten ordnet in unserem Machtsystem alles Marx an, also auch meine Machtübernahme. Und weil es der Präsident glaubt, unternimmt Marx nichts, den Glauben des Präsidenten zu zerstören. In dem Augenblick aber, wo der Präsident glaubt, ich hätte eigenmächtig gehandelt, bricht auch der Grund für Marx zusammen, gegen mich nichts zu unternehmen, und ich vermag den Krieg meiner Armee gegen seine Truppen nicht zu verhindern, und der Präsident muß einschreiten. (DüW 3, 425)

Diese riskante Konzeption Napoleons kann nur funktionieren auf der Basis einer grundsätzlichen Gleichheit der beiden in den Ost-West-Konflikt involvierten Machtsysteme, die aber aus ideologischen Gründen von keinem der beiden als solche wahrgenommen wird. Tatsächlich sind beide Blöcke von ihrer moralischen Überlegenheit dem jeweils anderen gegenüber überzeugt, sehen das jeweils andere Bündnis als ein von der dominierenden Supermacht mit Gewalt zusammengezwungenes: "Sie projezieren in unser Machtlager das Bild, das Sie sehen möchten. Daß meine Seite der Ihren gegenüber der gleichen Täuschung verfällt, ist ein weiterer Beweis" (DüW 3, 425). Aufgrund dieser Konstellation kann Napoleon damit rechnen, daß der Präsident Marx für den Urheber des Kriegsrechts in Polen halten wird, und daß Marx, um dieses Bild der eigenen Omnipotenz nicht zu zerstören, nicht einmarschieren wird: "Ich zähle darauf, daß Sie den Präsidenten in seiner fixen Idee bestärken, ich hätte auf Befehl gehandelt, sonst könnte der Atomkrieg ausbrechen" (DüW 3, 425).

Dürrenmatt hat an anderer Stelle über den Ost-West-Konflikt notiert: "Die Lage ist fatal, aber so grotesk, daß sie nicht ganz hoffnungslos ist. Das ist sie nur, wenn wir ideologisch werden" (DüW 6,769). In dieser grotesk zugespitzten Lage gibt es keine Alternative zum Handeln Napoleons, der deshalb von sich sagen kann: "Ich bin das kleinere Übel, das die große Pose verhindert" - eine Auffassung, die zweifellos von Dürrenmatt selbst geteilt wird.

Damit hat Dürrenmatt wieder eine jener grotesken Situationen gefunden, die für sein Werk so typisch sind; diese Situation hat paradigmatischen Charakter, weist sie doch über sich selbst hinaus und wird zum Bild der Grundbefindlichkeit der Wirklichkeit: das Zeitstück wird zum Welttheater[105], "aus einem verfremdeten Zeitstück wird ein Stück, das in der Zeit hin- und hergleitet"[106]: "Jede Figur von heute hat ihre Entsprechung in der Geschichte."[107]

Wiederum hat, so scheint es, Dürrenmatts Geschichtskonzeption entscheidenden Anteil an der endgültigen Erscheinungsform der Komödie. Es wird im folgenden vor allem zu fragen sein, inwiefern die Figuren Potenzen besitzen, die sie über ihre zeitgeschichtliche Bedeutung hinausweisen lassen und sie - ähnlich wie bei Frisch - zu Archetypen machen, deren Funktion auch durch andere Figuren der Weltgeschichte ausgefüllt werden kann. Es wird darüberhinaus zu fragen sein, welches Geschichtsbild hier vorausgesetzt werden muß, damit ein solches Austau-

---

[105] Vergl. Abschied vom Theater. S. 17.
[106] Rollenspiele. S. 201.
[107] Rollenspiele. S. 111.

schen von Personen unterschiedlicher Epochen möglich und sinnvoll wird. Die letzte Frage wird in Kapitel 4.3.5. ausführlich zu behandeln sein.

4.3.3. Der geschichtlich handelnde Mensch - Napoleon und Romulus

Auf den ersten Blick scheint es, als stelle sich Napoleon geradezu als Doublette des Romulus dar. 35 Jahre nach "Romulus der Große" stellt Dürrenmatt wieder einen Herrscher dar, der es sich zum Ziel gemacht hat, durch sein Handeln den Lauf der Geschichte aktiv zu beeinflussen; wieder geht dieser Herrscher im wahrsten Sinn des Wortes über Leichen, um sein politisches Ziel zu verwirklichen. Der Ideologieverdacht gegen Napoleon liegt nahe, um so mehr als Napoleon gleichsam als Stellvertreter Jaruzelskis fungiert, dessen Handeln im Westen allgemein als einerseits machtpolitisch, andererseits aber eben auch ideologisch-dogmatisch begründet aufgefaßt wurde. Schließlich steht am Ende des Stückes ganz wie im "Romulus" das offensichtliche Scheitern dieser Herrscherfigur.

In der Tat konnte die Forschung der Versuchung nicht widerstehen, Napoleon und Romulus der gleichen Kategorie von Dramenfiguren zuzuschlagen:

> Den Ideologen und Fanatikern ist eines gemeinsam: Alle glauben an eine bestimmte Idee und versuchen sie um jeden Preis, auch um den des Menschenlebens, zu verwirklichen. Mississippi, Saint-Claude, Titus Andronicus und Claire Zachanassian wollen eine gerechtere, Übelohe, Romulus, Exzellenz und Napoleon eine menschlichere Welt (108).

Napoleon als Ideologe und Fanatiker? Das widerspricht eindeutig dem Befund des letzten Kapitels, wo zumindest das Verständnis Dürrenmatts für das Handeln des als Vorbild Napoleons fungierenden Generals Jaruzelski angesichts einer grotesken Situation konstatiert wurde. Tatsächlich läßt sich eine ideologische Ausrichtung des Handelns Napoleons am Text nicht nachweisen; ihm geht es nicht darum, die Wirklichkeit nach einem Ideal zu gestalten, er ergreift nicht die Partei des Ideologischen gegen das Existentielle. Seine Zielsetzung ist, wenn man so will, rein defensiv, rein pragmatisch bestimmt. Seine illusionslos-realistische Einschätzung der Lage mag manchmal an Zynismus grenzen:

> BÜCHNER Für wen bist du eigentlich?
> NAPOLEON Für die einzige Lösung.
> BÜCHNER Die wäre?
> NAPOLEON In den nächsten Tagen laß ich von Euch Tausende verhaften.
> BÜCHNER Den Generalstreik kannst du nicht unterdrücken.
> NAPOLEON Es wird Tote geben.
> BÜCHNER Viele Tote.
> NAPOLEON Das Volk wird nach und nach seine hoffnungslose Lage akzeptieren.
> BÜCHNER Das nennst du eine Lösung.
> NAPOLEON Die einzige. (DüW 3, 427 f.)

---

[108] Schulte 1987. S. 261.

Aus diesen Worten spricht nicht die Position des moralischen Rigoristen, des Fanatikers und Ideologen: es ist eher schon die fast resignierende Position dessen, der die Welt nicht mehr für geordnet und erklärbar hält, sondern die Labyrinthhaftigkeit der Geschichte erkannt hat. Ein ethisch einwandfreies Handeln ist in einer solchen Situation nicht mehr möglich, es kann nicht darum gehen, das Wünschenswerte zu verwirklichen, der Geschichte eine Ordnung zu geben, es kann lediglich darum gehen, die schlimmstmögliche Wendung zu verhindern: "Jeannes Bemühungen, einen Krieg zu entfesseln, konnten nur durch eine Militärdiktatur verhindert werden" (DüW 3, 421).

Daß eine solche Zielsetzung, das Verhindern der schlimmstmöglichen Wendung als letzte Möglichkeit geschichtlichen Handelns, durchaus dem Denken Dürrenmatts entspricht, zeigt seine Beurteilung der tschechoslowakischen Reaktion auf die Beendigung des Prager Frühlings:

> Wie dieser Kampf im Notfall in einem technisch entwickelten Lande zu führen ist, wo es kein Ausweichen in den Dschungel gibt, zeigt uns das tschechoslowakische Volk, das, um zu überleben, seine Armee nicht einsetzt und nicht Nibelungen spielt und dennoch durch seinen gewaltlosen Widerstand ein Machtsystem erschüttert, tödlicher vielleicht, als wir zu ahnen vermögen. (DüW 7, 796)

Eine ähnliche Situation scheint sich für Dürrenmatt - und für Napoleon - auch im Jahr 1981 in Polen zu eröffnen. Es gilt, sich weitere Handlungsoptionen offen zu halten, die durch den dritten Weltkrieg sämtlich hinfällig geworden wären; es gilt, die heroische Pose zu verhindern, die im Namen eines - wie Dürrenmatt formuliert - vermeintlichen metaphysischen Wissens, im Namen idealistischer Werte die schlimmstmögliche Wendung herbeizuführen versucht: "Es geht unserem Präsidenten um die Freiheit" (DüW 3, 357), begründet der amerikanische Botschafter Benjamin Franklin seine Aufforderung an das polnische Volk, militärischen Widerstand gegen die Sowjetunion zu leisten. Nicht Napoleon, seine Gegenspieler erscheinen als Ideologen. "Selbstmord ist eine private Angelegenheit, nicht die eines Volkes" (DüW 3, 358), formuliert Napoleon illusionslos-realistisch; und im gleichen Duktus Dürrenmatt selbst: "Keine Regierung hat das Rechts, von der Bevölkerung Selbstmord zu verlangen" (DüW 7, 695). Keine Frage, daß Napoleon hier das Sprachrohr Dürrenmatts selbst ist. So erklärt Dürrenmatt denn auch Napoleon - ganz wie sich selbst - zum Antimetaphysiker.[109]

Entsprechend erscheint Jeanne d'Arc als eine der Hauptgegenspielerinnen Napoleons - sie, die Napoleons pragmatischem Ziel "Ich will den Krieg vermeiden" (DüW 3, 451) die Forderung nach der heroischen Führung eines Krieges als Forderung des Himmels entgegenhält, als angeblich in Visionen erhaltenen Auftrag der Heiligen. In geradezu schonungslosem Realismus demaskiert Napoleon die idealistisch-ideologischen "metaphysischen" Begriffe Jeannes und reduziert sie auf ihren ungeschönten Realitätsgehalt: "Der Himmel öffnete sich in seinem Glanz

---

[109] Vergl. Rollenspiele. S. 114 r.

und redete dir ein, mich an meine Siege zu erinnern? Ein obszöner Himmel. Schämst du dich nicht? Warum bist du so jämmerlich ins Heldische mißraten? ... Meine Siege waren nichts als Kotze, Blut und Dreck" (DüW 3, 451).

Napoleon ist geradezu der Antiideologe, der ganz im Sinne Dürrenmatts die Begriffe auf ihren realen Gehalt zurückführt, der Weltbilder, Ideale, Werte und Glaubenssätze nicht als etwas absolutes auffaßt, sondern als Arbeitshypothesen, die jeweils der Realität anzupassen sind.

Daß er dabei Schuld auf sich lädt, weiß Napoleon; anders als Romulus aber versucht er nicht, seine Schuld metaphysisch zu legitimieren. Napoleon weiß um "die Notwendigkeit des Verrats in der Politik", die Dürrenmatt konstatiert hat, und er weiß um die eigene Rolle:

> Ich ging gern zu den Catchern ... Das Wichtigste ist nicht der Held, sondern der Verräter. Das Publikum pfeift, wenn er kommt. Er beschimpft die Zuschauer, klettert aus dem Ring, greift von hinten an. Unfairness wirkt immer glaubwürdig, sie mag noch so übertrieben sein. Das Publikum tobt vor Wut. So geht es auch in der Politik zu. Nur die Schläge sind echt. Die Wirkung braucht man nicht zu spielen, aber die Rolle. Jemand muß den Verräter spielen, und ich spiel ihn. (DüW 3, 452)

In einer theoretischen Äußerung aus dem Jahre 1978 hat Dürrenmatt die Atlas-Figur als ein "Endbild des Menschen" bezeichnet,

> der die - seine - Welt trägt, tragen muß. Daß zur selben Zeit wie einige *Atlas*-Bilder mein letztes Stück entstanden ist, 'Die Frist', ist nicht zufällig, handelt es doch auch von zwei Menschen in einer Atlas-Situation: Der eine versucht, die Welt zu tragen, der zweite möchte sie nicht tragen, muß sie aber zum Schluß weiter tragen. (DüW 7, 509)

Dürrenmatt spielt hier an auf die Figuren Exzellenz - den Premierminister eines autoritären Staates, der das Sterben des Staatsoberhaupts in einer grotesken Prozedur verlängert, um den Übergang in ein demokratisches Gemeinwesen kontrolliert vollziehen zu können - und Goldbaum, einen jüdischen Oppositionellen, der Angst hat, durch die Macht, die ihm von Exzellenz angetragen wird, korrumpiert zu werden. Aber auch Napoleon bezeichnet sich in der ersten Fassung von "Achterloo" als Atlas: "Ich bin Atlas ... Mich wird man immer hassen, weil man sich fürchtet, von der Welt zerschmettert zu werden, laß ich sie fallen."[110]

Damit ist die Rolle gekennzeichnet, die Napoleon innerhalb der Konstellation von "Achterloo" zugewiesen ist: er ist der Atlas - nach Dürrenmatts eigenen Worten eines der zentralen Motive in seinem Werk[111] - der die Welt zu (er)tragen auf sich genommen hat, der die Wirklichkeit illusionslos, ideologiefrei und realistisch als Labyrinth erkannt hat und sein geschichtliches Handeln in dieser Wirklichkeit auf das Verhindern der schlimmstmöglichen Wendung hin orientiert, auch

---

[110] Dürrenmatt, Friedrich: Achterloo. Eine Komödie in zwei Akten. Zürich 1983. Nachfolgend zitiert als: Achterloo I. S. 115.

[111] Vergl.: Dürrenmatt, Friedrich: Ich bin der finsterste Komödienschreiber, den es gibt. Ein ZEIT-Gespräch mit Friedrich Dürrenmatt. Von Fritz J. Raddatz. In: Die Zeit 34, 16.08.1985. S. 33/34. S. 34

im Wissen um die Schuld, die er damit auf sich lädt. Der Atlas zeichnet sich aus durch die Erkenntnis, "daß er diese Welt tragen muß, um sie vor dem apokalyptischen Zusammenbruch - zumindest vorläufig - zu bewahren".[112]

Im Vergleich zu dem hybriden moralischen Rigorismus Romulus' hat Napoleon sich also ein stark zurückgenommenes, eher pragmatisch bestimmtes Ziel gesetzt. Er will nicht die Welt nach seinen Vorstellungen verbessern, sondern lediglich die Katastrophe verhindern.

Auf die Frage, warum auch diese zurückgenommene Zielsetzung scheitern muß, wird in Kapitel 4.3.5. noch einzugehen sein.

4.3.4. Ideologiekritik in "Achterloo"

4.3.4.1. Richelieu und Marx

Es wurde oben bereits darauf hingewiesen, daß die Gegenspieler Napoleons fast ausschließlich als Ideologen aufzufassen sind, die im Namen vermeintlichen metaphysischen Wissens und idealistischer Werte die Geschichte auf die nukleare Katastrophe hinzusteuern versuchen. Während auf die komplexe Gestaltung der Jeanne d'Arc-Figur im abschließenden Kapitel 4.3.5. einzugehen sein wird und Jan Hus als Ideologen zu bezeichnen durchaus problematisch ist, erscheinen Richelieu und Marx als Ideologen reinster Prägung.

Eine von Dürrenmatt im "Mitmacher"-Komplex gegebene Charakterisierung des - wie er ihn hier nennt - "Idealisten", der natürlich mit dem sonst als Ideologen bezeichneten Typus weitgehend identisch ist, trifft haargenau auf die Darstellung von Marx und Richelieu in "Achterloo" zu: "Im Bestreben, den Menschen genau einzusetzen, um mit ihm ein pannensicheres Weltsystem zu errichten, erfaßte er ihn als Produkt seiner Produktionsweise und seiner Produkte usw. so einseitig rational, daß die ideal gemeinte Ordnung in einen aberwitzigen Irrationalismus umzuschlagen droht oder schon umgeschlagen ist" (DüW 7, 170).

Die Inkompatibilität von Ideologie und Realität äußert sich in Bezug auf Marx in der schizophrenen Aufspaltung der Figur in mehrere (im hier im Vordergrund stehenden "Achterloo IV" auf zwei) "Marxe". Marx I erscheint dabei als der Philosoph des 19. Jahrhunderts, der im "Glauben, der unaufhaltsame Ablauf der Geschichte gebäre aus sich heraus eine vernünftige Weltordnung, ... die Waffen für eine ungeheure Minderzahl (schmiedete) und ... ihr (ermöglichte), über eine ungeheure Mehrzahl zu herrschen" (DüW 3, 440). Marx II hingegen steht für den bürokratischen Repräsentanten der Macht, den Apparatschik, der für jene Länder, die sich auf die Lehre Marx' beriefen, so bezeichnend war.

Dürrenmatt schreibt über (den historischen) Marx: "Das Verhängnisvolle an Marx ist gerade, daß er Politik gleich Wissenschaft setzen will. Und er glaubt, er hätte ein gültiges Modell gefunden, und nun wird der Mensch gewissermaßen ein-

---

[112] Schulte 1987. S. 277.

gesetzt, um dieses Modell zu verifizieren; das ist ein grausamer politischer Akt, das heißt, er fordert Opfer, um eine Politik zu bestätigen."[113]

Marx I hat diesen Ideologiecharakter seiner Lehre, das seiner Philosophie implizite Anpassen der Wirklichkeit an das Gedankengebäude, eingesehen; er weiß, daß sein Denken auf vermeintlicher Erkenntnis beruht, die dann der Realität Gewalt antut. "Weil ich nur die Auswirkungen des Menschen durchschaute und nicht den Menschen, wurde ich statt des Philosophen der Unterdrückten der Philosoph neuer Unterdrücker" (DüW 3, 447 f.).

Marx I erkennt in "Achterloo", daß seine Ideologie an der Realität gescheitert ist; er revidiert sein Geschichtsbild und schwenkt auf eine Linie ein, die der von Dürrenmatt bereits im "Romulus" vertretenen nicht unähnlich ist:

> So hat denn auch in meinem Namen die aus dem Untergang der bürgerlichen Gesellschaft hervorgegangene volksdemokratische Gesellschaft die Klassengegensätze nicht aufgehoben. Sie hat neue Klassen, neue Bedingungen der Unterdrückung, neue Gestaltungen des Kampfes an die Stelle der alten gesetzt. Im Schlamm der menschlichen Trägheit dreht sich das Rad der Geschichte sinnlos um seine Nabe weiter. Das Gesetz der Weltgeschichte erwies sich als irr (DüW 3, 448).

Diese Einsicht jedoch hilft Marx I genauso wenig wie die Parteinahme für die Ziele Hus/Walesas (vergl. DüW 3, 441). Seine Philosophie ist längst zur reinen Rechtfertigungsideologie des Realisten Marx II geworden, für den die Frage, ob "Hus recht hat oder nicht, ... ebenso gleichgültig (ist) wie die Frage, ob die Dissidenten recht haben oder nicht. Es geht um den Kampf der beiden Weltmächte" (DüW 3, 442).

Auch Marx II ist sich des Ideologiecharakters der marxistischen Lehre durchaus bewußt. An die historische Rolle des Proletariats glaubt er schon lange nicht mehr, für die Gedanken von Marx I hat er nur ein Lachen übrig (vergl. DüW 3, 442). "Ich mache den Marx I ganz weltfremd, war er ja auch, Marx II ist eben der Realist."[114] Daß dieser sich bewußt zynisch der Ideologie bedient, die jener im guten Glauben entworfen hatte, zeigt eine Relation von Ideologie und Realität, die in "Achterloo" vorgeführt wird.

Die weitgehende Ähnlichkeit des Marxismus mit einer Religion, die strukturelle Identität von kommunistischer Partei und katholischer Kirche, ist eines der Lieblingsthemen Dürrenmatts: "Marx war der große Religionsstifter des neunzehnten Jahrhunderts."[115] Beide, der Kommunismus wie der Katholizismus, beruhen auf Dogmen, die letztendlich metaphysisch sind, die "nicht bewiesen, sondern nur geglaubt werden" (DüW 7, 667) können, und auf die sich die Macht einer beherrschenden Institution stützt: "Der Anspruch des Kommunismus ist ähnlich dem

---

[113] Welt als Labyrinth. S. 53.
[114] Rollenspiele. S. 127.
[115] Abschied vom Theater. S. 36.

der katholischen Kirche: total. Bei den Kommunisten sind Reformatoren Revisionisten, bei der Kirche Ketzer."[116]

Entsprechend tritt neben Marx als zweiter Vertreter einer offensichtlich ideologischen Weltsicht in "Achterloo" der Kardinal Richelieu auf. Im Gegensatz zu der kalkulierten Wirkungsstrategie, mit der sich Romulus schrittweise als Ideologe zu erkennen gibt, formuliert Richelieu von Anfang an das, was nach Dürrenmatt Kennzeichen aller Ideologie ist, als sein Ziel: "Die Menschen brauchen einen eisernen Käfig, sonst werden sie gemeingefährlich. Nichts schadet der Menschheit mehr als Menschlichkeit ... Heute sind wir in der Lage, den ausbruchsicheren Käfig zu konstruieren" (DüW 3, 376 f.). Richelieus Argumentation gleitet - ganz den Dürrenmattschen Denkmustern folgend - ins Groteske hinüber und entlarvt sich damit selbst als inadäquates Wirklichkeitsmodell: "Die Kirche ist etwas Absolutes, und die Partei ist etwas Absolutes. Beide denken global. Die Kirche und die Partei müssen miteinander verschmelzen ... Zum absoluten Weltstaat ist ... nur eine katholisch-marxistische alleinseligmachende Kirche fähig. Mein Ziel" (DüW 3, 377).

Anders als bei Marx II, der sich Marx I' Ideologie auch nach deren Destruktion durch die Wirklichkeit als Alibi zunutze macht, führt die Konfrontation von Richelieus Ideologie mit der Wirklichkeit zum völligen Zusammenbruch von dessen Position: "Er vermag die Realität nicht zu ertragen. Sein Fundamentalismus bricht zusammen."[117] Richelieu wird zum Sprachrohr von Dürrenmatts Ideologiekritik: "Insofern sich die Sätze der Theologie und der Ideologie auf den Menschen beziehen, sind sie nicht sicher, und insofern sie sicher sind, beziehen sie sich nicht auf den Menschen. Die Theologie und die Ideologie sind nur im menschenleeren Raum wahr" (DüW 3,433). Ähnlich Romulus am Ende des vierten Akts reflektiert Richelieu die Ideologieverhaftetheit seiner eigenen Position und die reale Gefährdung, zu der der Gültigkeitsanspruch der Ideologie führt: "Wir zwangen den unvollkommenen Menschen in unsere vollkommenen Hirngespinste" (DüW 3, 434).

Marx und Richelieu vertreten damit die Ideologen im traditionellen Sinn: Grundlage ihres Handelns ist ein vorgefertigtes, inadäquates Bild der Wirklichkeit. Diese Inadäquatheit bei gleichzeitiger Absolutheit des Geltungsanspruchs führt zu widersinnig-groteskem, zum Teil lächerlichem, zum Teil gefährlichem Handeln in der Wirklichkeit.

Ästhetisch gesehen sind diese Figuren eher unproblematisch und eindimensional: ihr Handeln erhält in "Achterloo" keine tiefergehende Legitimation, umgekehrt ist die potentielle Bedrohung, die von ihnen ausgeht (Konspiration gegen Napoleon, Einmarsch sowjetischer Truppen in Polen), nie wirklich akut. Wichtiger für den Gang der Geschichte (im Doppelsinn des Wortes) und als Dramenfiguren problematischer sind Jeanne d'Arc und - vor allem - Jan Hus.

---

[116] Rollenspiele. S. 39.
[117] Abschied vom Theater. S. 42.

4.3.4.2. Jan Hus

Aus der Sicht der öffentlichen Meinung in den westlichen Demokratien erschien die Kirche in den Staaten des real existierenden Sozialismus immer als oppositionelles Potential, als eine Institution, die als Gegengewicht zur Staatsmacht Werte wie Freiheit, Toleranz und Humanität repräsentierte. Aus dieser Sicht müßte eigentlich die Zeichnung Richelieus als Ideologe, der das riskante, aber lebensnotwendige Spiel des Atlas Napoleon sabotieren will, provokant gewirkt haben. Noch provozierender allerdings wirkt die Zeichnung des in den westlichen Medien zum Freiheitshelden stilisierten Lech Walesa/Jan Hus. Die Irritation über diese Figur bringt etwa Peter André Bloch zum Ausdruck, wenn er schreibt:

> So scheint Jan Hus ... die positive Gegenposition zu den Machthabern anzudeuten; allein er ist dem Essen verfallen ... und schwelgt in Anzüglichkeiten und zotig-anarchistischen Witzeleien ... Hus als zynischer Versager, ohne Hoffnung, ohne weltgeschichtliche Vision? ... Und wo bleibt das Charisma der Unbescholtenheit eines Lech Walesa? (118)

Jan Hus eignet sich nicht zur Identifikationsfigur. Die von ihm in "Achterloo" repräsentierte Position wird durch eine uneingeschränkt positive Beurteilung nicht adäquat erfaßt. Tatsächlich erscheint Hus in der Konfrontation mit dem Realisten Napoleon als Ideologe: er handelt im Namen idealistischer Wertvorstellungen - "Es geht um die Freiheit" (DüW 3, 384) - ohne Rücksicht auf deren Realisierbarkeit. Die Einschränkung der eigenen Handlungsfreiheit durch Sachzwänge, die durch das wahre Wesen der Wirklichkeit ausgeübt werden, ignoriert Hus: er droht an, gegen Napoleon den Generalstreik auszurufen und wischt dessen Warnung vor dem Einmarsch der Sowjettruppen vom Tisch (Vergl. DüW 3, 384). Es fällt dem Rezipienten nicht leicht, der Auffassung Napoleons nicht zuzustimmen: "Wer bei mir nicht schweigt, raucht auf dem Gelände einer Pulverfabrik. Du hast dermaßen geschlotet, daß jetzt Robespierre aufgetaucht ist" (DüW 3, 384). Hus stellt Forderungen, die nicht realisierbar sind; indem er an den nicht realisierbaren Forderungen festhält, ruft er die Gefahr eines Atomkriegs hervor; so erscheint er als Ideologe im Dürrenmattschen Sinne, "um so mehr als Hus die Weltkrise auslöst, auf die sich die Handlung hier oben bezieht" (DüW 3, 363 f.).

Eine so negative Zeichnung des Jan Hus jedoch wird der Figur wiederum nicht gerecht; sie übersieht die andere Qualität der Forderungen Hus' gegenüber jenen Marx' und Richelieus. Auf den Vorwurf Napoleons, die Forderungen nach einer funktionierenden Wirtschaft, ausreichender Lebensmittelversorgung, gerechten Löhnen und freien Wahlen seien politische Forderungen, antwortet Hus: "Wir stellen selbstverständliche Forderungen." Und Napoleon formuliert das zentrale Paradoxon: "Auch selbstverständliche Forderungen sind bei uns politisch" (DüW 3, 383).

---

118 Bloch, "Achterloo" 1991. S. 115.

In einer Rede für Václav Havel signalisiert Dürrenmatt deutliche Zustimmung zu den von Hus in "Achterloo" propagierten Forderungen:

> Was der Einzelne fordern darf und nicht nur fordern darf, sondern auch muß, ist das, was sie gefordert haben, Václav Havel, die Menschenrechte, das tägliche Brot für jeden, die Gleichheit vor dem Gesetz, Meinungsfreiheit, Transparenz, die Abschaffung der Folter usw., all das sind keine Utopien, sondern Selbstverständlichkeiten, Attribute des Menschen, Zeichen seiner Würde, Rechte, die den Einzelnen nicht vergewaltigen, sondern sein Zusammenleben mit den anderen Einzelnen ermöglichen, Rechte als Ausdruck der Toleranz, Verkehrsregeln, um es grob zu sagen. Allein die Menschenrechte sind existentielle Rechte, jede ideologische Revolution zielt auf deren Abschaffung und fordert einen neuen Menschen. (DüW 7, 897)

Hus' Forderungen unterscheiden sich von denen Richelieus und Marx' dadurch, daß sie nicht auf "Hirngespinste" (s. o.) mit nur subjektiver Notwendigkeit zielen, sondern auf existentielle Rechte, die gerade im Gegensatz zu ideologischen Zielen stehen; an der Berechtigung dieser Forderungen kann vernünftigerweise kein Zweifel bestehen. Dennoch sind sie nicht realisierbar, mehr noch, sie zu fordern provoziert den dritten Weltkrieg, macht Napoleons Versuch, wenigstens die schlimmstmögliche Wendung zu verhindern, zunichte.

Damit stehen sich Hus und Napoleon als eigentliche Gegenspieler gegenüber - nicht nur in der aktuellen politischen Konstellation, sondern als Archetypen, als Paradigmen verschiedener Formen des geschichtlich handelnden Menschen. Orientiert sich der Realist Napoleon an den eingeschränkten Handlungsmöglichkeiten, die dem Einzelnen in der Geschichte bleiben, orientiert er sich am Möglichen, so orientiert sich Hus am Wünschenswerten, am Vernunftnotwendigen. Beide Bereiche jedoch sind nicht zusammen zu bringen: die Forderungen der Vernunft sind in der Wirklichkeit, in der Geschichte nicht einzulösen, die Orientierung an den gegebenen Möglichkeiten führt nicht einmal zur Realisierung der vernunftgebotenen Minimalforderungen.

In "Achterloo I" faßt Napoleon den Gegensatz von Wirklichkeit und Vernunft im Bild von Atlas und Herkules zusammen. Sich selbst als dem Atlas, der die Welt (er)trägt und unter ihren Bedingungen zu handeln versucht, stellt er Hus als Herkules gegenüber:

> Du bist Herkules, wenn auch ein anderer als jener der Sage. Du machst die Welt allmählich bewohnbarer durch das Nie-Nachlassen der Vernunft, die hartnäckig fordert, was selbstverständlich sein sollte, und die im Verlauf der Jahrhunderte die fixen Ideen und die starren Pläne des Verstandes überwindet, um vor neuen fixen Ideen und starren Plänen zu stehen, und du wirst dich wieder an die Arbeit machen. (119)

Ein Versuch des Atlas, bei einer Begegnung in grauer Vorzeit die Welt auf die Schultern des Herkules zu wälzen, scheiterte[120]: Idee und Wirklichkeit, Vernunft und Geschichte klaffen ewig auseinander - die Unüberwindbarkeit, im Grunde

---

[119] Achterloo I. S. 115.
[120] Vergl. Achterloo I. S. 115.

Ungeschichtlichkeit dieses Gegensatzes wird in der Wahl der archaischen Namen für die beiden Archetypen deutlich.

Dürrenmatt selbst bezeichnet es als seine Aufgabe als Schriftsteller, "eine Welt der Sinnlosigkeit darzustellen, in der ein Sinn gesucht wird, den es nicht gibt, ohne den sie jedoch nicht ausgehalten werden kann" (DüW 6, 66). Aus diesem Paradoxon zieht auch der Herkules - der im Grunde, um eine weitere mythologische Gestalt zu bemühen, ein Sisyphos ist - seine moralische Rechtfertigung neben dem Atlas. Aus diesem Paradoxon aber, aus der Unvereinbarkeit von Notwendigkeit und Wirklichkeit, erwächst auch seine Lächerlichkeit: er "versucht die Quadratur des Kreises, ... (ist) ebenso lächerlich wie erhaben, lächerlich und erhaben wie Don Quijote" (DüW 3, 364).

Mehr noch als für Romulus gilt für Hus, der lediglich die selbstverständlichen Minimalforderungen der Vernunft geltend macht, daß die Unvereinbarkeit seiner Forderungen mit der Realität nicht nur gegen ihn spricht. Mehr noch als gegen den "Ideologen" Hus, so scheint es, spricht sie gegen die Geschichte.

Letzten Endes jedoch erscheint weder der Realist Napoleon noch der Idealist Hus als die eigentlich treibende Kraft des auf der Bühne dargestellten historischen Prozesses; die entscheidende Wendung wird diesem durch das Attentat Jeannes auf Napoleon verliehen.

4.3.5. Die anthropologische Konstante - Dürrenmatts Geschichtsbild in "Achterloo"

Es wurde im bisherigen Verlauf der Untersuchung bereits mehrfach darauf hingewiesen, daß Jeanne d'Arc die vielleicht am stärksten ideologisch gezeichnete Figur des Dramas ist. Sie erscheint als "eine Heilige. Weil sie die Tochter des Volkes ist ... Sie kann mit den Parteifunktionären und mit den Diplomaten schlafen, sie bleibt eine Heilige. Nur unsereins kann sündigen" (DüW 3, 351). Damit ist schon die Grundlage ihres Denkens, mehr noch, die Grundlage ihrer ganzen Existenz vermeintliches metaphysisches Wissen, wie Dürrenmatt es formulieren würde, und damit ideologisch. Aus dieser Grundlage zieht Jeanne alle Autorität, die sie ihrem Anliegen zu verleihen versucht: sie beruft sich auf Visionen der Heiligen Katharina, der Heiligen Margherita und des Heiligen Michael, die ihr aufgetragen haben, Napoleon an seine Siege zu erinnern und ihn dazu zu bringen, aus dieser Erinnerung heraus gegen Marx in den Krieg zu ziehen (Vergl. DüW 3, 393 ff.). Die mit einem solchen Krieg verbundene heroische Pose ist es, deren Realisierung Jeanne herbeisehnt. Ihre ideologische Position könnte man als religiös motivierten Heroismus bezeichnen. "Dürrenmatt clearly shows this kind of thinking to be hopelessly anachronistic in a nuclear age: Marion (Jeannes Name in der ersten Fassung von "Achterloo". J. K.) murders the one man who was capable of saving his country from war and possible destruction."[121]

---

[121] Federico, Joseph: Political Thinking in a Nuclear Age: Hochhuth's "Judith" und Dürrenmatts "Achterloo". In: The German Quarterly 62/1989. S. 335 - 344. S. 341.

Entsprechend fällt Jeannes Reaktion aus, als sie den herbeigesehnten Moment für gekommen hält: sie "jubelt auf, springt aufs Bett, hüllt sich in die Trikolore" und ruft aus: "Es gibt Krieg!" (DüW 3,393). "Jeanne d'Arc will ... den Krieg, um durch Patriotismus ihre Mordpläne zu rechtfertigen."[122]

Gerade in diesem letzten Zitat aber wird deutlich, was Jeanne von den meisten anderen Figuren Dürrenmatts unterscheidet: Dürrenmatt versucht bei Jeanne wie bei kaum einer anderen Figur in seinem gesamten Werk, ihr Handeln umfassend psychologisch zu motivieren.

So schildert denn auch Jeanne ausführlicher als alle anderen schauspielernden Insassen der Irrenanstalt "Achterloo" ihre Kindheitserlebnisse. Sie ist Enkelin eines KZ-Kommandanten und hat ihre Kindheit bei ihren Großeltern verbracht. Das KZ ihres Großvaters erlebt sie dabei geradezu als Idylle:

> Es war eine gesunde Stadt, obgleich immer mehr Menschen in sie hineinkamen. Ich dachte, die Stadt müßte platzen, doch sie platzte nie, und nie gab es eine Beerdigung. Wenn ich an der Hand meines Großvaters durch die Straßen ging, grüßten alle Menschen. Sie waren glücklich, weil sie in Sicherheit waren, denn die Flieger warfen keine Bomben, wenn sie über unsere Stadt flogen. (DüW 3, 397)

Nach dem Krieg erlebt Jeanne in einem Dokumentarfilm die Hinrichtung ihres geliebten Großvaters - "Ich hab meinen Großvater geliebt. Ich hab nachher keinen Menschen mehr geliebt. Wenn es einen Gott gibt, sieht er wie mein Großvater aus" (DüW 3, 397) - durch alliierte Truppen mit.

In diesem - wie in der euphemistischen Darstellung sichtbar wird - verdrängten Wissen um die Schuld des geliebten Großvaters sieht Dürrenmatt die Ursache für Jeannes Wahnvorstellung, Judith zu sein: "Sie will seine Verbrechen sühnen. Sie flüchtet in den Wahn, Judith zu sein, die ihr Volk, das jüdische Volk, rettet, indem sie Holofernes tötet. Unbewußt ist für sie Holofernes ihr Großvater."[123] Entsprechend wechselt Jeanne, die "auf eine ergreifende Zeitspanne lang das Kostüm ihrer Rolle und dann das Hemd ihres Wahnsinns fallen (ließ) und ... sich nackt" zeigte (DüW 3, 398 f.), unmittelbar nach der Schilderung ihrer Kindheit in ihre Wahnrolle hinüber: "Nun muß ich die Männer, Weiber und Kinder der Stadt Bethulia retten" (DüW 3, 398).

Die Relation zwischen Jeannes Wahn und ihrer Rolle in der Rollentherapie beschreibt Dürrenmatt so:

> Indem man sie in der Rollentherapie Jeanne d'Arc spielen läßt, will man ihren Wunsch zu morden ins Institutionelle umprogrammieren: Jeanne d'Arc hat nicht gemordet, sie hat Krieg geführt, um ihr Volk zu retten. Napoleon will den Krieg vermeiden, so wird er für Jeanne zum Verräter, als Verräter müßte sie ihn ermorden, aber Jeanne mordet nicht. (124)

---

[122] Abschied vom Theater. S. 27.
[123] Rollenspiele. S. 18.
[124] Rollenspiele. S. 18.

Die Rolle Jeannes erscheint also gleichsam als Versuch, das Unterbewußt-Irrationale, das sich in dem Wahn, Judith zu sein, manifestiert, zu kanalisieren, in Fesseln zu schlagen, zu kontrollieren. Genau dieser Versuch scheitert jedoch; so läßt sich der auf den ersten Blick absurde Schluß des Stücks erklären.

Jeanne als Judith und Napoleon als Holofernes haben ihre Liebe füreinander entdeckt. Aus dieser Entdeckung fließt der beiderseitige Entschluß, anders zu handeln, als es das biblische Modell "Judith und Holofernes" vorgibt: Judith hält den Preis, den Geliebten zu töten, für zu hoch für die Rettung Bethulias: "Und so schlafe ich denn mit ihm und begreife nicht mehr, warum ich ihn töten und Bethulia retten soll, sein Gott und sein Gesetz ... haben mich zum Manne geschickt, den ich liebe, um ihn zu töten" (DüW 3, 457). Holofernes ist nicht bereit, mit Bethulia auch die geliebte Judith zu vernichten: "Und so schlafe ich denn mit ihr und begreife nicht mehr, warum ich dieses Weib in den Tod schicken und Bethulia verbrennen soll. Bethulia ist nicht wert, zerstört zu werden, aber Judith ist wert zu leben" (DüW 3, 457).

Genau in dem Moment jedoch, als die Überlegungen Judiths und Holofernes' so weit gediehen sind ("Ich werde Judith noch einmal lieben, sie dann nach Bethulia zurückschicken und mit meinem Heer abziehen." (DüW 3, 457)), schlägt das Unbewußt-Irrationale voll auf das Handeln Judiths durch: entgegen ihrem eigenen bewußten Wollen handelt sie gemäß ihrer Wahnrolle, gemäß dem "Modell Judith"; obwohl sie den Geliebten Holofernes verschonen will, folgt sie anderen als den bewußten Antrieben und erschießt Napoleon/Holofernes.

Auch dieses Verhalten erklärt Dürrenmatt primär psychologisch: Judith, die unterbewußt Bethulia haßt, weil sie dort gezwungen wurde, "drei Jahre und sechs Monate um einen Mann zu trauern, den ich nicht liebte" (DüW 3, 457), und den Mann, den sie liebt, zu töten, nimmt Rache an Bethulia, indem sie Holofernes umbringt: "Ich werde mit dem Kopf meines Geliebten nach Bethulia zurückkehren, und dann werden in der Nacht die Belagerungstürme angerollt kommen, Holofernes zu rächen, und sie werden Bethulia in Brand setzen. Die Männer, die Frauen und die Kinder werden im Feuer umkommen" (DüW 3, 458). "Der Geist des Großvaters ist stärker als die Absicht seiner Enkelin, sie tötet Holofernes, den Mann, den sie nicht lieben darf und doch liebt, nur, weil sie mit seinem Tod den Tod ihres Großvaters rächt und das Volk, das von ihrem Großvater vernichtet wurde, noch einmal vernichtet."[125]

Der Versuch Napoleons, bewußt und rational geschichtlich zu handeln, Atlas zu sein, die Welt zu tragen, um im Bewußtsein des Möglichen das Notwendige zu tun, um die schlimmstmögliche Wendung zu verhindern, scheitert letztlich nicht an den - wie auch immer ideologischen - Zielsetzungen seiner Gegenspieler. Er scheitert vielmehr an archaischen psychologischen Komplexen, am Unbewußten, das sich der rationalen Kontrolle durch den Menschen entzieht, aber letzten Endes sein Handeln determiniert.

---

[125] Abschied vom Theater. S. 28.

"Der Mensch ist ein Wesen, das von einem dreijährigen Knirps gesteuert wird. Er ist ein von Emotionen dirigiertes Wesen, das gar nicht so rational reagiert, wie wir immer wieder behaupten."[126] In diesem Sachverhalt, der für den späten Dürrenmatt offenbar immer wichtiger und für sein Denken immer zentraler wird, sieht Dürrenmatt die eigentliche "Tragödie des Menschen": "Der Mensch ist nicht imstande, gemäß seinem Wissen zu handeln, der Intellekt greift nicht. Das nenne ich das Apokalyptische."[127]

Dürrenmatt entwirft in "Achterloo" verschiedene Modelle des geschichtlich handelnden Menschen: den Atlas Napoleon, der das Gegebene hinnimmt, die Welt erträgt und versucht, im Rahmen des Möglichen das Notwendige zu tun, auch wenn er dabei ein Ideal nicht realisieren kann, im Gegenteil, schuldig wird; den Herkules Hus, der nicht abläßt, die Wirklichkeit zu kritisieren, die selbstverständliche Würde des Menschen einzufordern, auch wenn dies in der Realität nicht möglich ist, ja sogar auf die Gefahr hin, die schlimmstmögliche Wendung erst herbeizuführen; die Ideologen Marx und Richelieu, die versuchen, die Wirklichkeit in ein vorgefaßtes Bild, in "Hirngespinste" zu zwingen; und den "dreijährigen Knirps" Jeanne, der allein durch das Unbewußt-Irrationale, das sich der Kontrolle durch den eigenen Willen entzieht, in seinem Handeln determiniert wird. Ganz ähnlich wie bei Frisch sind diese Modelle geradezu Archetypen, somit im Grunde genommen unhistorisch. Hier findet sich auch die Erklärung dafür, warum es Dürrenmatt möglich ist, diese Archetypen durch verschiedene historische Persönlichkeiten "besetzen" zu lassen: Napoleon, Jaruzelski, Holofernes, Kissinger etwa erscheinen als Realisationen des Archetyps "Atlas", der offenbar im geschichtlichen Prozeß immer wieder in Erscheinung tritt.

Letzten Endes geschichtsmächtig jedoch wird unter diesen Archetypen im Bühnenraum von "Achterloo" vor allem das irrational-unkontrollierte Verhalten Jeannes: sie gibt dem Geschehen die entscheidende Wendung, indem sie den rational auf die Sicherung des Friedens hin agierenden Napoleon tötet. Das Unbewußt-Irrationale im Menschen erscheint als das eigentliche Movens der Geschichte, es erscheint geradezu als anthropologische Konstante, die nicht oder kaum dem historischen Prozeß unterworfen ist, vielmehr als immer Seiendes diesen steuert.

Diese Sicht Dürrenmatt auf den geschichtlichen Prozeß, dieses Erklärungsmuster findet sich im Spätwerk immer wieder; so etwa versucht Dürrenmatt auch, den Kalten Krieg zu begreifen: "Der Kalte Krieg kann nur psychologisch begriffen werden, obgleich er ideologisch geführt wurde, aber die Ideologien, die sich gegenüberstanden, waren nur die rationalen Begründungen des irrationalen Konflikts" (DüW 7, 900). Es finden sich Äußerungen, die klingen, als hätte Dürrenmatt gegenüber dieser überhistorischen anthropologischen Konstante, die den historischen Prozeß determiniert, resigniert; so schreibt er 1980:

> Was soll der Kampf gegen das Irrationale, Ideologische, wenn der Mensch ohne diese

---

[126] Grenzen des Menschseins. S. 111.
[127] Dürrenmatt über Dürrenmatt. S. 19.

> Hilfsmittel ebensowenig auskommt wie ein dreijähriges Kind ohne Märchen? Wenn der Mensch irrational ist, von Zwängen beherrscht, die er nicht zu durchschauen vermag, weil er sie nicht wahrhaben will, ist das Rationale sein Feind. (DüW 6, 773)

Der so verstandene historische Prozeß entzieht sich jeder Planung, jeder Vorhersehbarkeit. Er ist rational weder zu steuern noch nachzuvollziehen. Der planende Mensch scheitert, nicht nur, wenn er ideologisch wie Romulus das Ideal in der Wirklichkeit zu realisieren versucht, sondern auch dann, wenn er seine Ziele auf das noch Mögliche reduziert wie Napoleon, der sein Handeln ja auf das Wissen um den Labyrinthcharakter der Wirklichkeit gründet. Auch in "Achterloo" nimmt die Geschichte die schlimmstmögliche Wendung, allerdings ist es nicht der Zufall als eine nahezu metaphysische Größe, die - wie im "Romulus" - diese Wendung herbeiführt. Es ist menschliches Handeln, allerdings ein solches, das sich auf Grund seines unbewußt-irrationalen Charakters der Kontrolle durch den Menschen selbst entzieht.

So bleibt die Geschichte ein Labyrinth, eine unübersehbare Verkettung von Ursachen und Wirkungen. In welcher Weise diese zueinander in Beziehung treten, ist rational nicht nachvollziehbar, erst recht nicht voraussehbar: die Irrationalität des Menschen als letzter Grund des Wie dieser Verkettung entzieht sich der Voraussagbarkeit. Auch für den, der sich wie Napoleon des Labyrinthcharakters der Geschichte bewußt ist, ist eine wirkliche Orientierung in ihr nicht möglich.

Mit dieser Entdeckung einer anthropologischen Konstante als Movens der Geschichte ist auch erklärt, warum es eine substantielle Veränderung, einen wirklichen Fortschritt in der Geschichte nicht geben kann. "Dieselbe Handlung rollt vor uns ab, immer neu ansetzend und sich doch immer gleich abspielend. Nur die Zahl der Opfer nimmt ständig zu. Die Dramaturgie der Weltgeschichte scheint sich nicht verändert zu haben, nicht einmal die Spekulationen darüber, wie diese Dramaturgie beschaffen sei" (DüW 7, 713).

Da es in der Geschichte keine Entwicklung gibt, da sie von archaischen Trieben bestimmt wird, die immer schon waren, wird sie zu einem widersinnigen Kreislauf, zu einer ewigen Wiederholung des Immergleichen: "Und das Leben beginnt von neuem, das heißt: es geht weiter - und die künftigen Menschen werden nichts gelernt haben."[128] Ein Sinn wird in diesen Widersinn erst retrospektiv projeziert: "Indem die Menschen Zwecke setzen und verfolgen, produzieren sie Sinn. Der Sinn liegt immer außerhalb."[129]

Dieser Kreislaufcharakter von Geschichte, in dem die immer gleichen Archetypen die immer gleichen Konflikte immer gleich zu lösen versuchen, da sie von der immer gleichen menschlichen Natur determiniert ist, ist denn auch der letzte Grund dafür, daß Dürrenmatt ganz ungeschichtlich Persönlichkeiten aus verschiedenen Epochen gleichzeitig auftreten und eine aktuelle Konstellation verkörpern lassen kann.

In einem Monolog am Ende von "Achterloo", in dem laut Dürrenmatt die

---

[128] Leben im "Durcheinandertal". S. 58.
[129] Leben im "Durcheinandertal". S. 64.

ganze "Dramaturgie von *Achterloo*"[130] steckt, faßt Büchner diese Konzeption zusammen. Er soll im etwas größeren Zusammenhang zitiert werden:

> Forscht man nach den Ursachen, warum sich der Mensch entweder freiwillig oder gezwungen in das Gefängnis seiner Werte sperrt, die er sich selber schafft, so stoßen wir abermals auf die menschliche Natur, auf einen Abgrund verborgen unter einem Gewust leerer Begriffe. Darum versuchte ich 'Achterloo' zu schreiben, die komische Tragödie eines Aufstands, der unterblieb, weil durch Verrat ein Krieg vermieden werden mußte, der die Menschheit zugrunde gerichtet hätte, um einen Frieden zu retten, an dem die Menschheit zugrunde geht, eingewebt in Ursachen, die zufällig zu Wirkungen wurden, die sich wiederum zu Ursachen neuer zufälliger Wirkungen verwandelten, ein Teppich, der hinabreicht bis zu dem nur mit Hypothesen ahnbaren Beginn des Alls, mündend in der Unendlichkeit des Nichts, und darum habe ich, um die Konstellation nachzubilden, die das Geschehen am 12. und 13. Dezember 1981 hervorbrachte, Muster aus ganz anderen Zeiten genommen, weil jedes Muster des unendlichen Teppichs anderen Mustern gleicht. (DüW 3, 454 f.)

Ein solcher Geschichtsverlauf kann aus der Perspektive der Vernunft nur als nicht mehr werthafter Modellverstoß aufgefaßt werden, Geschichte an sich wird widersinnig-grotesk, wird nur in der Komödie darstellbar. Die Nähe zur Dramaturgie von Frischs "Chinesischer Mauer" ist frappierend.

"Vor dem Amoklauf einer globalen Technologie ... hat die menschliche Geschichte jeglichen Sinn verloren. Was bleibt, ist eine allgemeine, bewußtlose 'Wurstelei'. Von dieser Position ist Dürrenmatt bis heute nicht abgerückt"[131], merkt Knopf mit deutlich kritischem Unterton an, wenn er Dürrenmatts Dramaturgie der 50er Jahre mit seinem Schaffen in den 80ern vergleicht.

Nach einem Vergleich des Geschichtsbildes im "Romulus" mit dem in "Achterloo" kann man diesem Befund im Wesentlichen zustimmen. Allerdings läßt sich eine signifikante Gewichtsverlagerung im Denken Dürrenmatts feststellen: wurde der Zufall im "Romulus" zur alleinigen Ursache der schlimmstmöglichen Wendung erklärt, lag diese Ursache also ganz und gar außerhalb des Menschen, so tritt er in den 80er Jahren in den Hintergrund; mindestens gleichberechtigt steht neben ihm eine anthropologische Konstante als Movens des geschichtlichen Prozesses, die menschliche Natur als Unbewußt-Irrationales, nicht Plan- und Kontrollierbares. Im Resultat bleibt dennoch die Geschichte widersinnig und grotesk, rational nicht faß- und planbar, nimmt sie dennoch die schlimmstmögliche Wendung. Dieser Vorgang jedoch bekommt - man kann es nur paradox formulieren - durch die Begründung in der menschlichen Natur fast den Charakter einer Notwendigkeit.

Wesentlich geändert hat sich jedoch die formale Gestaltung dieses Problems. Stand der "Romulus" noch ganz im Zeichen einer ausgetüftelten Wirkungsstrategie, die in einer ständigen Auf- und Entwertung von Modellen und Modellverstößen erst gegen Ende aus einer scheinbar konventionellen Komödienhandlung überraschend die Geschichte selbst als den Einfall des Grotesken hervor-

---

[130] Rollenspiele. S. 132.
[131] Knopf, Dramatiker Dürrenmatt 1987. S. 22.

treten ließ, so dominiert in "Achterloo" von Anfang an das Modell des Labyrinths. Wurde im "Romulus" der groteske Charakter von Geschichte gleichsam erst bewiesen, so setzt "Achterloo" diesen von Anfang an voraus. Nur so ist das Changieren von Persönlichkeiten aus unterschiedlichen historischen Epochen erklärbar, der groteske Charakter, der - anders als im "Romulus" - nahezu allen Figuren von Beginn an verliehen ist. In der labyrinthischen Welt von "Achterloo" erscheint die schlimmstmögliche Wendung nicht mehr als überraschender Einfall, sondern als fast zwangsläufiges Resultat einer von Anfang an dominanten Tendenz.

5. DIE KOMIK GESCHICHTLICH INADÄQUATEN HANDELNS - BERTOLT BRECHT

"wäre ich im ganzen ein komödienschreiber, was ich beinahe bin, aber eben nur beinahe,"[1] dann, so ließe sich die Notiz Brechts im vorliegenden Falle fortsetzen, wäre die Aufnahme seiner Werke in die Textgrundlage der vorliegenden Untersuchung leichter zu rechtfertigen. Die Frage, inwiefern Brecht "beinahe ..., aber eben nur beinahe" ein Komödienschreiber ist, wird unten noch eingehender zu behandeln sein; zunächst ist zu konstatieren, "daß trotz der enormen Bedeutung, die Brecht dem Komischen beimaß, die Bezeichnung Komödie bzw. Lustspiel bei ihm äußerst selten auftaucht"[2]. Sie findet sich zunächst lediglich für einige Stücke des Brechtschen Frühwerks - etwa "Trommeln in der Nacht" und "Mann ist Mann". Beim "klassischen" Brecht verschwindet sie völlig: selbst jene Dramen der Exilzeit, die der Gattung Komödie offensichtlich am nächsten kommen, "Herr Puntila und sein Knecht Matti" und "Der aufhaltsame Aufstieg des Arturo Ui" tragen die Bezeichnung "Volksstück" bzw. "Parabelstück" (vergl. BrW 4).

Erst nach seiner Rückkehr nach Deutschland beginnt Brecht wieder, ausgesprochene Komödien zu schreiben - und nun dominiert die Gattung in seinem dramatischen Werk ganz deutlich; allerdings handelt es sich, abgesehen von "Turandot oder Der Kongreß der Weißwäscher", ausschließlich um Bearbeitungen älterer, fremder Texte für Aufführungen in Brechts Berliner Ensemble.

Die Stellung dieser Bearbeitungen im Rahmen des Brechtschen Oeuvres jedoch war lange Zeit umstritten. Manche "der westlichen Kritiker sind so weit gegangen, diese Bearbeitungstendenz als eine Besonderheit des späten Brecht hinzustellen, als Anpassung an die DDR-Erbepflege oder als Ermattungserscheinung eines gealterten Dichters, der nicht mehr fähig oder willens war, 'eigene' Werke zu schreiben"[3], schreibt Jost Hermand. Und auch wenn er selbst widerspricht: "Nichts wäre falscher als eine solche Perspektive"[4] - noch im Jahre 1978 erschien ein Brecht-Buch, das den Anspruch erhebt, eine Gesamtdarstellung von Person und Werk des Autors mit Schwerpunkt auf dem Theaterschaffen zu sein, und die

---

[1] Brecht, Bertolt: Arbeitsjournal. 2 Bde. Bd. 1: 1938 - 1942. Bd. 2: 1942 - 1955. Hrsg. von Werner Hecht. Frankfurt am Main 1974 (Werkausgabe edition suhrkamp). Nachfolgend zitiert als: AJ. Bd. 2. S. 599.

[2] Weisstein, Ulrich: Bertolt Brecht und die Komödie. In: Links und links gesellt sich nicht. Gesammelte Aufsätze zum Werk Heinrich Manns und Bertolt Brechts. New York, Bern, Frankfurt am Main 1986 (=German Studies in America. Bd. 52). S. 279 - 302. S. 280.

[3] Hermand, Jost: "Das Theater ist nicht die Dienerin des Dichters, sondern der Gesellschaft." Zur Aktualität von Brechts Bearbeitungstechnik. In: Aktualisierung Brechts. Hrsg. von Wolfgang Fritz Haug, Klaus Pierwoß u. a. Berlin 1980 (=Argument-Sonderband 50). S. 122 - 143. Nachfolgend zitiert als: Hermand 1980. S. 126.

[4] Hermand 1980. S. 126.

Bearbeitungen Brechts lediglich in zwei gönnerhaft-verständnisvollen Sätzen abtut.[5]

Mit Blick auf Brechts Bearbeitung von Jakob Michael Reinhold Lenz' Sturm und Drang-Drama "Der Hofmeister" hat Laurence P. A. Kitching festgestellt, daß lediglich 28% des Originaltextes in die Bearbeitung übernommen worden sind. Diese entsprechen 44% des Brechtschen Textes; 56% hat Brecht neu hinzugefügt[6]. Zumindest quantitativ überschreitet Brechts eigene produktive Leistung damit bei weitem das für das Erstellen einer Bühnenfassung übliche Maß. Es scheint, daß Brechts "Hofmeister"-Bearbeitung (und ähnliches gilt für die anderen Bearbeitungen Brechts) weitaus eher ein eigenständiges Werk als eine Bühnenfassung des Lenzschen Werkes ist. Entsprechend kommt auch Kitching zu dem Urteil: "Brecht ... developed, in 1950, an altogether new and entertaining comedie out of Lenz' then neglected closet drama."[7]

Es wird in der vorliegenden Untersuchung zu zeigen sein, daß Brecht mit der Komödiendramaturgie der "Hofmeister"-Bearbeitung eine Form gefunden hat, deren Funktion und Intention vollständig adäquater Ausdruck seiner ureigensten ästhetischen und weltanschaulichen Überzeugungen ist und die von ihm selbst wie auch von anderen marxistischen Dramatikern nach ihm immer wieder als Modell neu aufgegriffen wurde.

Zunächst jedoch wird die Aufmerksamkeit auf die theoretischen Schriften Brechts zu lenken sein. "Ich kann es nicht lassen, die Leser und die Zuschauer in meine Technik und in meine Absichten einzuweihen, das rächt sich" (BrW 16, 815). So auch hier; ähnlich wie bei Friedrich Dürrenmatt wäre eine Untersuchung, die sich mit dem Verhältnis von Komödiendramaturgie und Geschichtskonzeption im Werk Brechts beschäftigt und seine vielfältigen theoretischen Äußerungen zu diesem Komplex außer Acht ließe, nicht vollständig.

Allerdings kann es im Folgenden nicht um eine umfassende Darstellung der marxistischen Geschichtsphilosophie und ihrer Komödienkonzeption, wie sie sich in Brechts theoretischen Schriften darstellen, gehen; Ziel ist vielmehr eine eher kursorische Darstellung jener Aspekte von Brechts Geschichtsbild, die für das Verständnis des "Hofmeisters" und der ihm zugrundeliegenden Komödiendramaturgie hilfreich sein können. Wiederum geht es also um die Rekonstruktion eines Interpretationsrahmens für das dramatische Werk, dem das eigentliche Erkenntnisinteresse gilt. Die Beschränkung auf Grundzüge der Brechtschen Position wie auch das Ausklammern interessanter, aber für die vorliegende Fragestellung wenig ergiebiger Aspekte muß daher in Kauf genommen werden.

---

[5] Vergl. Hill, Claude: Bertolt Brecht. München 1978. S. 33.

[6] Vergl. Kitching, Laurence P. A.: Der Hofmeister: A critical analysis of Bertolt Brecht's adaption of Lenz' drama. München 1976. Nachfolgend zitiert als: Kitching 1976. S. 167.

[7] Kitching 1976. S. 161.

5.1. Zum Zusammenhang von Geschichte und Komödie in Brechts theoretischen Schriften

5.1.1. Der geschichtlich handelnde Mensch zwischen Voluntarismus und Determinismus

Kommt die Sprache auf marxistische Geschichtskonzeptionen, so werden diese im allgemeinen Bewußtsein meist mit dem gleichgesetzt, was Klaus-Detlef Müller als "vulgärmarxistische Abbildtheorie" bezeichnet:

> Nach dieser Theorie sind alle gesellschaftlichen und historischen Entwicklungen durch die gesetzmäßig sich vollziehenden Veränderungen der ökonomischen Verhältnisse bedingt. Die Erkenntnis ist nur die *nachträgliche* Widerspiegelung des Seins im Bewußtsein; das Bewußtsein hat nicht selbst direkt Anteil an den gesellschaftlichen Veränderungen. Die Dialektik wird nur als Dialektik der Materie verstanden. (8)

Die Geschichte folgt in dieser Konstruktion einem Automatismus, der durch die in der Materie liegenden Widersprüche hervorgerufen wird. So wird der Geschichtsablauf als etwas Notwendiges gedacht, in dem die materiellen Verhältnisse die Determinante, der Mensch das Determinierte ist. Auf diese Weise wird der Satz "Das Sein bestimmt das Bewußtsein" in dieser marxistischen Richtung, die zur Zeit des Stalinismus immer mehr zur verbindlichen wurde, interpretiert. Der Kommunismus als Ziel der Geschichte erscheint damit als Endstufe eines mit naturgesetzähnlicher Notwendigkeit ablaufenden Prozesses.

Vor diesem Hintergrund überrascht es zunächst, bei Brecht immer wieder Notizen zu finden, die den Menschen als einziges Subjekt der Geschichte hervorheben: "Die Bilder vom Morgen und von der Nacht sind irreführend. Die glücklichen Zeiten kommen nicht, wie der Morgen nach durchschlafener Nacht kommt" (BrW 17, 1106). "Die klassenlose Gesellschaft müssen die Menschen selber machen - vorläufig ist sie selber eine Antizipation" (BrW 20, 78).

Wenn die Geschichte aber ausschließlich das Resultat menschlichen Handelns ist, wenn der Fortschritt in der Geschichte erkämpft werden muß, gerade weil er nicht von selber kommt, so kann von einer "Notwendigkeit" des geschichtlichen Prozesses nicht die Rede sein. Diese Vorstellung wird denn auch von Brecht konsequent als "Metaphysik" zurückgewiesen:

> Die 'Notwendigkeit' des gegebenen geschichtlichen Prozesses ist eine Vorstellung, die von der Mutmaßung lebt, für jedes geschichtliche Ereignis müsse es zureichende Gründe geben, damit es zustande kommt. In Wirklichkeit gab es aber widersprechende Tendenzen, die streitbar entschieden wurden, das ist viel weniger. Außerdem liegt der besagten Vorstellung die unausgesprochene Überzeugung zugrunde, daß es nach Aufzählung aller Möglichkeiten, Motive, Dispositionen, Inklinationen und so weiter noch eine Notwendig-

---

[8] Müller, Klaus-Detlef: Die Funktion der Geschichte im Werk Bertolt Brechts. Studien zum Verhältnis von Marxismus und Ästhetik. 2. Aufl. Tübingen 1972. Nachfolgend zitiert als: Müller 1972. S. 26.

keit für sich gäbe, eine geheime Gewalt, die sich nicht vollständig in den besagten beobachteten und beobachtbaren Vorgängen und Beziehungen ausdrückt. (BrW 20, 156)

Der Gedanke von der Notwendigkeit des geschichtlichen Prozesses muß unterbunden werden, da er das Bestehende als Notwendiges rechtfertigt und damit über den Menschen als Subjekt der Geschichte hinwegtäuscht; eine solche Konzeption erscheint Brecht deaktivierend. Sie birgt damit die Gefahr in sich, den Fortschritt praktisch zu bremsen: "Wenn einer anfängt von der Notwendigkeit zu reden und daß Anfang und Grenze des menschlichen Handelns durch unüberwindliche geschichtliche Tendenzen festgelegt sei, widersprich ihm ... Er ist ein Apologet" (BrW 20, 68). Daß Brecht eine Determiniertheit menschlichen Handelns zurückweist, ist die logische Konsequenz dieser Überlegungen.[9]

Wenn aber Geschichte als Prozeß erscheint, der durch menschliches Handeln gesteuert wird und keiner wie auch immer gearteten Notwendigkeit unterworfen ist, wenn dieses menschliche Handeln seinerseits nicht determiniert, sondern frei ist, so ist Geschichte ein prinzipiell offener Prozeß, dessen weiterer Verlauf nicht mit Sicherheit vorausgesagt werden kann, sondern von freiem menschlichem Handeln abhängt. "Der Fortschritt ist eine Möglichkeit, die realisiert werden muß und verfehlt werden kann."[10] Daß Brecht auch letztere Möglichkeit durchaus sieht, zeigt eine Eintragung in sein "Arbeitsjournal" von 1938: "entsetzlich, die gedichte shelleys zu lesen (nicht zu reden von ägyptischen bauernliedern von vor 3000 jahren), in denen die unterdrückung und ausbeutung beklagt wird! wird man so uns lesen, immer noch unterdrückt und ausgebeutet, und sagen: schon damals ...?"[11]

In Anbetracht eines solcherart als grundsätzlich offen gedachten Geschichtsprozesses muß es erstaunen, daß Mennemeier Brechts Denken "von einem starken, in der dialektisch-materialistischen Theorie verwurzelten Geschichtsoptimismus beherrscht" sieht.[12] Tatsächlich finden sich unter den Notizen Brechts unzählige, die seine uneingeschränkte Sicherheit in Bezug auf den weiteren Verlauf des geschichtlichen Prozesses deutlich machen: "Nach meiner Ansicht ist es sicher, daß der Sozialismus, und zwar der revolutionäre, das Gesicht unseres Landes noch zu unseren Lebzeiten verändern wird" (BrW 15, 66). "Nicht bloße Gefühle sind es, die uns veranlassen, dem Anbruch eines neuen Morgens für die gequälten Völker entgegenzusehen, sondern wissenschaftliche Erwägungen; die große Lehre des Marxismus erfüllt uns mit Hoffnung" (BrW 20, 246).

Wie ist dies miteinander zu vereinbaren? Ist die Geschichte grundsätzlich offen, so sind Aussagen über die Zukunft nicht zu machen; wird der Sozialismus

---

[9] Vergl. AJ 1. S. 276.

[10] Müller 1972. S. 48.

[11] AJ 1. S. 19.

[12] Mennemeier, Franz Norbert: Bertolt Brechts Faschismus-Theorie und einige Folgen für die literarische Praxis. In: Literaturwissenschaft und Geschichtsphilosophie. Festschrift für Wilhelm Emrich. Hrsg. von H. Arntzen u. a. Berlin/New York 1975. S. 561 - 574. S. 562.

als sicher kommend angenommen, muß doch eine Notwendigkeit, ein Determinismus, eine Gesetzmäßigkeit vorliegen, die die Freiheit geschichtlichen Handelns des Menschen einschränkt.

Die Antwort wird in Brechts Marxismusrezeption zu suchen sein.

Geschichte ist für Brecht vor allem gekennzeichnet durch den ständigen Wandel der Verhältnisse, in denen Menschen leben, und damit auch durch den ständigen Wandel der Art und Weise, wie Menschen auf diese Wirklichkeit reagieren. "Allgemein-Menschliches", anthropologische Grundbefindlichkeiten und -verhaltensweisen spielen im Denken Brechts keine Rolle. Menschliche Verhaltensweisen wie auch menschliche Lebensverhältnisse werden als historische betrachtet. "Historische Vorgänge sind einmalige, vorübergehende, mit bestimmten Epochen verbundene Vorgänge. Das Verhalten der Personen in ihnen ist nicht ein schlechthin menschliches, unwandelbares, es hat bestimmte Besonderheiten, es hat durch den Gang der Geschichte Überholtes und Überholbares" (BrW 15, 347). Kennzeichnend für den Blick des Historikers ist daher: "Der Historiker interessiert sich für den Wechsel der Dinge" (BrW 15, 417).

Von entscheidender Bedeutung für adäquates geschichtliches Handeln ist es nun, ein Denken auszubilden, das diesem Charakter des historischen Prozesses gerecht wird. "Alles kommt darauf an, daß ein richtiges Denken gelehrt wird, ein Denken, das alle Dinge und Vorgänge nach ihrer vergänglichen und veränderbaren Seite fragt" (BrW 18, 237). Ein solches Denken findet Brecht nun in der Philosophie Karl Marx'.

Hans Mayer hat schon früh darauf hingewiesen, daß für Brechts Denken weder die politische Ökonomie noch die Geschichte der Arbeiterbewegung von allzu großem Interesse war. "Der Marxismus Bertolt Brechts nährt sich fast ausschließlich aus der dritten Wurzel des Marxismus: dem *dialektischen Materialismus*."[13] Diesen betrachtet Brecht als "eine Denkmethode oder vielmehr eine zusammenhängende Folge intelligibler Methoden, welche es gestattet, gewisse starre Vorstellungen aufzulösen und gegen herrschende Ideologien die Praxis gelten zu machen" (BrW 20, 152). Der Philosoph im "Messingkauf" gibt eine Definition des Marxismus, die dessen Charakter als Erkenntnis*methode* in den Mittelpunkt rückt und gerade darin den entscheidenden Unterschied zu einer Weltanschauung im herkömmlichen Sinn sieht; sie enthält Brechts Marxismusauffassung in nuce:

> Es ist für euch wichtig, den Unterschied zwischen dem Marxismus, der eine bestimmte Art, die Welt anzuschauen, anrät, und dem zu erkennen, was man gemeinhin eine Weltanschauung nennt. Die marxistische Lehre stellt gewisse Methoden der Anschauung auf, Kriterien. Sie kommt dabei zu gewissen Beurteilungen der Erscheinungen, Voraussagen und Winken für die Praxis. Sie lehrt eingreifendes Denken gegenüber der Wirklichkeit, soweit sie dem gesellschaftlichen Eingriff unterliegt. Die Lehre kritisiert die menschliche Praxis und läßt sich von ihr kritisieren. Die eigentlichen Weltanschauungen jedoch sind Weltbilder, vermeintliches Wissen, wie alles sich abspielt, meist gebildet nach einem Ideal der Harmonie. (BrW 16, 531)

---

[13] Mayer, Hans: Brecht in der Geschichte. Drei Versuche. Frankfurt am Main 1971. Nachfolgend zitiert als: Mayer 1971. S. 210.

Die "Weltanschauung" liefert ein statisches Bild von der Welt, das schon allein deswegen der sich ständig wandelnden Wirklichkeit nicht gerecht werden kann. Sie wird deduktiv aus einem a priori gegebenen Prinzip abgeleitet, ist fertige Erklärung, in die die Realität nicht einfließt. Daß die Gefahr einer solchen Entwicklung zur statischen Weltanschauung auch für den Marxismus gegeben war, sah Brecht deutlich.[14] Für ihn jedoch ist der Marxismus in erster Linie Methode zur Erkenntnis der Welt. "Im Unterschied zu anderen Weltanschauungen ist der Marxismus also nicht selbst gegenständlich, sondern eine gegenstandsbezogene Methode."[15] Als solche "behandelt (er), um auf die Beweglichkeit der Gesellschaft zu kommen, die gesellschaftlichen Zustände als Prozesse und verfolgt diese in ihrer Widersprüchlichkeit" (BrW 16, 682).

Darin, daß das dialektische Denken "bei allen Erscheinungen und Prozessen das Widerspruchsvolle heraus(arbeitet)" (BrW 16, 794), liegt die eigentliche Stärke dieser Methode, denn die Widersprüche, mit denen gearbeitet wird, sind nicht Widersprüche, die der Denkende an die Wirklichkeit heranträgt, sondern solche, die in der gesellschaftlichen Wirklichkeit selbst begründet liegen. Diese Widersprüche, die sich immer weiter verschärfen, sind die Ursache dafür, daß die ständige Beibehaltung des Status Quo irgendwann nicht mehr möglich ist und Veränderung notwendig wird. In den in der Realität angelegten Widersprüchen liegt damit der eigentliche Antrieb der geschichtlichen Entwicklung (vergl. BrW 15, 492). Indem das dialektische Denken diese Widersprüche aufzuspüren versucht, ist es in der Lage, die Substanz der gesellschaftlichen Realität zu erkennen und adäquat in dieser zu handeln, "denn ohne erkennen ihrer dialektischen natur ist die realität ja eben nicht meisterbar."[16] So erlaubt es die Dialektik, die wirklichen Angelpunkte der gesellschaftlichen Entwicklung zu erkennen und an diesen handelnd anzusetzen.

Die Widersprüche verlangen nun nach einer Auflösung, nach einem Zustand zunächst, in dem die konkret vorhandenen Widersprüche nicht mehr auftreten, nach ihrer Negation. Diese Negation nun ist es, die nicht kommt, "wie der Morgen nach durchschlafener Nacht kommt" (s.o.), die also nicht Eigenbewegung der Materie ist, sondern von Menschen "gemacht werden" muß. Sie ist allerdings auch nicht willkürlich: eine bestimmte Auflösung ist durch die konkreten Widersprüche objektiv gefordert. Diese objektiv geforderte Negation herbeizuführen, setzt vor allem zunächst eine Erkenntnisleistung voraus, die nur der dialektisch

---

[14] Vergl. etwa eine Eintragung ins Arbeitsjournal vom 6.1.48, wo er mit Blick auf Deutschland die "Verweltanschaulichung" der Dialektik beklagt (AJ 2, S. 506). Ganz ähnlich: "Eine der schlimmen Folgen des Stalinismus ist die Verkümmerung der Dialektik" (BrW 20, 326). Und in einem Brief an Karl Korsch vom Frühjahr 1934 fragt Brecht seinen Lehrer nach dessen Meinung, welche "marxistischen historischen Methoden und Konstruktionen ... Ideologiecharakter angenommen" hätten (Brecht, Bertolt: Briefe. Hrsg. und kommentiert von Günter Glaeser. 2 Bde. Frankfurt am Main 1981. Nachfolgend zitiert als: Brecht, Briefe. Bd. 1. S. 205).

[15] Müller 1972. S. 35.

[16] AJ 1. S. 162.

Denkende vollbringen kann: es gilt, die objektiv vorhandenen gesellschaftlichen Widersprüche adäquat zu begreifen und zu analysieren, zu ihren tatsächlichen Ursachen vorzustoßen, es gilt, die historisch möglichen Alternativen zum Status Quo zu erkennen und unter diesen diejenige herauszufinden, die eine tatsächliche Lösung der gegebenen Probleme, eine wirkliche Negation bedeuten würde. Hier setzt die Leistung des geschichtlich handelnden Menschen ein. "Die Art, auf die Überbau entsteht, ist: Antizipation ... Was vernünftig ist, das wird wirklich" (BrW 20, 77).

In diesem Sinne, als konkrete, wenn auch grundlegende Lösung bestehender Widersprüche, versteht Brecht auch den Kommunismus: "das Neue ergibt sich aus dem Alten und ist seine nächste Stufe. Wir versuchen weniger, etwas ganz Anderes, zu dem es keinen Zugang gibt, durchzusetzen, als den nächsten Schritt zu tun, d.h. den Schluß aus dem Vorhandenen zu ziehen. Das Neue entsteht, indem das Alte umgewälzt, fortgeführt, entwickelt wird" (BrW 12, 527). Der Kommunismus ist für Brecht lediglich eine "Lösung ganz bestimmter, benennbarer Schwierigkeiten", die es "als Ausnutzung geschaffener ebenso bestimmter und benennbarer Möglichkeiten herbeizuführen" gilt (BrW 20, 93).

Menschliches geschichtliches Handeln versteht sich für Brecht also nicht als auf ein bestimmtes Ziel (etwa die Realisierung eines bestimmten Ideals) gerichtet, sondern erwächst aus konkreten gegebenen Problemen als deren Negation. Dialektische Analyse der gegebenen Probleme führt dabei zur Erkenntnis ihrer tatsächlichen Ursachen und der objektiv geforderten Negation. So ist durchaus nachzuvollziehen, daß Hans Mayer bei Brecht ein Konzept zu erkennen glaubt, das eigentlich eher von Adorno her bekannt ist. Mayer stellt fest, "daß Brecht, indem er die Dialektik ernst nahm, gleichfalls angelangt war beim *Konzept einer Negativen Dialektik*, welche zwar Positionen kennt und Negationen, nichts hingegen wissen will von einer Aufhebung als Negation der Negation."[17]

Zunächst bedeutet dieses Konzept, daß Brecht jede Proklamation einer Utopie als zu erreichendes Endziel der Geschichte ablehnen mußte. "Es gibt meines Wissens keine genaue Beschreibung der Zukunft"[18], bemerkt er im Dezember 1955 mit spöttischem Unterton gegenüber Leipziger Studenten. Und vielleicht am eindringlichsten warnt Brecht in seinem "Me-ti" davor, geschichtlichen Fortschritt nicht als Negation einer dialektisch durchleuchteten Realität, sondern als Realisierung einer als Ziel gedachten kommunistischen Utopie bewerkstelligen zu wollen: "Hütet euch vor den Leuten, die euch predigen, ihr müßtet die *Große Ordnung* verwirklichen. Das sind Pfaffen. Sie lesen wieder einmal irgend etwas in den Sternen, was ihr machen sollt. Jetzt seid ihr für die große Unordnung da, dann sollt ihr für die große Ordnung da sein" (BrW 12, 507).

Hier wird Brechts Einwand gegen jedwede Utopie deutlich: sie ist gerade nicht wissenschaftlich begründete Negation konkreter Probleme, ist nicht aus der Realität abgeleitet, sondern "aus den Sternen" gelesen, in letzter Konsequenz ohne

---

[17] Mayer 1971. S. 251.
[18] Zit. nach Mayer 1971. S. 243.

Wirklichkeitsbezug, ahistorisch. "Brechts ... Intention richtete sich auf eine bessere Zukunft, aber er war dialektisch zu geschult, um aus dem historischen Prozeß einfach auszusteigen: nichts anderes könnte ja eine Realitätsgehalt beanspruchende inhaltlich konkrete Utopie hier bedeuten."[19] So zeigt sich in Brechts Ablehnung jedweder Utopie paradigmatisch "die entschiedenste Wendung gegen jede teleologische Geschichtsdeutung"[20].

Wenn der Antrieb für geschichtliches Handeln nicht in der Realisierung ahistorischer utopischer Entwürfe, sondern in der konkreten und grundlegenden, objektiv geforderten Aufhebung bestehender Widersprüche liegt, so wird die Bedeutung klar, die für Brecht die Arbeiterklasse als Träger des geschichtlichen Fortschritts hat. "Der bestimmende Faktor des menschlichen Verhaltens ist für ihn nicht der Charakter, sondern das Interesse, und dieses ist durch die sozialen Verhältnisse determiniert."[21] Nicht das Handeln - dies wird, wie oben gezeigt wurde, wesentlich aus einer vom Menschen selbst zu erbringenden Erkenntnisleistung heraus begründet - aber das Interesse ist sozial determiniert. Das Interesse an der Auflösung der bestehenden Widersprüche ist bei denen am vitalsten, "welche am meisten unter den bestehenden Eigentumsverhältnissen und den barbarischen Methoden, mit denen sie verteidigt werden, leiden" (BrW 18, 245). Diese aber können klassenmäßig erfaßt werden: als Proletariat. "Es ist nicht so verwunderlich, daß sich bei der Klasse, die im Frieden und im Krieg am meisten erduldet hat, der der Werktätigen, die kühnsten Träume und die exaktesten Pläne finden" (BrW 16, 723).

Damit wird die Dialektik zwischen dem Menschen als Subjekt der Geschichte und der historischen Bedingtheit menschlichen Handelns deutlich: nicht zu jeder Zeit ist die Realisierung jedes Konzepts möglich; die Möglichkeit, Neues zu schaffen, ist abhängig von den bestehenden Widersprüchen, die Richtigkeit eines Konzepts ist abhängig vom Stand der historischen Entwicklung: "das privateigentum an produktionsmitteln (ein besitzer anstatt von 50 besitzern) ist einmal ein historischer fortschritt und wird schnell zum anachronismus, die produktion wird durch den einzelbesitzer der mittel aufgehalten."[22] Die Ursachen der vorhandenen Widersprüche zu analysieren, die objektiv geforderte Negation zu erkennen und unter den gegebenen Möglichkeiten zu realisieren - das ist die Aufgabe des geschichtlich handelnden Menschen, der so zum Subjekt der Geschichte wird. So kann Brecht schreiben: "Leben heißt für den Menschen: die Prozesse organisieren, denen er unterworfen ist" (BrW 20, 144).

Damit wird die Rolle der Dialektik als Erkenntnismethode deutlich: sie läßt

---

[19] Müller, Klaus-Detlef: Utopische Intention und Kritik der Utopien bei Brecht. In: Gerd Ueding (Hrsg.): Literatur ist Utopie. Frankfurt am Main 1978. S. 335 - 366. S. 335.

[20] Brüggemann, Heinz: Literarische Technik und soziale Revolution. Versuche über das Verhältnis von Kunstproduktion, Marxismus und literarischer Tradition in den theoretischen Schriften Bertolt Brechts. Reinbek bei Hamburg 1973 (=das neue buch 33). Nachfolgend zitiert als: Brüggemann 1973. S. 97

[21] Müller 1972. S. 61.

[22] AJ 1. S. 66.

die bestehenden Widersprüche als Antriebskräfte der geschichtlichen Entwicklung ins Bewußtsein des Denkenden treten und eröffnet diesem damit gleichzeitig Hinweise und Perspektiven, wie in das gesellschaftliche Gefüge effizient eingegriffen werden kann; sie liefert "Praktikable Definitionen: solche Definitionen, die die Handhabung des definierten Feldes gestatten. Unter den determinierenden Faktoren tritt immer das Verhalten des Definierenden auf" (BrW 20, 168). Dialektisches Denken eröffnet dem Menschen den Raum geschichtlichen Handelns. Dies ist der Grund dafür, daß Brecht es immer wieder als "eingreifendes Denken" (BrW 20, 168) bezeichnet.

Wie hoch die Bedeutung dieses "eingreifenden Denkens" und damit des "subjektiven Faktors" für gesellschaftliche Veränderung, für geschichtliche Entwicklung von Brecht eingeschätzt wird, wird deutlich, wenn Brecht notiert: "Die Anwendung wirklicher Dialektik wird in dieser Gesellschaftsordnung sofort und unmittelbar zu direkt revolutionären Aktionen und Organisationen führen müssen" (BrW 20, 146); die in ihrer Kausalität einmal erkannte Gesellschaft wird nicht mehr die gleiche sein können wie zuvor, die bloßgelegten Widersprüche können nicht mehr durch ideologische Konstrukte verschleiert werden, die durch dialektisches Denken antizipierte Negation des Bestehenden drängt als realisierbare Möglichkeit auf ihre Verwirklichung. Es besteht zwar keine direkte Identität zwischen Denken und Handeln, d. h. das Denken wird noch nicht als direkt revolutionäres Handeln aufgefaßt, aber der Weg vom Denken zum Handeln erscheint als kontinuierlicher Prozeß, in dem keine prinzipiell neue Qualität mehr erreicht werden muß. "Eine Diskussion der heutigen Gesellschaftsform, ja sogar eine solche nur ihrer unwichtigsten Bestandteile, würde sofort und erkennbar zu einer absoluten Bedrohung dieser Gesellschaftsform überhaupt führen" (BrW 17, 1015).

Darin beweist die Dialektik ihren "eingreifenden" Charakter, ihren Praxisbezug. Zusammenfassend kann man mit Brüggemann sagen: "Materialistische Dialektik begreift Brecht mit Marx nicht bloß als eine Methode, Geschichte zu erklären und zu verstehen, sondern als eine Methode der praktischen Veränderung, des Eingreifens in den historischen Prozeß, vermittelt durch die Einsicht in seine konstitutiven Widersprüche."[23] Nirgends zeigt sich der Einfluß des "Linksabweichlers" Karl Korsch, aber auch - darauf hat Matthias-Johannes Fischer hingewiesen[24] - Walter Benjamins deutlicher als in dieser Konzeption des subjektiven Faktors als letztliches Konstituens des geschichtlichen Prozesses.

Damit ist auch die Ursache für die grundsätzliche Offenheit der Geschichte klar geworden: geschichtlich inadäquates Handeln und damit Fehlentwicklungen des historischen Prozesses, das Verfehlen der objektiv gegebenen Möglichkeit des Fortschritts resultieren letztendlich aus einem falschen Denken, aus mangelndem Wissen, aus fehlender oder falscher Einsicht in den Charakter des geschichtlichen Prozesses und die sich bietenden Eingriffsmöglichkeiten. Von dieser Vorausset-

---

[23] Brüggemann 1973. S. 88.

[24] Fischer, Matthias-Johannes: Brechts Theatertheorie. Forschungsgeschichte - Forschungsstand - Perspektiven. Frankfurt am Main u. a. 1989 (=Europäische Hochschulschriften Reihe I, Bd. 115). S. 182.

zung her wird die Bedeutung von Aufklärung deutlich (und damit auch die letztendliche Rechtfertigung und Begründung der künstlerischen Produktion Brechts): "Die Beseitigung der Peiniger kann nur erfolgen, wenn genügend Menschen Bescheid wissen über die Ursachen ihrer Leiden und Gefahren, über den genauen Vorgang, über die Methoden zur Beseitigung der Peiniger. Es kommt also darauf an, möglichst vielen dieses Wissen zu vermitteln" (BrW 16, 524).

Das bewußte Handeln des Menschen als Subjekt des historischen Prozesses zeigt sich damit vor allem als Erkenntnisproblem. Der in diesem Zusammenhang auftretende Erkenntnisoptimismus Brechts ist frappierend: nirgendwo melden sich bei ihm die geringsten Zweifel bezüglich der Erkennbarkeit von Wirklichkeit; desgleichen ist er davon überzeugt, daß die Anwendung dialektischen Denkens zu einer Wahrheit führt, deren uneingeschränkte Gültigkeit nicht in Frage gestellt werden kann: "die Dialektiker sollen die Wahrheit sagen, und die anderen sollen Dialektik studieren, bis sie sie finden" (BrW 16, 926). Die Vorstellung etwa, daß auch Dialektiker zu unterschiedlichen "Wahrheiten" kommen könnten und daß es unmöglich wäre, unter diesen die objektiv richtige Wahrheit herauszufinden, scheint dem Erkenntnisoptimismus Brechts fremd zu sein.

Der "Gedanke, die Revolution durch Aufklärung statt durch Organisation herbeizuführen"[25], steht damit im Zentrum des Brechtschen Denkens. Diese Aufklärung ist ideologiekritisch, sie zerstört ideologische Weltbilder und setzt praktikable Definitionen an deren Stelle. "Brecht (hat) als Folge einer Aufklärung über die gegebenen sozialen Verhältnisse mit gleicher Notwendigkeit die proletarische Revolution erwartet, wie die Aufklärung des achtzehnten Jahrhunderts zur bürgerlichen Revolution geführt hat."[26]

Die Eingangsfrage harrt noch der Beantwortung; selbst wenn der Zusammenhang zwischen dem nicht determinierten Handeln des Menschen als Subjekt der Geschichte einerseits und der historischen Bedingtheit menschlichen Handelns andererseits geklärt ist - woher rührt der Geschichtsoptimismus Brechts? Selbst wenn die Möglichkeit objektiv gegeben ist, den geschichtlichen Prozeß vernünftig zu gestalten - woher nimmt Brecht die Gewißheit, daß sich dieses aufklärerische Denken soweit durchsetzen wird, daß es geschichtsmächtig wird? Ist es einfach der Glaube des Aufklärers an die Perfektibilität des Menschen, bei dem Marxisten Brecht weiterentwickelt zu einem Glauben an die Perfektibilität der menschlichen Gesellschaft?

Brecht würde zweifellos diese Vorstellung als metaphysisch ablehnen; er glaubt seinen Geschichtsoptimismus gleichsam empirisch aus dem bisherigen Geschichtsverlauf ableiten zu können: immer haben sich in historischen Gesellschaften Widersprüche gebildet, immer sind diese negiert worden, und zwar im Sinne der Klasse, die unter den herrschenden Widersprüchen am meisten zu leiden hatte, die das vitalste Interesse an der Negation des Bestehenden besaß. Der Klassenkampf wird zur herrschenden Gesetzmäßigkeit in der Geschichte. In seiner Versi-

---

[25] Müller 1972. S. 25.
[26] Müller 1972. S. 36.

fikation des kommunistischen Manifests schreibt Brecht: "Den Klassikern aber/ist die Geschichte zuvörderst Geschichte der Kämpfe der Klassen" (BrW 10, 911). So erscheint Geschichte bis zur Gegenwart als eben doch letztlich vernunftrealisierender Prozeß - auch wenn diese Entwicklung nicht mit Notwendigkeit erfolgt, auch wenn Umwege und Fehlentwicklungen in Kauf genommen werden müssen.

Aus der Betrachtung der bisherigen Geschichte, in der die objektiv geforderte Negation bestehender Widersprüche letztendlich immer realisiert wurde, leitet Brecht die Berechtigung ab, Geschichte in die Zukunft fortzuschreiben:

> Das Bürgertum, die Geschichte betrachtend, schreibt eine Geschichte von Wandlungen. Aber dieser Schreiber ist nicht in der Lage, die Prinzipien, die er in der Vergangenheit feststellte, in der Gegenwart oder gar für die Zukunft für wirksam zu erklären. Es hat eine Geschichte gegeben, es gibt jetzt keine mehr. Nun, ein anderer Schreiber schreibt weiter. Die proletarische Dialektik. (BrW 20, 151)

Zusammenfassend kann man sagen:

> Die Geschichte wird in die Zukunft hinein festgeschrieben. Die Möglichkeit einer wahrhaft menschlichen Entwicklung der gesellschaftlichen Verhältnisse harrt, als historischer Anspruch begründet, noch ihrer Verwirklichung in der Zukunft. Der Rückgriff auf die radikale Aufklärung ist zugleich ein Vorgriff auf bisher uneingelöste Wechsel des historischen Prozesses. (27)

Am 18.8.40 notiert Brecht in sein Arbeitsjournal die Geschichte eines schwedischen Journalisten, die ihm Hella Wuolijoki erzählt hat. Er notiert: "als er dem russischen gouverneur gegenübertritt, treten sich vernunft und wirklichkeit gegenüber und erkennen ihre verwandtschaft."[28] Dieser Satz enthält in nuce die ganze Geschichtskonzeption Brechts - und nichts könnte die Diskrepanz zwischen Brecht und den bisher behandelten Autoren prägnanter auf den Punkt bringen als eben dieser eine Satz.

Mit Blick auf die Interpretation der Komödienkonzeption des "Hofmeister" ist das bisher Gesagte in drei Punkten zusammenzufassen. Erstens: der Mensch erscheint als Subjekt der Geschichte, sein Handeln ist nicht determiniert. Damit ist die Geschichte bis zu einem gewissen Grad offen; Fehlentwicklungen, die den Fortschritt behindern, aufhalten oder gar reaktionär wirken, sind zumindest temporär möglich. Mit der materialistischen Dialektik ist zweitens eine Methode gegeben, die eine zweifelsfreie Unterscheidung von richtigem und falschem, von historisch adäquatem und historisch inadäquatem Handeln ermöglicht. Dies gilt nicht nur für die Gegenwart; auch vergangenes geschichtliches Handeln kann auf seine Adäquatheit hin beurteilt werden. Der übergreifende Geschichtsoptimismus Brechts, der sich als empirisch begründeter versteht, erlaubt drittens die Relativie-

---

[27] Joost, Jörg Wilhelm, Klaus-Detlef Müller, Michael Voges: Bertolt Brecht: Epoche - Werk - Wirkung. Hrsg. von Klaus Detlef Müller. München 1985 (=Beck'sche Elementarbücher). Nachfolgend zitiert als: Joost/Müller/Voges 1985. S. 211.

[28] AJ 1. S. 119.

rung von Fehlentwicklungen, die als in einem letzten Endes vernunftrealisierenden Prozeß aufgehoben gedacht werden.

Es wird zu zeigen sein, daß Brechts Komikkonzeption ohne diesen Hintergrund kaum verständlich ist.

5.1.2. Das "Gesellschaftlich-Komische" - eine historische Kategorie

Auf die Rolle des Komischen im Werk Brechts ist die Forschung schon früh aufmerksam geworden; die antitragische Konzeption der Brechtschen Dramen legte die Fragestellung nahe, in welcher Beziehung das Brechtsche Theater zu der Komödie steht. Die enge Verwandtschaft zwischen Komik und Verfremdung wurde zum Zentrum der früheren Forschung. "Komik und Verfremdung sind wesensverwandt. Das Verfremdende kann komisch, das Komische verfremdend wirken"[29], konstatiert etwa Reinhold Grimm. Aus ähnlichen Beobachtungen und dem untragischen Charakter der Brechtschen Anschauungen zog Eric Bentley schon 1957 den Schluß: "Brechts Theorie des Theaters *ist* meines Erachtens eine Theorie der Komödie."[30]

Im Anschluß an die in Kapitel 1.1.2.3. angestellten Überlegungen läßt sich der Berührungspunkt von Komik und Verfremdung relativ leicht exakter fassen: es ist der Verzicht auf Einfühlung, der zu einer distanzierten Rezeption führt. Der distanziert wahrgenommene Widerspruch kann als komischer rezipiert werden, die komisierende Darstellung wirkt verfremdend. Aufgrund dieser Gemeinsamkeit allerdings ein Gleichheitszeichen zwischen Komik und Verfremdung zu setzen (was allerdings auch die ältere Forschung so nicht tut) scheint unzulässig: der Charakter des Komischen bei Brecht ist mit dessen verfremdender Wirkung nicht hinreichend erklärt. Gleiches gilt für Bentleys Aussage über die Beziehung von Brechts epischem Theater zur Komödie: einer Gleichsetzung steht schon Brechts eingangs zitierte Aussage, er sei "beinahe ..., aber eben nur beinahe" ein Komödienschreiber (s. o.), im Wege.

Im Jahre 1974 hat Peter Christian Giese den Begriff des "Gesellschaftlich-Komischen" in die Brechtforschung eingeführt, der das historisch Bedingte des Brechtschen Komik-Begriffes herausstrich und mit dem diese seither operiert.[31] Der Begriff taucht bei Brecht in einer Notiz zu der Inszenierung von "Herr Puntila und sein Knecht Matti" - unter der Überschrift "Das Gesellschaftlich Komische" - auf, die in dem Band "Theaterarbeit" veröffentlicht ist:

---

[29] Grimm, Reinhold: Komik und Verfremdung. In: R. G.: Strukturen. Essays zur deutschen Literatur. Göttingen 1963. S. 226 - 247. S. 241.

[30] Bentley, Eric: Die Theaterkunst Brechts. In: Sinn und Form. Zweites Sonderheft Bertolt Brecht. Berlin 1957. S. 159 - 177. S. 174.

[31] Giese, Peter Christian: Das "Gesellschaftlich-Komische". Zu Komik und Komödie am Beispiel der Stücke und Bearbeitungen Brechts. Stuttgart 1974. Nachfolgend zitiert als: Giese 1974.

> Für Stücke wie den Puntila wird man nicht allzuviel in der Rumpelkammer des 'Ewig Komischen' finden. Zwar hat auch das 'Ewig Komische' - der mit großem Aplomp ausschreitende Clown fällt auf die Nase - ein gesellschaftliches Element, jedoch ist dieses verloren gegangen, so daß der Clownsturz als etwas schlechthin Biologisches, als bei allen Menschen in allen Situationen Komisches erscheint. Die Schauspieler, die 'Herr Puntila und sein Knecht Matti' spielen, müssen die Komik aus der heutigen Klassensituation ziehen, selbst wenn dann die Mitglieder der oder jener Klasse nicht lachen. (32)

Wie Brecht schon den Begriff des "Allgemein-Menschlichen" ablehnte, weil er das historisch Bedingte des menschlichen Handelns negiert, so zeigt er auch sein Desinteresse am Begriff des "Ewig Komischen". Stattdessen will er das Komische aus der aktuellen Klassensituation ziehen, aus einer historisch bedingten und historisch bedeutsamen Größe also. Der Begriff des Komischen hat für Brecht einen eindeutig historisch zu bestimmenden Charakter, der im Folgenden konkreter gefaßt werden soll.

Den Konnex zwischen Komik und Geschichte stellt Brecht schon früh heraus, und zwar in den Anmerkungen zur "Dreigroschenoper". Hier notiert er: "Aber das Geschlechtliche in unserer Zeit gehört unzweifelhaft in den Bereich des Komischen, denn das Geschlechtsleben steht in einem Widerspruch zu dem gesellschaftlichen Leben, und dieser Widerspruch ist komisch, weil er historisch, d. h. durch eine andere Gesellschaftsordnung lösbar ist" (BrW 2, 489).

"Dies ist eine Schlüsselstelle, die die Qualität eines Mottos besitzt: *komisch, weil historisch lösbar*"[33], schreibt Giese. In der Tat wird an dieser Stelle deutlich, daß dem Widerspruch, der lediglich historisch bedingt ist, jede Notwendigkeit genommen wird; er ist gesellschaftlich verursacht und kann historisch aufgehoben werden, er ist daher kein substantieller, womöglich gar tragischer Gegensatz. Der Widerspruch kann als reiner Modellverstoß verlacht werden. "Zum *komischen* Phänomen wird dieser Vorgang dem, der nicht als Verhängnis betrachtet, was gesellschaftlich bedingt ist und darum nicht auf alle Ewigkeit so bleiben muß."[34]

Und noch ein weiteres Merkmal, das für Brechts Komikkonzeption kennzeichnend ist, wird sichtbar: um das Komische dieses Widerspruchs zu erkennen, muß der Horizont der Gegenwart transzendiert werden, die historisch nächste gesellschaftliche Formation muß antizipiert werden, um aus dieser Perspektive die Historizität des dargestellten Widerspruchs erkennen zu können.

Im Verlauf der weiteren Entwicklung der Brechtschen Komikkonzeption erlangen die Überlegungen, die Marx in der Einleitung der "Kritik der Hegelschen Rechtsphilosophie" zum Verhältnis von Geschichte und Komik bzw. Komödie angestellt hat, immer größere Bedeutung. Brecht selbst hat sie im Programmheft zu seiner Inszenierung des "Puntila" teilweise als Motto vorangestellt. Da sie auch in

---

[32] Theaterarbeit. 6 Aufführungen des Berliner Ensembles. Hrsg. vom Berliner Ensemble und Helene Weigel. Dresden o. J. S. 42.

[33] Giese 1974. S. 86.

[34] Giese 1974. S. 95.

Zusammenhang mit seiner "Hofmeister"-Bearbeitung von Bedeutung sein werden, sollen sie hier etwas ausführlicher zitiert werden. Marx schreibt, es sei lehrreich

> für die *modernen* Völker ... das ancien régime, das bei ihnen seine *Tragödie* erlebte, als deutschen Revenant seine *Komödie* spielen zu sehen. *Tragisch* war seine Geschichte, solange es die präexistierende Gestalt der Welt, die Freiheit dagegen ein persönlicher Einfall war, mit einem Wort, solange es selbst an seine Berechtigung glaubte und glauben mußte. Solange das *ancien régime* als vorhandene Weltordnung mit einer erst werdenden Welt kämpfte, stand auf seiner Seite ein weltgeschichtlicher Irrtum, aber kein persönlicher. Sein Untergang war daher tragisch.
>
> Das jetzige deutsche Regime dagegen, ein Anachronismus, ein flagranter Widerspruch gegen allgemein anerkannte Axiome ... bildet sich nur noch ein an sich selbst zu glauben, und verlangt von der Welt dieselbe Einbildung ... Das moderne ancien régime ist nur mehr der *Komödiant* einer Weltordnung, deren *wirkliche Helden* gestorben sind. Die Geschichte ist gründlich und macht viele Phasen durch, wenn sie eine alte Gestalt zu Grabe trägt. Die letzte Phase einer weltgeschichtlichen Gestalt ist ihre *Komödie*. (35)

Natürlich ist zweierlei anzumerken: Marx entwickelt diese Gedanken selbstverständlich nicht mit Blick auf die Ästhetik; Komödie und Tragödie sind hier Bezeichnungen für realgeschichtliche, lebensweltliche Vorgänge; die ästhetischen Konsequenzen aus diesen Überlegungen wären erst noch zu ziehen. Zum anderen liefert Marx hier keine explizite Theorie des Komischen; vielmehr beschreibt er einen geschichtlichen Zustand als komisches Phänomen. Dennoch werden bestimmte Strukturen erkennbar.

Marx setzt einen sich linear entwickelnden historischen Prozeß voraus, der objektiv bestimmte Forderungen an die Struktur des gesellschaftlichen Überbaus, hier: der Herrschaftsform, stellt. Sind diese Strukturen in früheren Epochen entstanden (und damit den Anforderungen jener Epochen gemäß gestaltet) und erstarrt, so entsteht eine Diskrepanz zwischen dem tatsächlichen Stand der historischen Entwicklung und der Fähigkeit der bestehenden Strukturen, diese zu erfüllen. Mag diese Diskrepanz zu Beginn noch kaum erkennbar sein - in diesem Stadium scheiterte die französische Monarchie im Jahre 1789; ihr Scheitern im guten Glauben an die eigene Existenzberechtigung erscheint tragisch -, im weiteren Verlauf der Geschichte wird sie immer deutlicher erkennbar, bis keine Illusionen über die nicht mehr vorhandene Existenzberechtigung mehr möglich sind. In diesem Stadium, in dem sich die Herrschaftsstrukturen im Deutschland des Jahres 1848 befinden, wird das Alte komisch.

Ganz in diesem Sinne definiert Giese das Gesellschaftlich-Komische. Knopf faßt Gieses Begriff in einer prägnanten Definition zusammen:

> Das 'Gesellschaftlich-Komische' ... meint eine Komik, die aus der objektiven gesellschaftlichen Entwicklung resultiert, und zwar dann, wenn etwas, was durch die geschichtliche Entwicklung bereits überholt ist, weiterhin - also 'unzeitgemäß' (ungleichzeitig) - durch falschen Schein, in veräußerlichten Formen oder gar durch faulen Zauber

---

35 Marx, Karl, Friedrich Engels: Werke. Hrsg. vom Institut für Marxismus-Leninismus beim ZK der SED. 42 Bde. Berlin 1958 - 1968. Nachfolgend zitiert als: MEW. Bd. 1. S. 381 f.

künstlich am Leben erhalten wird: das nicht mehr aus sich selbst Lebendige wirkt komisch. (36)

Brecht selbst gibt eine kurze Interpretation von Molières "Geizigem", die deutlich macht, wie sehr Gieses Definition Brechts Rezeption des komischen Konflikts trifft: "Der Wucherer und Hamsterer war lächerlich geworden in einer Zeit, in der der große Kaufmann aufkam, Risiken eingehend und Kredite aufnehmend", in einer Zeit also, als sein Verhalten dem objektiven Stand des historischen Prozesses nicht mehr entsprach. Damit erscheint der "Geiz nicht als Eigenschaft, Absonderlichkeit, 'Allzumenschliches' ..., sondern ... als gesellschaftliches Laster" (BrW 16, 834).

Damit ist Harpagnons Geiz für Brecht als gesellschaftlich-komisches Phänomen im Sinne Gieses beschreibbar. Allerdings wird eine Besonderheit des Brechtschen Denkens bereits an diesem Zitat deutlich: Brecht geht es weniger als Marx um die überständigen objektiven Manifestationen des Überbaus, wie etwa die Staatsform; für ihn stehen gesellschaftliche Verhaltensweisen im Vordergrund, die auf überholten Geisteshaltungen, also Ideologien, basieren. Aufzeigen des Komischen, geschichtlich Überholten bedeutet für Brecht immer Aufzeigen des falschen Bewußtseins, das für falsches, historisch inadäquates Verhalten verantwortlich ist. Denunziation des Komischen ist für Brecht immer Ideologiekritik.

Brechts "Gesellschaftlich-Komisches" ist damit eine historische Kategorie: es wird erkennbar erst in der Konfrontation mit dem tatsächlichen Stand des geschichtlichen Prozesses. "Entscheidend ist der historische Faktor, entscheidend ist die Tatsache, daß die Komik erst aus einer Entwicklung entsteht, daß sie Prozeßcharakter hat."[37] So erscheint die Komik als "objektive", im Gang der gesellschaftlichen Entwicklung, nicht in subjektiven Wertungen des Betrachtenden begründet.

Das Gesellschaftlich-Komische setzt also ein Bild des historischen Prozesses voraus, das es erlaubt, historisch Überständiges überhaupt erst zu erkennen - und zwar als Modellverstoß im Sinne dieser Untersuchung. Als Modell wird ein in seiner Gesamtheit gewußter Geschichtsprozeß angenommen, der zustimmungsfähig, da grundsätzlich vernunftrealisierend ist. Dieses Geschichtsbild muß selbstverständlich als Ausdruck objektiver Gesetzmäßigkeiten aufgefaßt werden, nicht als subjektiv willkürlich konstruiert; es muß als in der Objektivität des Betrachteten, nicht in der Subjektivität des Betrachters begründet erscheinen. Unter dieser Voraussetzung erscheint die Komik des gegen dieses Modell Verstoßenden als objektive Komik. Damit kann das Gesellschaftlich-Komische beschrieben werden als objektiv geschichtlich inadäquates Handeln - und das heißt für Brechts Geschichtskonzeption: als Handeln aufgrund eines falschen Bewußtseins.

Es ist damit deutlich geworden, wie sehr Brechts Konzeption des Gesellschaftlich-Komischen abhängig ist von dem in Kapitel 5.1.1. dargelegten Ge-

---

36 Knopf, Jan: Brecht-Handbuch. Theater. Eine Ästhetik der Widersprüche. Stuttgart 1980. Nachfolgend zitiert als: Knopf 1980. S. 400 f.

37 Giese 1974. S. 57 f.

schichtsbild: nur wenn das in einer bestimmten historischen Situation adäquate Verhalten als zweifelsfrei gewußtes gesetzt wird, kann das vermeintlich geschichtlich inadäquate Handeln als Modellverstoß verlacht werden. Brechts Geschichtsbild und seine Konzeption eines aus dem Geschichtsverlauf objektiv erwachsenden Komischen können nicht voneinander getrennt werden.

Damit allerdings fügt Brecht der Komikauffassung Marx' (und der Definition Gieses) eine neue Nuance hinzu: "Die Art, auf die Überbau entsteht, ist: Antizipation" (s.o.), hatte Brecht notiert; falsches Bewußtsein muß also nicht überständiges Bewußtsein sein, es kann auch falsche Antizipation sein. Nicht nur das historisch Überständige kann komisch sein, auch das geschichtlich inadäquate Handeln aufgrund falscher Antizipation.

Unter diesem Aspekt wird im Folgenden Brechts "Hofmeister" zu analysieren sein.

Die Komödie Brechts läßt sich allerdings nicht reduzieren auf das Vorhandensein des Gesellschaftlich-Komischen - zu viele Stücke aus seinem Oeuvre würden dann zu Komödien, Brecht doch wieder zum Komödienschreiber, der er nach eigenem Bekunden nicht ist. Seine Komödienkonzeption speist sich aus mehreren Quellen; sie wird uns weiterhin, bis zum Ende des Kapitels, beschäftigen.

5.2. Das deutsche Bürgertum als lächerliches Exempel - "Der Hofmeister"

5.2.1. Die Lenzrezeption Brechts

Jakob Michael Reinhold Lenz' Komödie "Der Hofmeister" gehört - trotz der inzwischen erfolgten literaturgeschichtlichen Rehabilitierung des Autors - zu den vielleicht umstrittensten der deutschen Literatur. Noch immer ist in der Lenzforschung kein Konsens gefunden bezüglich der Aussage wie der Gattungszugehörigkeit des Stücks. So sieht etwa Walter Hinderer im Mittelpunkt des Stückes "die Gesellschaftskritik zum Zwecke der menschlichen Selbstbestimmung"[38], so liegt für Udo Müller in Anlehnung an Albrecht Schöne das Ordnungsprinzip des Textes "in dem immer wieder neu durchgespielten Schema von Entfremdung und Rückkehr des verlorenen Sohnes."[39] Und Rolf Christian Zimmermann sieht die Intention des Autors in der "Anprangerung bürgerlich-deutscher Übernahme der hochadlig-französisierenden Verhaltensweisen und Lebensformen."[40]

---

[38] Hinderer, Walter: Gesellschaftskritik und Existenzerhellung: "Der Hofmeister" von Jakob Michael Reinhold Lenz. In: W. H.: Über deutsche Literatur und Rede. Historische Interpretationen. München 1981. S. 66 - 94. Nachfolgend zitiert als: Hinderer 1981. S. 89.

[39] Müller, Udo: Stundenblätter. Lenz/Brecht: Der Hofmeister. Lenz/Kipphart: Die Soldaten. Stuttgart 1980. Nachfolgend zitiert als: Müller 1980. S. 27.

[40] Zimmermann, Rolf Christian: Marginalien zur Hofmeister-Thematik und zur "Teutschen Misere" bei Lenz und Brecht. In: Drama und Theater im 20. Jahrhundert. Festschrift für Walter Hinck. Hrsg. von Hans-Dietrich Irmscher und Werner Keller. Göttingen 1983. S. 213 - 227. Nachfolgend zitiert als: Zimmermann 1983. S. 218.

Ähnlich umstritten ist die Gattungszugehörigkeit des "Hofmeister". Lenz selbst hat hier für Verwirrung gesorgt, indem er sein Drama nacheinander als "Trauerspiel", als "Lust- und Trauerspiel" und als "Komödie" bezeichnet. Den sich hieraus ergebenden Spielraum hat die Forschung weidlich ausgenutzt. So glaubt Mittenzwei: "Lenz zeigte seinem Publikum eine Tragödie, obwohl er sein Stück eine Komödie nannte"[41]; für Huyssen bezeichnet der "Hofmeister" "den Ort, an dem das aufklärerische bürgerliche Trauerspiel seinen Emanzipationsanspruch verspielt hat und in die groteske Komödie umschlägt"[42]; Karl S. Guthke sieht - der Befund überrascht nicht - im "Hofmeister" "eine der frühesten Tragikomödien der deutschen Literaturgeschichte"[43], während sich Becker-Cantarino auf die eigenwilligen Gattungsdefinitionen Lenz' in den "Anmerkungen übers Theater" und der "Menoza"-Rezension bezieht und "die Aufhebung der Grenze zwischen den Gattungen"[44] konstatiert.

Zusätzlich kompliziert wird die Situation dadurch, daß häufig, wie Knopf schreibt, die Brechtrezeption in die Lenzinterpretation einfließt: "Die Bearbeitung lenkte das Interesse auf das Original ... Der Gefahr freilich, die Brechtschen Gesichtspunkte auch schon im vorklassischen Werk zu entdecken und seine historische Situierung zu unterschlagen, wurde nicht immer entgangen."[45]

Es ist nicht die Absicht der vorliegenden Untersuchung, den zahllosen Positionen der Lenz-Forschung eine weitere hinzuzufügen. Es soll hier auch kein Vergleich zwischen Lenz' und Brechts "Hofmeister"-Version angestellt werden, entsprechend bleibt die vieldiskutierte Frage außer acht, ob Brecht in seinem Werk die im "Hofmeister" angelegten Tendenzen konsequent herausgearbeitet oder vielmehr das Werk Lenz' verfälscht hat. Die vorliegende Untersuchung hält es mit Werner Mittenzwei und Peter Christian Giese: "Der *Hofmeister* ist mehr ein neues Stück als eine Bearbeitung."[46] Er ist "in mehrerer Hinsicht für Brechts Komödien insgesamt paradigmatisch"[47] und "ließe sich ... auch ohne Schwierigkeit völlig aus Brechts eigenem Oeuvre ableiten und verstehen"[48]. Genau dies soll hier versucht werden. Nur sporadisch werden einzelne Figuren Lenz' herangezogen werden, um die von Brecht vorgenommenen Veränderungen sichtbar zu machen.

---

[41] Mittenzwei, Werner: Brechts Verhältnis zur Tradition. München 1974 (=Marxistische Ästhetik und Kulturpolitik). Nachfolgend zitiert als: Mittenzwei 1974. S. 233.

[42] Huyssen, Andreas: Gesellschaftsgeschichte und literarische Form: Jakob Michael Reinhold Lenz' Komödie "Der Hofmeister". In: Monatshefte für deutschen Unterricht, deutsche Sprache und Literatur 71/1979. S. 131 - 144. S. 136.

[43] Guthke, Karl S.: Nachwort. In: Lenz, Jakob Michael Reinhold: Der Hofmeister. Oder Vorteile der Privaterziehung. Eine Komödie. Nachwort von Karl S. Guthke. Stuttgart 1984 (=RUB 1376). S. 87 - 92. S. 91.

[44] Becker-Cantarino, Barbara: Jakob Michael Reinhold Lenz: "Der Hofmeister". In: Dramen des Sturm und Drang. Interpretationen. Stuttgart 1987 (=RUB 8410). S. 33 - 56. S. 42.

[45] Knopf 1980. S. 303.

[46] Mittenzwei 1974. S. 239.

[47] Giese 1974. S. 210.

[48] Giese 1974. S. 208.

Wenn hier doch ein kurzer Exkurs in die Probleme der Lenz-Forschung unternommen wurde, so vor allem, um den Hintergrund aufzuzeigen für eine Lenz-Rezeption Brechts, die ohne dieses Vorwissen leicht befremden könnte. Brecht rezipiert in einem 1938 entstandenen Sonett den von Lenz ausdrücklich als Komödie bezeichneten "Hofmeister" als "bürgerliches Trauerspiel":

> Über das bürgerliche Trauerspiel 'Der Hofmeister' von Lenz
>
> Hier habt ihr Figaro diesseits des Rheins!
> Der Adel geht beim Pöbel in die Lehre
> Der drüben Macht gewinnt und hüben Ehre:
> So wird's ein Lustspiel drüben und hier keins. (BrW 9, 610)

Daß es sich hier nicht um einen "Ausrutscher", eine einmalige Fehleinschätzung Brechts handelt, zeigt sich, wenn er an anderer Stelle - wiederum im Vergleich mit Beaumarchais' "Figaro"-Komödie - notiert: "Der Realismus des Lenz zeigt andere Züge. Sie werden den Geschichtsforscher nicht befremden ... denn dieses deutsche Standardwerk des Realismus ist eine Tragödie im Gegensatz zum französischen. Man hört geradezu das Gelächter der Franzosen über den deutschen Hauslehrer..." (BrW 19, 363).

Brecht setzt das "bürgerliche Trauerspiel" in Kontrast zu der französischen "Figaro"-Komödie und erklärt dann die jeweilige Gattungswahl - dies zeigt das Sonett deutlich - aus der unterschiedlichen gesellschaftlich-historischen Situation in beiden Ländern: die unterschiedliche Lage des "Pöbels", des Bürgertums, das in Frankreich die "Macht" erringen kann, während es in Deutschland lediglich "Ehre" erwirbt, führt zu unterschiedlichen ästhetischen Konsequenzen: "*So* wird's ein Lustspiel drüben und hier keins" (Hervorh. vom Verf.).

Den diesem Konzept zugrundeliegenden Gedankengang hat die Forschung immer wieder zu rekonstruieren versucht - mit nicht ganz überzeugendem Resultat. So bemühen etwa Inge Stephan und Hans-Gerd Winter noch einmal das schon oben angeführte Marx-Zitat aus der Einleitung zur "Kritik der Hegelschen Rechtsphilosophie" und behaupten: "Dieses Zitat kann Brechts Einschätzung der historischen Situation und des Texts Lenz' erklären. Der historische Autor vermag die erfahrene Unterdrückung nur tragisch zu beschreiben."[49]

Bei genauer Betrachtung zeigt sich, daß das Zitat im vorliegenden Falle gar nichts erklären kann, insbesondere nicht die Tatsache, daß in Frankreich eine Komödie, in Deutschland ein Trauerspiel als adäquater Ausdruck der Unterdrückung des Bürgertums durch den Adel empfunden wird. Wie oben gesagt wurde, geht Marx davon aus, daß mit einem sich vollziehenden Epochenwandel eine bestimmte, sich überholt habende gesellschaftliche Erscheinung als Anachronismus zunehmend lächerlich wird.

Nun erschien Lenz' "Hofmeister" 1774, Beaumarchais' "Figaro" 1784; daß

---

[49] Stephan, Inge, Hans-Gerd Winter: "Ein vorrübergehendes Meteor?" J. M. R. Lenz und seine Rezeption in Deutschland. Stuttgart 1984. Nachfolgend zitiert als: Stephan/Winter 1984. S. 179.

sich in diesen zehn Jahren ein Epochenwandel vollzogen habe, der die Unterdrückkung des Bürgertums durch den Adel als komischen Anachronismus erscheinen ließe, wird niemand behaupten wollen. Im Gegenteil: der Untergang des französischen ancien régime, auf dessen Seite "ein weltgeschichtlicher Irrtum, aber kein persönlicher" (s. o.) stand, wird von Marx ja ausdrücklich als tragisch bezeichnet. Adäquater Ausdruck der Situation wäre also etwa eine Tragödie, die im Stil der Shakespearschen Königsdramen den Untergang des Adels thematisiert. Zudem: die Position Marx' lenkt den Blick auf das untergehende Alte, das komisch oder tragisch erscheint. Für Brecht jedoch ist es das Neue, das Bürgertum, dessen Selbstbespiegelung in unterschiedlichen Gattungen erfolgt.

Eher diskutabel, aber verkürzend erscheint die Wertung Gieses, die inzwischen zur opinio communis der Forschung geworden zu sein scheint:

> Das Sonett folgt einer geschichtsphilosophischen Konstruktion, die den sog. 'Übergang' von feudaler zu bürgerlicher Epoche mit dem von Tragödie zu Komödie identifiziert. Gesellschaftspolitische Entwicklung und literarische Gattung werden unmittelbar parallel gesehen, so daß folgende Gleichung entsteht: drüben in Frankreich Fortschritt, Emanzipation der bürgerlichen Klasse, Beaumarchais' *Mariage de Figaro* (1784) deren Ausdruck, *also* Komödie; hier in Deutschland Fehlentwicklung, Misere, Lenzens *Hofmeister* (1774) deren Ausdruck, *also* bürgerliches Trauerspiel. (50)

Auch diese Interpretation geht offenbar davon aus, daß sich nach Brechts Ansicht der geschichtliche Prozeß, die Entwicklung der materiellen Basis "unmittelbar" im Überbau, in der künstlerischen Abbildung widerspiegelt. Genauer wird die Beziehung zwischen dem Stand des historischen Prozesses und der Gattungswahl (eine Beziehung, die für Brecht zweifellos vorhanden ist) nicht beschrieben. Auf eine solche verkürzende Form von Widerspiegelung jedoch kann man Brecht, für den Überbauarbeit Aufklärung und Antizipation bedeutet, nicht festlegen.

Die Beziehung, die für Brecht zwischen der Gattungsentscheidung und der historischen Situation besteht, wird näher untersucht werden müssen; damit rückt der Unterschied zwischen Tragödie und Komödie in den Blick. Um es schon vorwegzunehmen: die Differenz zwischen Tragödie und Komödie ist vor allem eine Differenz bezüglich der Möglichkeit zu gesellschaftlicher Erkenntnis. Nicht der Geschichtsverlauf spiegelt sich unmittelbar in der Gattungsentscheidung wieder, sondern dessen erkenntnismäßige Durchdringung durch den Menschen; diese aber ist historisch bedingt.

Brecht scheint es von größtem Interesse, "was Aristoteles der Tragödie als Zweck setzt, nämlich die *Katharsis* ... Diese Reinigung erfolgt auf Grund eines eigentümlichen psychischen Aktes, der *Einfühlung* des Zuschauers in die handelnden Personen" (BrW 15, 240). Das Zitat läßt aufhorchen: Brecht definiert sein ganzes anti-aristotelisches, episches Theater über die Aufhebung der Einfühlung als Rezeptionsprinzip und ihre Substituierung durch die Verfremdung. Indem die Einfühlung hier vor allem der tragischen Katharsis zugeordnet wird, erscheint Brechts Theater nicht mehr als Antithese zu allem bisherigen, "aristotelischen"

---

50   Giese 1974. S. 163.

Theater insgesamt, sondern dezidiert als Gegenentwurf zu der dort vorherrschenden Tragödie.

Das Prinzip der Einfühlung wird vor allem wegen der mit ihm verbundenen mangelhaften Erkenntnismöglichkeit kritisiert; kommt nämlich tatsächlich vollkommene Einfühlung zustande, "dann konnte der Zuschauer nur jeweils soviel sehen, wie der Held sah, in den er sich einfühlte" (BrW 15, 299), dann kommt eine vollständige Horizontverschmelzung zwischen Zuschauer und Dramenfigur zustande, die Perspektive des Helden auf die Wirklichkeit ist auch die des Zuschauers, dieser kann dessen Erkenntnishorizont nicht transzendieren, mögliche Handlungsalternativen werden dem Zuschauer sowenig erkennbar wie der Dramenfigur selbst.

Wenn dem Helden das, was ihm widerfährt, als Schicksal erscheint, muß es auch dem Zuschauer so erscheinen - und als Schicksal, als unausweichlich erscheinen muß es, denn sonst stellt sich die Frage, ob es dem tragischen Helden durch anderes Handeln gelungen wäre, in die Kausalität der Wirklichkeit einzugreifen: er wird kritisierbar, die Handlung verliert ihre tragische Notwendigkeit. "Damit wir mit dem Helden verzweifeln können, müssen wir sein Gefühl der Ausweglosigkeit teilen, damit wir erschüttert werden können durch seine Einsicht in die Gesetzmäßigkeit seines Schicksals, müssen wir ebenfalls, was in seinem Fall passiert, als unverrückbar gesetzmäßig einsehen" (BrW 15, 311).

Damit aber ist ein ideologisches Weltbild, das die Einsicht in den gesellschaftlichen Charakter und die Kausalität dieser Vorgänge verweigert und diese als unausweichliche, vom Schicksal verhängte darstellt, konstitutiv für die Tragödie. "Ödipus, der sich gegen einige Prinzipien, welche die Gesellschaft der Zeit stützen, versündigt hat, wird hingerichtet, die Götter sorgen dafür, sie sind nicht kritisierbar" (BrW 16, 677). Die Wirklichkeit erscheint in der Tragödie als nicht durchschau- und handhabbar.

Ganz anders die Komödie; Ernst Schumacher berichtet von einem Gespräch, das er kurz vor Brechts Tod mit ihm führte. In diesem Gespräch bringt Brecht seine Auffassung der Komödie in wenigen Sätzen auf den Punkt: "Die Probleme von heute ... sind vom Theater nur soweit erfaßbar, als sie Probleme der Komödie sind. Alle anderen entziehen sich der direkten Darstellung. Die Komödie läßt Lösungen zu, die Tragödie, falls man an ihre Möglichkeit überhaupt noch glaubt, nicht." Er ist der Meinung, die "Komödie ermögliche, ja erzwinge die Distanz und damit die Einsicht in die Zusammenhänge."[51]

In praktisch jeder Hinsicht erscheint die Komödie damit als Gegensatz zu der Tragödie; vor allem aber dadurch, daß sie zum Happy End tendiert, daß die Probleme, der dramatische Konflikt, die Verstörung als aufhebbar erscheinen. "Für Komödie wesentlich ist ihre Intention, die potentielle Lösbarkeit der von ihr gezeigten Probleme erkennbar zu machen."[52] Damit erscheinen diese als nicht mehr unausweichlich, schicksalsmäßig, sondern fordern menschliches Handeln

---

[51] Schumacher, Ernst: Er wird bleiben. In: NDL 4/1956, H. 10. S. 18 - 28. S. 22.
[52] Giese 1974. S. 70.

und Eingreifen heraus. Eine Alternative wird sichtbar, das Modell, gegen das das Komische verstößt. Dem dramatischen Konflikt ist die Notwendigkeit genommen. An die Stelle der Einfühlung tritt Distanz, die Kritik des Dargestellten und damit Erkenntnis wird möglich.

Indem die Komödie menschliches Leid nicht als unausweichlich, aber sinnhaft, sondern als aufhebbar darstellt, kann Brecht formulieren: "Und im allgemeinen gilt wohl der Satz, daß die Tragödie die Leiden der Menschen häufiger auf die leichte Achsel nimmt als die Komödie" (BrW 17, 1178).[53]

Damit wird deutlich, daß die Differenz zwischen Tragödie und Komödie eine weltanschauliche ist, die Differenz zwischen einem falschen, ideologischen Weltbild, das ein Eingreifen in geschichtliche Abläufe verhindert, und einem richtigen, das zielgerichtetes Handeln einleitet. Für Brecht ist die Komödie erkenntnismäßig fortgeschrittener als die Tragödie.

Nun hat die französische Geschichte sozusagen empirisch bewiesen, daß die Unterdrückung durch den Adel kein vom Schicksal verhängtes, sondern ein lösbares Problem war, ein Komödienproblem also. Die Französische Revolution bewies, daß das französische Bürgertum ein richtiges Denken entwickelt hatte, ein eingreifendes Denken, das die Kausalität des gesellschaftlichen Seins adäquat zu erfassen und aus dieser Erkenntnis ein Handeln abzuleiten in der Lage war, das das Problem grundlegend löste. Von dieser Erkenntnisposition aus konnte der Konflikt Adel - Bürgertum schon 1784 als überwindbarer belacht werden.

Ganz anders in Deutschland: da der Konflikt Adel - Bürgertum bis 1918 nicht im Sinne des letzteren gelöst werden konnte, mußte er wohl als unlösbar, als ausweglos, als schicksalhaft erscheinen; umgekehrt: indem er als tragisch erschien, war es dem deutschen Bürgertum nicht möglich, eine Perspektive zu entwickeln, die zielgerichtetes historisches Handeln ermöglicht hätte. Aus dieser ideologischen Wirklichkeitssicht heraus entscheidet sich das deutsche Bürgertum, seinen Konflikt mit dem Adel als Trauerspiel zu gestalten.

Lenz' Gattungswahl stellt sich also als Resultat eines historisch begründeten Erkenntnisdefizits heraus, als Ausdruck einer Haltung, die die Wirklichkeit nicht zu meistern in der Lage ist. Inwiefern Knopf die in diesem Zusammenhang nur als Hohn aufzufassende letzte Zeile des Sonetts, "Des Dichters Stimme bricht, wenn er's erzählt" (BrW 9, 610), als Würdigung des Lenzschen Engagements und Mitleids für die Unterdrückten verstehen kann, ist schwer begreiflich.[54]

In diesem Sinne ist für Brecht die Gattungswahl abhängig von der Position des Autors im historischen Prozeß: die Erfahrung, daß die Wirklichkeit durchschaubar und beherrschbar ist, gestaltet sich in der Komödie, die Auffassung, daß die Leiden des Menschen unbeeinflußbar von außen verhängt sind, tendiert zur Tragödie. Es ist keine Frage, zu welcher Gattung der Marxist Brecht im Jahre

---

[53] Es wird hier bereits deutlich, daß Brecht seinen Überlegungen ein eher konventionelles Komödienmodell, etwa aufklärerischer Provenienz, mit Happy End zugrundelegt. Auf die Komödie der im bisherigen Verlauf der Untersuchung dargestellten Autoren treffen Brechts Aussagen natürlich keineswegs zu.

[54] Vergl. Knopf 1980. S. 292.

1950 tendiert, als er das "bürgerliche Trauerspiel" von Lenz für sein Theater bearbeitet.

5.2.2. Klassenspezifische Verhaltensweisen im "Hofmeister"

Müller, Joost und Voges schreiben über die Tendenz der Brechtschen Bearbeitungen: "Die Perspektive richtet sich nun über die Charaktere auf deren geschichtsbildende Interessen. Damit wird deren faktisches So-Sein nicht als gegeben hingenommen, sondern in seiner Entstehung und Auswirkung hinterfragt."[55] Und in ähnlichem Zusammenhang: "die Bearbeitung (will) weder Leidenschaften als Triebkräfte sozialen Handelns zeigen, noch Gefühle mobilisieren, sondern typische Verhaltensweisen demonstrieren, die den Klasseninteressen entsprechen."[56]

Diese Aussagen überraschen nicht; sie decken sich mit den bisherigen Überlegungen und Ergebnissen der Untersuchung: die Fähigkeit zur adäquaten Erkenntnis der Wirklichkeit ist abhängig von der Vitalität des Interesses an Veränderung, dieses von dem Leidensdruck, der von den Verhältnissen ausgeht. Letzterer aber ist klassenabhängig. So ist geschichtliches Handeln letztlich abhängig von Klasseninteressen.

Ausgehend von diesen Überlegungen soll im Folgenden die Untersuchung der handelnden Figuren nicht einer Unterteilung in Haupt- und Nebenfiguren folgen, wie dies in der Forschung üblich ist[57]; die Untersuchung soll nach Klassen getrennt erfolgen, und der klassenspezifische und damit über das Individuum hinausreichende Charakter gesellschaftlichen Verhaltens soll im Vordergrund der Überlegungen stehen.

5.2.2.1. Die Aristokratie

Als wichtigster Vertreter des Adels und wohl auch als eine der Hauptfiguren des Dramas überhaupt fungiert - vor allem bei Lenz, aber auch bei Brecht - der Geheime Rat. Er ist bei Lenz Träger der Gedanken des aufgeklärten Bürgertums; so macht er typisch bürgerlich-idealistisches Denken gegen Läuffer geltend, der an seiner unglücklichen Situation (der Anstellung im Hause Berg mit immer weiter heruntergehandeltem Lohn) selbst schuld sei, da er sich freiwillig seiner Freiheit und Menschenwürde begeben habe, die das eigentliche Humanum ausmachen: "er hat den Vorrechten eines Menschen entsagt, der nach seinen Grundsätzen muß leben können, sonst bleibt er kein Mensch ... und was ist er anders als Bedienter, wenn er seine Freiheit einer Privatperson für einige Handvoll Dukaten

---

[55] Joost/Müller/Voges 1985. S. 340.
[56] Joost/Müller/Voges 1985. S. 356.
[57] Vergl. etwa Kitching 1976.

verkauft?"[58] Es ist ein Freiheitsidealismus, den der Geheime Rat propagiert, verbunden mit einer voluntaristischen Ethik, die die Abhängigkeit des Hofmeisters als Resultat seiner freien Entscheidung sieht und auch für die Rückgewinnung der individuellen Freiheit lediglich einen Willensakt für notwendig erachtet. Zwar klingt durchaus Kritik an an einer Gesellschaft, die von Bediensteten die Aufgabe ihrer Freiheit verlangt. Perpetuiert jedoch wird diese Gesellschaft durch jene, die sich trotz sich bietender Alternativen in solche Abhängigkeit begeben: "Ihr beklagt Euch so viel übern Adel ... Aber wer heißt euch ihren Stolz nähren? Wer heißt euch Domestiken werden, wenn ihr was gelernt habt"?[59]

Der Geheime Rat ist es auch, der die öffentliche Schule als Mittel zum Abbau von Adelsprivilegien in der Ständegesellschaft propagiert: "das junge Herrchen ... würde seinen Kopf anstrengen müssen, um es den bürgerlichen Jungen zuvorzutun, wenn es sich doch von ihnen unterscheiden will."[60] Echt bürgerlich soll Leistung, nicht Geburt den gesellschaftlichen Rang bestimmen. Wenn sich die Bürger, so der Geheime Rat, seiner Position anschlössen, so würde man auch den Adel zum Umdenken bringen können "und wir könnten uns bessere Zeiten versprechen."[61]

Auch wenn die Figur des Geheimen Rats in der Forschung nicht ganz unumstritten ist - Walter Hinderer ist durchaus repräsentativ für einen Teil der neueren Forschung, wenn er schreibt:

> die Lösung des Problems, die der Geheime Rat dem Pastor offeriert, ist nicht weniger fadenscheinig als die Verteidigung des status quo durch den Pastor ... seine Äußerungen belegen auch, wie gefahrlos sich der Privilegierte den Luxus progressiver Ideen leisten kann, während die Not den weniger glücklichen im Geschirr der Zwänge hält (62) -,

so geht doch die Mehrheit der Forscher mit Werner Mittenzwei davon aus, daß Lenz in der Figur des Geheimen Rats "einen Adligen zum Sprecher seiner Reformvorstellungen (macht). So ist die eigentlich positive Figur des Stückes nicht der bürgerliche Läuffer, sondern der Geheime Rat Herr von Berg, der für die öffentliche Erziehung eintritt und seine Haltung auch praktisch vorlebt."[63]

Es erstaunt nicht, daß Brecht die Figur umfassend anders konzipiert. Die idealistisch-humanitären Vorstellungen des Geheimen Rats werden soweit reduziert, daß ihnen jeder Praxisbezug verloren geht. In der oben herangezogenen Unterredung mit dem Pastor etwa streicht Brecht die reformerischen Konzepte bezüglich des Schulsystems, desgleichen den gesellschaftskritischen Ton, den die

---

[58] Lenz, Jakob Michael Reinhold: Der Hofmeister. Oder Vorteile der Privaterziehung. Eine Komödie. In: J. M. R. L.: Werke und Schriften II. Hrsg. von Britta Titel und Hellmut Haug. Stuttgart 1967 (=Goverts neue Bibliothek der Weltliteratur). S. 9 - 104. Nachfolgend zitiert als: Lenz 1967. S. 26.

[59] Lenz 1967. S. 26 f.

[60] Lenz 1967. S. 29.

[61] Lenz 1967. S. 29 f.

[62] Hinderer 1981. S. 72.

[63] Mittenzwei 1974. S. 230.

Ausführungen des Geheimen Rats bei Lenz haben. Was bleibt, ist völlig abstrakter, inhaltsleerer Freiheitsidealismus, der sich weigert, aus seinen Positionen Konsequenzen für die Praxis abzuleiten (BrW 6, 2356). Gerade hiermit aber erfüllt das Reden des Geheimen Rats seinen eigentlichen Zweck: "Das humanitäre Pathos, durchaus ernst gemeint bei Lenz, wird bei Brecht zur hohlen Phraseologie, zum hochtönenden Geschwätz, das bloß dazu dienen soll, vom weiteren Feilschen um das Gehalt des Hofmeisters abzulenken."[64]

Immer wieder scheint durch, daß das Handeln des Geheimen Rats gerade nicht durch die prätendierten Ideale bestimmt wird. Sein Entschluß etwa, den eigenen Sohn auf eine öffentliche Schule zu schicken, ist keineswegs Ausdruck reformerischer Konsequenz wie bei Lenz; schon im ersten Bild antwortet er auf die Aussage seines in wirtschaftlicher Bedrängnis stehenden Bruders, Major von Berg, die bescheidenen Gehaltsforderungen Läuffers sprächen für dessen Anstellung: "Ich mag nicht, was wohlfeil. Darum schick ich meinen Fritz auf die Universität nach Halle" (BrW 6, 2336). Die Ausbildung an der Universität ist die bessere und teurere. Indem der Geheime Rat diese seinem Sohn zuteil werden läßt, demonstriert er, auch gegenüber seinem Bruder, seinen Wohlstand - die Ausbildung wird zum Prestigeobjekt - und offenbart gleichzeitig die wirklichen Gründe für die Bevorzugung öffentlicher Schulen und die Ablehnung des Hofmeisterwesens: sie sind nicht idealistischer Art, sondern liegen in der Suche nach dem eigenen Vorteil.

Die realen Klassenverhältnisse und das diesen durchaus entsprechende Verhalten des Geheimen Rats, das zu seinem idealistischen Pathos im Gegensatz steht, werden in seinem Verhalten gegenüber einem Bedienten sichtbar, als es um die Rettung Gustchens geht: "GEH. RAT *gibt einem Bedienten einen Tritt in den Hintern, daß er ins Wasser fällt:* Nach, Kerl, schon dich nicht!" (BrW 6, 2375).

Der Idealismus des Geheimen Rats hat also gar nicht die Funktion, in die Realität zu wirken; er ist Herrschaftsideologie, soll als solche die realen Interessen und Handlungsantriebe verbergen. Anders als bei Lenz stützt der Idealismus bei Brecht objektiv die Herrschaft des Adels; er wird von dem Geheimen Rat offenbar gewollt und bewußt so eingesetzt - er tut dies objektiv aber auch dann, wenn er vermeintlich andere Ziele verfolgt; hierauf wird im nächsten Kapitel zurückzukommen sein.

Der Widerspruch, der besteht zwischen der tatsächlichen Klassenposition und der Ideologie des Geheimen Rats, wird von Brecht satirisch dem Verlachen preisgegeben, wenn Brecht die Figur (pseudo-)kantische Postulate im preußischen Kasernenhofton formulieren läßt:

> nach Halle und eine Leuchte der Menschheit geworden! Daß du ihrer würdig werdest! Und die wahre Freiheit kapierst! Als welche die Menschen von den Tieren unterscheidet. Die Hengste und Stuten müssens, aber die Menschen sind frei, es nicht zu tun. Verstanden, Sohn? ... Der Gedanke ist frei, aber Geschriebenes wird zensuriert! ... Ja meine Lieben, die Vernunft ist eine gestrenge Herrin. (BrW 6, 2339)

---

[64] Mayer 1971. S. 74.

Alle anderen Adligen sind bei Brecht, mehr noch als bei Lenz, Nebenfiguren, die durchweg lächerlich erscheinen. Die Lächerlichkeit resultiert immer daraus, daß die von den Figuren vertretene Ideologie mit ihrem gesellschaftlichen Sein nicht in Übereinstimmung zu bringen ist: die gesellschaftliche Wirklichkeit, ja die Existenz des Adels ist nur noch zu rechtfertigen durch ideologische Konstrukte, die die Wirklichkeit verbrämen. Diesen ideologischen Postulaten gerecht zu werden sind die Figuren nicht in der Lage, die Ideologie ist brüchig und widersprüchlich. Komische Diskrepanzen sind die Folge.

So wird etwa der Major zunächst aller positiven Züge entkleidet, die zu Sympathie, Verständnis, Einfühlung von seiten des Rezipienten führen könnten - "In short, the doting father is replaced by the militarist"[65] -, danach wird er in Situationen gebracht, in denen beispielsweise die behauptete Überlegenheit des Adels durch seine Bildung und die Anforderungen der Majorin an die Qualifikation des Hofmeisters (BrW 6, 2339 f., 2344 - 2347) mit der tatsächlichen Ungebildetheit des Majors kontrastiert wird. Brecht schreckt hier auch vor klamaukhaften Szenen nicht zurück; so hat Läuffer in Bild 5 das Wort "agricola" an die Tafel geschrieben. "LEOPOLD *liest mit falscher Betonung*: --cola. LÄUFFER *stellt angeekelt die Betonung richtig*: Agricola. *Herein der Major.* MAJOR *liest mit falscher Betonung*: Agricola. So ists recht, so lieb ichs ..." (BrW 6, 2345). Aus einer durchaus ambivalenten Figur bei Lenz ist bei Brecht eine Witzfigur geworden.

Ähnliches gilt für die anderen Figuren. So beschwert sich die Majorin bei dem Grafen Wermuth, daß der neue Hofmeister fünfhundert Dukaten jährliches Gehalt koste (BrW 6, 2341), um auf diese Weise den eigenen Wohlstand zu demonstrieren - der Zuschauer weiß, daß sie tatsächlich das Gehalt Läuffers gerade auf 150 Dukaten gedrückt hat (BrW 6, 2339). Graf Wermuth seinerseits vertraut dem Major an: "ich habe immer schon gedacht, ein kleiner Abstecher hin und wieder nach Sodom frischt das Blut auf" (BrW 6, 2367), und entlarvt damit die kurz darauf einsetzende Empörung über die "Verführung" Gustchens durch Läuffer als Klassenideologie, die sich als allgemeine Moral tarnt. Wo sich bei Lenz die Möglichkeit echter Tragik entwickelt, die im letzten Moment abgewandt wird, wird bei Brecht der Selbstmordversuch Gustchens zur Farce: "Gustchen stellt ihre Schuhe hin und watet mit zurückgewandtem Antlitz in den Teich" (BrW 6, 2375) - aber erst, nachdem sie ihren Vater schon von weitem rufen hört. Der Selbstmordversuch ist vorgespielt, "wir wissen, daß bei genügend Wohlstand die Tragik keine gesicherte Existenz hat" (BrW 17, 1234). "Das von Bergsche Haus ist tragödiensicher" (BrW 17, 1238).

Dem Adel werden alle Züge genommen, die beim Zuschauer Sympathie wecken und das rein satirische Verlachen dämpfen könnten. Er repräsentiert tatsächlich das Gesellschaftlich-Komische im Sinne Gieses. Seine historische Überständigkeit zeigt sich darin, daß er nicht mehr in der Lage ist, sein Bewußtsein von sich selbst mit seiner gesellschaftlichen Realität in Übereinstimmung zu brin-

---

[65] Kitching 1976. S. 122.

gen. Jenes wird ideologisch, und die Diskrepanz von Ideologie und Realität wird zur Quelle der Komik.

Dennoch ist einer Interpretation, wie sie etwa Rainer Pohl vertritt - "Auch bei Brecht bleibt der Adel Hauptgegenstand der Kritik"[66] - zu widersprechen: das dramaturgische Gewicht des Adels ist bei weitem zu gering. Eindeutig im Mittelpunkt der Brechtschen Bearbeitung steht die Figur Läuffers, Wenzeslaus und Pätus haben mindestens das gleiche Gewicht wie der Geheime Rat. Diesen Figuren wird sich die Untersuchung nun zuwenden, um die Rolle des Bürgertums in Brechts Komödienkonzeption zu klären.

5.2.2.2. Das Bürgertum

5.2.2.2.1. Die Wirklichkeitsferne bürgerlichen Denkens - Pätus

Es mag erstaunen, daß eine Untersuchung der Figur des Pätus am Beginn der Analyse von Brechts Darstellung des Bürgertums im "Hofmeister" steht, ist doch der Bürgerliche Läuffer in Brechts Bearbeitung eindeutig die Hauptfigur und scheint für die Rolle des Bürgertums im geschichtlichen Prozeß signifikanter zu sein. Zwei Gründe sprechen dafür, dennoch die Figur des Pätus an den Anfang zu stellen:

Die Studentenszenen in Halle und Heidelberg stellen neben den Szenen im Hause von Berg und der Läuffer/Wenzeslaus-Handlung den dritten gleichberechtigten Handlungsstrang im "Hofmeister" Lenz' dar. Seine Funktion ist die des Gegenentwurfs zu der vom Geheimen Rat kritisierten Gesellschaft: "Träger des utopischen Konzepts, das Lenz den Geheimen Rat entwickeln läßt, ist die junge Generation. Die Jugend *handelt* nach den idealistischen Grundsätzen"[67].

Eine solche Handlung, die das Konzept des Geheimen Rats als realisiertes zeigt, konnte Brecht natürlich nicht brauchen. Er strich daher die Studentenszenen Lenz' fast vollständig und gestaltete sie völlig eigenständig neu. So ist diese Nebenhandlung, in der die Figur des Pätus im Mittelpunkt steht, am meisten Brechtsches "Original", zeigt am unverfälschtesten die Intention des Autors, unbeeinflußt durch die Lenzsche Vorlage.

Darüberhinaus wird zu zeigen sein, daß Brecht in der Figur des Pätus in seinen Augen typische Strukturen des klassenspezifischen bürgerlichen Denkens und Handelns gestaltet hat, die ihrerseits ein helles Licht auf seine Auffassung der Läuffer-Gestalt werfen.

Brechts zentrale Neuerung bei der Gestaltung des Pätus ist es, diesen zum Kantianer zu machen. Schon zweimal ist er bei Friedrich Wolff durch das Examen gefallen, weil er Kants Überlegungen "Zum ewigen Frieden" nicht abschwören

---

[66] Pohl, Rainer: Strukturelemente und Entwicklung von Pathosformen in der Dramensprache Bertolt Brechts. Bonn 1969 (=Bonner Arbeiten zur deutschen Literatur Bd. 20). S. 159.

[67] Joost/Müller/Vóges 1985. S. 355.

will. Als er von seinen Kommilitonen gefragt wird, ob er nicht aus taktischen Gründen bereit sei, sich von der Philosophie Kants zu distanzieren, um sein Examen bestehen zu können, schnitzt er mit dem Taschenmesser ein pathetisches "Nein" in den Tisch seiner Studentenbude. "Und dies Nein gilt gleichermaßen der ganzen teutschen Untertänigkeit, indem sie doch nur selig sind, wenn sie Knechte sein können, am liebsten Kriegsknechte, als welche sie sich für irgendein Oberhaupt aufopfern!" (BrW 6, 2351).

Ausgestattet mit dem Rüstzeug der Transzendentalphilosophie und getragen von idealistischem Pathos - das bei ihm, anders als beim Geheimen Rat, echt ist - versucht Pätus, sich den herrschenden Tendenzen des historischen Status Quo zu verweigern. Die damit erfolgte Fundierung seines Widerstands jedoch ist so schwach, daß sie nicht einmal der Zimmerwirtin Frau Blitzer standhält; ihr gegenüber sinkt sein "Nein" zu der "ganzen teutschen Untertänigkeit" in sich zusammen.

Pätus und sein Kommilitone Bollwerk müssen erst durch Fritz von Berg darauf aufmerksam gemacht werden, daß der Kaffee, den Frau Blitzer ihnen als Bohnenkaffee serviert und abrechnet, tatsächlich Gerstenkaffee ist; empört wirft Bollwerk das Kaffeeservice aus dem Fenster. Darüber von Frau Blitzer zur Rede gestellt, findet Pätus weder den Mut, Bollwerk als den wirklichen Missetäter zu denunzieren, noch der Zimmerwirtin ihren Betrug offen vorzuwerfen. Stattdessen greift er zu einer lächerlichen Ausrede - "Es war eine Spinne drin, und ich warfs in der Angst" (BrW 6, 2352) -, fleht Frau Blitzer um Verzeihung an und muß den Kommilitonen kleinlaut den Grund für sein unterwürfiges Verhalten eingestehen: "Ich fürcht nichts als die Blitzer ..." (BrW 6, 2353).

Das "Nein" zu der "ganzen teutschen Untertänigkeit" versagt schon beim ersten Anlaß an der simpelsten Realität. Der Idealismus des Kantianers Pätus ermöglicht es ihm weder, die Realität zu durchschauen, noch sie zu meistern. Damit ist der in Brechts Augen entscheidende Vorwurf gegen den Idealismus gefallen: sein mangelnder Realitätsbezug, auch da, wo er nicht als Herrschaftsideologie bewußt mißbraucht, sondern mit progressiven Zielen verbunden wird. So notiert er über die deutsche Geschichte:

> Die Revolution des Geistes fehlte nicht, sie war tief, umfassend und in gewisser Weise permanent. Die Geschichte der deutschen Philosophie beschreibt eine einzige, riesige, jahrhundertelange katalaunische Schlacht: die Geister der Getöteten, Niedergetrampelten, Verkrüppelten, Erstickten kämpften in den Lüften weiter: In dieser Schlacht siegten sie, in den Lüften erkämpften sie ihre Freiheit, eine luftige und windige Freiheit. Sie lernten und lehrten einander, wie man in Ketten frei sein kann, ein gewaltiges Kunststück! (BrW 20, 256)

"In das Denken solcher Menschen greift also die Welt nur mangelhaft ein; es kann nicht überraschen, wenn ihr Denken dann nicht in die Welt eingreift" (BrW 20, 175). Damit ist das entscheidende Stichwort gefallen: nicht eingreifendes Denken. Indem der Idealismus als Philosophie seine Erkenntnisse nicht direkt aus der Realität zieht, indem er im Gegenteil eine "wahre Wirklichkeit" konstruiert, die als Idee gar nicht den Anspruch erhebt, mit der materiellen Wirklichkeit identisch zu sein, können diese Erkenntnisse keine Hinweise für eingreifendes, erfolgreiches Handeln in der Realität geben. Der Idealismus erscheint in jeder Hinsicht realitäts- und praxisfern und damit ohne Folgen für die gesellschaftliche Wirklichkeit. Objektiv dient er damit den Interessen der Herrschenden, denen, die am Erhalt des Status Quo interessiert sind. Es ist kein Zufall, daß der Geheime Rat ihn zur Herrschaftsideologie macht.

Das Versagen des Idealismus bei der adäquaten Erfassung der Realität zeigt sich für Brecht immer dann am krassesten, wenn er mit der vital-kreatürlichen Wirklichkeitssphäre der Sexualität konfrontiert wird.

So berichtet Hanns Eisler, daß Kants Definition der Ehe aus der "Metaphysik der Sitten" eine Quelle immerwährender Heiterkeit für Brecht war, daß er ihren fortschrittlichen Gehalt nicht zu erkennen in der Lage war.[68] Auch hiermit beschäftigt sich eines seiner "sozialkritischen Sonette", in dem Brecht sich an der Vorstellung ergötzt, wie nach einer "Geschlechtsteilhinterziehung" der Gerichtsvollzieher auf den Plan gerufen wird (BrW 9, 609). Der Realitätsbereich der menschlichen Sexualität und Sinnlichkeit wird mit der abstrakten Konstruktion eines bürgerlichen Vertrags zu erfassen und zu reglementieren versucht. Damit wird an die materielle Wirklichkeit ein Maßstab angelegt, der dieser nicht adäquat ist, der nicht von ihr beeinflußt, sondern von außen an sie herangetragen ist und ihr von daher nicht gerecht werden kann. Die Folgerungen, die aus einer solchen Anschauung für die Realität (angeblich) gezogen werden müssen, malt Brecht betont grotesk aus.

So überrascht es nicht, daß auch diese Definition im "Hofmeister" Pätus in den Mund gelegt wird; und noch in einem zweiten Motiv wird der Idealismus Pätus' mit der Sphäre der Sexualität konfrontiert, um dessen Inadäquatheit zu demonstrieren.

Bollwerk ist mit der Angebeteten Pätus', Jungfer Rehhaar, ausgegangen, nachdem Pätus mangels gesellschaftsfähiger Kleidung das Haus nicht verlassen konnte. Das Rendezvous endet mit der Schwängerung der Jungfer. Da diese ihm versichert: "Wir haben nur von Ihnen geredet!" (BrW 6, 2359), fühlt Pätus sich verpflichtet, die Kosten der Abtreibung zu übernehmen; für ihn ist es von "philosophischem Interesse ..., wenn sie einen bestimmten Mann A liebt und begehrt oder befriedigt mit dem Körper einen andern B" (BrW 6, 2358). Fritz von Berg konkretisiert: "Meinst du: solle man da sagen, sie liebt A, oder sagen, sie schläft mit B? ... Ich denke, du willst, ich sage: der Geist zählt" (BrW 6, 2359). So denkt Pätus tatsächlich; er fühlt sich als der geistige, eigentliche Vater des Kindes - "Für mich, für mich hat er sie gestreichelt, sie geschwängert für mich!" (BrW 6, 2359) - und trägt die Kosten der Abtreibung. Eine parallele Konstellation ergibt sich am Ende des Dramas zwischen dem von Läuffer geschwängerten Gustchen und Fritz von Berg (BrW 6, 2389 f.).

Der Idealist hält den Geist für primär und die Materie für sekundär. So lebt

---

[68] Vergl.: Bunge, Hans: Fragen Sie mehr über Brecht. Hanns Eisler im Gespräch. Nachwort von Stephan Hermlin. München 1970. S. 147 f.

er sein Leben im Geiste und verzichtet darauf, am wirklichen Leben zu partizipieren. Der Idealismus Pätus' ist impotent im wahrsten Sinne des Wortes, unfähig, schöpferisch, meisternd auf die Wirklichkeit zu wirken. Der kantische Ansatz führt zu einer grotesken Sicht der Wirklichkeit, der auf Grund dieser Wirklichkeitssicht Handelnde ist letzten Endes der Geprellte. So gelingt es Pätus nicht, eine adäquate Haltung zur Wirklichkeit zu gewinnen.

Es erstaunt nicht, daß der Anhänger einer Weltanschauung, die so wenig in die Wirklichkeit eingreift, letztlich vor der Wirklichkeit kapituliert: er schwört Kant ab, besteht das Examen bei Professor Wolff, erhält eine Lehrerstelle und gründet eine Familie. Sein "Nein" zu der "ganzen teutschen Untertänigkeit" hat sich in Luft aufgelöst. Groteskerweise rechtfertigt er dieses Verhalten wiederum mit Kant: hat dieser doch den Ehevertrag als "nach Rechtsgesetzen der reinen Vernunft notwendig" bezeichnet (BrW 6, 2384). Um aber diesen notwendigen Vertrag und die hierfür notwendige materielle Sicherheit der Lehrerstelle zu erlangen, mußte Pätus "notwendig" Kant abschwören. Fritz von Berg faßt zusammen: "So hat dir dein Herr Leibphilosophus bewiesen, daß du ihm abschwören mußtest, und du hast ihm abgeschworen, indem du ihm gefolgt bist!" (BrW 6, 2384). Wieder zeigt sich, daß der Idealismus nicht in die Wirklichkeit eingreift, sondern diese apologetisch bestätigt. Anderes war von Kant kaum zu erwarten, "ist er aufwieglerisch doch nur in der Idee!" (BrW 6, 2360).

"Die Pointe, daß Pätus dann sogar sein geistiges Aufmucken einstellen muß, ist kaum weniger radikal als Läuffers so einschneidende Tat."[69] Tatsächlich vollzieht Pätus als erster im Stück eine (geistige) Selbstkastration: er verzichtet darauf, produktiv in der Wirklichkeit zu wirken, sie nach seinen Vorstellungen zu gestalten. Er bildet damit die erste Variation eines Themas, das im "Hofmeister" immer wieder durchgespielt wird.

Selbstverständlich geht es Brecht im "Hofmeister" nicht um eine philosophische Kritik oder Widerlegung Kants selbst. Als vielleicht hervorragendster Repräsentant bürgerlichen Denkens in Deutschland jedoch wird Kant zur Chiffre für die Ideologie des deutschen Bürgertums. Anders als die französische Bourgeoisie, die in der Revolution bewiesen hat, wie eingreifend ihr Ansatz der Wirklichkeitsanalyse wirksam werden konnte, bildet die deutsche ein Denken aus, das nicht in der Lage ist, die Wirklichkeit im bürgerlichen Interesse umzugestalten. Dieses Denken wird nicht geschichtsmächtig, es führt zur politischen Selbstkastration des deutschen Bürgertums.

So wird der Idealismus kantischer Prägung "doppelt dem Gelächter preisgegeben: einmal durch die Art und Weise, wie er 'von oben', von seiten des Geheimen Rats interpretiert wird und zum anderen, wie er 'von unten', von den Schülern Kants wie Pätus verstanden wird: nämlich als 'aufwieglerisch doch nur in der Idee'."[70]

In diesem Sinne kann man Knopf zustimmen, wenn er behauptet, daß im

---

[69] Giese 1974. S. 206.
[70] Völker, Klaus: Brecht-Kommentar zum dramatischen Werk. München 1983. S. 270.

"Zentrum des Stücks ... die ganz neu eingefügten Kant-Zitate"[71] stehen: sie variieren das zentrale Thema des Stücks, die Selbstkastration des deutschen Bürgertums, sie zeigen das historisch konkrete Wie dieser Selbstkastration und sie geben Hinweise auf das adäquate Verständnis der Läuffer-Figur.

5.2.2.2.2. Die Selbstkastration aus wirtschaftlicher Notwendigkeit - Läuffer

Der Hofmeister Läuffer ist bei Lenz, wie fast alle Figuren, durchaus ambivalent angelegt. Rolf Christian Zimmermann ist wohl zuzustimmen, wenn er - im Gegensatz zum Gros der Forschung - darauf hinweist, daß es mit den Gegebenheiten des Textes unvereinbar ist, Läuffer schon bei Lenz als Opfer der Gesellschaft aufzufassen[72]: sein Studium hat er abgeschlossen, hat allerdings in Leipzig vor allem die Kaffeehäuser und Ballsäle kennengelernt. Seine Studienleistungen scheinen entsprechend zu sein: weder will ihn der Geheime Rat an der Stadtschule beschäftigen, noch sein eigener Vater als Adjunkt, für den Beruf des "Pfaffen" - offensichtlich eine weitere Perspektive, die ihm offensteht - dünkt er sich "zu jung, zu gut gewachsen"[73]. Auch von einer wirtschaftlichen Notlage und Ausbeutung kann nicht die Rede sein.[74] Die Sicht des Geheimen Rats, der Läuffer aus eigenem Verschulden in seine entwürdigende, unfreie Situation geraten sieht, scheint durchaus treffend für Lenz' Hofmeister.

Den Hofmeister, der in Lenz' offenem Drama eine von mehreren Hauptfiguren war, macht Brecht zur Zentralfigur seines Stückes. Er nimmt an ihm eine grundlegende Neumotivierung vor. War Läuffers Handeln bei Lenz vor allem aus seinem Charakter heraus verstehbar, so wird es bei Brecht ausschließlich ökonomisch motiviert.

Schon die Ausgangssituation ist geändert: "Seines Vaters Beutel hat für die Schlußexamina nicht gelangt" (BrW 6, 2335), bemerkt der Geheime Rat über Läuffer. Ohne eigenes Verschulden, begründet aus seiner sozialen Herkunft, ist Läuffer von Anfang an in einer ungünstigen Situation; ohne abgeschlossenes Universitätsstudium sind seine Berufsaussichten eher düster, er ist abhängig vom Wohlwollen des Adels, angewiesen auf diesen zur Sicherung seiner wirtschaftlichen Existenz. Da es für ihn keine Alternative zum Hofmeisterdasein gibt, ist er der Ausbeutung durch den Adel hilflos ausgeliefert: sowohl die Verdopplung seiner Aufgaben, als er ohne Erhöhung seines Gehalts zwei statt einen Schüler erziehen soll, als auch die immer weitere Kürzung seines Salärs muß er widerspruchslos hinnehmen. Und der Major macht deutlich, daß es sich bei der Anstellung des

---

[71] Knopf 1980. S. 295.
[72] Zimmermann 1984. S. 214 f.
[73] Vergl. Lenz 1967. S. 11 - 13.
[74] Zimmermann weist darauf hin, daß Schiller 1790 als Universitätslehrer in Jena, "schon über dreißig Jahre alt, verheiratet und berühmt", jährlich 70 Dukaten bezog (Zimmermann 1984. S. 217). Im Vergleich dazu wirkt auch das auf 100 Dukaten heruntergehandelte Salär des Hofmeisters durchaus üppig (vergl. Lenz 1967. S. 25).

Hofmeisters nicht um einen Vertrag im gegenseitigen Interesse handelt, sondern um einseitige Abhängigkeit: "Ich tus nur aus Freundschaft für seinen Herrn Vater, was ich an Ihm tue, und um seinetwillen auch, wenn er hübsch fleißig ist" (BrW 6, 2346).

Damit ist die Konstellation gegenüber Lenz grundlegend geändert:

> Brecht portrays Lenz's Läuffer not as someone who chooses foolishly to become a tutor rather than pursue his studies, but as the thoroughly helpless victim of feudal rulers whose penchant for war creates such economic deprivation among the members of the lower middle class that they can exercise no autonomy in their personal, social or financial affairs. (75)

Damit ist die gesellschaftliche Rolle Läuffers und der Charakter seines Handelns festgelegt; was Brecht über die erste Szene schreibt, gilt im Grunde für die ganze Bühnenhandlung: "Sie zeigt Läuffer sozusagen auf dem Strich" (BrW 17, 1223). In der dritten Szene, in der Läuffer durch die Majorin examiniert wird, kämpft der "arme Teufel ... um sein Leben, wenn er der Majorin die paar Menuettschritte vorführt" (BrW 17, 1224). Welcher Demütigung er sich gewärtig sein muß, welche Anpassung von ihm verlangt wird, wird deutlich, als er dem (offenbar inkompetenten) Urteil des dümmlichen Grafen Wermuth über einen Ballettänzer zu widersprechen wagt: "Merk Er sich mein Freund! daß Domestiken in Gesellschaft von Standespersonen nicht mitreden. Geh er auf sein Zimmer. Wer hat Ihn gefragt?" (BrW 6, 2341). Ob Läuffer diese Demütigung zu ertragen, ob er diese Anpassung zu leisten gewillt ist, steht auf Grund seiner Abhängigkeit nicht zur Diskussion.

Auch in anderer Hinsicht wird Läuffer gezwungen, seine kreatürlichen Bedürfnisse zu unterdrücken, um seine Existenz nicht zu gefährden. Dies zu demonstrieren soll die vierte Szene leisten, die Läuffer auf dem Schlittschuhplatz zeigt. "Die vierte Szene zeigt Läuffer in seiner Isoliertheit, die ihm ein normales Liebesleben unmöglich macht." (BrW 17, 1242) Wieder prostituiert sich Läuffer: "Der Hofmeister Läuffer, abgeschnitten vom Verkehr mit andern jungen Leuten, unter zunehmendem Geschlechtshunger leidend, produziert sich hahnengleich vor den jungen Mädchen der kleinen Stadt, indem er schwierige Kunststücke vollführt."[76] Wieder sind es soziale Gründe, die Läuffers Bedürfnissen entgegenstehen: in der Kleinstadt Insterburg führt es zur sozialen Stigmatisierung, sich mit Fremden einzulassen (BrW 6, 2343). Da ihm das zu einem Bordellbesuch in Königsberg notwendige Pferd von dem Major verweigert wird, bleibt Läuffer nichts als die Unterdrückung seines Triebes.

Daß Läuffer diese Anpassung unter Verzicht auf eigene Bedürfnisse und Interessen zu leisten bereit ist, daran läßt der Brechtsche Text keinen Zweifel. Das Schäferstündchen mit Gustchen bleibt der einzige, wenn auch existenzbedrohende

---

[75] Kitching 1976. S. 84.
[76] Brecht, Bertolt: Werke. Große kommentierte Berliner und Frankfurter Ausgabe. Hrsg. von Werner Hecht, Jan Knopf, Werner Mittenzwei u.a. Berlin, Weimar, Frankfurt am Main 1988 - . Nachfolgend zitiert als: Brecht, Werke 1988. Bd. 24. S. 388.

"Ausrutscher". Schon vor seiner Selbstkastration hat Läuffer die Lebensweisheiten des Spießers verinnerlicht: "Rechtschreibung, Rechtlebung" (BrW 6, 2378). Erst als zum zweiten Mal sein Geschlechtstrieb seine Anpassungsversuche zu torpedieren und damit seine Existenz zu gefährden droht, als sich in ihm sexuelles Verlangen nach dem Mündel seines "Wohltäters" Wenzeslaus regt, schreitet Läuffer zur Selbstkastration. Diese ist damit letzte Konsequenz eines ökonomisch geforderten Anpassungsprozesses, den Läuffer schon im bisherigen Verlauf des Dramas zu vollziehen suchte.

"Bei Lenz ist die Selbstverstümmlung ein Akt religiöser Reue"[77], sie ist die Konsequenz aus der Erkenntnis seiner Schuld, als Läuffer in dem zu ihm gebrachten Kind die eigenen Züge erkennt und begreift, daß seine Beziehung zu Gustchen nicht folgenlos geblieben ist. Diese Reue kann er bei Brecht schon deswegen nicht empfinden, weil er sein Kind nicht zu sehen bekommt; seine Selbstkastration ist nicht Reaktion auf Vergangenes, sondern Vorsorge für die Zukunft: da es sich gerade zum zweiten Mal zeigt, daß seine menschlichen Bedürfnisse und seine wirtschaftliche Existenz einander widersprechen, opfert er jene für diese: "Ich fürchte, meine Beweggründe waren von anderer Art ... Reue ... Sorgen um meinen Beruf" (BrW 6, 2382), wobei im weiteren Verlauf seiner Rede deutlich wird, daß die letztere Begründung eigentlich überwiegt; der Brief, den Läuffer an den Major verfaßt, zeigt, daß seine Selbstkastration keine nur körperliche ist:

> Zwischen Scylla und Charybdis von Natur und Beruf habe ich mich für den Beruf entschieden und hoffe ich, Sie werden mir ein Zeugnis gnädigst nicht versagen, damit ich meinen Beruf wieder ausüben kann. Um so mehr, gnädigster Herr Major, als ich auch im übrigen mich pflichtschuldigst bemühen werde, in allem, ich schreibe in allem, immer das zu tun und zu lehren, was gewünscht wird, zu meinem und zu aller Bestem ... (BrW 6, 2383)

Daran, daß sein Unterfangen in diesem Sinne erfolgreich sein wird, läßt Wenzeslaus nicht die geringsten Zweifel:

> Er ist gesichert. Wer sollte Lehrer werden können, wenn nicht jetzt Ihr? Von allen habt ihr die höchste Qualifikation! Habt Ihr nicht die Aufsässigkeit in Euch für ewig vernichtet, der Pflicht alles untergeordnet? Kein Privatleben kann Euch fürder noch abhalten, Menschen zu formen nach Eurem Ebenbilde. Kann man weiter gehen? Für Euer persönliches Fortkommen seid unbesorgt. Pflicht getan. Alles läßt sich glücklich an. (BrW 6, 2383)

Daß diese Einschätzung realistisch sein dürfte, zeigt die Reaktion des Majors und des Geheimen Rats auf Läuffers Schreiben (BrW 6, 2388).

Aus der bisherigen Darstellung ist deutlich geworden, daß Deutungen des "Hofmeisters", wie sie in der Forschung zu finden sind, zu widersprechen ist. Wenn Udo Müller formuliert: "Kastration hier also durchsichtig als letzter, frei-

---

[77] Wittkowski, Wolfgang: Aktualität der Historizität: Bevormundung des Publikums in Brechts Bearbeitungen. In: Walter Hinderer (Hrsg.): Brechts Dramen. Neue Interpretationen. Stuttgart 1984. S. 343 - 368. S. 356.

lich sinnloser Ausweg dessen, der zwischen dem Druck der Triebe und der Unmöglichkeit, diese auszuleben, zerrieben wird"[78], so ist diese Formulierung zumindest ebenso unglücklich, wie die Kitchings ausdrücklich falsch ist: "The adapter claims that the real culpit is not Läuffer, but biological determinism which creates sexual appetites that have to be satisfied, come what may."[79] Beide Autoren lassen in ihren Zitaten den Eindruck entstehen, als sei der Konflikt, in dem Läuffer steht, ein allgemein-menschlicher, etwa der zwischen Trieb und Kultur oder Natur und Vernunft, für den hier ein individueller, "freilich sinnloser" Ausweg gesucht wird. Beides stimmt nicht: der Konflikt ist für Brecht ein gesellschaftlicher und die Selbstkastration ist eine Konfliktlösung mit gesellschaftlicher Bedeutung. Diese konkrete Gesellschaft ist mit der Befriedigung natürlicher Bedürfnisse unvereinbar, und in "dieser ... Gegenüberstellung ist das Geschlechtliche *positiver* Wert, Residuum des noch nicht völlig abgedankten Humanen."[80] Der Widerspruch von Existenzsicherung und Triebbefriedigung ist ein gesellschaftlicher und verlangt als solcher nach einer Auflösung; diese Auflösung kann gerade nicht in der Unterdrückung des menschlichen Glücksverlangens liegen, vielmehr ist gerade dieses Antriebskraft für den historischen Fortschritt. So wird Läuffers Konsequenz kritisierbar: "Der Hofmeister selbst erntet unser Mitgefühl, da er sehr unterdrückt wird, und unsere Verachtung, da er sich so sehr unterdrücken läßt" (BrW 17, 1221).

Läuffer erscheint nun also plötzlich nicht mehr nur als Opfer. Wenn er Verachtung erntet, weil er sich unterdrücken läßt, so muß es für ihn eine Alternative geben, sonst wäre die Verachtung nicht gerechtfertigt. Im Rahmen des bestehenden Systems jedoch sind Handlungsalternativen nicht denkbar, das hat die durchgehende ökonomische Motivierung Läuffers gezeigt. Das dargestellte gesellschaftliche Problem läßt sich nur gesellschaftlich lösen.

Brecht skizziert im Prolog den welthistorischen Hintergrund des Stückes: es ist der Umbruch von der feudalen zur bürgerlichen Epoche. "Freilich, die Zeiten wandeln sich grad:/Der Bürger wird jetzt mächtig im Staat" (BrW 6, 2333). Und welches Verhalten des Bürgertums in dieser Situation angemessen ist, hat Brecht in seinem Hofmeister-Sonett am Beispiel der französischen Bourgeoisie dargestellt: die revolutionäre Umgestaltung der Gesellschaft nach den eigenen Vorstellungen und den eigenen Interessen, die Herbeiführung der Zeitenwende. Dies ist das adäquate geschichtliche Handeln, dies ist die Folie, die über den "Hofmeister" gelegt werden muß und die Läuffers Fehlverhalten deutlich werden läßt. In diesem Sinne kann Gerhard Fischer über "Die Tage der Commune", "Antigone" und eben auch den "Hofmeister" schreiben: "in allen drei Dramen geht es um revolutionäre Veränderung durch die Herstellung eines gesellschaftlichen Systems, in dem der Einzelne in dem Sinn politisch aktiv wird, daß er seine eigenen Interessen

---

[78] Müller 1980. S. 35.
[79] Kitching 1976. S. 105.
[80] Giese 1974. S. 89.

vertritt und seine Sache als *res publica* selbst in die Hand nimmt."[81] Dies ist das Modell, gegen das Brechts Läuffer komisch verstößt.

"Historisch bedeutsam (typisch)", schreibt Brecht, "sind Menschen und Geschehnisse, die nicht die durchschnittlich häufigsten oder am meisten in die Augen fallenden sein mögen, die aber für die Entwicklungsprozesse der Gesellschaft bedeutsam sind" (BrW 19,531).

In genau diesem Sinne ist die Figur Läuffers und ihre Selbstkastration historisch bedeutsam. Indem Läuffer auf den als leidvoll empfundenen Widerspruch zwischen seiner Kreatürlichkeit und den gegebenen Gesellschaftsverhältnissen nicht revolutionär reagiert, sondern sich im Gegenteil seine Manneskraft, seine Potenz, seine schöpferische Produktivität selbst nimmt und sich unter Verzicht auf die Durchsetzung seiner Interessen dem Adel unterwirft, um vermeintliche materielle Vorteile zu erlangen, wird er zur Metapher für das deutsche Bürgertum insgesamt.

Dessen Ideologie gegen Ende des 18. Jahrhunderts, zur Zeit der französischen Revolution, beschreibt Georg Lukács in seinem Aufsatz "Der Briefwechsel zwischen Schiller und Goethe" so:

> Die konkrete Nachwirkung dieser allgemeinen Lage der deutschen Bourgeoisie, ihrer ökonomischen und politischen Schwäche bei bereits vorhandener ideologischer Führerrolle in der Gesellschaft, bringt als allgemeine Tendenz gerade in den führenden Schichten der bürgerlichen Ideologen jene Richtung hervor, deren bedeutendste Repräsentanten Goethe und Schiller geworden sind. Diese Richtung tendierte zu einer Verschmelzung der Spitzen von Bourgeoisie und Adel auf der Grundlage einer allmählichen schrittweisen Verbürgerlichung des ökonomisch-politischen Lebens in Deutschland, d. h. sie erstrebt bestimmte soziale Resultate von 1789 ohne Revolution. (82)

Statt der revolutionären Forcierung des Klassenkampfs entscheidet sich das deutsche Bürgertum für den Klassenkompromiß. Mit dieser Zielsetzung und der dazugehörigen (idealistischen) Ideologie kann das historisch Überholte, Überfällige, der Adel, gut leben, wie die Figur des Geheimen Rats zeigt. Die realen Machtverhältnisse werden nicht angetastet; die bestehenden Widersprüche werden nicht produktiv in der Negation des Bestehenden aufgelöst, sondern durch die Unterdrückung der eigentlich fortschrittlichen Seite, der Interessen des Bürgertums, überdeckt. Die historisch mögliche und notwendige Zeitenwende wird verfehlt.

So wird deutlich, warum in der Kastration Läuffers "die Wildheit sichtbar (wird), die die Konterrevolution immer zeigt" (BrW 17, 1236): der Verzicht des Bürgertums auf die Realisierung seiner eigenen Interessen, der Verzicht auf die produktive Umgestaltung der Realität im eigenen Sinne, die Selbstkastration, verpaßt die objektiv gegebene Möglichkeit des historischen Fortschritts. Der Verzicht

---

[81] Fischer, Gerhard: Brechts Dramen 1948 - 1950. In: Bernd Hüppauf (Hrsg.): "Die Mühen der Ebenen." Kontinuität und Wandel in der deutschen Literatur und Gesellschaft 1945 - 1949. Heidelberg 1981 (=Reihe Siegen Bd. 17). S. 271 - 306. S. 273 f.

[82] Lukács, Georg: Der Briefwechsel zwischen Schiller und Goethe. In: G. L.: Deutsche Literatur in zwei Jahrhunderten. Neuwied und Berlin 1964 (=Werke Bd. 7). S. 89 - 124. S. 93.

auf die bürgerliche Revolution erweist sich als historisch inadäquates Handeln und damit als komisch. Er wird in der körperlichen Selbstkastration Läuffers ebenso verbildlicht wie in der geistigen Pätus'.

5.2.2.2.3. Der selbstbewußte Untertan - Wenzeslaus

Angesichts des bisher Dargestellten erstaunt es kaum, daß auch der dritte Vertreter des deutschen Bürgertums in Brechts "Hofmeister", der Dorfschullehrer Wenzeslaus, ein "Selbstkastrat" ist. Wenzeslaus - auch er bei Lenz eine durchaus ambivalente Figur - hat durch einen asketischen Lebenswandel, einen strengen Arbeitsplan und (geregelten) Tabakkonsum alle den Status Quo transzendierenden Bedürfnisse in sich abgetötet ("Das ist wider die böse Luft und die bösen Begierden ebenfalls." (BrW 6, 2371)). Durch strikte Selbstdisziplin unterdrückt er seine Vitalität und sein Glücksverlangen, die ein Festhalten am Bestehenden nicht erlauben würden, und verzichtet so auf jeden produktiven Eingriff in die Wirklichkeit. Er ist der eigentliche Prophet der Selbstkastration, der Ideologe des Verzichts auf bürgerliche Partizipation, der Untertanenmentalität, die er mit unglaublichem Selbstbewußtsein als moralische Tat feiert:

> Laß dich umarmen, junger Mann, teures, auserwähltes Rüstzeug! Das ist die Bahn, auf der Ihr eine Leuchte der Schulwelt ... werden könnt. Ich beglückwünsche Euch, ich ruf Euch ein wenzeslausisches Jubilate und Evoë zu, mein geistiger Sohn! ... sing Er mit Freudigkeit: Ich bin der Nichtigkeit entbunden, nun Flügel, Flügel, Flügel her! (BrW 6, 2382)

In grotesker Umkehrung wird der Verzicht auf die Zeugungskraft als verdienstvolle Absage an die Nichtigkeit aufgefaßt.

Anders als Läuffer und Pätus, die bis zu gewissem Grade beide als Opfer erscheinen, ist es Wenzeslaus vorbehalten, die gefährliche Seite des dargestellten bürgerlichen Verhaltens zu demonstrieren.

So etwa, wenn er sein Erziehungsprogramm verkündet. Er will Menschen nach seinem Ebenbilde schaffen: Menschen, die auf die Realisierung ihres Glücksanspruchs verzichten und statt dessen bedingungslos gehorsame Untertanen werden, dieses Dasein aber ideologisch so untermauern, daß sie es nicht resignativ erleiden, sondern selbstbewußt vertreten. Wenzeslaus weiß sehr genau, daß nur dieser Typus brauchbar ist, um sich in den Angriffskriegen, die in der deutschen Geschichte noch bevorstehen, als Kanonenfutter aufopfern zu lassen:

> Ich bilde Menschen nach meinem Ebenbilde. Teutsche Hermanne! Gesunde Geister in gesundem Körper, nicht so welsche Affen. Er mag wohl sagen: halb Geistesriesen, halb gute Untertanen ... Immer sternenwärts, aber: dreimal wehe, wenn Er gegen den Stachel lökt! ... Er muß nämlich sich besiegen, ich meine nicht Ihn, sondern den teutschen Hermann, bevor er die Welt besiegt. (BrW 6, 2371)

Daß Wenzeslaus in diesem Vorhaben durchaus erfolgreich gewesen ist, daß der Wenzeslaussche Typus des selbstbewußten Untertans die deutsche Geschichte tatsächlich bis in die Gegenwart dominiert, macht Brecht deutlich, wenn er bemerkt, daß "der Marsch, den der Schulmeister hier in der Dorfschule bei Insterburg beginne, erst bei Stalingrad zum stehen gebracht worden sei"[83]. Die Geschichtsmächtigkeit des Fehlverhaltens der Wenzeslaus, Läuffer und Pätus über mehr als 150 Jahre hinweg wird auf diese Weise demonstriert.

Seine soziale Schädlichkeit und Gefährlichkeit zeigt Wenzeslaus auch in der Brutalität und Rücksichtslosigkeit, mit der er, nachdem er erkannt hat, daß Läuffer nach seiner Missetat des Asyls bedarf und damit von ihm abhängig ist, diese Abhängigkeit ausnutzt. Nachdem er Läuffer deutlich gemacht hat, daß seine beruflichen Aussichten sowohl als Hofmeister wie auch als Dorfschullehrer minimal sind, daß es für den Verfolgten keine Alternative gibt, fordert er ihn auf, seinen "Buben die Vorschriften (zu) schreiben" (BrW 6, 2372). Er erkennt, "daß er in dem Verfolgten, für ein Asyl zu allem Bereiten, einen billigen Sklaven gefunden hat" (BrW 17, 1233).

Wenzeslaus, der selbst sein Bedürfnis nach Freiheit und Selbstverwirklichung abgetötet hat, der freiwillig und selbstbewußt Untertan ist, sich unterdrükken läßt und gleichzeitig dem Adel als Handlanger anbietet, nutzt die Gelegenheit, um selbst den noch Schwächeren, Abhängigen auszubeuten und zu unterdrücken. Er gibt auf diese Weise den von oben empfangenen Druck nach unten weiter und perpetuiert so das Herrschaftssystem. Auch darin ist er für Brecht paradigmatisch für das deutsche Bürgertum.

Daß dem solchermaßen sich unumschränkt in den Dienst des Adels Stellenden ein begrenztes bürgerliches Selbstbewußtsein - die Verteidigung seiner Kammer gegen den eindringenden Adel - gern gewährt wird, ist verständlich; es stellt keine ernsthafte Bedrohung der bestehenden Machtverhältnisse dar.

In dem selbstbewußten Untertan Wenzeslaus, dem Selbstkastraten aus ökonomischer Notwendigkeit, Läuffer, und dem zu realistischem Handeln unfähigen Idealisten Pätus variiert Brecht dreimal das gleiche Thema: das des deutschen Bürgertums, das, als die Zeit reif ist, eine Zeitenwende herbeizuführen und eine bürgerliche Ordnung zu etablieren, dem Vorbild der französischen Bourgeoisie nicht folgt, sondern sich seiner geschichtlichen Wirkungsmächtigkeit, seiner Potenz begibt und sich unter Hintanstellung eigener Interessen dem Bestehenden, Überholten unterordnet, sich selbst kastriert. Dieses Verhalten ist nicht unbedingt historisch überständig; es ist eher inadäquates Verhalten, gemessen an den objektiven Anforderungen des historischen Prozesses. Es ist falsche Antizipation von dessen weiterem Verlauf, falsche Analyse der gegebenen historischen Situation.

In diesem Sinne ist nicht der Adel, sondern das Bürgertum das eigentliche Angriffsziel des Brechtschen Verlachens.

---

[83] BBA 2062/33 - 34. Zit. nach: Kitching 1976. S. 101.

5.2.3. Zum Gegenwartsbezug des "Hofmeisters" - die "Deutsche Misere"

Die Brechtsche Komödienkonzeption, wie sie sich im "Hofmeister" realisiert, läßt sich damit wie folgt zusammenfassen:

Brecht geht aus von einem in seiner Kausalität und Gesetzmäßigkeit erkannten geschichtlichen Prozeß, aus dem das in der konkreten historischen Situation objektiv geforderte Handeln zweifelsfrei abgeleitet werden kann. Wird in diesem Sinne "richtig" gehandelt, werden die Tendenzen und Möglichkeiten des historischen Prozesses richtig erkannt, so bietet sich dem Menschen als Subjekt der Geschichte die Möglichkeit, Geschichte als vernunftrealisierenden Prozeß zu gestalten. Den so verstandenen geschichtlichen Prozeß setzt Brecht als Modell, gegen den sich das Komische als Modellverstoß abhebt.

Das Modell fordert am Ende des 18. Jahrhunderts die revolutionäre Umgestaltung der Gesellschaft durch das Bürgertum, die Zeitenwende. Das deutsche Bürgertum wählt stattdessen die Strategie des Klassenkompromisses, und das bedeutet faktisch: der Unterordnung unter das Bestehende. Es verzichtet darauf, gestaltend in die Wirklichkeit einzugreifen, es kastriert sich selbst. Eine Ideologie, die die treibenden Kräfte des historischen Prozesses nicht adäquat erkennt, der deutsche Idealismus, begünstigt dieses Fehlverhalten. Die historische Rolle des deutschen Bürgertums wird als Modellverstoß, als geschichtlich inadäquates Handeln verlacht.

Interessant ist dabei, daß das Modell im Stück explizit nicht in Erscheinung tritt. Es wird lediglich ex negativo im Rezipienten evoziert; aus dieser Perspektive wird das Geschehen auf der Bühne komisch. Brecht selbst notiert hierzu: "Die Satire verzichtet im allgemeinen ... darauf, dem Typus, den sie verspottet, einen exemplarischen Typus entgegenzustellen ... Im 'Hofmeister' ist das Positive der bittere Zorn auf einen menschenunwürdigen Zustand unberechtigter Privilegien und schiefer Denkweisen" (BrW 17, 1250 f.) - dieser "Zorn" allerdings, das Modell, an dem das Bühnengeschehen gemessen wird, wird lediglich im Rezipienten evoziert.

Interessant ist, daß Brecht sich hier auf die Satire beruft; damit trifft er den Charakter seiner Komödienkonzeption genau. Anders als bei Horváth, Frisch und Dürrenmatt, wo der geschichtliche Prozeß an den Forderungen der Vernunft gemessen und so selbst als Modellverstoß kenntlich wurde, der aber seinerseits auf die Vernunft zurückfiel und deren defizitären Charakter als nicht realitätshaltige aufwies, so daß sich der dramatische Konflikt mit Hilfe der Komik als Kipp-Phänomen realisierte - anders als bei den drei bisher behandelten Autoren fallen bei Brecht Geschichte und Vernunft nicht auseinander, sie sind im Gegenteil (zumindest potentiell) identisch: die Vernunft realisiert sich im geschichtlichen Prozeß. Infolgedessen kann die Geschichte selbst nicht verlacht werden, verlacht wird der

Verstoß gegen das von Vernunft und Geschichtsprozeß objektiv Geforderte; das Modell wird durch das Lachen nicht tangiert.

Damit wählt Brecht eine im Grunde eher konventionelle, mit satirischer Verlachkomik arbeitende Komödienform, die - der Befund überrascht nicht - der Struktur etwa der Aufklärungskomödie gar nicht so unähnlich ist: ausgehend von einem uneingeschränkt gültigen, unantastbaren Modell wird der Modellverstoß als wertlos verlacht. Grundlegend neu allerdings ist, daß als Maßstab, als Modell, nicht etwa eine statisch verstandene Norm, sondern der historische Prozeß in seiner Entwicklung selbst gesetzt wird. Man könnte bei Brecht also von einer historischen Verlachkomödie sprechen.

Aus dem empirisch begründeten Geschichtsoptimismus Brechts erklärt sich dann, warum der Modellverstoß (selbst wenn er bis Stalingrad geführt hat!) letzten Endes nicht als bedrohlich, als nicht substantiell erscheint und somit distanziert verlacht werden kann.

Seltsam allerdings ist Folgendes: eine ganz ähnliche Konzeption wie im "Hofmeister" findet sich zunächst in "Mutter Courage"; auch hier erscheint die Hauptfigur als Repräsentantin einer Klasse, des Kleinbürgertums, das die historische Situation inadäquat einschätzt: das Kleinbürgertum glaubt seine Interessen identisch mit denen der Herrschenden, was objektiv nicht stimmt (Mutter Courage opfert dem Krieg, der ihren Lebensunterhalt darstellt, drei Kinder). Die Wirkung jedoch ist alles andere als komisch. Im Gegenteil: 1951 spricht Brecht - für ihn absolut untypisch - sogar von der Tragik der Courage: "Die dem Publikum tief fühlbare Tragik der Courage und ihres Lebens bestand darin, daß hier ein entsetzlicher Widerspruch bestand, der einen Menschen vernichtete, ein Widerspruch, der gelöst werden konnte, aber nur von der Gesellschaft selbst und in langen, schmerzlichen Kämpfen" (BrW 16, 896).

Erst 1950 kann er einen durchaus ähnlichen gesellschaftlich lösbaren Widerspruch als Komödie gestalten. Die These mag gestattet sein, daß der entscheidende Unterschied, der Brechts Perspektive veränderte, nicht im Gegenstand, sondern in seiner eigenen historischen Situation liegt.

"Geehrtes Publikum, der Kampf ist hart/Doch lichtet sich bereits die Gegenwart./Nur ist nicht übern Berg, wer noch nicht lacht/Drum haben wir ein komisches Spiel gemacht" (BrW 4, 1611). Diese ersten Worte des Prologs zu "Herr Puntila und sein Knecht Matti" machen die Vorbedingung für die Komisierung des bürgerlichen Zeitalters deutlich. Brecht empfindet die Gegenwart der DDR als eine sich bereits lichtende: die geschichtliche Fehlentwicklung, die durch das deutsche Bürgertum verursacht wurde, ist beendet, ist egalisiert, die Bedrohlichkeit des Dargestellten ist *real* überwunden. Davon konnte 1939, bei der Abfassung der "Mutter Courage", keine Rede sein. Die durch Verfremdung herbeigeführte Distanz in der "Courage" ist eine ganz andere als die aus existentiellem Nicht-Betroffensein infolge der neuen historischen Situation resultierende. Die Distanz gegenüber dem Komischen, die für Brecht das Lachen ermöglicht, ist beim "Hofmeister" keine ästhetische, sondern eine realgeschichtliche: Brecht glaubt in einer

Gesellschaft zu leben, für die der dargestellte Konflikt kein bedrohender mehr ist. Brechts Geschichtsoptimismus allein, lediglich die Antizipation einer solchen Gesellschaft, reicht zur Einnahme des Komödienstandpunkts nicht aus; die entsprechenden Stücke Brechts enthalten - das hat Giese gezeigt - zweifellos in reichem Maße Gesellschaftlich-Komisches, sie sind jedoch keine Komödien.

Auf den ersten Blick enttäuscht dieser Befund etwas: wenn in Brechts späten Komödien nur das verlacht werden kann, was gesellschaftlich real nicht mehr bedrohlich, weil überwunden ist, so erscheint die Perspektive der Komödie ausgesprochen museal. Sie lacht über Schnee von Gestern, ein wie auch immer gearteter Gegenwartsbezug ist nicht vorhanden, die Komödie wird Unterhaltung, das Gelächter ist billig zu haben.

Der Eindruck jedoch täuscht: die Verbindung zur eigenen Gegenwart schafft Brecht mit dem Ende des "Hofmeister"-Prologs: "Wills euch verraten", läßt er den Hofmeister sagen, "was ich lehre:/Das Abc der Teutschen Misere!" (BrW 6, 2333).

Diese Äußerung ist insbesondere in der westlichen Forschung nicht immer richtig verstanden worden. So fragt etwa Rolf Christian Zimmermann: "Gab es die 'teutsche Misere' in der Gestalt des deutschtümelnden und säbelrasselnden Untertans?"[84], um dann selbst die Antwort zu geben: "Bei so eindeutigen Parallelen, die deutsche Beamtenservilität im gleichzeitigen England und Frankreich fand, sollte man sie nicht zu schnell zu einer 'teutschen' Charaktermisere dämonisieren."[85]

Darum jedoch geht es gar nicht. Im marxistischen Kontext hat der Begriff der "deutschen Misere" eine weitaus konkretere Bedeutung. Er bezieht sich auf einen Brief Engels' an Franz Mehring vom 14. Juli 1893, in dem Engels die deutsche Geschichte - gerade im Vergleich mit der französischen - aufgrund der gesellschaftlichen Fehlentwicklung, die mit dem Fehlschlagen der Bauernkriege und der ausbleibenden bürgerlichen Revolution eingeleitet wird, als "eine einzige fortlaufende Misère"[86] bezeichnet.

So versteht auch Brecht den Begriff. Dies zeigt sich, wenn er beispielsweise über Heinrich Manns "Untertan" schreibt:

> Die Literatur formulierte hier noch einmal die *deutsche Misere*. Das Bürgertum hat immer noch nicht seine politische Revolution vollzogen. Selbst schon völlig schmarotzerhaft geworden, kann es immer noch nicht, oder besser: schon nicht mehr, die feudale Klasse von der politischen Leitung verdrängen. Nach unten tritt es mit dem Stiefel, von oben muß es sich auf die Schulter klopfen lassen. Im Staat ist Untertan, der im Betrieb der Tyrann ist, sein großes Vorbild ist der Anachronismus auf dem Thron. (BrW 19, 470)

---

[84] Zimmermann 1984. S. 223.
[85] Zimmermann 1984. S. 226.
[86] MEW 39. S. 99.

Die so verstandene deutsche Misere ist für Brecht wesentliche Voraussetzung für die Entstehung sowohl des ersten wie auch des zweiten Weltkriegs.[87]

Der Begriff der "deutschen Misere", das ist offensichtlich, bringt das Thema des "Hofmeisters" auf den Punkt.

Und die deutsche Misere ist für Brecht - entgegen dem zunächst entstandenen Eindruck - noch nicht überwunden! Bei der Rückkehr nach Berlin notiert er:

> allenthalben macht sich in dieser großen stadt ... die neue deutsche misere bemerkbar, daß nichts erledigt ist, wenn schon fast alles kaputt ist. die mächtigen impulse werden von den russen gegeben, aber die deutschen tummeln sich mehr in dem strudel, der dadurch entsteht, daß die andern besatzungsmächte sich der bewegung widersetzen. die deutschen rebellieren gegen den befehl, gegen den nazismus zu rebellieren; nur wenige stehen auf dem standpunkt, daß ein befohlener sozialismus besser ist als gar keiner. (88)

Wieder ist es der unterdrückten Klasse in Deutschland nicht gelungen, aus eigener Kraft ihre Vorstellungen von der Lösung bestehender gesellschaftlicher Probleme zu realisieren; wieder hat Deutschland es nicht geschafft, aus eigener Kraft den objektiv geforderten und möglichen historischen Fortschritt zu bewerkstelligen. "Der reinigende Prozeß einer Revolution war Deutschland nicht beschieden worden. Die große Umwälzung, die sonst im Gefolge einer Revolution kommt, kam ohne sie" (BrW 16, 907). Dies empfindet Brecht als "ein großes Unglück unserer Geschichte", hat es doch "den Nachteil, daß wir dem täglichen Kampf gegen das Alte, den wir doch zu leisten haben, keinen genügenden Ausdruck verleihen" (BrW 17, 1154).

Mit anderen Worten: Brecht kritisiert, daß ebenso wie in der Bundesrepublik in der DDR der Neuaufbau nach dem Krieg vorgenommen wurde, ohne die Vergangenheit grundlegend aufzuarbeiten. Da das deutsche Volk sich nicht aus eigener Kraft von dem Nationalsozialismus befreien konnte, sondern den Sozialismus als Siegerdiktat aufgepfropft bekam, bleiben die faschistischen Denkstrukturen virulent. Eine Auseinandersetzung mit diesen Überresten des Faschismus, seine Aufarbeitung unterbleibt: aus praktischen Gründen mußten die Eliten - beispielsweise die Intelligenz -, die schon dem Faschismus gedient hatten, für den Aufbau des neuen Staates gewonnen werden. Seinen Ausdruck fand dies in der "antifaschistisch-demokratischen" Frühphase der DDR, in der ein breiter Konsens aller nicht-hitleristischen Kräfte der Gesellschaft gesucht wurde. Eine wirkliche Diskussion über die Ursachen des Faschismus konnte so nicht stattfinden. Die DDR empfand sich selbst als legitimen Erben progressiver bürgerlicher Ideale und Tendenzen.

Eine solche Vorstellung konnte Brecht nicht teilen: "Die alten Ideale reichen bei weitem nicht aus, das heißt, wir müssen mit dem Kleinbürger in uns

---

[87] Vergl. Brecht, Briefe. Bd. 1. S. 288; AJ 1, 274 f.
[88] AJ 2, S. 532 f.

Schluß machen" (BrW 19, 553). "Brecht will also die vorgeführten Haltungen und Ideologien immer noch als vorhanden und wirkungsmächtig angesehen haben."[89]

Damit wird die Dialektik zwischen Vergangenheit, Gegenwart und Zukunft klarer. Brecht faßt die eigene Gegenwart als eine Zeit auf, die an der Epochenschwelle steht, sie ist, um in der Terminologie des "Puntila"-Prologs zu bleiben, tatsächlich "sich lichtende", nicht "lichte" Gegenwart. Durch die Einführung des Sozialismus in der DDR sind Tendenzen inkraft gesetzt, die es erlauben, die Fehlentwicklungen der deutschen Geschichte bis hin zum Faschismus als Vergangenheit zu betrachten: die deutsche Entwicklung folgt wieder den objektiven Forderungen des geschichtlichen Prozesses. Aus dieser Perspektive können die Läuffer, Wenzeslaus, Pätus als nicht mehr bedrohliche Modellverstöße belacht werden. Das oben Gesagte zum Standpunkt der Brechtschen Komödie behält seine Gültigkeit.

Gleichzeitig aber werden in der Gegenwart Tendenzen sichtbar, die zeigen, daß das Alte, das Überkommene, vermeintlich Überwundene immer noch vital ist; der Epochenwandel ist noch nicht endgültig vollzogen. Zwar besteht nun eine reelle Chance, die "teutsche Misere" endgültig zu überwinden. Aus der Perspektive von Brechts Gegenwart, nicht aus der Zeit der Bühnenhandlung heraus, erscheint das im "Hofmeister" verlachte bürgerliche Verhalten, sofern es noch wirksam ist, tatsächlich als das Gesellschaftlich-Komische im Sinne Gieses. Was im Horizont des Jahres 1774 als inadäquates geschichtliches Handeln verlacht werden kann, erscheint im real existierenden Sozialismus als etwas, was nun durch den geschichtlichen Prozeß überholt ist. Indem jenes verlacht wird, werden auch seine Relikte in der Gegenwart lächerlich gemacht.

Der Kampf geht für Brecht auch nach der Etablierung des Sozialismus weiter, da die Widersprüche immer noch bestehen - wenn auch unter weitaus günstigeren Vorzeichen. Eine solche Sicht der Dinge konnte der offiziellen DDR nicht angenehm sein. "Darum blieb Brechts Dialektik auf dem Theater so bedrohlich. Sie sah immer noch Entfremdung, wo offiziell Befreiung behauptet wurde."[90] Die DDR-Forschung hat sich entsprechend immer äußerst reserviert gegenüber Brechts "Hofmeister"-Bearbeitung gezeigt. Noch 1972 resümiert eine große DDR-Theatergeschichte düpiert: "Die Anlehnung an die Miseretheorie, die nur aus der besonderen Situation anfangs der fünfziger Jahre erklärbar ist, zeigt die Schwäche der Bearbeitung ..."[91]

5.3. Variation eines Musters - "Pauken und Trompeten"

Nachdem am Beispiel des "Hofmeisters" Brechts Geschichtssicht und seine

---

[89] Stephan/Winter 1984. S. 200.
[90] Mayer 1971. S. 240.
[91] Theater in der Zeitenwende. Zur Geschichte des Dramas und des Schauspieltheaters in der Deutschen Demokratischen Republik 1945 - 1968. Bd. 1. Berlin 1972. S. 306.

Komödienkonzeption herausgearbeitet wurden, nachdem die für ihn Komik konstituierenden Oppositionen und sein dramaturgisches Vorgehen deutlich geworden sind, soll nun kursorisch gezeigt werden, daß das so festgestellte Strukturmuster auch bei einer anderen seiner späten Bearbeitungen, "Pauken und Trompeten", sichtbar ist.

Die Bearbeitung der englischen Sittenkomödie "The Recruiting Officer" von George Farquhar (1706) hat bisher in der Forschung relativ wenig Widerhall gefunden - wahrscheinlich, weil man sich unausgesprochen der Meinung Reinhold Grimms anschloß, der schon 1961 meinte, "daß Brecht diesmal nicht *gegen* den Geist der Vorlage dichtet, sondern *aus* ihm *heraus*. Er brauchte, um das Stück zu ideologisieren, nur die vorhandenen Ansätze aufzugreifen und weiterzuführen: Kritik an gesellschaftlichen Mißständen ... war bei Farquhar ... zweifellos vorhanden."[92]

Eine solch verkürzende Sicht der Brechtschen Intention führt dazu, daß die zentrale Änderung, die Brecht vorgenommen hat, zwar registriert, in ihrer Bedeutung jedoch nicht erfaßt wird: Spielte Farquhars Komödie vor dem Hintergrund des Spanischen Erbfolgekriegs, so verlegt Brecht die Handlung in die Zeit des amerikanischen Unabhängigkeitskrieges; war die Konfrontation zweier feudaler Staaten bei Farquhar nur Hintergrund der Handlung, so versuchen bei Brecht die Hauptfiguren, die Werbeoffiziere, im feudalen England Soldaten zu rekrutieren für den Kampf gegen die sich in Amerika formierende bürgerliche Gesellschaft, gegen die Forderungen der historischen Situation, gegen den Fortschritt.

Daß dieser Fortschritt auch die Interessen der unterprivilegierten Mehrheit der englischen Bevölkerung vertritt, zeigt sich, wenn die Zofe Lucy und der Schankbursche Mike die Unabhängigkeitserklärung lesen und begeistert beschließen: "da gehen wir hin"(BrW 6, 2671). Daß ökonomische Interessen sowohl auf seiten des kolonialistischen England als auch auf seiten des seine Freiheit anstrebenden Amerika die Antriebskräfte der Entwicklung sind, gesteht das englische Establishment unfreiwillig ein (BrW 6, 2630), dem es auch vorbehalten bleibt, die Unaufhaltsamkeit der historischen Entwicklung mißbilligend zu konstatieren: "Und diese 'neuen Ideen' stecken an: sie verbreiten sich wie Krankheiten!" (BrW 6, 2630 f.). Daß England als Repräsentant überholter historischer Tendenzen nicht die Interessen des Volkes vertritt, zeigt schon der Prolog - "Meine Herren, wer verteidigt gegen einen bunten Rock und reichliches Futter/Das gute alte England (ausgenommen seine Schwester, seinen Bruder, seinen Vater und seine Mutter)?" (BrW 6, 2619) - während die amerikanischen Rebellen keine Soldaten, sondern "gemeine Kuhbauern" (BrW 6, 2636) sind, die ihr Leben nicht für den König und ein abstraktes "gutes altes England" wagen, sondern "für sich" (BrW 6, 2640).

Brecht gestaltet in "Pauken und Trompeten" eine Zeitenwende. Die fortschrittliche gesellschaftliche Formation allerdings tritt - wie im "Hofmeister" - nur indirekt in Erscheinung - als Gesprächsgegenstand in England. Brechts Blick richtet sich ganz auf die historisch überholte, auf die englische Gesellschaft. Diese er-

---

[92] Grimm, Reinhold: Bertolt Brecht und die Weltliteratur. Nürnberg 1961. S. 49.

scheint tatsächlich als Gesellschaftlich-Komisches im Sinne Gieses: sie wird auf Grund ihres mit dem Stand des historischen Prozesses nicht zu vereinbarenden Verhaltens rückhaltlos satirisch verlacht; Werthaftes wird an dieser Gesellschaft nicht mehr sichtbar.

Um das historisch nicht mehr zu Rechtfertigende doch noch zu rechtfertigen, bedarf die englische Gesellschaft einer Ideologie, die die Realität so verzerrt, daß die eigenen Interessen verschleiert werden und allgemein zustimmungsfähig erscheinen. Nach Brechts Überzeugung muß eine solche Ideologie und ein von ihren Prämissen ausgehendes Handeln irgendwann mit der Realität kollidieren und zerbrechen (vergl. Pätus). Die Komik von "Pauken und Trompeten" erwächst durchweg aus den Widersprüchen, in die sich die Ideologie verwickelt, aus den Widersprüchen zwischen der Realität und einer nicht mehr haltbaren Weltanschauung.

Dieser gesellschaftlich-historische Aspekt prägt etwa die immer grotesker werdenden Versuche, Soldaten zu werben, die absolut erfolglos bleiben. Wenn die Maßnahmen verschärft und zur Zwangsrekrutierung werden, zeigt sich, daß - wie im Falle Wenzeslaus - das, was aus historischer Sicht lächerlich wirkt, für die Beteiligten durchaus nicht harmlos, sondern bedrohlich sein kann. "Patriotismus und Egoismus decken sich in der herrschenden Klasse" (BrW 17, 1263), schreibt Brecht über "Pauken und Trompeten". Wo dies nicht der Fall ist, wird der Ideologiecharakter des Patriotismus im komischen Widerspruch entlarvt: Richter Balance, der den Werbeoffizier Plume immer "über den grünen Klee gelobt" hat, ändert seine Meinung schlagartig, als seine Tochter Plume heiraten will: "Hauptleute haben nichts. Du hast Wälder" (BrW 6, 2628). Überhaupt sind die Liebeshandlungen des Stücks durchweg ökonomisch motiviert und gestalten sich als Händel im wahrsten Sinne des Wortes - und das Happy End kann nur durch Erpressung herbeigeführt werden.

Bei allem Verlachen des nicht mehr Bedrohlichen, weil historisch Überwundenen hat jedoch auch diese Bearbeitung eine Stoßrichtung auf Relikte des Überlebten in der Gegenwart: sie entsteht zur Zeit der Wiederbewaffnung von BRD und DDR. Ob Brecht mit seiner Satire - wie er selbst behauptet und die Mehrheit der Forscher annimmt[93] - nur die Aufrüstung in der "imperialistischen" Bundesrepublik treffen wollte, oder ob er sich, wie Jan Knopf meint, "*auch* gegen die heimliche Remilitarisierung über die 'Kasernierte Volkspolizei' in der DDR"[94] wandte, kann hier nicht geklärt werden.

Unabhängig davon jedoch gilt auch für diese historische Verlachkomödie Brechts, daß sie ihren vollen Sinngehalt nur erschließt, wenn man als Modell einen vernunftrealisierenden Geschichtsprozeß zugrundelegt, für den Brechts Kernsatz gilt: "vernunft und wirklichkeit (treten sich) gegenüber und erkennen ihre verwandtschaft" (s. o.).

---

[93] Vergl. Brecht, Werke 1988. Bd. 9. S. 432, 436.
[94] Knopf 1980. S. 347.

6. GESCHICHTE AUS DER PERSPEKTIVE DER SOZIALISTISCHEN KLASSIK - PETER HACKS

6.1. Geschichts- und Komödienkonzeption in der Nachfolge Brechts - das Frühwerk Peter Hacks'

Anders als bei den bisher untersuchten Autoren konnte die Geschichts- und Komödienkonzeption Brechts nur an zwei Bearbeitungen aufgewiesen werden, die gemeinhin nicht den wichtigsten Arbeiten in Brechts Oeuvre zugerechnet werden. So könnte der Eindruck entstehen, als sei die Konzeption des "Hofmeister" eine eher sekundäre, nicht weiter beachtenswerte Erscheinung; dieser Eindruck trügt. Das am Beispiel Brechts herausgearbeitete Komödienmodell beweist seine Signifikanz, sobald man weitere Stücke untersucht, die in Komödienform Geschichte aus marxistischer Sicht thematisieren.

Als ein Beispiel einer solchen, von Brecht beeinflußten marxistischen Geschichtskomödie soll hier das Frühwerk Peter Hacks' herangezogen werden.

Schon 1969 schreibt Marianne Kesting über Hacks:

> Die marxistische Uminterpretation der Geschichte, die Brecht in seinen letzten Lebensjahren vor allem mit den Bearbeitungen des Lenzschen 'Hofmeisters' und Farquhares 'Recruting Officer' ('Pauken und Trompeten') realisierte, bildet die Grundlage des Hacksschen Dramas. Wo Brecht die älteren Schauspiele im Sinne der eigenen Theaterkonzeption umfunktionierte, bedient sich Hacks des aus der Umfunktionierung entstandenen Modells. (1)

Ähnlich äußert sich auch Mennemeier, wenn er über die frühen Stücke Hacks', die durchweg ältere historische Epochen thematisieren, äußert: "Stücke wie 'Das Volksbuch vom Herzog Ernst', 'Eröffnung des indischen Zeitalters', 'Die Schlacht bei Lobositz', 'Der Müller von Sanssouci' verraten Brecht-Einfluß."[2] Um genau diese Stücke soll es im Folgenden gehen.

Schon das 1953 entstandene "Volksbuch vom Herzog Ernst" thematisiert ganz offensichtlich eine Zeitenwende: Während am Anfang des Stücks noch die Feudalgesellschaft offenbar unangefochten etabliert ist, ist am Ende das bürgerliche Zeitalter angebrochen. Die Hauptfigur des Dramas, eben Herzog Ernst, begreift bei seiner Rückkehr in seine Residenz Regensburg die veränderten Verhältnisse nicht, weigert sich auch, sie zu begreifen. Auf die Aussage eines Bürgers, der behauptet, es gäbe keinen Herrn in der Stadt und der daraufhin von Ernst erstochen wird, antwortet dieser: "Ich bin heute in meine Stadt eingezogen aus sehr fremden Ländern. Der Mann hat mir eine Lüge gesagt. Es sei kein Herr in Re-

---

[1] Kesting 1969. S. 285.
[2] Mennemeier, Mod. dt. Drama 2, 1975. S. 364.

gensburg."³ Die bürgerliche Bedeutung der Aussage begreift Ernst nicht. Zur Strafe für ihr wenig ehrerbietiges Verhalten verbietet er den Regensburger Bürgern, "fürder meine Rückkehr zu feiern und zu begehen"⁴.

"Hacks' historisierender Blick macht aus der Tragödie vom Fall des Helden Ernst also die Posse. Da Ernst nicht merkt, wie ihn der Gang der Geschichte überholt, wird er zur grotesken Figur."⁵ Entsprechend sind die Wertvorstellungen und Ideale, die Ernst repräsentiert, im Wesentlichen als ideologisch anzusehen. Wenn Ernst etwa von Treue und Gemeinschaft, in der sich jeder für den anderen aufopfert, spricht, so verbrämt er damit die Forderung an seine Gefolgsleute, sich für ihn aufzuopfern⁶; sein gesamtes Weltbild erweist sich - gemessen an der historischen Realität - als ideologisch, und nicht zuletzt gilt dies auch für den Begriff des "Helden". Dieser zuallererst wird in Hacks' Stück als ideologische Verbrämung der tatsächlichen Verhältnisse destruiert. ("Das Heldentum dieses Helden ... vermindert sich in genauer Abhängigkeit von seiner Macht"⁷). Damit trifft Hacks einen Begriff, der durchaus in seiner eignen Gegenwart noch wirksam und bedeutsam ist, und denunziert ihn als Überrest einer schon lange hinfällig gewordenen Ideologie. Ganz ähnlich wie im "Hofmeister" zielt also auch hier das Lachen über historisch inadäquates Handeln gleichzeitig auf Relikte solchen Denkens in der Gegenwart.

Als eigentliches Agens des Geschichtsprozesses erscheint - im Gegensatz zu diesen ideologischen Konzeptionen - im "Herzog Ernst" das ökonomische Interesse aller Beteiligten: sowohl der Adel als auch die Bürger, die ihren Abfall von Ernst in erster Linie ökonomisch motivieren, erscheinen als von der ökonomischen Basis determiniert.

Die Nähe des "Herzog Ernst" zur "Hofmeister"-Konzeption ist evident: am Beispiel einer Zeitenwende (die hier - anders als bei Brecht - als realisierte dargestellt wird) wird der objektive Geschichtsverlauf demonstriert. Auf Grund der als gewußt vorausgesetzten Gesetzmäßigkeit der Geschichte wird nun ein Urteil über geschichtlich adäquates und geschichtlich inadäquates Handeln gefällt, wobei letzteres als ideologisch und historisch überlebt dem Verlachen preisgegeben wird. "Komik wendet Hacks dabei im Brecht-Sinn an; das 'Gesellschaftlich-Komische'

---

3   Hacks, Peter: Das Volksbuch vom Herzog Ernst. In: P. H.: Fünf Stücke. Das Volksbuch vom Herzog Ernst. Eröffnung des indischen Zeitalters. Die Schlacht von Lobositz. Der Müller von Sanssouci. Die Sorgen und die Macht. Frankfurt am Main 1965. S. 5 - 72. Nachfolgend zitiert als: Herzog Ernst. S. 57.

4   Herzog Ernst. S. 59.

5   Canaris, Volker: Peter Hacks. In: Deutsche Dichter der Gegenwart. Ihr Leben und Werk. Unter Mitarbeit zahlreicher Fachgelehrter hrsg. von Benno von Wiese. Berlin 1973. S. 589 - 604. Nachfolgend zitiert als: Canaris 1973. S. 590.

6   Vergl. etwa Herzog Ernst. S. 42.

7   Maßgaben der Kunst. S. 315.

also, wie es Peter Christian Giese ... entwickelt hat, wirkt auf den Zuschauer, weil das Bewußtsein des Handelnden als geschichtlich überholt gezeigt wird."[8]

Hacks selbst schreibt hierzu: "Das Nichtseiende im 'Herzog Ernst' sind einfach die alten Ideen eines Dummkopfs, der von der Geschichte überholt wird. Im 'Columbus' sind es schon neue Ideen, welche sich, angesichts der neuen Wirklichkeit, als belehrungsbedürftig erweisen."[9]

Dieses Columbus-Drama, "Die Eröffnung des indischen Zeitalters", trägt die Zeitenwende bereits im Titel. Wiederum geht es um die Konfrontation einer neuen Zeit - repräsentiert im aufgeklärten Rationalisten Columbus - mit einer alten, überkommenen Zeit, repräsentiert durch den spanischen Hof und sein feudal-vorwissenschaftliches Denken; wieder wird die ökonomische Basis, das wirtschaftliche Interesse als eigentlicher Antrieb herausgestellt, wieder wird die historisch inadäquate Position dem Verlachen preisgegeben. Die Ideologiekritik des Stückes bezieht sich nicht nur auf die im Rahmen der Bühnenhandlung überholte Position; auch das neu angebrochene bürgerliche Zeitalter wird von der historischen Position des Autors her kritisiert: Columbus, der mit einer rationalistisch-idealistischen Konzeption von Fortschritt angetreten ist, muß erfahren, daß wirtschaftliche Interessen den eigentlichen Antrieb der Geschichte darstellen; das neue Zeitalter, von ihm als ein aufgeklärt-humanes erhofft, erweist sich - in einer Traumvision von der Landung in Amerika und dem ersten Kontakt mit Eingeborenen - als brutal ausbeuterisches, als Errichtung einer neuen Klassengesellschaft. Wenn Hacks notiert: "Anfangs, in Westdeutschland, hielt ich es für ein hinreichendes Grundthema, die Klassengesellschaft zu widerlegen"[10], so scheint damit die "Eröffnung des indischen Zeitalters" genau getroffen; anders als im "Hofmeister" erscheint die bürgerliche Position durchaus der historischen Situation angemessen. Dennoch wird sie von der Position des Autors her als ebenfalls bereits überholte historisiert und komisiert. Auf diese Weise wird die gegenwartsorientierte Stoßrichtung der Kritik stärker betont: im Verlachen der historischen (bürgerlichen) Klassengesellschaft wird auch die gegenwärtige als historisch überholt verlacht.

Ähnlich arbeitet Hacks auch in der "Schlacht bei Lobositz": die historische Darstellung des siebenjährigen Krieges und der friederizianischen Armee als Klassenarmee, in der experimentell untersucht wird, ob man den Soldaten statt durch Gewalt auch durch "Liebe" dazu bringen könne, sich für die Interessen anderer in der Schlacht zu opfern, ist gleichzeitig Stellungnahme zur Diskussion um die Wiederbewaffnung der Bundesrepublik.

Etwas problematisch an den hier vorgestellten Stücken ist auf den ersten Blick die Tatsache, daß sie von Hacks nicht ausdrücklich als Komödien bezeichnet werden; der "Herzog Ernst" trägt die Gattungsbezeichnung "Stück", die "Eröff-

---

[8] Schleyer, Winfried: Die Stücke von Peter Hacks. Tendenzen, Themen, Theorien. Stuttgart 1976 (=Literaturwissenschaft - Gesellschaftswissenschaft Bd. 20). Nachfolgend zitiert als: Schleyer 1976. S. 71.

[9] Maßgaben der Kunst. S. 318.

[10] Maßgaben der Kunst. S. 114.

nung des indischen Zeitalters" "Schauspiel". Betrachtet man das massive Auftreten komischer Effekte in beiden Stücken, so wird man jedoch eine weitgehende Komisierung der Handlung konstatieren und Christoph Trilse zustimmen müssen, wenn er schreibt: "Hacks' Kunst ist wesentlich Komödie, auch wenn mitunter eine andere Genrebezeichnung im Untertitel steht."[11] Ähnlich scheint auch Hacks selbst den Charakter seiner Stücke einzuschätzen, wenn er als grundlegenden Unterschied zwischen traditionell volksstückhafter Komik und seinem Werk herausstellt, daß die "humorig krittelnde Aussage ... witzig revolutionär"[12] werde, und damit das Komische zu einem zentralen Charakteristikum seiner Arbeit macht.

Ausdrücklich bekennt sich Hacks erst nach seiner Übersiedlung in die DDR zur Gattung der Komödie. Er tut dies ganz im Brechtschen Geiste, allerdings in einer Weise explizit, wie Brecht selbst dies nie getan hat.

Ausgangspunkt von Hacks' Überlegungen ist die Ablehnung einer Konzeption des Tragischen aus dem Wissen um die Aufhebbarkeit der Ursachen tragischer Katastrophen heraus:

> Eine Tragödie ist die Darstellung eines gesellschaftlich typischen Konflikts mit notwendig letalem Ausgang. Ein Konflikt ist ein Widerspruch zweier einander ausschließender, aber berechtigter Ansprüche. Es gibt noch derartige Konflikte, es gibt also noch tragische Gegenstände, was ist abgeschafft? Abgeschafft ist die Vergötzung des Konflikts als eines ewigen. Die Unauflösbarkeit des Konflikts ist als vorübergehend erkannt. Der tragische Fall ist entlarvt als historisch. Damit ist aber die Möglichkeit des tragischen Vergnügens abgeschafft, alle Schliche der Lustgewinnung aus Greueln versagen. (13)

Woran sich Hacks stößt, ist offensichtlich der Begriff der Notwendigkeit, der dem Tragischen implizit ist; gerade als notwendige, als ewige werden tragische Konflikte nicht mehr anerkannt. Hintergrund dieser Auffassung ist natürlich die Überzeugung, mit dem Marxismus eine Denkmethode und Weltordnung zur Hand zu haben, die die Beseitigung der Konfliktursachen erlaubt; bei Hacks zudem die Überzeugung, in einem Staat zu leben, der den wesentlichen Schritt zu dieser Beseitigung bereits getan hat - dieser Aspekt wird für Hacks' Entwicklung nach 1960 von großer Bedeutung sein.

Das (Noch-) Vorhandensein solcher Konflikte wird dabei von Hacks gar nicht bestritten; lediglich die Anerkennung als notwendige wird verweigert: "Tragische Gegenstände müssen, weil sie existieren, behandelt werden, aber offenbar in völlig neuartiger Weise: es hapert mit der tragischen Darstellung des Konflikts."[14]

Bei der Suche nach der adäquaten Darstellungsform stößt Hacks auf die Ko-

---

[11] Trilse, Christoph: Peter Hacks. Leben und Werk. Berlin 1980. Nachfolgend zitiert als: Trilse 1980. S. 49.

[12] Hacks, Peter: Das realistische Theaterstück. In: NDL 10/1957. S. 90 - 104. Nachfolgend zitiert als: Das realistische Theaterstück. S. 102.

[13] Hacks, Peter: Einige Gemeinplätze über das Stückeschreiben. In: NDL 9/1956. S. 119 - 126. Nachfolgend zitiert als: Gemeinplätze. S. 123.

[14] Gemeinplätze. S. 123.

mödie, wobei er davon ausgeht, daß sowohl die Tragödie als auch die Komödie "Mechanismen (sind), um das Publikum unterschwelliger Unlustgefühle zu entladen. Beide Genres behandeln unlustige Vorfälle ... Die Genres unterscheiden sich also nicht in den Anlässen, sondern in den Wirkungen."[15]

Die Wirkung der Komödie ist gekennzeichnet dadurch, daß "die Unlust ... überschwellig und intellektuell abgelehnt (wird); man gewinnt sich selbst gegenüber eine Überlegenheit anhand der Überlegenheit gegenüber dem Vorfall."[16] Damit wird die Komödie zum adäquaten Ausdruck einer Haltung, die ein vermeintlich notwendiges Übel als überwindbar erkannt hat. Die Entscheidung für die Gattung Komödie, für das lächerliche Genre, ist somit letztendlich historisch begründet; sie wird zum bevorzugten Medium einer Zeit, die die Überwindbarkeit ihrer Probleme erkannt hat und aus dieser Erkenntnis ihr Überlegenheitsgefühl schöpft: "Im lächerlichen Genre wird der unlustige Fall als überwindbar dargestellt, und das Lachen wird um so weniger bloß blöd, je inhaltlich begründeter das Überlegenheitsgefühl des Lachers ist, je tatsächlicher abstellbar das belachte Übel oder die belachte Person."[17]

Diese Position Hacks' wurde hier so ausführlich referiert, weil sie in mehrerer Hinsicht von Bedeutung ist: einerseits zeigt sie die weitgehende Identität der Auffassungen Hacks' mit denen Brechts, nicht zuletzt auch mit der Komödienkonzeption des "Hofmeisters": die Brechtsche Rezeptionshaltung der Nicht-Einfühlung wird wiederaufgenommen und erscheint als in der Komödie realisiert; die Komödie wird primär begriffen als Verlachkomödie, wobei das Überlegenheitsgefühl des Lachenden weltanschaulich begründet wird; schließlich wird damit zumindest implizit auch eine historische Begründung der Komödie geliefert, ganz im Sinne Brechts.

Andererseits hat Hacks mit diesen Äußerungen jedoch auch eine Position bezogen, die er grundsätzlich nicht mehr verlassen wird: auch in seiner "klassischen" Phase, in der er sich sehr weit von Brecht und den eigenen Ursprüngen entfernt, wird Hacks am Primat der Komödie festhalten, wird diese Entscheidung vor allem aus dem Wissen um die Aufhebbarkeit tragischer Konflikte und die Überlegenheit vor allem aus der eigenen historischen Situation erklären; ein nicht angreifbares Modell in Form eines als in seiner Gesetzmäßigkeit erkannt vorausgesetzten Geschichtsprozesses wird weiterhin die Basis der Hacksschen Komödie bleiben. Entsprechend findet sich eine solch grundsätzliche Auseinandersetzung mit der Gattung in Hacks' späterem Schaffen nicht mehr.

Auch die letzte der frühen Historien, "Der Müller von Sanssouci", bereits in der DDR und auf den Vorschlag Brechts hin entstanden, folgt - diesmal ausdrücklich unter der Bezeichnung "Lustspiel" - dem vorgegebenen Schema: während sich "bereits zu seiner Herrschaftszeit/Die ersten Zeichen von Mißtrauensse-

---

[15] Gemeinplätze. S. 123.
[16] Gemeinplätze. S. 123.
[17] Gemeinplätze. S. 124.

ligkeit"[18] rühren, versucht Friedrich II., den despotischen Charakter seiner Herrschaft dadurch zu verbrämen, daß er einen Müller zwingt, sich mit den berühmt gewordenen Worten "Es gibt noch Richter ... in ... Berlin"[19] gegen eine seiner Anordnungen zur Wehr zu setzen und damit die Rechtsstaatlichkeit Preußens zu demonstrieren. Diese Komödie über die "Deutsche Misere", über den Untertanengeist des deutschen Bürgertums zu einer Zeit, in der der Gedanke der bürgerlichen Freiheit in Europa bereits erwacht, ist noch ganz im Sinne Brechts verfaßt und läßt noch nicht ahnen, wie massiv Hacks sich wenige Jahre später von seinem Vorbild Brecht absetzen wird.

6.2. Die Komödie der Sozialistischen Klassik

Anfang 1961 stellt Hacks in seinem gleichnamigen Aufsatz die "Ästhetik Brechts" erstmals in Frage; er tut dies, indem er sie als historisch auffaßt, ihre Gültigkeit auf eine bestimmte historische Epoche beschränkt und die geschichtliche Differenz zwischen der Situation Brechts und seiner eigenen hervorhebt:

> Die Ästhetik Brechts ist ein System von Methoden, die geeignet sind, die Wirklichkeit in ihrer totalen Dialektik künstlerisch zu erfassen. Jede Methode, die das tut, ist orthodox brechtisch, auch wenn Brecht sie nie angewendet hat. Brechts Wirklichkeit war die der ersten Hälfte des zwanzigsten Jahrhunderts. Unsere Wirklichkeit ist schon anders; unsere Methoden müssen anders aussehen als die Brechts, wenn sie brechtische Methoden sein wollen. Wie jede Leistung des menschlichen Geistes bleibt die Leistung Brechts historisch: Sie ist vergänglich und ewig. Ihre Fortsetzung kann nur auf dem Weg der Negation erfolgen, nicht auf dem des Verlängerns. (20)

Um den Unterschied zwischen Brechts Zeit und seiner eigenen weiter zu spezifizieren, hebt Hacks hervor, daß Brechts "wissenschaftliches Zeitalter" "ein Postulat, eine Antizipation"[21] war; Brecht sei vertraut gewesen mit den Grundzügen des Marxismus als der Wissenschaft, die die Beherrschbarkeit gesellschaftlicher Prozesse lehrt, habe jedoch dieses Wissen didaktisch aufbereiten, als Aufklärer wirken müssen, da er mit einem Publikum konfrontiert gewesen sei, das erst mit diesen Erkenntnissen vertraut gemacht werden mußte.

Im real existierenden Sozialismus der DDR ist das für Hacks anders: der Sozialismus ist etabliert, marxistisches Denken ist dem Publikum vertraut, die Literatur hat keine didaktischen Aufgaben mehr zu erfüllen, der Klassenkampf ist entschieden. Diese Situation, die Hacks als postrevolutionär auffaßt, erfordert eine

---

[18] Hacks, Peter: Der Müller von Sanssouci. In: P. H.: Fünf Stücke. Das Volksbuch vom Herzog Ernst. Eröffnung des indischen Zeitalters. Die Schlacht bei Lobositz. Der Müller von Sanssouci. Die Sorgen und die Macht. Frankfurt am Main 1965. S. 237 - 298. Nachfolgend zitiert als: Müller von Sanssouci. S. 239.

[19] Müller von Sanssouci. S. 295.

[20] Maßgaben der Kunst. S. 76.

[21] Maßgaben der Kunst. S. 54.

- wie der Untertitel eines Teils seines theoretischen Werks lautet - postrevolutionäre Dramaturgie, die sich dadurch von der Brechts wesentlich unterscheidet:

> Voraussichtlich nähern wir uns einer Zeit, wo sich der Autor mit dem Publikum einig weiß in den fundamentalen Einsichten und Urteilen. Dann wird er seine Arbeitskraft nicht mehr darauf verschwenden müssen, Neues vorzubringen oder gar zu entdecken ... Dann kommt Kunst zu ihrer angemessenen Aufgabe. Dann kann gerechnet werden mit Klassik. (22)

Damit ist das Schlüsselwort für Hacks' postrevolutionäre Dramaturgie gefallen: Hacks versteht sich selbst als Klassiker, wobei schon oben zumindest in Ansätzen deutlich geworden ist, daß Hacks "Klassik" als gesellschaftliche und historische Kategorie auffaßt. Um die Denkmodelle herauszuarbeiten, in denen sich Hacks bewegt, soll nun zunächst sein Begriff von Klassik und das damit verbundene Selbstbewußtsein als Künstler skizziert werden. Mit den so erarbeiteten Begriffen soll dann das "klassische" Drama Peter Hacks', insbesondere "Omphale", interpretiert werden.

6.2.1. Klassik als historische Kategorie - Die Klassikkonzeption Hacks'

Ausgehend von der Unterteilung der Dramatik in aristotelische Stücke - auf Einfühlung beruhende Dramen mit affirmativ-reaktionärem Charakter, die die Einsicht in gesellschaftliche Strukturen unmöglich machen - und politische, auf Erkenntnis gesellschaftlicher Zusammenhänge und Veränderung zielende Stücke (von Hacks Tendenzstücke genannt) kommt Hacks zu dem Ergebnis, daß klassische Werke der Weltliteratur sich der Einordnung in dieses Raster entziehen. Die Werke Lope de Vegas, Goethes und vor allem Shakespeares erscheinen weder als realitätsverschleiernd und reaktionär noch als revolutionär. Der Grund dafür, daß "es nicht reaktionär ist, nicht revolutionär zu sein"[23], liegt in der historischen Situation, in der die Klassiker lebten: "Es muß ... mit Zeiten gerechnet werden, ... die gebilligt werden können."[24] Eine solche Gesellschaft enthält durchaus Widersprüche; da sie jedoch in sich ausreichend stabil ist, sieht sie sich nicht vor die Alternative gestellt, diese Widersprüche zu unterdrücken und zu verschleiern oder aber sich selbst in Frage zu stellen. Diese Situation ist etwa in der elisabethanischen Gesellschaft gegeben. Sie "enthielt ihre antagonistischen Widersprüche, wie alle bisherigen Gesellschaften, aber dieselben kämpften nicht; sie bildete ... (e)ine Einheit von antagonistischen Widersprüchen im Zustand der Ruhe."[25]

In einer solchen Gesellschaft können Widersprüche realistisch dargestellt werden, ohne revolutionär, gesellschaftsverändernd zu sein: "Die Widersprüche

---

[22] Maßgaben der Kunst. S. 55.
[23] Maßgaben der Kunst. S. 68.
[24] Maßgaben der Kunst. S. 68.
[25] Maßgaben der Kunst. S. 68.

gibt es immer; die heitere Festigkeit, ihnen offen ins Gesicht zu sehen, haben nur glückliche Epochen."[26] Damit ist auch der Charakter der Dramatik beschrieben, die in solcher historischer Situation entstehen kann: es handelt sich um das klassische Drama, von dem nun offensichtlich wird, daß es für Hacks keine Wertkategorie darstellt, sondern einen Dramentypus mit einem spezifischen Verhältnis zur Wirklichkeit: "Es stellt Widersprüche dar, das ewige Thema der Kunst. Aber da seine gesellschaftliche Wirklichkeit auf sicheren Fundamenten ruht, dämonisiert es nicht die Widersprüche zu tragischen Ur-Phänomenen; sie erscheinen als lebendige Konflikte, nicht als Weltuntergänge."[27]

So hat die Kunst die Möglichkeit, von didaktischen und revolutionären Zielen entbunden und gleichzeitig aufrichtig zu sein; sie bekommt die Möglichkeit, sich ihren eigentlichen Aufgaben zuzuwenden. "Klassik, das ist Anthropodizee: Verteidigung der menschlichen Rasse. Die Weltgeschichte ist eine kunstfreundliche Zeit."[28]

Mit der Nennung der Weltgeschichte und dem in diesem Zusammenhang offenbar werdenden Geschichtsoptimismus schlägt Hacks die Brücke in seine eigene Zeit. "Die Menschheit in der Geschichte hat die Chance, sich zu emanzipieren"[29], und sie hat mit der Realisierung des Sozialismus diese Chance ergriffen: "Seit dem wissenschaftlichen Sozialismus, seit der bewußten Praxis des Proletariats, gibt es ein freies menschliches Handeln, das, auf Einsicht in die Notwendigkeit beruhend, keine Illusion ist."[30] Geschichte erscheint als ein zielgerichteter Prozeß, an dessen Ende der Sozialismus bzw. Kommunismus steht, es wird erkennbar, "daß die Umfänglichkeit des historischen Prozesses die Umfänglichkeit einer guten und sich vervollkommnenden Sache ist."[31] Alle Epochen der Geschichte zielen letzten Endes auf diesen vollkommenen Zustand hin, sind notwendige Schritte auf dem Weg zu dessen Realisierung. Andrea Jäger ist sicherlich zuzustimmen, wenn sie diese Haltung Hacks', sein Geschichtsbild, als teleologisch bezeichnet.[32]

Indem der Kommunismus als Inbegriff der Emanzipation des Menschen, als Endstadium seiner Vermenschlichung begriffen wird und die Widersprüche des Sozialismus als nicht mehr antagonistisch aufgefaßt werden, so daß die Realisierung des Kommunismus ohne revolutionären Umbruch vor sich gehen kann, ist für Hacks die Grundlage für Klassik in seiner Gegenwart gegeben. Die sozialistische Gesellschaft ist stabiler als alle vorausgegangenen, die Benennung der ihr immanenten Widersprüche führt nicht zu ihrer Infragestellung, sondern zu ihrer or-

---

[26] Maßgaben der Kunst. S. 129.
[27] Maßgaben der Kunst. S. 69.
[28] Maßgaben der Kunst. S. 170.
[29] Maßgaben der Kunst. S. 175.
[30] Maßgaben der Kunst. S. 64.
[31] Maßgaben der Kunst. S. 60.
[32] Vergl. Jäger, Andrea: Der Dramatiker Peter Hacks. Vom Produktionsstück zur Klassizität. Marburg 1986 (=Marburger Studien zur Literatur Bd. 2). Nachfolgend zitiert als: Jäger 1986. S. 239.

ganischen Weiterentwicklung zum Kommunismus. "Der grundsätzliche Unterschied zwischen der Jetztzeit und anderen kunstfreundlichen Epochen besteht darin, daß von dem fruchtbaren Widerspruch zwischen Fug und Unfug in allen vormaligen Gesellschaftszuständen der Unfug die Hauptseite war, und daß es heute der Fug ist."[33]

Bernhard Greiner faßt das Selbstverständnis Peter Hacks' und die sich daraus ergebenden Prämissen für das Schreiben des Autors treffend zusammen:

> Das Theorem von den aufgehobenen antagonistischen Widersprüchen eröffnet einen neuen, glänzenden Raum des Schreibens, *wenn* es als jetzt in der sozialistischen Gesellschaft sich verwirklichend angenommen wird. Peter Hacks macht einen geschichtsphilosophischen Konditionalsatz zur Grundlage seines Schreibens und unterschreibt ihn mit der Umsiedlung in die DDR gewissermaßen durch seine Biographie. (34)

Was sind nun die Kennzeichen der sozialistischen Klassik? Diese sind vor allem vorgegeben durch die historische Position des Sozialismus. "Die Harmonie der sozialistischen Gesellschaft hat eine andere Qualität als die früheren: sie ist stabiler. Sie hält mehr aus, auch mehr Kritik."[35] Daraus folgt als Aufgabe für die Kunst "die größte und vollkommen naive Offenheit in der Darstellung von Widersprüchen. Die Widersprüche sind nicht mehr die zwischen Füchsin und Hahn, sie sind auf evolutionäre Weise aufhebbar."[36] Die Sozialistische Klassik wird also als realistische Kunstform aufgefaßt. Die Frage "nach der Dialektik von Geschichte und Persönlichkeit"[37] wird gestellt und in dieser Dialektik wird der Persönlichkeit großes Gewicht eingeräumt: der emanzipierte, der umfassend entwickelte Mensch wird zum Thema der Kunst, und dieser befindet sich nicht mehr im Gegensatz zur Gesellschaft, im Gegenteil, in seiner Darstellung wird Totalität möglich: "Wir sind im Begriff, das Individuum in bislang unbekanntem Maße zu entdecken, und wir bewegen es, gerade deshalb, zum öffentlichen Denken und Fühlen. Im fortgeschrittenen Individuum durchdringen sich auf lebendigste Art Selbstheit und Menschheit."[38] Die Folge davon sind Stücke, deren Titel - wie in früheren klassischen Epochen - sich auf einen Namen reduziert, um die Möglichkeit von "Utopien in Menschengestalt"[39] zu demonstrieren. Äußerer Ausdruck dieser Wiederentdeckung der "Totalität als zentrale Kategorie der Kunst"[40] ist die Verwendung des Blankverses und die Annäherung an die geschlossene Dramenform.

---

[33] Maßgaben der Kunst. S. 48.

[34] Greiner, Bernhard: "Zweiter Clown im kommunistischen Frühling". Peter Hacks und die Geschichte der komischen Figur im Drama der DDR. In: Dramatik der DDR. Hrsg. von Ulrich Profitlich. Frankfurt am Main 1987 (=suhrkamp taschenbuch 2072). S. 344 - 374. S. 354.

[35] Maßgaben der Kunst. S. 72.

[36] Maßgaben der Kunst. S. 73.

[37] Maßgaben der Kunst. S. 383.

[38] Maßgaben der Kunst. S. 365.

[39] Maßgaben der Kunst. S. 132.

[40] Trilse 1980. S. 28.

Eine so skizzierte Klassik läuft durchaus Gefahr, als affirmativ aufgefaßt zu werden, um so mehr, als Hacks in Verfolgung seines Ansatzes der Klassik als nicht-didaktische, nicht aufklärerische Kunst direkte politische Einflußnahme ablehnt, da "Kunst sich nicht sehr gut eignet, direkten politischen Einfluß zu üben. Es gibt Umstände, wo sie es versuchen muß, aber gewöhnlich ist es schlechte Kunst, die herauskommt"[41]: "Bloße Schweinereien wollen beseitigt, nicht besungen werden."[42]

Ihr durchaus vorhandenes kritisches Potential soll die sozialistische Klassik durch die Gegenüberstellung von Utopie und Wirklichkeit entfalten: "Der Verfasser meint, daß auch die beste aller wirklichen Welten einen Fehler behalten muß: den, daß sie schlechter ist als die beste aller möglichen Welten. Gegenstand der jüngsten Kunst, glaubt er, ist das Verhältnis der Utopie zur Realität."[43]

Damit ist das zentrale Thema Hacks' genannt: "das Verhältnis der antizipatorischen Entwürfe von einer zukünftigen emanzipierten Verfassung des Menschengeschlechts zu dem, was hier und jetzt, auf der jeweils aktuellen Entwicklungsstufe des historischen Prozesses, erforderlich und durchsetzbar ist."[44] Indem Kunst so ihr utopisches und antizipatorisches Vermögen entfaltet, indem sie als "Vorschlag eines unentfremdeten, produktiven, freien, bewältigten, durch gegenwirkende Interessen nicht mehr entzweiten Lebens"[45] erscheint, offenbart sie auch ihr kritisches Potential: die Realität erscheint gegenüber der Utopie als defizitär. Bezeichnend jedoch für die Epoche des Sozialismus im Vergleich zu allen anderen Stufen der historischen Entwicklung ist es, daß die Überwindung des Defizits in der Gegenwart bereits angelegt ist: Utopie und Realität stehen sich nicht mehr antinomisch gegenüber wie in früheren Epochen. "Die Phantasie von heute verhält sich zu der von damals wie das Habenwerden zum Habenwollen"[46], der geschichtliche Prozeß erscheint damit in Hacks' teleologischem Geschichtsbild als Entwicklung der Realität zur Utopie hin. Als solcher ist er Thema der Kunst.

William H. Rey formuliert das Ambivalente dieser Konzeption:

> Die Proklamierung der humanistischen Utopie ist ja schließlich eine zweischneidige Angelegenheit. Gewiß, sie kann als Fassade dienen, die die sozialistische Wirklichkeit verdeckt. Sie kann aber auch die Diskrepanz zwischen heute und morgen, zwischen Realität

---

[41] Maßgaben der Kunst. S. 190.
[42] Maßgaben der Kunst. S. 47.
[43] Maßgaben der Kunst. S. 48.
[44] Allemann, Urs: Die poetischen Rückzugsgefechte des Peter Hacks - Vom "Tassow" zu "Prexaspes". In: Zum Drama in der DDR. Heiner Müller und Peter Hacks. Hrsg. von Judith R. Scheid. Stuttgart 1981 (=Literaturwissenschaft, Gesellschaftswissenschaft Bd. 53). S. 177 - 192. S. 178.
[45] Maßgaben der Kunst. S. 45.
[46] Maßgaben der Kunst. S. 66.

und Verheißung erst recht deutlich machen. So gesehen, enthält die utopische Vision des Dichters eine unausgesprochene Kritik an der Wirklichkeit der Gegenwart. (47)

Es kann kein Zweifel darüber bestehen, daß Hacks im letztgenannten Sinn verstanden werden will. Die Konfrontation der Realität mit der Utopie soll die Defizite der ersteren sichtbar machen und zur Annäherung an letztere anspornen. Mißverständlich wird dieses Vorhaben durch Hacks' geradezu euphorische Hoffnung auf den Sozialismus als ersten Schritt auf dem Weg zur Realisierung der Utopie, als Bedingung der Möglichkeit derselben.

Um einem solchen Mißverständnis entgegenzutreten, um die Nichtidentität von Realität und Utopie (auch im Sozialismus) zu betonen und um die Bedeutung des Subjekts gegenüber der Annahme eines Automatismus in der Entwicklung vom Sozialismus zum Kommunismus hervorzuheben, betont Hacks den Charakter der Utopie als in der Geschichte nicht vollkommen realisierbare. Realisierbar ist sie lediglich als Prozeß einer unendlichen Annäherung an das Ideal.

"So lange die Geschichte dauert, ist der Zustand der Welt notwendigerweise unbefriedigend ... Nur wenige haben die Gabe, die vorhandene Welt, denkend oder fühlend, mit der möglichen Welt zu vergleichen und sie in ihrer abscheulichen Unvollkommenheit zu begreifen."[48] Einmal mehr ist hier die Aufgabe des Künstlers bezeichnet.

Andrea Jäger faßt die ambivalente und auf den ersten Blick paradoxe Position Hacks' zusammen, wenn sie schreibt: "Hacks' Geschichtsbild und die daraus abgeleitete Relevanz der Kunst erweist sich als ein Standpunkt, der zur konstruktiven Teilnahme an von ihm selbst kritisierten Verhältnissen aufruft."[49] Verständlich wird die scheinbare Paradoxie dann, wenn man sich vor Augen hält, daß Hacks sich gerade deswegen zum Sozialismus bekennt, weil in dieser Gesellschaftsform die Widersprüche nicht mehr antagonistischen Charakter haben, so daß nur hier der Prozeß einer unendlichen Annäherung an die Utopie der Humanisierung ohne vorherigen revolutionären Umsturz möglich ist.

Daß im Rahmen dieser Sichtweise nach wie vor die Komödie die wichtigste Gattung ist, versteht sich fast von selbst. Auch jetzt - man möchte sagen: jetzt erst recht - wird wie Mitte der 50er Jahre Tragik zu einem Phänomen des subjektiven Bewußtseins, das durch ein nicht umfassendes Verständnis der Situation gekennzeichnet ist[50]; auch jetzt wird darauf bestanden, daß jedes Genre der Behandlung aller kunstfähigen Fragen fähig ist.[51] Das komplexe und widersprüchliche Verhältnis zwischen sozialistischer Realität, Utopie und Geschichte findet seinen ad-

---

[47] Rey, William H.: Das erstaunliche Phänomen Peter Hacks oder Die Wiederentdeckung des Schönen. In: Zum Drama in der DDR. Heiner Müller und Peter Hacks. Hrsg. von Judith R. Scheid. Stuttgart 1981 (=Literaturwissenschaft, Gesellschaftswissenschaft 53). S. 163 - 176. Nachfolgend zitiert als: Rey 1981. S. 174.

[48] Maßgaben der Kunst. S. 341.

[49] Jäger 1986. S. 167.

[50] Vergl. Maßgaben der Kunst. S. 134.

[51] Vergl. Maßgaben der Kunst. S. 98.

äquaten Ausdruck in der "Komödie, die die Widersprüche der Gesellschaft aufhebt, sie inhaltlich bewahrt und zugleich formal löst; die Versöhnung der Widersprüche in der Form spiegelt und antizipiert zugleich ihre Versöhnbarkeit in der Wirklichkeit. Die Komödie hebt in diesem Sinn auch die Spannung von Gegenwart und Zukunft auf"[52].

Damit ist das Problemfeld umrissen, in dem sich die Interpretation der "Omphale" wird bewegen müssen. Daß die Geschichte nach wie vor das Thema Hacks' ist, geht aus seiner Konzeption der Klassik hervor. Auch wenn er sich - wie etwa in den Mythenstücken - von der historischen Wirklichkeit abwendet, ist das Verhältnis Geschichte - Utopie für den Marxisten Hacks ein letztlich historisches Problem, das auch seine Komödienkonzeption prägt. Daß auch diese sich gegenüber dem Frühwerk geändert hat, ist evident, auch wenn die grundsätzliche Entscheidung für die Gattung offenbar beibehalten wurde: die Komödie der Sozialistischen Klassik, die das Verhältnis von Geschichte und Utopie thematisiert, kann nicht mehr die Verlachkomödie sein, die aus dem Wissen ihrer Überlegenheit heraus historisch überholte Phänomene der Lächerlichkeit preisgibt.

Es wird zu untersuchen sein, in welcher Weise Hacks' Geschichts- und Kunstauffassung ihren Niederschlag in den "klassischen" Komödien findet.

6.2.2. Der emanzipierte Mensch in der noch nicht emanzipierten Gesellschaft - "Omphale"

Zweifellos bedarf die Aufnahme der "Omphale" in die Textgrundlage einer Untersuchung "Geschichte als Komödie" zunächst einmal der Rechtfertigung. Keiner der bisher behandelten Texte entfernte sich weiter von dem, was schon auf den ersten Blick als "Geschichtsdrama" zu erkennen wäre: zwar war der Stoff auch vieler der oben untersuchten Dramen eher der Literatur als der Geschichte im engeren Sinne entnommen, die Situierung im geschichtlichen Raum oder zumindest die Zuordnung einzelner Dramenelemente zu bestimmten historischen Situationen jedoch war immer möglich. Der mythische Raum jedoch, der den Hintergrund der "Omphale" bildet, wird gemeinhin geradezu als Gegensatz zur Geschichte gesehen. Die Entscheidung für das Stück muß um so mehr erstaunen, als mit "Margarete in Aix" eine "klassische" Komödie von Peter Hacks vorliegt, die der gängigen Vorstellung eines Geschichtsdramas weitaus mehr entgegenkommt.

Der Grund dafür, daß dennoch "Omphale" im Zentrum des folgenden Kapitels stehen soll, liegt zunächst in der Art und Weise, wie Hacks selbst das mythische Vorbild rezipiert: "Nämlich ... begreifen wir die Bilder der magischen Epoche nicht historisch, sondern poetisch. Das Abgebildete ist vergangen, die Abbildungen bleiben; und wir erkennen uns, obgleich sie nicht von uns gemacht sind, in ihnen wieder."[53] Der Mythos wird also lediglich als Stoff rezipiert und kann

---

[52] Canaris 1973. S. 599.
[53] Maßgaben der Kunst. S. 106.

als solcher zur Thematisierung ihm ursprünglich fremder Inhalte genutzt werden. Das mythische Weltbild wird dabei vom Autor nicht mitübernommen. Wenn Peter Schütze zwischen der Mythenadaption, in der mythisches Denken in die Literatur eingeht, und der Mythenbearbeitung - sie "ist eine *Neufassung* des überlieferten Mytheninhalts: der Mythos ist *Stoff*, nicht ästhetische Form der Literatur. Und der ästhetische Zugriff bestimmt den Umgang mit dem Stoff"[54] - unterscheidet, so handelt es sich bei der Mythosaneignung von Hacks zweifellos um eine Bearbeitung.

Da die vorliegende Arbeit unter einem Geschichtsdrama primär ein Drama versteht, in dem der geschichtliche Prozeß als solcher thematisiert wird und so den eigentlichen dramatischen Konflikt erst konstituiert - unter Umständen auch unter Absehung von einem historischen Stoff -, kann Hacks' Mythenbearbeitung durchaus zur Thematisierung von Geschichte benutzt werden. Daß Hacks genau dies tut, behauptet Christoph Trilse: "Sein Thema ist die Darstellung von Problemen, die sich aus zentralen Konflikten eines Zeitalterzusammenstoßes ergeben, und deshalb greift er häufig nach Stoffen aus Zeitumbrüchen, Epochenzusammenstößen, seien es die im folgenden behandelten Mythen oder historische Stoffe aus dem 15. Jahrhundert."[55]

Daß dies auch für "Omphale" gilt, wird in der folgenden Interpretation nachzuweisen sein.

Aus eher pragmatischen Gründen wird "Omphale" der "Margarete" vorgezogen. Während die Oppositionen in der "Omphale" recht deutlich hervortreten und die Struktur der Hacksschen Komödie hier gleichsam in Reinform in Erscheinung tritt, handelt es sich bei der "Margarete" eher um "ein dunkles Stück"[56], dessen Intentionen sich nicht auf den ersten Blick erschließen, bei dem die Wertschätzung, die der Autor den einzelnen dargestellten Positionen zuteil werden läßt, in der Forschung umstritten ist. Ein Artischockenbauer verkündet in diesem Stück: "der einfache Stil ist ein Stil für Pfaffen; denn der einfache Stil bildet ab, worüber man nicht nachdenken muß. Über das Leben aber muß man nachdenken, mithin ist der lebendige Stil der dunkle."[57] Und König René, der wohl als Verkörperung der Utopie interpretiert werden muß, erscheint über weite Strecken als lächerliche Figur.

Der Zusammenhang zwischen dem thematisierten Geschichtsbild und der Komödienkonzeption des "klassischen" Hacks soll daher zunächst an der Komödie

---

[54] Schütze, Peter: Peter Hacks. Ein Beitrag zur Ästhetik des Dramas. Antike und Mythosaneignung. Mit einem Originalbeitrag von Peter Hacks "Der Fortschritt in der Kunst". Kronberg/Ts. 1976. Nachfolgend zitiert als: Schütze 1976. S. 134.

[55] Trilse, Christoph: Mythos und Realismus. 3 Stücke von Peter Hacks. In: Zum Drama in der DDR. Heiner Müller und Peter Hacks. Hrsg. von Judith R. Scheid. Stuttgart 1981 (=Literaturwissenschaft, Gesellschaftswissenschaft 53). S. 146 - 162. Nachfolgend zitiert als: Trilse 1981. S. 149.

[56] Laube, Horst: Peter Hacks. München 1972. Nachfolgend zitiert als: Laube 1972. S. 60.

[57] Hacks, Peter: Margarete in Aix. In: P. H.: Vier Komödien. Moritz Tassow. Margarete in Aix. Amphitryon. Omphale. Frankfurt am Main 1971. S. 117 - 207. Nachfolgend zitiert als: Margarete. S. 166.

"Omphale" herausgearbeitet werden. Es wird danach zu zeigen sein, daß das so sichtbar gewordene Modell auch für andere Dramen Hacks' - vor allem für die "Margarete" - Gültigkeit hat und daß vom Verständnis der Arbeitsweise des Autors ausgehend viele Antinomien des Stückes auflösbar sind.

6.2.2.1. Der Rollentausch als Antizipation der nicht entfremdeten Gesellschaft

Hacks greift als Stoff seiner Komödie jenen Teil der Herakles-Sage heraus, in dem Herakles, nachdem er Zeus erzürnt hat, drei Jahre bei der verwitweten lydischen Königin Omphale Dienst tun muß. In dieser Zeit entfremdet er sich seiner Identität als Heros, legt Frauenkleider an und spinnt Wolle.

Die Rezeption dieser Episode der Sage war immer etwas problematisch; "Herakles in Frauenkleidern ... war besonders solchen Gesellschaften anstößig und lächerlich, denen die Vorherrschaft des Mannes als Naturgesetz galt."[58] Entsprechend ist die "Rezeptionstradition der Begegnung mit Omphale ... eher an erotischer Mehrdeutigkeit, ethischer Lehre, Galanterie oder Komik interessiert."[59]

So ist es nicht verwunderlich, daß in der Rezeption auch von Hacks' Stück in erster Linie die scheinbar aktuelle Fragestellung des Rollentauschs zwischen den Geschlechtern Beachtung findet.[60] Auch wo gesehen wird, daß der Rollentausch in dieser Komödie als Symbol, als Chiffre für die Utopie zu verstehen ist, erscheint meist die Liebe als Inhalt bzw. als Realisierung dieser Utopie: "In 'Amphitryon' und 'Omphale' aber rückt er (Hacks) die utopische Funktion der Liebe in den Mittelpunkt."[61] Die Auffassung Wolfgang Schivelbuschs etwa, der "marxistische Gehalt (bestehe) darin, darzustellen, daß die sinnliche Liebe verkümmert, wo sie in der Ehe institutionalisiert ist"[62], bedeutet wohl eine kaum mehr diskutable Verengung der Hacksschen Intention.

Es soll im folgenden nachgewiesen werden, daß in Hacks' "Omphale" der Rollentausch lediglich als (im Stück durchaus problematisierte!) Chiffre einer umfassenderen Emanzipationsvorstellung, nämlich der Emanzipation des Menschen, dient.

Dies wird vor allem dann deutlich, wenn Malis Herakles daran erinnert, was er - ihrer Meinung nach - sei: ein Held. Geradezu programmatisch antwortet

---

[58] Tismar, Jens: Herakles in der DDR-Dramatik. In: Text + Kontext 11/1983. S. 56 - 72. S. 64.
[59] Schütze 1976. S. 164.
[60] Vergl. Canaris. S. 601.
[61] Schleyer 1976. S. 133.
[62] Schivelbusch, Wolfgang: Sozialistisches Drama nach Brecht. Drei Modelle: Peter Hacks, Heiner Müller, Hartmut Lange. Darmstadt, Neuwied 1974 (=Sammlung Luchterhand Bd. 39). S. 208 f.

Herakles: "Ein Held, das kann doch nicht schon alles sein?"[63] Das Dasein des Helden, im traditionellen Sprachgebrauch absolut positiv konnotiert, wird von Herakles als defizitär empfunden, bedeutet es doch eine einseitige Ausprägung der menschlichen Persönlichkeit; indem nur jene Aspekte derselben gefördert werden, die dem Helden abverlangt werden, wird eine Unzahl humaner Potenzen nicht zur Realisierung geführt: "mit jedem/Erlegten Ungeheuer werd ich immer/Deutlicher ich. Mit jedem Keulenschlag/erschlag ich eine Möglichkeit in mir" (Omp 303). Die Realisierung einzelner Möglichkeiten des Menschseins bedeutet in diesem Falle notwendig die Unterdrückung aller übrigen. Eine umfassende Ausbildung seiner Möglichkeiten, eine umfassende Entwicklung seiner Persönlichkeit jedoch ist das eigentliche Ziel Herakles'.

Seine Tätigkeit als Heros läßt diese Bedürfnisse Herakles' unbefriedigt; sie ist gerade nicht Ausdruck seiner selbst, dieser Arbeit fehlt die innere Notwendigkeit, seine Aufgaben sind von außen, hier: durch den Zufall, bestimmt: "Sehr mißvergnügt, .../Ging ich an Orten, die ich meiden konnte,/Zu treiben, was ich trieb, weil ichs nicht ließ" (Omp 291).

Es wird deutlich, daß das Leben Herakles defizitär erscheint, weil es - im marxistischen Sinne - entfremdetes Leben ist: sein Tun, sein Handeln, seine Aufgabe, die Inhalte seines Lebens sind von außen gesetzt, wachsen nicht mit Notwendigkeit aus seinem Ich heraus. Zur Erfüllung dieser Aufgaben wird von ihm eine Spezialisierung verlangt, die eine Vielzahl der auch im Einzelnen angelegten Möglichkeiten des Menschen brachliegen läßt. Herakles leidet an der Unmöglichkeit der konkreten Ausprägung aller in ihm als Mensch angelegten Potenzen.

Indem er selbst sich lediglich über seine entfremdete Tätigkeit definiert, wird seine eigene Identität auf krisenhafte Weise bis fast zur Unkenntlichkeit verengt:

> Der Mann, wenn er allein durch Stärke ist
> Und nur so lang unleugbar, als er stark ist,
> Und eine einzge Schwäche ihn entmannt,
> Und hat er einen Tag lang nichts geleistet,
> Sich zitternd fragt: bin ich mir noch vorhanden?,
> Soll der das sein, was ich zu sein begehr? (Omp 303)

Es ist die umfassende Beschreibung einer entfremdeten Existenz, die Herakles hier liefert; diese ist es, die er aufzuheben bestrebt ist: "Jetzt will ich mehr sein: mehr als ein Mann" (Omp 303).

Der Rollentausch, den Herakles und Omphale vollziehen, bedeutet mehr als den Tausch von geschlechtsspezifischen Rollen; er ist die Absage an jedwede von außen gesetzte Rollenerwartung, die zur Verkümmerung der im Einzelnen angelegten humanen Potenzen führt, er ist der Versuch der Realisierung bisher nicht realisierter Möglichkeiten des Menschseins für den Einzelnen, Versuch der Selbst-

---

[63] Hacks, Peter: Omphale. In: P. H.: Vier Komödien. Moritz Tassow. Margarete in Aix. Amphitryon. Omphale. Frankfurt am Main 1971. S. 281 - 325. Im folgenden zitiert mit der Sigle Omp unter Nennung der Seitenzahl im fortlaufenden Text. Hier: S. 302.

verwirklichung, der Verwirklichung einer umfassend ausgebildeten Persönlichkeit, der Aufhebung der Entfremdung; somit: Annäherung an die Emanzipation des Menschen, an die Utopie.

"Entfremdung" bezeichnet somit offensichtlich für Hacks nicht primär eine soziale oder ökonomische, eher eine anthropologische oder besser: historische Größe, deren Überwindung das Ziel der Geschichte darstellt. Diese menschheitsgeschichtliche Dimension des Entfremdungsbegriffes wird erkennbar, wenn Hacks "die totale Bewegung der menschlichen Geschichte" aus dem Blickwinkel "des ästhetischen Bewußtseins" beschreibt. Die entsprechende Passage soll hier in etwas längerem Zusammenhang dargestellt werden:

> Am Anfang ist ein Festes: die biologische Struktur des Menschen als eines erzeugenden und zeugenden und hierbei Lust oder Unlust empfindenden Wesens. Dieses Wesen nimmt den Gang durch die Geschichte, am Ende welcher zwiespältigen und verlustreichen Bewegung die Wiederherstellung desselben natürlichen Wesens, unendlich bereichert um die Gaben der gesamten Menschheit, stehen wird. Das ist kaum eine vollständige oder exakte Darstellung im wissenschaftlichen Sinn. Aber das ist, in der rührenden Einfalt seiner Abkürzung, das stets geltende und auf die vielfältigste Weise zur Erscheinung gelangende Geschichtsbild des ästhetischen Bewußtseins. (64)

Die Stelle macht deutlich, in welchen geistesgeschichtlichen Dimensionen Hacks zu denken gewillt ist: indem das "Geschichtsbild des ästhetischen Bewußtseins", das das Ziel des geschichtlichen Prozesses materialistisch als Aufhebung von Entfremdung und Wiederherstellung des Naturzustandes auf höherem Niveau definiert, als "stets geltend" und "auf die vielfältigste Weise zur Erscheinung gelangend" aufgefaßt wird, werden alle bisher in der Geschichte der Menschheit entworfenen Ideale in ihm aufgehoben - nicht zuletzt das Humanitätsideal der deutschen Klassik, wie es in den Schriften Schillers formuliert ist.

> Natürlich ist die von verschiedenen Autoren gebrauchte Terminologie verschieden, aber grundsätzlich handelt es sich um den gleichen Geschichtsmythos. So vollzieht sich für Schiller der historische Prozeß der menschlichen Selbst- und Weltentfremdung zwischen dem paradiesischen Naturzustand Arkadiens und dem utopischen Elysium, in dem sich die Synthese zwischen dem Naiven und Sentimentalischen auf höherer Ebene ereignen soll. (65)

> Denn indem Hacks mit seiner Beschreibung den Schillerschen Triadegedanken aufgreift und ihn, in modifizierter Weise, für das ästhetische Bewußtsein auch in der Gegenwart als gültig bezeichnet, stellt er einen Bezug her, der in das eigentliche Zentrum der geschichtsphilosophischen Reflexionen des Klassikers zielt und eben dadurch als wesentlich bestimmbar wird. (66)

Eine ähnliche Nähe zu anthropologischen und geschichtsphilosophischen

---

64 Maßgaben der Kunst. S. 146.
65 Rey 1981. S. 166.
66 Leistner, Bernd: Zum Schiller-Bezug bei Peter Hacks. In: Selbsterfahrung als Welterfahrung. DDR-Literatur in den siebziger Jahren. Hrsg. von Horst Nalewski und Klaus Schuhmann. Berlin und Weimar 1981. S. 93 - 117. S. 104.

Konzeptionen der Goethezeit weist auch das Ende von "Adam und Eva" auf. Gott billigt den Sündenfall als notwendigen Schritt zu Emanzipation und Menschwerdung. Erst durch den Sündenfall wird der Mensch zu dem, was er ist, und sprengt damit die Grenzen, die ihm als Geschöpf gesetzt waren. Er wird gleichsam zum Schöpfer seiner selbst und erst dadurch zum Ebenbild Gottes. Dessen Wille wird also erst im Sündenfall erfüllt, dem Menschen wird der Weg durch die Freiheit und die Rückeroberung des Paradieses auf diesem Weg als aufgegebenes, aber unerreichbares Ziel vor Augen gestellt. Wie theologisch angreifbar diese Deutung auch immer sein mag, sie zeigt die spezifische Art der Aneignung von Konzepten des 18. Jahrhunderts durch den Marxisten Hacks.

Dieser Exkurs sollte deutlich gemacht haben, welche Utopie, welche Emanzipation es ist, die Herakles in "Omphale" zu realisieren anstrebt: es ist die Befreiung des Menschen von der Entfremdung, die Befreiung des Menschen zu sich selbst, zur Realisierung all seiner Möglichkeiten. Diese ist als Endziel der Geschichte identisch sowohl mit der Konzeption der kommunistischen Gesellschaft bei Marx als auch mit dem Humanitätsideal der deutschen Klassik. Das Ziel, das Herakles anstrebt, bewegt sich in menschheitsgeschichtlichen Dimensionen. "Auf diesen Höhengrad eines emanzipatorischen, geschichtliche Entfremdung transzendierenden Gedankens scheint trotz burlesker Ingredienzen auch die Behandlung des Motivs in Hacks' 'Omphale' zielen zu wollen."[67]

Interessant ist nun, daß - vielleicht ist Hacks auch hier von Schillers Konzeption der Anmut beeinflußt - die von Herakles angestrebte Utopie in Omphale aufgrund ihrer Weiblichkeit als von Anfang an realisiert erscheint; anders als der Mann, der sich als von sich selbst entfremdet erfährt, kann Omphale sich als mit sich selbst identisch erfahren und von sich sagen: "Gründe sind für Männer,/Die schlecht gekitteten, die nimmer ganz/Tun, was sie tun./Die Frau hat keine Teile./Und nicht zu wägen, bin ich Weib geboren" (Omp 312).

Zumindest der ästhetischen Betrachtung offenbart sich damit die Frau als auf dem Wege der Emanzipation weiter fortgeschritten, dem wirklichen Menschsein näher, gleichsam als Realisierung der Utopie in der Erscheinung. Mit diesem Befund korrespondiert eine Stelle in einem Aufsatz von Hacks über den bildenden Künstler Fritz Cremer. "Bei ihm ist die Frau das Lebewesen und der Mann der Apparat", konstatiert Hacks und entdeckt darin "die Fragestellung meiner 'Omphale'" wieder.[68]

Herakles und Omphale unternehmen also den Versuch, in ihrer Zeit die Utopie nicht entfremdeten Lebens zu realisieren. Damit ist ein Konflikt ins Zentrum der Komödie gerückt, den Hacks als das eigentliche Thema seiner "klassischen" Stücke nennt: "Sie beschäftigen sich mit dem emanzipierten Menschen und seinen Widersprüchen zu einer nicht oder nicht vollkommen emanzipierten Gesellschaft."[69]

---

67 Mennemeier, Mod. dt. Drama 2. 1975. S. 369 f.
68 Maßgaben der Kunst. S. 195.
69 Maßgaben der Kunst. S. 114.

Emanzipierter Mensch und nicht emanzipierte Gesellschaft jedoch sind für den Marxisten Hacks historische Größen. Repräsentanten einer zukünftigen Stufe der Menschheitsgeschichte werden konfrontiert mit der gegenwärtigen (oder einer früheren) Stufe. Wiederum kollidieren zwei Zeitalter miteinander, wiederum wird der geschichtliche Prozeß in der theatralischen Gleichzeitigkeit ungleichzeitiger Phänomene thematisiert. Die adäquate Interpretation der "Omphale" und des ihr zugrundeliegenden Komödienmodells ist, wie noch zu zeigen sein wird, nur unter Berücksichtigung dieser historischen Perspektive zu leisten.

6.2.2.2. Die Zeichnung der Gesellschaft - die Heroen und Lityerses

In der Forschung wird im Allgemeinen die Existenz des Ungeheuers Lityerses zur Ursache für das Scheitern des utopischen Versuchs Omphales und Herakles' erklärt - ein Ansatz, der Hacks' Stück regelrecht platt erscheinen läßt und der zu seltsam sentenzhaften Deutungen führt, auf die unten noch einzugehen sein wird. Nicht zuletzt läuft eine solche Interpretation Hacks' Selbstcharakterisierung zuwider: das vorläufige Scheitern der Utopie an einzelnen historisch überholten Phänomenen wäre etwas anderes als der Widerspruch zwischen dem emanzipierten Einzelnen und der noch nicht emanzipierten Gesellschaft. Es wird zu zeigen sein, daß die ganze in "Omphale" charakterisierte Gesellschaft - nicht nur Lityerses, sondern auch die höfische Sphäre und die Heroen - dem in Herakles und Omphale realisierten Ideal antithetisch gegenüber stehen. Darüberhinaus soll untersucht werden, zu welchen Mitteln der Gestaltung Hacks bei dieser Zeichnung der Gesellschaft greift.

Repräsentant eines sozusagen "heroischen" Wertesystems ist vor allem Iphikles, der Halbbruder des Herakles. Selbst verfangen in dem entfremdeten System des Heroentums, fehlt ihm jede Einsicht in den Charakter desselben. Er vollbringt seine Taten nicht als Ausdruck seiner selbst, sondern um der Außenwirkung, um "der Ehre willen" (Omp 289); dem Ziel, Ansehen bei Dritten zu erlangen, gilt sein ganzes Streben. Dies wird auf komische Weise bei seinem ersten Auftritt deutlich, als er versucht, seine Prahlerei mit angeblich von ihm vollbrachten Taten als Bescheidenheit erscheinen zu lassen (Omp 288).

Iphikles hat - anders als Herakles - die an ihn herangetragenen Rollenerwartungen verinnerlicht, er empfindet keine Defizite in diesem Sein, fühlt sich vielmehr mit seiner Rolle identisch. Ein utopisches Potential, das Wissen um eine andere, bessere Möglichkeit der Existenz fehlt ihm vollkommen. Gerade weil er sich mit seinem Stand identisch fühlt, empfindet er die Infragestellung von dessen Werten durch Herakles als Bedrohung. Dieser ist für ihn "von allen Ungeheuern das schrecklichste" (Omp 291).

Ähnlich beschreibt Hacks selbst das Bewußtsein der Heroen: Ausgehend von der Überlegung, daß "der Heldenstand ... keine Vereinigung ungewöhnlich groß veranlagter Einzelwesen ..., sondern einfach einen Berufszweig"[70] darstelle, eine geradezu institutionalisierte Einrichtung, kommt er zu dem Ergebnis: "Eine Einrichtung dient, schlecht und gut, einem Geist. Die Mitglieder der Einrichtung dienen ausschließlich der Einrichtung."[71] Ihr Denken, ihr Wertesystem ist identisch mit dem der Einrichtung, deren Werte werden nicht hinterfragt und nicht transzendiert. Ihre Existenz geht auf in der des Apparates. Ein die Grenzen des Bestehenden sprengendes Potential wird in ihnen nicht erkennbar. Zu recht verhöhnt Herakles daher dieses Bewußtsein der Heroen, wenn er einem von ihnen, Daphnis, zuruft: "Du hast Erlaubnis, jung zu sterben, was/An dir denn zu verstehen ist, jeder hats/Verstanden" (Omp 304). In diesem Sinne sind die Heroen, denen jeder Antrieb zur Emanzipation fehlt, Antithese zu Omphale und Herakles. "Herakles ist unzweifelhaft ein Held auch im geistigen Sinn, was ihn, das Stück zeigt es, zu einem höchst zweifelhaften Helden im Sinne der Einrichtung macht."[72]

Faßt man nun aus historischer Perspektive - und das heißt in diesem Fall, aus der Geschichtssicht Hacks' heraus - die Rolle der Heroen ins Auge, so erscheinen sie als Repräsentanten einer absterbenden Epoche. Im Rahmen der Bühnenhandlung repräsentieren sie zwar noch den herrschenden gesellschaftlichen Standpunkt, dieser jedoch wird von Autor und Zuschauer transzendiert, deren Perspektive geprägt ist von dem Bewußtsein, in einer Gesellschaft zu leben, die den entscheidenden Schritt zur Überwindung jener Zustände bereits getan hat. Von einem Standpunkt aus, der die Zukunft als gewußte und mit Sicherheit eintreffende auffaßt, von einem antizipierten zukünftigen Standpunkt aus also, können die Repräsentanten der heroischen Welt (die ja im Grunde noch die Welt der Gegenwart ist) als historisch überholt verlacht werden. Es ist hier noch die Perspektive des Frühwerks, die in kaum mehr kenntlicher Form nachwirkt, es ist das satirische Verlachen des historisch Überholten, eine Gestaltung des Gesellschaftlich-Komischen im Brechtschen Sinne.

Aus diesem Grunde greift Hacks auch oft zu ausgesprochen derb-komischen, burlesken Mitteln, wenn es um die Zeichnung dieser Figuren geht. Die zweite Szene etwa, an deren Beginn Iphikles, Alkaios und Omphales Zofe Malis ihre Meinung über Herakles und Omphale austauschen, ist ein kabarettistisches Kabinettstück, in dem Hacks die nicht zur Emanzipation fähigen Figuren seines Stückes der Lächerlichkeit preisgibt.

In völliger Verkennung des utopisch-emanzipatorischen Charakters des Rollentauschs faßt Iphikles das Verhalten Herakles' als reines pathologisches Transvestitentum auf: "Den Bruder nenn ich Schwester. Du verstehst,/Am kranken Leib trägt er die falsche Wäsche" (Omp 300). Herakles' Sohn Alkaios hat lediglich die eine Sorge, wie der Vorfall vor der Öffentlichkeit zu verbergen sei: "Als

---

[70] Maßgaben der Kunst. S. 367.
[71] Maßgaben der Kunst. S. 367.
[72] Maßgaben der Kunst. S. 367.

Kind schuldlos, bin ich entehrt durch Herkunft./Wie bergen wir die Schande vor der Welt?" (Omp 299).

Interessant ist, daß in diesem "Spießerterzett" Malis als Frau eine Hauptrolle spielt. In völliger Verkennung der Möglichkeiten, die gerade ihrem Geschlecht von Hacks durch den Mund Herakles' zugesprochen werden, in Übereinstimmung dafür mit konservativ-patriarchalischen Wertvorstellungen äußert sie ihre Auffassung: "Ach, daß von allem, was der Mensch kann werden,/Das Ekelste er werden mußt: ein Weib" (Omp 298). Sie ist es auch, die - wiederum in Verkennung der wahren Relationen - als Erklärungsversuch eine Herakles unterstellte Impotenz heranzieht ("Von jenen einer ist/Dein armer Vater, denen Schicksals Mißgunst/Die gern gebrauchten Kräfte vorenthält,/Und nun versuchen, wie auch sie der Liebe/Teilhaftig werden können." (Omp 298)) Ihr bleibt es auch vorbehalten, den Göttern dafür zu danken, "Daß wir im Lot und nicht wie solche sind" (Omp 299).

Ihren grotesken Höhepunkt erreicht die satirische Darstellung dieser Repräsentanten einer überholten Zeit, wenn Iphikles die Forderung Daphnis', die Gefangenen des Lityerses, deren Bewachung ihm, Iphikles, befohlen worden ist, in Abwesenheit des Ungeheuers zu befreien, mit Hinweis auf seine Heroenehre ablehnt: "Willst du, o Daphnis, daß ich um deinetwillen mein Heldenwort breche?" Worauf Daphnis prompt antwortet: "Das kann ich nicht wollen" (Omp 316). Die Unproduktivität, das hohe Pathos - hohl, weil überholt, weil den Bezug zur Realität verlierend - wird vorgeführt und der Lächerlichkeit preisgegeben.

Damit taucht das satirische Verlachen geschichtlich inadäquat gewordener, historisch überholter Haltungen, wie wir es aus dem "Hofmeister" und aus Hacks' Frühwerk kennen, auch in der "klassischen" Komödie wieder auf. Es ist jedoch gebunden an Nebenfiguren und spielt entsprechend in der Konzeption dieser späteren Hacks-Komödien eher eine Nebenrolle. Über die Hauptquelle der Komik in diesen Komödien wird unten noch zu reden sein.

Indem die ganze Gesellschaft in "Omphale" - die Heroen und die höfische Gesellschaft, repräsentiert in Malis - dem utopischen Experiment antithetisch gegenübersteht, wird die Bedeutung der Figur des Lityerses relativiert. Wenn es die Widersprüche zwischen dem emanzipierten Menschen und der nicht emanzipierten Gesellschaft sind, die den Abbruch des Rollentauschs erzwingen, so ist Lityerses nicht Ursache, bestenfalls Anlaß dessen. Die beiden Seiten des Widerspruches sind im Wesentlichen skizziert, eine ausgiebige Behandlung des Lityerses erübrigt sich im Grunde. Wenn hier dennoch kurz auf die Figur eingegangen werden soll, so vor allem, um ihn gegen eine in der Forschung gängige Allegorisierung in Schutz zu nehmen, die zu einer erschreckend flachen Interpretation des Stückes führt.

"Lityerses dagegen ist nicht nur der geifernde Stalingegner und Imperialist, er ist, darüberhinaus, der Todfeind revolutionären Fortschritts"[73], schreibt Peter Schütze aus einer eigentlich nicht dezidiert stalinistischen (er hat zuvor Iphikles

---

[73] Schütze 1976. S. 171.

als den Prototyp des stalinistischen Funktionärs interpretiert) Perspektive heraus. Noch weiter in der Allegorisierung der Figur geht Trilse: "Lityerses trägt die Züge des Ausbeuters aller Zeiten. Die Heroen, den produktiven Menschen, mag er nicht."[74] Gerade das sind nun aber die Heroen mit Ausnahme Herakles' nicht, wie bereits eine oberflächliche Textanalyse gezeigt hätte. Lityerses eigene Einschätzung - "Heroenpack. Gesindel herrenlos./Der Nährstand plagt sich ab. Er setzt durch Fleiß/Dem ungestalten Erdreich Henkel an,/Dran er geduldig es zu Markte trägt,/Indes die, händelgeil aus Arbeitsscheu,/Das stören und davon die Ordnung" (Omp 313) - erfaßt die Oppositionen des Stücks und die Intention des Autors genauer als Trilses Allegorisierung: "Faschistische Züge verleiht er dem Ungeheuer auch durch dessen Kampfesweise, die darin besteht, Giftgas auszuströmen, nach alter Drachen- und heutiger US-Art."[75]

Viele Züge Lityerses' weisen doch in eine andere Richtung, so etwa sein Motto "Semper lustig, numquam traurig", das er seinem zuvor vorgetragenen Trinklied mit dem Refrain "Geht her, seid nett: zu euch und zueinander./So meint der Lityerses vom Maiander" (Omp 316) nachschickt. Auch wenn er darauf hinweist, daß sein Kannibalismus lediglich die Verwertung von Resten des ihm aufgezwungenen Kampfes sei - "Wer mich kennt,/Weiß, daß ich Hammel vorzieh" (Omp 314) - kann man das natürlich als die wirklichen Verhältnisse verschleiernde Ideologie betrachten; ästhetisch stringenter wird die Figur dadurch nicht, ihre eindeutig sympathischen Züge irritieren.

Entweder muß man also mit Mennemeier Lityerses als eine Figur auffassen, die ein Eigenleben führt, das die Intentionen des Autors konterkariert, als ein Ungeheuer, "das ob unfreiwillig proletarischer Züge weniger abstoßend wirkt, als es offenbar soll"[76], und damit letzten Endes als ästhetisch mißlungene Figur. Oder aber die Selbstcharakterisierung des Lityerses wird ernst genommen. Er erscheint dann als archaisches Wesen, das durch die gesellschaftlich-geschichtlichen Verhältnisse zur Unproduktivität gezwungen wird, auf keinen Fall Verursacher dieser Verhältnisse, eher fast Opfer derselben.

Für diese Auffassung spräche zweierlei: zum einen entspräche eine solche Interpretation eher dem Hacksschen Konzept einer Konfrontation zwischen emanzipiertem Menschen und nicht emanzipierter Gesellschaft. Der Konflikt wäre entpersonalisiert, erschiene tatsächlich als der gemeinte historische, nicht als individueller. Andererseits wäre das Ende stimmiger, in dem sich in Herakles' Siegesschrei und Omphales Schrei der Gebärenden, in denen sich der Rückfall beider in ihre überkommenen Rollen und damit das Scheitern ihres utopischen Versuchs manifestiert, der Todesschrei des Lityerses mischt (vergl. Omp 323); es mischten sich dann die Schreie dreier an der Gesellschaft Gescheiterter.

Die Frage soll hier nicht entschieden werden. Wichtig ist, daß auch Lityerses Bestandteil der unproduktiven, historisch überholten gesellschaftlichen Szene-

---

[74] Trilse 1981. S. 157.
[75] Trilse 1981. S. 157.
[76] Mennemeier, Mod. dt. Drama 2, 1975. S. 369 f.

rie des Stückes ist - "Er tilgt selbst, was er schafft" (Omp 310) - aber eben lediglich Bestandteil, nicht Ursache derselben. Die gesellschaftlichen Verhältnisse als Ganzes sind es, die zum Absterben verurteilt sind, nicht nur eine Figur. Sie sind es, an denen die Antizipation der zukünftigen, nicht entfremdeten Gesellschaft scheitert.

6.2.2.3. Das Scheitern der Zu-Früh-Gekommenen an der Gesellschaft

Dieses Scheitern zeichnet sich schon relativ früh ab. Bereits der erste Versuch, in den Liebesszenen zwischen Herakles und Omphale die antizipierende Aufhebung der Entfremdung zu realisieren, trägt die Wurzel des Scheiterns in sich: die Realisierung der Antizipation ist nur möglich um den Preis der völligen Isolierung der Liebenden von der Gesellschaft. Nachdem die Heroen den Palast verlassen haben, stellt sich für Herakles das Problem, den entfremdungsfreien Raum seiner Liebe zu Omphale vor dem Eindringen der Realität zu schützen: "Ach, wärst du nur kein Eingang, Ausgang. Wie,/Auf welche Art verkork ich mein Alleinsein?" (Omp 305).

Auch Herakles' Lösungsversuch, den Eingang zum Palast vermittels einer Säule zu verbarrikadieren, ist jedoch nicht in der Lage, den individualistischen Lösungsversuch auf Dauer von den Forderungen der Realität abzuschotten. Als Alkaios auftritt, um die Gefangennahme der Heroen durch Lityerses zu melden, versucht Omphale, die Bedrohung der privaten Idylle durch ein Ignorieren der gesellschaftlichen Wirklichkeit abzuwenden.: "Ich liebe, Bote .../Kommst du, mir das zu melden, weiß ich das,/Und hast du andres, muß ich es nicht wissen" (Omp 308). "Nein, nichts, was jenseits der Umrandung dein/Und meines Leibs sich ausdehnt, mehr betrifft uns./Du und dein andres Ich, ich und mein andres/Sind Tatsachen, der Rest sind Schatten, Schatten" (Omp 311).

Herakles jedoch erkennt das Defizitäre auch dieser Situation: der Verzicht auf Selbstverwirklichung auch in gesellschaftlicher Arbeit, der als Preis für die Realisierung eines nicht entfremdeten Lebens bezahlt werden muß, ist ein Verzicht auf ebenfalls wesentliche Aspekte des Menschseins. Herakles kann die individuelle Sphäre nicht von der gesellschaftlichen trennen; immer wieder drängt sich die letztere in seine Gedanken und führt endlich zu seinem Aufbruch von Omphale: "Ich muß zum Lityerses" (Omp 311).

Damit ist wieder der zentrale Widerspruch des Stückes, das Grundthema Hacks' offenbar geworden: der emanzipierte Mensch in der nicht emanzipierten Gesellschaft, die Antizipation zukünftiger Lebensformen innerhalb der Gegenwärtigen. Dieser Widerspruch erscheint auf der gegenwärtigen Stufe des geschichtlichen Prozesses unaufhebbar, das Scheitern von Omphale und Herakles hat durchaus tragische Züge. "Der Mensch ... kann sich nur innerhalb der Menschheit verwirklichen; es kann mit dem Menschen seine restlose Ordnung nicht haben, bevor es mit der Menschheit seine Ordnung nicht hat."[77] Diese Äußerung Hacks' - entstanden in anderem Zusammenhang - trifft genau die Situation Omphales und Herakles', deren Scheitern als Zu-Früh-Gekommene durchaus historische Notwendigkeit besitzt.

Erstaunlich ist, daß dieser tragische Aspekt des Konflikts in der Forschung nahezu durchweg ignoriert wird. Das Ende der "Omphale" erscheint in oberflächlicher Weise betrachtet schlichtweg als Happy End: "Peter Hacks stellt Herakles als einen durchaus positiven Helden dar. Daher muß dieser noch einmal ins Feld ziehen und den Menschenfresser Lityerses töten, damit die Bewohner von Lydien ein friedliches Leben führen können."[78] "Herakles erkennt im letzten Moment seine große Verantwortung: Er als der Mächtigste und Stärkste muß kämpfen und siegen, wenn nicht die Menschen und schließlich er selbst von dem Ungeheuer verschlungen, vernichtet werden sollten. Und er kämpft, siegt und sichert die Zukunft."[79]

Eine solch harmonisierende Deutung des Schlusses, die das Happy End im Rahmen der Bühnenhandlung bereits realisiert sieht, die die Tötung des Lityerses als synthetisierende Auflösung des die Komödie konstituierenden Konflikts interpretiert, steht in krassem Widerspruch zum Text.

Bereits oben wurde darauf hingewiesen, daß gleichzeitig mit dem Todesschrei des Lityerses Herakles und Omphale den Siegesschrei bzw. den der Kreißenden ausstoßen (vergl. Omp 323), Schreie also, die für alle drei massive Einschränkungen der Lebensmöglichkeiten bedeuten. Für Lityerses gilt dies in einem rein physischen Sinne, aber auch Herakles und Omphale signalisieren mit ihren Schreien die Rückkehr in das traditionelle Rollenbild, dessen Erfüllung die nicht emanzipierte Gesellschaft von ihnen verlangt - und damit die Rückkehr in ein entfremdetes, die Möglichkeiten des Menschseins nicht realisierendes Leben. Die gemeinsamen Schreie sind die Schreie dreier Scheiternder.

Sowohl Herakles als auch Omphale reflektieren diese Situation ausdrücklich: Omphale fühlt sich "aus der Freiheit,/Dem vorgegebnen Weibsein zu entrinnen,/In meinen Leib, durch Schmerz, zurückgeworfen" (Omp 324). Und Herakles stellt sich die Frage, ob die Realisierung der von ihm angestrebten Utopie überhaupt möglich sei: "Eh ichs weiß,/Bin ich besiegt von dem besiegten Feind" (Omp 324). Der Sieg des Heroen Herakles über Lityerses ist eine Niederlage für den Menschen Herakles, dessen Möglichkeit zur umfassenden Entwicklung seiner Potenzen, zum nicht entfremdeten Leben, nun wieder eingeschränkt wird: "Geschicklichkeit des Tötens macht mich nun/Zum Leben ungeschickt" (Omp 324). Die historisch fortgeschrittene Position scheitert - wenn auch nicht letal - an der historisch überholten: "Allmächtig wirkt/Im Gang des Seins das längst Erledigte" (Omp 324). Die Bühnenhandlung endet also - entgegen dem ersten Eindruck eines

---

[77] Maßgaben der Kunst. S. 79.

[78] Czarnecka, Miroslawa: Die Frauengestalten in den Komödien von Peter Hacks. In: Germanica Wratislaviensia 1984. H. 55. S. 37 - 47. S. 40.

[79] Trilse 1980. S. 218.

Siegs des Guten über das Böse - nicht in einem traditionellen Komödien-Happy End. Das Ende des Stücks bietet nicht die Auflösung des theatralischen Konflikts. "Die Störung dauert an."[80]

So ist Roland Heine durchaus zuzustimmen, wenn er das Ende des Stücks als ein skeptisches, um nicht zu sagen tragisches, bewertet: "Herakles resigniert angesichts einer stärkeren Wirklichkeit. Die Hoffnung auf die Selbstverwirklichung des Menschen scheint, im Vergleich zum 'Amphitryon', in 'Omphale' in Skepsis umzuschlagen."[81]

Diesen Sachverhalt eines geradezu tragischen Scheiterns der Emanzipation Herakles' und Omphales zu ignorieren, führt zu fatalen Deutungen der Komödie. Harmlos ist noch der Versuch, die Lösung des Widerspruchs im Rahmen der Bühnenhandlung in einer Bewußtseinserweiterung realisiert zu sehen, wie ihn Laube[82] und Schleyer[83] anbieten.

Bedenklicher sind Deutungen, die die Wiederaufnahme des Kampfes und den Sieg über Lityerses als solche bereits für die Realisierung des Happy Ends und die Auflösung des dramenkonstituierenden Konflikts halten. In dieser Deutung wird der Anspruch auf umfassende Emanzipation des Menschen als illusionär zurückgewiesen, der Kampf mit allen Mitteln als eigentliche Aufgabe uneingeschränkt gerechtfertigt. Die "Moral" der "Omphale" heißt dann, "daß vor Beendigung des Kampfes das persönliche Glück, die Schönheit, die Vollendung des einzelnen nicht oder nur eine Illusion sein können."[84] "Erst muß die Arbeit vollzogen sein, dann ist gewährleistet, daß die in der Idylle antizipierte Zukunft der Realisierung näherrückt"[85]. "Bei den Mühen und Kämpfen dabei geht manch einer unter; das Beseitigen von Widersprüchen aber endet nicht notwendig tragisch; ist es als notwendig, ja sinnvoll erkannt, so zeigt sich, jenseits der Konflikte, eine heitere Perspektive", und zwar in der "Proklamation der Freuden, um derentwillen gearbeitet und gelitten wird."[86] In dieser Deutung des Komödienschlusses als Happy End realisiert Hacks' "Omphale" also Sentenzen wie "Erst die Arbeit, dann das Vergnügen", "Der Spatz in der Hand ist besser als die Taube auf dem Dach" oder, um es mit Brecht zu sagen, "den spießigsten und brutalsten Satz, daß Späne fliegen, wo gehobelt wird" (BrW 16, 706).

Eine derart affirmative Haltung der (sozialistischen) Wirklichkeit gegenüber entspricht jedoch weder dem Wortlaut des Textes noch der Hacksschen Position insgesamt, wie sie oben dargestellt wurde: die Parteinahme für den Sozialismus

---

[80] Schleyer 1976. S. 130.

[81] Heine, Roland: Mythenrezeption in den Dramen von Peter Hacks, Heiner Müller und Hartmut Lange. Zum Vergleich der Grundlegung einer "sozialistischen Klassik". In: Colloquia Germanica 14/1981. S. 239 - 260. Nachfolgend zitiert als: Heine 1981. S. 244.

[82] "Omphale und Herakles kehren zurück zu sich selbst, jedoch neu definiert durch Austausch." Laube 1972. S. 74.

[83] vergl. Schleyer 1976. S. 136.

[84] Trilse 1980. S. 215.

[85] Schütze 1976. S. 168.

[86] Schütze 1976. S. 161.

erfolgt nicht um seiner Gegenwart, sondern um seiner Möglichkeiten für die Gestaltung der Zukunft willen, erstere erscheint um ihrer "abscheulichen Unvollkommenheit" (s. o.) willen durchaus kritisierbar.

Am tragischen Ausgang der Bühnenhandlung also ist festzuhalten; der Zustand am Ende der "Omphale" ist - weit entfernt davon, Happy End, Realisierung der Utopie, Lösung des Konflikts und Aufhebung der Widersprüche zu sein - nach wie vor defizitär. Die Frage ist nun, aus welcher Perspektive sowohl Autor als auch Rezipient dieses Problem sehen müssen, um es als komisches auffassen zu können - denn der insgesamt heitere Charakter des Stücks sollte außer Frage stehen. Die Antwort scheint in Hacks' Geschichtsauffassung und seiner Vorstellung von dem eigenen historischen Standort zu liegen.

6.2.2.4. Der historische Standpunkt als Voraussetzung für die Komisierung der Bühnenhandlung - "Omphale" und "Margarete in Aix"

Im Rahmen der "Omphale" wird durch Herakles selbst das eigene Scheitern relativiert, indem es als nicht allgemein, sondern nur in der konkreten historischen Situation notwendiges Scheitern, also als historisch dargestellt wird. Herakles selbst gibt - gleichsam die Grenzen des eigenen Horizonts überschreitend - auf seine Frage, ob die Realisierung der Utopie denn möglich sei, die Antwort: "Es ist möglich" (Omp 324) - eine Erfahrung, die der Bühnenfigur Herakles verwehrt bleibt. Die Aussage kann sich also nur auf eine zukünftige historische Situation beziehen, ihre präsentische Form jedoch macht die Sicherheit ihrer Gültigkeit deutlich. Diese Sicherheit speist sich aus der geschichtsphilosophischen Konzeption, die Herakles am Ende des Stücks vorträgt, die gewissermaßen das letzte Wort der Komödie darstellt. Es ist dies das "Geschichtsbild des ästhetischen Bewußtseins" des Autors, das die Zukunft des Menschen, das Ziel der Geschichte als gewußtes mit umfaßt:

... Von Bedürfnis
Aus unbescholtner Einfalt abgerissen,
Muß er zu schlechten Zwecken sich verkleinern,
Bis einst, nach aller Übel Unterricht,
Dem bös und fruchtbarn Teil der reif und edle
In ihm gemeinte Baum entwächst und wieder
Er wird, was er, bevor ers nicht war, war. (Omp 325)

Entsprechend wird das Scheitern der Protagonisten relativiert durch den Ausblick auf die Zukunft: "Alkaios: Der erste bin ich, mein die nahe Zukunft./Agelaos: Die spätere Zukunft ist die größere" (Omp 325). Die Söhne des Herakles, die forthin das Herrschergeschlecht Lydiens stellen werden, sind Garanten der Aufwärtsentwicklung der menschlichen Geschichte, die schließlich in einen Zustand münden wird, in dem die von Herakles und Omphale repräsentierte Utopie realisierbar ist. Beruhigt stellt so die eben gescheiterte Omphale fest:

"So, mehr gesegnet, als sonst Herrscher dürfen,/Gewahr ich Lydiens Gegenwart beruhigt/Und hell den Weg in die Jahrhunderte" (Omp 325).

Wiederum wird hier der geschichtsteleologische Ansatz des Peter Hacks deutlich, und weitaus stärker als bei Brecht erweist sich diese Position als konstitutiv für Hacks' Komödienkonzeption: nicht nur geschichtlich inadäquates Verhalten wird der Lächerlichkeit preisgegeben, nicht nur historisch Überholtes wird verlacht - auch diese Form der Komik findet sich, wie oben gezeigt wurde, bei Hacks - auch ernsthafte, nahezu tragische Konflikte werden belacht im Wissen um ihre Historizität. Wenn Christine Cosentino mit Blick auf Hacks' "Amphitryon" schreibt: "So optimistisch ist der Marxist Hacks über die Möglichkeit der Vervollkommnung im Sich-Vervollkommnen, d. h. über das gute Ziel der Geschichte, dass er den Amphitryon-Stoff seiner tragischen Dimension entkleidet"[87], so gilt genau dies auch für "Omphale": das eigentlich tragische Ende des Stückes wird relativiert durch den (im Stück selbst angedeuteten) Fortgang der Geschichte, es erscheint als historisch. Seine Tragik wird ihm hierdurch weitgehend genommen, der Konflikt wird als lösbarer, mehr noch: vom sozialistischen Zuschauer als praktisch schon gelöster empfunden. Die nicht emanzipierte Gesellschaft, an der Herakles und Omphale scheitern, erscheint als historisch notwendige Stufe, die der Geschichtsprozeß auf seinem Weg zur Realisierung der Utopie durchlaufen muß. Diese Gesellschaftsform ist Teil jenes Prozesses, in dem ihre Überwindung bereits angelegt ist, ihr Sieg ist als nur temporärer gewußt. Die Position Herakles' erscheint als die eigentlich zukunftsträchtige, sie wird durch die Geschichte bestätigt. Der Konflikt wird somit nicht verlacht, eher kann er belacht werden: die historische Distanz führt auch zu der für die Rezeption des Konflikts als komischem nötigen ästhetischen Distanz. Ausgehend von einem ähnlichen Geschichtsbild wie Brecht kommt Hacks in seiner "klassischen" Zeit zu Komödien, die ihre Komik - anders als bei Brecht, anders auch als im eigenen Frühwerk - nicht nur aus dem Verlachen historisch inadäquaten Verhaltens ziehen.

Damit wird das für Hacks typische Verständnis des Verhältnisses von Geschichte, Gegenwart und Utopie zueinander konstitutiv für seine Komödienkonzeption: Geschichte erscheint als zielgerichteter Prozeß auf die Realisierung der Utopie nicht entfremdeten, emanzipierten Menschseins hin. Aus der Perspektive der Gegenwart ist diese Realisierung der Utopie zwar noch nicht vollzogen, aus der Hoffnung auf das Kommen dieses Zustands jedoch ist eine Gewißheit desselben geworden; wie Hacks formuliert: kein Habenwollen, sondern ein Habenwerden (s. o.). In der Geschichte treten immer wieder Antizipationen dieser zukünftigen Entwicklung in Erscheinung, die als fortgeschrittene historische Position an der noch nicht so weit entwickelten geschichtlichen Epoche scheitern müssen. Aus dem Wissen des Rezipienten heraus, der damit selbst eine zukünftige Entwicklung antizipiert, wird das Gewicht der Antithese, der geschichtlich überholten Denk- und Verhaltensweisen, gemindert und kann aus der Distanz heiter rezipiert werden: immerhin erscheint auch sie als Schritt auf dem Weg zur Vervollkommnung.

---

[87] Cosentino, Christine: Geschichte und "humane Utopie": Zur Heldengestaltung bei Peter Hacks. In: German Quarterly 50/1977. S. 248 - 263. S. 259.

Die Gegenwart erscheint so als "Übergangsperiode, die bei Hacks bereits transzendiert wird im Blick auf eine im Mythos antizipierte Stufe menschlicher Vollkommenheit."[88]

Diese Komödienform arbeitet nicht mehr primär mit satirischen Mitteln, mit Verlachkomik, auch wenn diese - in der Darstellung der historisch überholten Haltung - durchaus noch vorhanden ist. Die Antizipationen der Utopie in der Vergangenheit sind, genau wie die historisch überholten Haltungen, Anachronismen; sie treten auf in einer historischen Situation, die für die angestrebte Zeitenwende noch nicht reif ist. Als solche sind sie durchaus mit komischen Mitteln gezeichnet. Der Zu-Früh-Gekommene ist, wenn ein vernunftanalog und zielgerichtet notwendig ablaufender Geschichtsprozeß als Modell gesetzt wird, genauso Modellverstoß wie das geschichtlich Überholte. Als solcher zeigt er ebenso wie letzteres absolut komische Züge. Die komischen Aspekte, mit denen Herakles durch den Rollentausch versehen wird, dürfen genauso wenig ignoriert werden wie die lächerlichen Seiten der Herrschaft Renés I. in der "Margarete", auf die noch einzugehen sein wird. Das Lachen über diese Modellverstöße jedoch hat anderen Charakter als das Verlachen des Gesellschaftlich-Komischen. Während letzteres seine Daseinsberechtigung insgesamt verloren hat und im wahrsten Sinne des Wortes *aus*gelacht wird, sind die Widersprüche, die in ersterem komisch wirken, nur temporäre: es sind die notwendigen Begleiterscheinungen eines zu früh gekommenen, an sich jedoch wünschenswerten Ideals, dessen Verwirklichung in der Geschichte als sicher gilt und dessen Scheitern als nur vorläufiges im Bewußtsein des eigenen historischen Standortes heiter relativiert wird. Das von Herakles repräsentierte Ideal selbst wird im ganzen Stück nicht in Frage gestellt.

In seinem recht frühen Text "Das realistische Theaterstück" hat Hacks die Frage nach "positiver Komik" zu beantworten gesucht:

> Es gibt sie, und zwar dort, wo Negatives unerläßlich Bedingung eines positiven ist. Es handelt sich um Widersprüche, die als Einheit positiv sind. Eine unerschöpfliche Quelle positiver Komik in den klassischen sowjetischen Revolutionsdramen und Filmen war die Unbildung und Unwissenheit der revolutionären Proletarier. Die Unbildung und Unwissenheit war ein Fehler, man konnte über sie lachen. Aber dieser Fehler war eine große Tugend: er bewies die Zugehörigkeit zu der Klasse, welche, als Klasse, über die klügsten Gedanken und die tiefste Einsicht der Welt verfügte. So war der Fehler zugleich auch kein Fehler; das Lachen zugleich Anerkennung. (89)

Diese "positive Komik" scheint später, in den "klassischen" Dramen, zum beherrschenden Gestaltungsprinzip geworden zu sein. Sie ist sowohl die dem Helden angemessene Form von Komik als auch Ausdruck einer Grundhaltung, die - ausgehend von Hacks' teleologischem Geschichtsbild - das temporäre Scheitern der Antizipation heiter rezipieren kann.

Damit nimmt Hacks von allen untersuchten Autoren am ehesten eine Haltung ein, die in Kapitel 1.1.2.2. als humoristische beschrieben wurde: anders als

---

[88] Heine 1981. S. 257.

[89] Das realistische Theaterstück. S. 99.

Horváth, für den Versöhnung nur in einer für utopisch und kaum realisierbar gehaltenen humanisierten Welt denkbar ist, anders auch als Brecht, bei dem gerade das Wissen um den notwendigen Lauf des historischen Prozesses zu einer beißenden Satire gegen geschichtlich inadäquates Handeln führte, ist Hacks aus seinem teleologischen Geschichtsbild heraus zu einem humorvollen Lachen in der Lage: beide Seiten des Widerspruchs werden lachend gelten gelassen, emanzipierter Mensch und nicht emanzipierte Gesellschaft scheinen in humoristischer Weise versöhnt zu werden im Lachen. Dieser Eindruck jedoch täuscht: belacht werden kann der Widerspruch ja nur im Wissen um seine baldige Aufhebung; die überholte geschichtliche Formation wird nur deswegen gelten gelassen, weil sie in Hacks' teleologischer Geschichtssicht Teil eines Prozesses ist, der letztlich zu ihrer eigenen Überwindung führt. Die humoristische Grundstimmung, die die "klassische" Komödie Hacks' teilweise verbreitet, beruht nicht auf einem wirklichen Geltenlassen der Widersprüche, sondern auf einem temporären im Wissen um ihre notwendige Aufhebung. Eine gewisse Ironie allerdings liegt darin, daß ausgerechnet Hacks als der zuversichtlichste Repräsentant einer Bewegung, die der "Geschichte der Klassenkämpfe" ein Ende setzen will, seine Möglichkeit zur Komisierung aus einer eingeschränkten Bejahung auch der historisch überholten Gesellschaftsform zieht - ist doch auch sie Bestandteil eines teleologisch gedeuteten Geschichtsprozesses.

Nachdem so die Bauform von Hacks' "klassischen" Geschichtskomödien offengelegt worden ist, erscheint es auch möglich, die Wertsetzungen, Oppositionen und Antinomien der "Margarete in Aix" entsprechend zu erfassen und das "dunkle" Stück aufzuhellen. Die Provence Renés I. muß tatsächlich - wie Hacks dies fordert - als antizipatorische Realisierung der Utopie interpretiert werden. "Sie verkörpert das Reich der Kunst und der Humanität, aber dieses Reich ist nicht von dieser Welt."[90] In diesem Sinne ernstgenommen werden muß sie wohl weniger aufgrund der tatsächlich realisierten Kunsttätigkeit, vielmehr wegen des Anspruchs, der in einzelnen idyllisch anmutenden Äußerungen des Königs René aufleuchtet:

> Provinz der Milde, fern manch blutiger Hauptstadt,
> Uralte Landschaft an dem Meer der Mitte,
> Hellas im Westen, Rom in Gallien.
> Hier in dem Land der südlichen Sprache,
> Hier in Europas Sommer, wo die Welt,
> Wie ein sonst garstiges Mädchen, wenn es liebt,
> Sich von der anmutvollsten Seite zeigt,
> Hier sollst du bleiben und zuhause sein. (91)

>   Kunst,
> Das ist für mich, wenn ich landeinwärts wandle
> Und im durchbrochnen Dämmer eines Ölbaums,
> Am holzgeflochtnen Silberstamm gelehnt,

---

[90] Maßgaben der Kunst. S. 350.
[91] Margarete. S. 128.

Den Hirten singen hör, und sein Gesang
Ist kunstvoll und, kann sein, von mir verfaßt.
Kunst ist ein Zweck als Schatten nur des Glücks. (92)

Idyllische Visionen dieser Art, deren Möglichkeit die Existenz der Provence impliziert, begründen ihren Anspruch, als Antizipation der Utopie ernstgenommen zu werden. "Kunst als Schatten des Glücks, das meint Antizipation des Utopischen: das bukolische Bild vom Einswerden mit der Natur zeichnet es vor."[93]

Dieser Anspruch des Bildes "Provence" ist in der "Margarete" nicht auf Anhieb erkennbar: seine Manifestation in der Geschichte als zu früh gekommene geht zwangsläufig mit komischen Zügen einher, die Realisierung der Utopie in der Provence erscheint unvollkommen, oftmals lächerlich und - in den Figuren der Trobadors - im wahrsten Sinne des Wortes impotent. "Die Provence als Bild für die Idee der Kunst wird in dem Stück - als einer der großen utopischen Entwürfe - sehr ernst genommen. Um diesen Anspruch zu relativieren, gibt es eine Nebenfabel, die die Impotenz der Kunst zeigt."[94]

In diesen lächerlichen Zügen der Realisierung der Utopie, die fast den Blick auf deren antizipatorischen Charakter verstellen, liegt das Hauptinterpretationsproblem der "Margarete". Die Analyse der "Omphale" jedoch hat gezeigt, daß solche als positiv verstandene Komik den Wert eben jener nicht in Frage stellt. Ähnliches gilt für René selbst, dessen künstlerisches Schaffen und dessen politisches Verhalten zwar oftmals komisch wirken, über den Hacks jedoch schreibt: "René ist im Besitz aller menschlichen und seelischen Vermögen, ausgenommen den Willen."[95] Ausgehend von hier sind die Wertoppositionen des Stückes nicht schwer zu bestimmen.

Als Folie, von der sich die Provence-Handlung gleichsam abhebt, als "Hintergrundhandlung" fungiert der weltgeschichtliche Prozeß. Er manifestiert sich in dem Konflikt zwischen Burgund und Frankreich, durch die die Unabhängigkeit der Provence bedroht ist: "Von denen einer brauchte einen Finger/Zu rühren nur, um, was von unserm Land/Er nicht schon hätt durch Pacht, Brief und Verpfändung, /Ohn alle Müh ans seinige zu reißen."[96] Von diesen beiden repräsentiert für Hacks Frankreich "die fortschrittliche Lösung", Burgund "die feudal-reaktionäre".[97] Der zur gleichen Zeit stattfindende englische Kronstreit "York - Lancaster ist eine Parallele zu dem Streit Frankreich - Burgund. Eduard IV ist ein ebenso progressiver, bürgerfreundlicher Absolutist wie Ludwig; Heinrich VI ein ebenso junkerlicher Esel wie Karl."[98] Wenn am Ende des Stücks die vernichtende Niederlage Burgunds bekannt wird, das seinerseits das Haus Lancaster im

---

[92] Margarete. S. 169.
[93] Schleyer 1976. S. 121.
[94] Maßgaben der Kunst. S. 351.
[95] Maßgaben der Kunst. S. 351.
[96] Margarete. S. 129.
[97] Maßgaben der Kunst. S. 350.
[98] Maßgaben der Kunst. S. 350.

Kampf gegen Eduard hatte unterstützen wollen, so wird hier wieder die teleologische Geschichtskonzeption Hacks' sichtbar: die Stabilisierung der progressiv-absolutistischen Regime Ludwigs und Eduards und der Untergang der reaktionären Herrscherhäuser markieren eine Zeitenwende, die den progressiven Charakter des geschichtlichen Prozesses deutlich macht. Der Sieg dieser Kräfte ist daher für Hacks ein "Sieg ... von historischer Notwendigkeit."[99]

Die Verbindung zwischen der historischen Hintergrundhandlung und der Provence-Handlung wird hergestellt durch Margarete, die Tochter Renés und Witwe Heinrichs, die versucht, Burgund als Verbündeten im Kampf um die Rückgewinnung des englischen Throns zu gewinnen und dafür bereits ist, die Provence an Burgund anzuschließen und ihren Vater zum Rücktritt zu bewegen - ein Plan, der aufgrund der Niederlage Burgunds scheitert. Die Nachricht von dieser Niederlage versetzt Margarete den Todesstoß. Margarete fungiert als "das Gestern, das sich am Morgen rächen will, dafür, daß es vergangen ist."[100] Entsprechend wird sie als historisch überholt der Lächerlichkeit preisgegeben. Das Pathos ihres - an Schillers Maria Stuart orientierten - Sterbens wird komisch konterkariert durch die Versuche der Hofgesellschaft, den Leichnam zu verbergen, um das stattfindende Fest nicht zu stören. Die an Slapstick-Einlagen reiche Pantomime um die Leiche Margaretes - sie wird hinter einem Vorhang versteckt, hinter dem sie immer wieder auftaucht, in einem Instrumentenkasten verborgen, aus dem die Musiker ihre Instrumente holen wollen, und man tanzt mit ihr, um ihren Tod zu verbergen - gehört zur härtesten und groteskesten Komik, die in Hacks' "klassischen" Komödien zu finden ist. Anders als der König und die Künstler der Provence ist Margarete ausschließlich mit Verlachkomik ausgestattet.

Am Ende des Stücks steht dennoch das Scheitern der Antizipation: die Provence schließt sich an Frankreich an. Indem dieser Anschluß jedoch an die progressive historische Kraft erfolgt, wird die durch die Provence repräsentierte Utopie in dem progressiven, zielgerichteten geschichtlichen Prozeß aufgehoben. Die Dialektik zwischen dem Scheitern der Utopie in der Geschichte und der Realisation der Utopie in der Geschichte prägt also das Ende der "Margarete" ähnlich wie das der "Omphale".

Allerdings ist das Scheitern der Provence hier weniger deutlich als das Scheitern Herakles': erst nach dem Tode Renés fällt sein Reich an Frankreich, und dieses anerkennt weiterhin die Privilegien und Rechte der Bürger und Bauern der Provence[101]; dennoch machen die Worte Renés über das Verhältnis der Kunst (und damit der Utopie) zur Realität (und damit der Geschichte) die Ambivalenz des Schlusses deutlich:

> Doch wenn sie (die Kunst) wieder will zum Boden steigen,
> Taucht sie in jenen Nebel ein, der Luft heißt,
> Und grauer wird ihr Kleid, ihr Leib verwandelt

---

[99] Maßgaben der Kunst. S. 350.
[100] Maßgaben der Kunst. S. 350.
[101] Vergl. Margarete. S. 206.

> Zum Gröbern sich, nimmt an vom erdigen Stoff
> Der Tatsachen, und ihre Anmut schwindet.
> Am Ende, unten angelangt, nur dem
> Noch kenntlich, der Gedanken hat, zu sehen,
> Sieht sie genau aus wie mein Neffe Ludwig. (102)

Als Ziel wird die Utopie zwar im geschichtlichen Prozeß aufgehoben, als real existierende jedoch ist sie zunächst gescheitert: sie verändert sich unter den Bedingungen des Absolutismus bis zur Unkenntlichkeit. Auch hier gilt jedoch: aus der Perspektive des sozialistischen Zuschauers heraus, die von Hacks vorausgesetzt wird, erscheint der Widerspruch zwischen Utopie und Geschichte nicht mehr antagonistisch, der dargestellte Konflikt nicht mehr tragisch, sondern lösbar, mehr noch: als mit Sicherheit in Bälde gelöster. Die überholten Denk- und Handlungsschemata haben ihre bedrohliche Kraft verloren, der dargestellte Konflikt kann historisch relativiert heiter, aus der Distanz heraus als komischer rezipiert werden; die Komödie ist die adäquate Form der Darstellung.

So hat Hacks, ausgehend von einem ähnlichen Geschichtsbild wie Brecht, als Ausdruck seines postrevolutionären Bewußtseins eine Komödie geschaffen, die über dessen Konzeption hinausgeht. Zwar wird auch bei Hacks der vernunftrealisierende Geschichtsprozeß als Modell zugrunde gelegt, demgegenüber der Modellverstoß als das Komische hervortritt. Das Konzept der "positiven Komik" ermöglicht es jedoch, diesen Modellverstoß nicht nur zu verlachen, sondern mit ihm auf das Modell zurückzuverweisen: das Komische ist notwendige Begleiterscheinung der Antizipation des nichtentfremdeten Lebens in einem früheren historischen Stadium, das Überholte ist notwendige Vorstufe der besseren Zukunft. Die Komödie ist damit die adäquate Gattung für die Hackssche Fragestellung nach dem Verhältnis von Utopie und Geschichte.

---

102 Margarete. S. 104.

7. GESCHICHTE ALS KOMÖDIE - STRUKTUREN UND TENDENZEN

7.1. Zwei konträre Modelle der Geschichtskomödie

7.1.1. Zur Abhängigkeit der Komödiendramaturgie vom zugrunde gelegten Geschichtsbild

Es konnte im Verlauf der Untersuchung nachgewiesen werden, daß die analysierten Dramen sich zur Gestaltung der dargestellten Vorgänge eines Verfahrens bedienen, das dem in Kapitel 1.2.2.1. als "historiographische Operation" bezeichneten analog ist: die Dramenhandlung weist über sich hinaus, hat aber keinen unmittelbaren Zeitbezug zur Gegenwart des Autors (etwa in Form der Verschlüsselung zeitgenössischer Ereignisse); sie versteht ihren Gegenstand aber auch nicht oder zumindest nicht primär als allgemeinmenschliche Problematik. Die Vorgänge auf der Bühne haben vielmehr paradigmatischen Charakter: sie zeigen signifikante Konstellationen, die die Gesetzmäßigkeiten und den Verlauf des geschichtlichen Prozesses als Ganzen sichtbar machen. Im Rezipienten wird so ein bestimmtes Bild von Geschichte evoziert, in dieses wird das Bühnengeschehen eingeordnet. Erst durch diese Situierung in einem so verstandenen historischen Prozeß wird die volle Bedeutung der Bühnenhandlung mit all ihren Implikationen sichtbar; auch der Gegenwartsbezug der untersuchten Dramen wird auf diese Weise deutlich: die Gegenwart ist der (vorläufige) Endpunkt eben jenes geschichtlichen Prozesses, der in den Vorgängen auf der Bühne in seiner Gesetzmäßigkeit erkennbar wird. So findet in Horváths "Figaro läßt sich scheiden" eben keine Verschlüsselung der faschistischen Machtergreifung in Deutschland und des darauffolgenden Exils statt; vielmehr erscheint Geschichte als ein Sich-Ablösen von Gesellschaften, die sich substantiell nicht voneinander unterscheiden, da sie durchgängig durch den Archetyp des Spießers dominiert werden; in dieses Geschichtsbild wird auch die deutsche Gegenwart der 30er Jahre eingeordnet, durch jenes wird diese zu verstehen gesucht. Und das Scheitern von Omphale und Herakles wird bei Peter Hacks nur dann zum zu belachenden Komödienschluß, wenn sich der Rezipient der Antizipation einer kommenden Gesellschaft ohne Entfremdung, wie sie der Autor vorschlägt, anschließt.

Interessant ist nun, daß die Gestaltung des geschichtlichen Prozesses in Form der Komödie von zwei grundlegend unterschiedlichen geschichtsphilosophischen Positionen her möglich ist: der pessimistischen Geschichtsauffassung der Horváth, Frisch und Dürrenmatt steht der radikale Geschichtsoptimismus von Brecht und Hacks gegenüber; beide Positionen haben signifikante Konsequenzen für die Komödiendramaturgie.

Bei Horváth, Frisch und Dürrenmatt erscheint Geschichte als ein widersinniger Kreislauf, als sinnlose Wiederkehr des immer Gleichen: sie besitzt eine groteske Eigengesetzlichkeit, entzieht sich dem bewußten geschichtlichen Handeln des Menschen, wird von den immer gleichen Archetypen dominiert, die in unterschiedlichen Masken auftreten. Eine solche Sicht der Geschichte tendiert deutlich zum Ahistorischen; eine substantielle Veränderung, ein Fortschritt findet nicht statt, im Kern sind alle historischen Gesellschaftsformen gleich: die vorrevolutionäre Gesellschaft ist ebenso wie die postrevolutionäre durch den Archetyp des Spießers charakterisiert, Gewalt, Ausbeutung und Unterdrückung bleiben als Leitprinzipien menschlichen Miteinanders in Kraft, die Farce beginnt immer wieder von Neuem. Dem Handeln der menschlichen Vernunft ist Geschichte prinzipiell nicht zugänglich.

Die Geschichte selbst erscheint hier als komischer Modellverstoß: ihre Gesetzmäßigkeiten werden gemessen an einem vernünftig begründeten Modell, das Geschichte als Verwirklichung von Humanität oder als durch wirklichkeitsadäquates Handeln geprägten Prozeß fordert; gegen dieses Vernunftmodell von Geschichte verstößt die tatsächliche Geschichte auf widersinnige Weise: Vernunft und Geschichte klaffen als Modell und Modellverstoß auseinander.

Gleichzeitig aber wird auch der defizitäre Charakter des Modells offenbar: die Vernunft wird problematisch, eben weil sie der Realität und Geschichtsmächtigkeit ermangelt. Lediglich Horváth bringt am Ende seines Stückes eine realisierte, geschichtsmächtig gewordene Utopie auf die Bühne und gelangt so zu einem Happy End - daß dieses jedoch durch seinen demonstrativ literarischen, realitätsfernen Charakter gleichsam mit Fragezeichen versehen wird und nicht als Ausdruck einer optimistischen Geschichtsauffassung gedeutet werden darf, wurde oben aufgezeigt. Bei Frisch und Dürrenmatt ist nicht einmal mehr die Gestaltung eines solchermaßen ironisch gebrochenen Happy Ends möglich: der Heutige, Romulus und Napoleon, jene Figuren, die den Anspruch der Vernunft auf Geschichtsmächtigkeit anmelden, werden ebenso zu lächerlichen Figuren wie ihre Gegenspieler - eben auf Grund der Nichtigkeit ihres Anspruchs.

Damit wird das ursprünglich die Lächerlichkeit der Realgeschichte demonstrierende Modell destruiert, ohne daß ein neues an seine Stelle gesetzt würde. Eine gültige Position bleibt am Ende nicht bestehen. Die Komik des dramatischen Konflikts realisiert sich in diesen Stücken als Kipp-Phänomen.

Ganz anders Brecht und Hacks: Geschichte erscheint bei diesen Autoren als vernunftrealisierender Prozeß; seine Bedingungen und Gesetzmäßigkeiten werden als erkannt vorausgesetzt, der weitere Geschichtsverlauf ist aufgrund eben dieser Erkenntnis antizipierbar, eine zweifelsfreie Ableitung von konkreten historischen Handlungsanweisungen ist möglich. Indem sich die Vernunft in der Geschichte realisiert, kann von einem Gegensatz zwischen beiden hier natürlich nicht die Rede sein. Im Gegenteil: der in seiner vernunftrealisierenden Gesetzmäßigkeit als erkannt gedachte geschichtliche Prozeß fungiert als Modell, an dem menschliches geschichtliches Handeln gemessen wird und gegen dessen Forderungen es komisch verstößt.

Die Fehleinschätzung der historischen Situation durch das deutsche Bürgertum im 18. Jahrhundert, ideologisch bestimmtes, wirklichkeitsinadäquates Handeln, historisch überholte, d. h. den objektiven Möglichkeiten und Notwendigkeiten des jeweiligen Standes des historischen Prozesses nicht entsprechende Gesellschaftsformen (etwa die der Heroen, in der sich Entfremdung realisiert) - all dies erscheint als komischer Modellverstoß ohne eigenen positiven Wert und wird daher dem Verlachen preisgegeben. Verlachbar erscheinen all diese Modellverstöße aus dem Wissen um ihre Unschädlichkeit, ihre Nichtigkeit heraus: der letztendlich vernunftrealisierende Prozeß der Geschichte, der in die Zukunft fortschreibbar ist, wird durch diese Modellverstöße nicht dauerhaft tangiert, ihre Überwindbarkeit steht außer Frage. So bleibt das Modell, gegen das komisch verstoßen wird, unangetastet. Diese Form der Komödie basiert vorwiegend auf satirischer Verlachkomik.

Eine Ausnahme bilden Herakles und Omphale in Hacks' Komödie: zwar ist auch ihr Handeln anachronistisch und trägt insofern komische Züge; doch handelt es sich hier um "positive Komik" im Hacksschen Sinne: Herakles und Omphale antizipieren einen entfremdungsfreien Zustand, für den die Zeit jedoch noch nicht reif ist. Ihr Scheitern an der Realität wird als vorläufiges gewußt und im geschichtlichen Prozeß aufgehoben. So erscheint auch der Konflikt, in dem die beiden Figuren stehen, als aufhebbarer, vorläufiger, letztlich unschädlicher; er ist somit nicht satirisch ver-, eher nahezu humoristisch belachbar.

Interessant ist, daß auch Brecht und Hacks ihre Stücke nicht in einem Happy End im eigentlichen Sinne enden lassen. Dieses Happy End ist dem realgeschichtlichen Prozeß aufgegeben. Seine Erreichbarkeit jedoch steht außer Frage; nur unter dieser Voraussetzung ist die Belachbarkeit des Komödienendes gegeben.

7.1.2. Zwischen Horizontverschmelzung und Horizontdifferenzierung - die Zeitstruktur

Es wurde in Kapitel 1.2.2.1. dargelegt, daß jedes Geschichtsbewußtsein und jede geschichtliche Erkenntnis auf zwei scheinbar gegenläufigen, einander widersprechenden, tatsächlich jedoch einander ergänzenden Erfahrungen basiert: einerseits wird das Vergangene als das Andere, das von der Gegenwart durch grundlegende Unterschiede Getrennte wahrgenommen, andererseits wird dieses Andere in einen kontinuierlich gedachten Prozeß eingebunden, durch den die einzelnen Epochen nicht unverbunden nebeneinander stehen, sondern gleichsam organisch auseinander hervor- und ineinander übergehen, so daß Geschichte als Ganzheit erkennbar wird. Dieser letzten Erfahrung hat Gadamer die Horizontverschmelzung als Erkenntnismodus zugeordnet, während Düsing für erstere den Terminus Horizontdifferenzierung als Komplementärbegriff vorschlägt (vergl. Kap. 1.2.2.2.). Die Betonung von Horizontverschmelzung oder Horizontdifferenzierung im Geschichtsdrama ist nun - so legt zumindest die Untersuchung der oben analysierten Dramen nahe - abhängig von der zugrunde gelegten Geschichtskonzeption.

So legen Horváth, Frisch und Dürrenmatt (zumindest mit "Achterloo") Komödien vor, bei denen Horizontdifferenzierung kaum noch möglich ist: da die Geschichte grundlegenden Fortschritt, substantielle Veränderung nicht kennt, da dieses Geschichtsbild geradezu zum Ahistorischen tendiert, bestehen überhaupt keine wesentlich verschiedenen Horizonte in den unterschiedlichen Epochen, die Bedingungen, unter denen der geschichtliche Mensch denkt, lebt und handelt, sind im Wesentlichen immer die gleichen. So vollzieht sich eine fast vollkommene Horizontverschmelzung.

Ausdruck derselben ist eine Dramaturgie, die eine konkrete historische Situierung der Bühnenhandlung nahezu unmöglich macht: Figuren aus allen möglichen Zeiten treten bei Frisch und Dürrenmatt auf, sprechen miteinander und verstehen einander; Napoleon kann General Jaruzelski vertreten ("Achterloo"), er kann aber gleichzeitig Alexander den Großen ersetzen ("Die chinesische Mauer"), da Geschichte eben durch die immer gleichen Archetypen in immer neuen Masken dominiert wird. Bei Horváth fließen Elemente mehrerer historischer Epochen aus rund 150 Jahren derart ineinander, daß man von einer Zeit der Handlung sprechen muß, die 150 Jahre umfaßt, ohne daß diese 150 Jahre chronologisch abliefen; vielmehr ist von einer allgegenwärtigen Gleichzeitigkeit aller Epochen zu sprechen, die eine historische Konkretisierung unmöglich macht.

Eine ähnliche Funktion erfüllen die Anachronismen in Dürrenmatts "Romulus", die immer wieder die Illusion einer historischen Darstellung durchbrechen und Assoziationen zu anderen Zeiten hervorrufen, insbesondere zu Gegenwart und jüngster Vergangenheit, die offenbar immer noch die gleichen Strukturen und Gesetzmäßigkeiten aufweisen wie die Antike. Für das dramaturgische Verfahren in "Figaro läßt sich scheiden", "Die chinesische Mauer" und "Achterloo" jedoch ist der Ausdruck Anachronismus zu schwach. Es handelt sich eher um Achronographie, um ein völliges, unchronologisches Verschmelzen, eine Gleichzeitigkeit aller Epochen, die adäquater Ausdruck der weitgehenden Horizontverschmelzung ist, die diese Texte provozieren.

Damit stoßen wir auf ein interessantes Phänomen: Horváth, Frisch und Dürrenmatt behaupten eine weitgehende Identität des Horizonts der unterschiedlichen historischen Epochen. Verschiedene Horizonte, die zu differenzieren wären (und im Grunde auch verschiedene Horizonte, die erst miteinander verschmelzen müßten), existieren gar nicht. Obwohl also ein uneingeschränktes Einfühlen und Sich-Eindenken in frühere Epochen möglich wäre, greifen diese Autoren zu einer völlig anderen Dramaturgie als die traditionelle Geschichtstragödie: realisiert diese die Horizontverschmelzung mit Hilfe der Einfühlung in die Bühnenhandlung, so enthalten die hier untersuchten Texte gattungstypisch vielfältige Elemente, die zur Störung der Einfühlung und zur Distanzierung des Rezipienten führen. Restloses Begreifen der Vergangenheit durch weitestgehende Horizontverschmelzung geht einher mit distanzierter Rezeption des Bühnengeschehens.

Anders als diese Autoren, deren Komödien nicht zufällig zur Zirkelstruktur tendieren, legen Brecht und Hacks ihren Stücken ein lineares Geschichtsbild zugrunde. In der Geschichte finden sehr wohl Fortschritt und Entwicklung statt, insbesondere für das teleologische Geschichtsbild Hacks' stellt sich Geschichte als ein ununterbrochener Prozeß der Annäherung an das Ideal dar; "allgemeinmenschliche" Konstanten des Zusammenlebens, die nicht der historischen Veränderung unterworfen sind, werden negiert. Die Unterschiede zwischen verschiedenen historischen Epochen sind durchaus substantiell.

Auch wenn ein gewisses Maß an Horizontverschmelzung für geschichtliches Erkennen und für die Wahrnehmung von Geschichte als kontinuierlicher Prozeß notwendig ist, auch wenn etwa Brecht dieses Minimum an Horizontverschmelzung überschreitet, indem er gewisse Erscheinungen in der jungen DDR und das Versagen des deutschen Bürgertums im 18. Jahrhundert parallelisiert - insgesamt betonen Brecht und Hacks in weitaus stärkerem Maße die Differenz der verschiedenen Horizonte als Horváth, Frisch und Dürrenmatt.

Entsprechend finden sich hier - bei aller Verwendung von V-Effekten - eigentliche Anachronismen kaum. Im Gegenteil versucht beispielsweise Brecht, die Handlung des "Hofmeister" viel stärker als Lenz aus der konkreten historischen Situation nach Ende des siebenjährigen Krieges abzuleiten. Tatsächlich erwächst ja erst aus dem Bewußtsein der völlig neuen historischen Qualität der eigenen Gegenwart als einer "sich lichtenden" (Brecht) jene Distanz, die die Bühnenhandlung erst zur belachbaren werden läßt. So wird auch dieser Unterschied sowohl im Epilog des "Hofmeisters" als auch in Herakles' Schlußrede in "Omphale" betont: der Horizontdifferenzierung gehört das letzte Wort.

7.1.3. Zum Problem der Distanz

Im letzten Kapitel wurde bereits ein Punkt angeschnitten, der einerseits für die Rezeption des Komischen wesentlich ist, andererseits eine weitere Differenz zwischen den verschiedenen Vertretern der Geschichtskomödie kennzeichnet: die Frage nach der Distanz.

In Kapitel 1.1.2.3. wurde dargelegt, daß ein potentiell komischer Modellverstoß nur dann tatsächlich als komisch aufgefaßt wird, wenn er in einer Haltung des zumindest temporären existentiellen Nicht-Betroffenseins rezipiert wird; nur wenn der Rezipient sich selbst im Moment der Rezeption durch den Modellverstoß nicht bedroht fühlt (das bedeutet auch: nur wenn keine Einfühlung in die Opfer des Gelächters stattfindet), empfindet er einen Modellverstoß als komisch. Diese Haltung des zumindest temporären existentiellen Nicht-Betroffenseins wurde als Distanz bezeichnet.

Im vorausgegangenen Kapitel nun wurde bemerkt, daß die Distanz des Zuschauers bei Brecht und Hacks aus dem Bewußtsein um die völlig neue Qualität der eigenen historischen Situation erwächst. Insbesondere bei Hacks fällt dies ins Auge: als Konsequenz aus der teleologischen Geschichtssicht Hacks' kann sich der Zuschauer im real existierenden Sozialismus darauf verlassen, daß die Konflikte, die auf der Bühne dargestellt werden, nicht nur überwindbar, sondern sogar mit Sicherheit in Kürze überwunden sind; indem Geschichte als vernunftrealisierender Prozeß erkannt und die mit Sicherheit eintretende nahe Zukunft antizipiert wird, erscheinen die dargestellten Konflikte für den historisch fortgeschrittenen Zuschauer nicht mehr bedrohlich, der widersinnige Modellverstoß nur noch komisch. Ähnliches gilt für Brecht: das Wissen um die Überlegenheit der eigenen historischen Erkenntnis und das Bewußtsein der grundsätzlich anderen Qualität der eigenen historischen Situation ermöglichen es, das geschichtlich inadäquate Verhalten des deutschen Bürgertums zu verlachen.

Das bedeutet aber: die Distanz, die der Zuschauer bei Brecht und Hacks gegenüber dem Bühnengeschehen empfindet, ist eine lebensweltlich begründete. Sie wird verursacht durch die historische Situation des Zuschauers, die objektiv eine völlig andere Qualität hat als die auf der Bühne dargestellte. Die Distanz des Zuschauers ist keine nur temporäre: durch die neue Stufe, die der geschichtliche Prozeß erreicht hat, sind die Irrungen und Wirrungen früherer historischer Epochen für den Rezipienten objektiv, real nicht mehr bedrohlich; er kann über diese außerhalb des Theaters genauso lachen wie innerhalb - sie haben den vernunftrealisierenden Verlauf des Geschichtsprozesses nicht aufhalten können. Die Distanz des Zuschauers ist eine aus dem objektiven Verlauf der Geschichte resultierende.

Ganz anders bei Horváth, Frisch und Dürrenmatt: eine solche Distanz, wie sie der Rezipient bei Hacks und Brecht empfinden soll, kann der Zuschauer hier gar nicht empfinden. Die historische Situation, in der er sich befindet, ist ja substantiell die gleiche wie die auf der Bühne dargestellte. Der Widersinn ist keineswegs überwunden, sondern stellt vielmehr in der Realität eine Bedrohung auch für den Zuschauer dar: angesichts der Massenvernichtungsmittel wird die Inadäquatheit der das kollektive Bewußtsein der Menschheit determinierenden tradierten Denk- und Verhaltensmuster für den Einzelnen existentiell bedrohlich. Und die vorerst letzte Inkarnation der widersinnigen Spießergesellschaft, der deutsche Faschismus, vernichtet seine Gegner oder treibt sie ins Exil - Horváths "Figaro" mußte in Prag uraufgeführt werden.

Die notwendige Distanz zum Bühnengeschehen ist hier also keine a priori durch die lebensweltliche, die geschichtliche Situation des Zuschauers begründete, sie muß mit ästhetischen Mitteln herbeigeführt werden. So weist etwa Dürrenmatt darauf hin, daß er "Groteskes eben der Distanz zuliebe, die *nur* durch dieses Mittel zu schaffen ist" (DüW 7, 26), einsetze. Das heißt: Groteskes als Stilmittel wird eingesetzt, um den Zuschauer in eben jene Distanz zu versetzen, aus der heraus er die groteske Grundstruktur der Dürrenmattschen Konflikte zu erkennen vermag. Horváth gehorcht den Gesetzen der Gattung, indem er ein ironisch gebrochenes, in seiner Literarizität durchschaubares Happy End konstruiert. Dieses strahlt gleichsam auf die Atmosphäre des gesamten Stückes aus und versetzt so den Zuschauer in jene Distanz, die aus dem Bewußtsein erwächst, einer Komödie beizuwohnen, deren Konflikte in eine Happy End münden werden. Und Frisch greift aus ähnlichen Erwägungen zur Gattung der Farce: das demonstrativ Nichtige und

Widersinnige der Bühnenhandlung soll die Augen öffnen für den entsprechenden Charakter menschlichen geschichtlichen Handelns.

Mit anderen Worten: die geschichtliche Wirklichkeit erscheint objektiv als Modellverstoß, damit als potentiell komisch. Die potentiell komische Struktur des geschichtlichen Prozesses kann jedoch durch den in diesen involvierten Menschen nicht als aktuell komische rezipiert werden, da dieser sich gerade durch jene Widersinnigkeit der Geschichte, die ihre potentielle Komik ausmacht, bedroht fühlt. Die traditionell distanzierend wirkenden Stilmittel des komischen Genres führen dazu, daß der Rezipient temporär in jene Distanz versetzt wird, die ihn den tatsächlichen Widersinn der Geschichte als komischen erkennen läßt. Die solchermaßen ästhetisch, nicht lebensweltlich begründete Distanz des Zuschauers bei Horváth, Frisch und Dürrenmatt ist somit eine nur temporäre, die jedoch zur Erkenntnis des wahren Charakters der Realität führt.

Es zeigt sich somit, daß die gegensätzlichen geschichtsphilosophischen Ausgangspunkte, von denen her die Gestaltung von Geschichte als Komödie in Angriff genommen wird, zu zwei grundsätzlich verschiedenen Komödienformen führen, die voneinander deutlich zu unterscheiden, in sich jedoch überraschend homogen sind: die pessimistische Auffassung der Geschichte als sinnlose Wiederholung des immer Gleichen realisiert sich bei Horváth, Frisch und Dürrenmatt in einer Komödie, in deren zentralem dramatischen Konflikt die Komik als Kipp-Phänomen funktioniert, die die Horizontverschmelzung betont und deren Rezipient durch ästhetische Mittel in eine nur temporäre Distanz zur Bühnenhandlung versetzt wird. Demgegenüber führt der Geschichtsoptimismus von Hacks und Brecht zu Komödien, in denen Komik vor allem als satirische Verlachkomik, bei Hacks teilweise auch als humoristisches Belachen wirksam wird und in denen die das Ver- und Belachen ermöglichende Distanz aus dem lebensweltlichen Wissen um die objektiv neue historische Qualität der eigenen Gegenwart und der damit verbundenen Horizontdifferenzierung erwächst.

7.2. Die nicht realisierte Zeitenwende als Gegenstand der Geschichtskomödie

In Kapitel 1.2.2.2. wurde die Bedeutung der Zeitenwende für die Dramaturgie des Geschichtsdramas hervorgehoben: die Darstellung einer Epochenschwelle, die Ablösung einer vergehenden Epoche durch eine aufsteigende, ermöglicht es dem Drama, den Ablauf von Geschichte auf der Bühne sichtbar zu machen, erlaubt - oft mit Hilfe der sogenannten "Limes-Figur" - die Konfrontation zweier eigentlich aufeinanderfolgender Epochen auf dem Theater. Sie gehört damit zu den zentralen dramaturgischen Mitteln des Geschichtsdramas.

Es wurde deutlich, daß auch die Analyse der hier eingehender untersuchten Dramen ohne den Begriff der Zeitenwende kaum auskommt. Allerdings erscheint diese Zeitenwende hier immer nur als behauptete oder geforderte: die Revolution in Horváths "Figaro" nimmt für sich in Anspruch, eine Zeitenwende zu sein, die

die Spießergesellschaft ablöst. In der "Chinesischen Mauer" ist die Zeitenwende durch die technologische Entwicklung faktisch schon vollzogen; von der Menschheit wird verlangt, den Gegebenheiten Rechnung zu tragen und eine solche Zeitenwende auch im Hinblick auf ihr bewußt-unbewußtes Handeln zu vollziehen. Romulus strebt die substantielle Zeitenwende - die Abschaffung der durch aggressive Supermächte dominierten Weltordnung - an. Im "Hofmeister" ist sie durch den Stand des historischen Prozesses in der Ablösung des Adels durch das Bürgertum objektiv gefordert, Herakles und Omphale versuchen, in einer dafür noch nicht reifen historischen Situation die Lebensform der späteren gesellschaftlichen Formation zu realisieren.

Keine dieser Zeitenwenden allerdings realisiert sich im Bühnengeschehen tatsächlich: die Revolution entpuppt sich bei Horváth als Reetablierung des wieder gleichen Spießer-Systems; die Bemühungen von Frischs Heutigem erweisen sich als ebenso nichtig wie die von Dürrenmatts Romulus; das deutsche Bürgertum erkennt die Zeichen der Zeit nicht und sucht statt der revolutionären Umwälzung den Klassenkompromiß; Herakles und Omphale scheitern und müssen sich den entfremdeten Strukturen der alten Ordnung wieder fügen. Die nicht realisierte Zeitenwende wird damit zu einer zentralen Komödienformel für die Geschichtskomödie.

Der Grund dafür ist leicht zu erkennen: indem im Rezipienten das Bewußtsein von der Notwendigkeit einer Zeitenwende geweckt wird, wird in ihm ein Modell evoziert, an dem das Bühnengeschehen gemessen und als komischer Modellverstoß erkannt wird. Die Zeitenwende charakterisiert damit jenen Geschichtsverlauf, der durch die Vernunft oder durch den objektiven Stand des historischen Prozesses gefordert wird, der der Notwendigkeit gemäß erscheint. Indem die Zeitenwende nicht vollzogen, indem der Status Quo mehr oder weniger deutlich beibehalten wird, erscheint der tatsächliche Geschichtsverlauf als komischer Modellverstoß (bei der "positiven Komik" Hacks' liegt der Fall etwas komplexer, da die zu früh gekommene Utopie im Geschichtsverlauf insgesamt aufgehoben und damit auch die als defizitär entlarvte gesellschaftliche Formation in gewissem Maße gerechtfertigt wird). Die Gründe für das Verfehlen der Zeitenwende sind unterschiedlichster Art: bei Dürrenmatt etwa sind sie im objektiven Charakter der Geschichte selbst zu sehen, die die Möglichkeit einer solch sinnhaften Wendung tatsächlich gar nicht eröffnet, sondern einer grotesken Eigengesetzlichkeit unterworfen ist, bei Brecht beispielsweise liegen sie eher im Versagen einer Klasse, die durch geschichtlich inadäquates Handeln die Notwendigkeiten der historischen Situation verfehlt.

Auffällig ist, daß Dürrenmatts "Achterloo" völlig ohne das Modell der Zeitenwende auskommt; das Modell, das hier im Rezipienten evoziert wird, ist ein gegenüber der Zeitenwende bescheidenes, gleichsam defensives: nicht um die Einführung von Sinnhaftigkeit in den historischen Prozeß, um die radikale Änderung der Paradigmen, unter denen sich die Entwicklung vollzieht, geht es Napoleon. Sein Ziel ist lediglich die Verhinderung des größten Widersinns, der schlimmstmöglichen Wendung, des dritten Weltkriegs. An die Möglichkeit einer substantiellen Veränderung glaubt hier weder der Autor, noch sein Protagonist, noch der Zuschauer, sofern er der Dramaturgie des Stückes folgt. Daß auch dieser zurückgenommene Anspruch Napoleons, der von Anfang an nicht einmal mehr die Formulierung einer grundlegenden Alternative zuläßt, scheitert, zeigt die extrem pessimistische Sicht des späten Dürrenmatt.

7.3. Die Abkehr von der Tragödie

Eine Frage bleibt noch offen: Warum nicht mehr die Tragödie? Warum sieht sich keiner der hier untersuchten Autoren, selbst wenn er - wie Horváth, Dürrenmatt und Frisch - zu einer pessimistischen Geschichtssicht tendiert, selbst wenn - mit der durchaus problematischen Ausnahme Horváths - keine der Komödien in ein eigentliches Happy End mündet, in der Lage, seine Geschichtsauffassung in der Tragödie zu gestalten?

Die Frage kann hier nur kursorisch und vorläufig beantwortet werden. Die vorliegende Untersuchung hat den Versuch unternommen, den Zusammenhang von Geschichtsauffassung und Komödiendramaturgie bei unterschiedlichen Autoren nachzuweisen und zu systematisieren. Die Frage, warum sich die Tragödie den untersuchten Autoren verschließt, würde eine ausgearbeitete Tragik- und Tragödientheorie voraussetzen. Die Materie ist so komplex, daß eine umfassende Beantwortung der Frage hier den Rahmen sprengen würde.

Bei aller gebotenen Zurückhaltung jedoch kann man sicherlich sagen, daß der tragische Konflikt in aller Regel durch seine Notwendigkeit einerseits, seine Sinnhaftigkeit andererseits gekennzeichnet ist.

Tragisch erscheint ein Konflikt dann, wenn die beiden Seiten eines Konflikts jede für sich ihre Berechtigung haben, zwischen beiden jedoch ein unaufhebbarer Widerspruch besteht. Geradezu klassisch beschreibt Hegel diese Konstellation:

> Das ursprünglich Tragische besteht nun darin, daß innerhalb solcher Kollision beide Seiten des Gegensatzes für sich *Berechtigung* haben, während sie andererseits dennoch den wahren positiven Gehalt ihres Zweckes und Charakters nur als Negation und *Verletzung* der anderen, gleichberechtigten Macht durchzubringen imstande sind und deshalb in ihrer Sittlichkeit und durch dieselbe ebensosehr in *Schuld* geraten. (1)

Indem beide Seiten des Widerspruchs in sich berechtigt sind, ist es nicht möglich, die Ansprüche der einen Seite zugunsten derer der anderen zu vernachlässigen und damit den Konflikt untragisch zu lösen; indem beide Seiten einander widersprechen, ist ein Ausgleich zwischen beiden nicht möglich. Damit ist die tragische Situation ausweglos, der in einen tragischen Konflikt verstrickte Mensch kann

---

[1] Hegel, Georg Friedrich Wilhelm: Werke in 20 Bänden. Auf der Grundlage der Werke von 1832 - 1845 neu edierte Ausgabe. Bd. 15: Vorlesungen über die Ästhetik III. Frankfurt am Main 1970. Nachfolgend zitiert als: Hegel 1970. S. 523.

nicht anders, als schuldig werden, bleibt ihm doch nur die Möglichkeit, gegen einen der beiden an sich gültigen Werte zu verstoßen.

"Tragik ist dort, wo die Mächte, die kollidieren, jede für sich wahr sind"[2], schreibt in diesem Sinne auch Jaspers. Damit wird die Unausweichlichkeit, die Notwendigkeit des tragischen Konflikts offenbar: er ist nicht Ausdruck eines unglücklichen Zufalls, einer einmaligen Konstellation oder willkürlichen Handelns der beteiligten Personen, er liegt vielmehr im Grundsätzlichen begründet, ist Ausdruck einer "Grundunstimmigkeit der Welt"[3]. Der notwendige Charakter der tragischen Kollision wird so deutlich.

Indem dem tragischen Konflikt Notwendigkeit zugestanden wird, wird a priori bereits die Existenz eines gültigen Wert- und Sinnsystems, einer fraglos bestehenden Ordnung impliziert; das Tragische setzt ein gültiges "Koordinatensystem" voraus, das eine Wertorientierung, die Erkenntnis und Bejahung der Berechtigung der beiden Seiten des Gegensatzes erlaubt; der Zyniker wird den tragischen Charakter eines Konflikts wohl grundsätzlich leugnen. Darüberhinaus jedoch zeigt sich die Anerkennung eines Sinnhorizonts durch das Tragische und die Tragödie deutlich in dem versöhnlichen Charakter der tragischen Lösung des Konflikts. "Das heißt, der Dichter ist imstande, den Rahmen einer Welt zu sprengen, weil sich ihm das Dasein in einer weiteren Welt zusammenfügt. Dies bedeutet der Vorgang, den die Ästhetik seit langem 'Versöhnung' nennt"[4], wie Emil Staiger schreibt; das tragische Scheitern, die tragische Katastrophe werden in einem übergreifenden Sinnzusammenhang gesehen, durch den sie nicht zum sinnlosen Untergang, sondern zur sinnhaften Bestätigung einer umfassenden, transzendent begründeten Ordnung werden. Hegel sieht die Versöhnung im "Anblick der ewigen Gerechtigkeit", die im tragischen Untergang den Anspruch beider Seiten des tragischen Konflikts auf Alleingültigkeit zurückweist und damit den Konflikt aufhebt.[5]

Jaspers weist darauf hin, daß noch andere Möglichkeiten der Versöhnung gegeben sind: etwa "die Selbstbehauptung des Seins, die sich vollzieht im Dulden"[6], die Erhabenheit, "die Würde und Größe des Menschen"[7], die sich gerade im Untergang manifestiert und damit die Werthaftigkeit und Dauer dieses menschlichen Vermögens über den Tod hinaus demonstriert. Gemeinsam ist all diesen Modi der Versöhnung, daß in ihnen "die menschliche Not metaphysisch verankert"[8] und damit in einen umfassenden Sinnhorizont eingebettet wird, der in der Tragödie gleichsam das letzte Wort hat: "Es gibt überhaupt keine Tragödie

---

[2] Jaspers, Karl: Über das Tragische. München 1952. Nachfolgend zitiert als: Jaspers 1952. S. 29.
[3] Jaspers 1952. S. 13.
[4] Staiger, Emil: Grundbegriffe der Poetik. 8. Aufl. Zürich 1968. S. 191.
[5] Vergl. Hegel 1970. S. 523.
[6] Jaspers 1952. S. 45.
[7] Jaspers 1952. S. 45.
[8] Jaspers 1952. S. 42.

und kein tragisches Drama ohne eine derartige Sinngebung, Aufhebung, Erlösung im oder vom tragischen Untergang."[9]

Zusammenfassend kann man mit Arnold Heidsieck konstatieren: "Das *Tragische* ist die geschichtliche Erfahrung eines unaufhebbaren Konflikts und (im Unterschied zum modernen Absurden) die Anerkennung eines Absoluten."[10]

Notwendigkeit und/oder Sinnhaftigkeit des dargestellten Konflikts aber sind es, die alle hier untersuchten Autoren im Blick auf ihre Komödien negieren. Geradezu paradigmatisch formuliert Dürrenmatt in einer berühmten Stelle aus den "Theaterproblemen": "Die Tragödie setzt Schuld, Not, Maß, Übersicht, Verantwortung voraus. In der Wurstelei unseres Jahrhunderts ... gibt es keine Schuldigen und keine Verantwortlichen mehr" (DüW 7, 59).

Dürrenmatt ist sich der Forderung nach einem gültigen transzendenten Sinn- und Werthorizont, die die Tragödie erhebt, durchaus bewußt. Er sieht sich aber außerstande, sie zu erfüllen: seine Konflikte sind nicht aus Notwendigkeit geboren, Zufall heißt das Schlüsselwort, das die Situation bis zum Gipfel grotesken Widersinns, bis zur schlimmstmöglichen Wendung eskalieren läßt. Indem aber lediglich der Zufall, nicht mehr die Notwendigkeit, zur Kollision führt, indem die beiden Seiten des Konflikts auch für sich keine Berechtigung mehr haben, auch jede für sich nicht mehr "wahr" (Jaspers) sind, wird die Tragödie hinfällig.

Und auch zur Transzendierung der Katastrophe auf ihre Sinnhaftigkeit hin, zur Einbettung der "schlimmstmöglichen Wendung" in ein positives, sinngebendes Allgemeines ist Dürrenmatt nicht bereit, "weil es kein positives Allgemeines gibt und weil der tragische Held ohne dieses positive nicht auskommt, von dem er den Sinn seines Handelns bezieht" (DüW 7, 257). Anstelle der tragischen Versöhnung steht die Sinnlosigkeit: eine zufällige, widersinnige Kollision wird in den Komödien Dürrenmatts zu einem grotesken, sinnlosen Ende geführt. Bei allem Pessimismus haben die Konflikte Dürrenmatts (und gleiches gilt letztlich für Horváth und Frisch) keinen tragischen Charakter; gerade dieser würde ja ein Gegengewicht zu eben diesem Pessimismus bilden.

Ganz anders die Marxisten: diese gehen selbstverständlich von einem positiven Allgemeinen aus, dem Sinnhaftigkeit und Notwendigkeit zugestanden werden. Dieses sinnhafte Allgemeine vollzieht sich (vor allem bei Hacks, aber auch bei Brecht) ja gerade im historischen Prozeß; wiederum haben wir hier ein geradezu gegenläufiges Phänomen: das Positive, Notwendige ist so stark, die Sinnhaftigkeit der Geschichte und die aus dieser ableitbaren Handlungsmaximen so offenbar, daß alle dagegen wirkenden Kräfte nichtig werden und so jede Notwendigkeit verlieren. Die oben zitierten Sätze Hacks': "Abgeschafft ist die Vergötzung des Konflikts als eines ewigen. Die Unauflösbarkeit des Konflikts ist als vorübergehend erkannt. Der tragische Fall ist entlarvt als historisch" (s. o.), werden zu Schlüssel-

---

[9] Krüger, Manfred: Wandlungen des Tragischen. Drama und Initiation. Stuttgart 1973 (=Logoi Bd. 1). S. 13.

[10] Heidsieck, Arnold: Die Travestie des Tragischen im deutschen Drama. In: Tragik und Tragödie. Hrsg. von Volkmar Sander. Darmstadt 1971 (=Wege der Forschung Bd. CVIII). S. 456 - 481. S. 457.

sätzen: dem der Vernunft Widerstrebenden ist jede Notwendigkeit genommen, der Konflikt ist historisch lösbar, temporär, für das Bewußtsein Hacks' sogar substantiell bereits gelöst, überwunden. Der Widerspruch, dessen Unschädlichkeit, Nichtigkeit so bewiesen ist, kann belacht werden. In gewisser Hinsicht geht Brecht sogar noch weiter: dem von ihm dargestellten Konflikt wird jede, auch eine historisch relativierte Notwendigkeit abgesprochen. Eine Position, die die Zeichen der Zeit verkennt und infolgedessen zu historisch inadäquatem Handeln führt, hat keinerlei Berechtigung. Die Geschichte wird über sie hinweggehen, die Kollision ist zu ungleichgewichtig, Sinn zu einseitig verteilt, als daß der Konflikt tragisch werden könnte: er kann verlacht werden.

Wiederum ist zu beobachten, daß Horváth, Frisch und Dürrenmatt einerseits, Brecht und Hacks andererseits ausgehend von völlig unterschiedlichen Positionen und auf nahezu gegensätzlichen Wegen zu dem gleichen Ergebnis kommen: das moderne Geschichtsbewußtsein findet in der Tragödie keinen adäquaten Ausdruck mehr, der (unterschiedlich aufgefaßte) Widersinn, der dargestellt wird, tendiert zur Komödie. In dieser Hinsicht sind die untersuchten Werke symptomatisch für das Drama der Gegenwart.

ANHANG

Bibliographie

a) Primärliteratur

Brecht, Bertolt: Arbeitsjournal. 2 Bde. Bd. 1: 1938 - 1942. Bd. 2: 1942 - 1955. Hrsg. von Werner Hecht. Frankfurt am Main 1974 (=Werkausgabe edition suhrkamp)

Ders.: Briefe. Hrsg. und kommentiert von Günter Glaeser. 2 Bde. Frankfurt am Main 1981

Ders.: Der Hofmeister von Jakob Michael Reinhold Lenz. Bearbeitung. In: Versuche 20 - 26/35. Reprint. Frankfurt am Main 1977. S. 275 - 350

Ders.: Gesammelte Werke in 20 Bänden. Hrsg. vom Suhrkampverlag in Zusammenarbeit mit Elisabeth Hauptmann. Frankfurt am Main 1967 (=Werkausgabe edition suhrkamp)

Ders.: Werke. Große kommentierte Berliner und Frankfurter Ausgabe. Hrsg. von Werner Hecht, Jan Knopf, Werner Mittenzwei u. a. Berlin, Weimar, Frankfurt am Main. 1988 -

Dürrenmatt, Friedrich: Abschied vom Theater. Göttingen 1991 (=Göttinger Sudelblätter)

Ders.: Achterloo. Eine Komödie in zwei Akten. Zürich 1983

Ders.: Das "Labyrinth" oder Über die Grenzen des Menschseins. Interviewer: Michael Haller. In: F. D.: Über die Grenzen. Hrsg. von Michael Haller. Zürich 1990 (=pendo-profile). S. 99 - 120

Ders.: Das Leben im "Durcheinandertal". Interviewer: Michael Haller. In: F. D.: Über die Grenzen. Hrsg. von Michael Haller. Zürich 1990 (=pendo-profile). S. 51 - 73

Ders.: Der "Turmbau" der Gedanken. Interviewer: Hardy Ruoss. In: F. D.: Über die Grenzen. Hrsg. von Michael Haller. Zürich 1990 (=pendo-profile). S. 77 - 95

Ders.: Deutsche, Schweizer und die anderen: "Das Welttheater spielt verrückt". Interviewer: Michael Haller. In: F. D.: Über die Grenzen. Hrsg. von Michael Haller. Zürich 1990 (=pendo-profile). S. 31 - 48

Ders.: Die Welt als Labyrinth. Ein Gespräch mit Franz Kreuzer. Zürich 1986

Ders.: Dürrenmatt über Dürrenmatt: "Man wird immer mehr eine Komödie". Interviewer: Sven Michaelsen. In: F. D.: Über die Grenzen. Hrsg. von Michael Haller. Zürich 1990 (=pendo-profile). S. 11 - 27

Ders.: Gesammelte Werke in sieben Bänden. Zürich 1991

Ders.: Ich bin der finsterste Komödienschreiber, den es gibt. Ein ZEIT-Gespräch mit F.D. Von Fritz J. Raddatz. In: Die Zeit 34, 16. 08. 1985. S. 33/34

Ders.: Werkausgabe in dreißig Bänden. Hrsg. in Zusammenarbeit mit dem Autor. Zürich 1980 (=detebe 20831 - 20861)

Ders.: Werkstattgespräch mit Horst Bienek. In: Horst Bienek: Werkstattgespräche mit Schriftstellern. 3., vom Autor durchgesehene und erweiterte Ausgabe. München 1976 (=dtv 291). S. 120 - 136

Dürrenmatt, Friedrich, Charlotte Kerr: Rollenspiele. Protokoll einer fiktiven Inszenierung und Achterloo III. Zürich 1986

Frisch, Max: Die chinesische Mauer. Eine Farce. Basel 1947 (=Sammlung Klosterberg. Schweizerische Reihe)

Ders.: Dramaturgisches. Ein Briefwechsel mit Walter Höllerer. Berlin 1969 (=LCB-Editionen Bd. 15)

Ders.: Gesammelte Werke in zeitlicher Folge. Jubiläumsausgabe in sieben Bänden. 1931 - 1985. Hrsg. von Hans Mayer unter Mitwirkung von Walter Schmitz. Frankfurt am Main 1986 (suhrkamp taschenbuch 1401 - 1407)

Ders.: Gespräch mit Heinz Ludwig Arnold. In: Heinz Ludwig Arnold (Hrsg.): Gespräche mit Schriftstellern. München 1975 (=Beck'sche schwarze Reihe 134). S. 9 - 73

Ders.: Gespräch mit Peter André Bloch und Rudolf Büssmann. In: Bloch, Peter André, Edwin Hubacher u. a. (Hrsg.): Der Schriftsteller in unserer Zeit. Schweizer Autoren bestimmen ihre Rolle in der Gesellschaft. Eine Dokumentation zu Sprache und Literatr der Gegenwart. Bern 1972. S. 17 - 35

Ders.: Werkstattgespräch mit Horst Bienek. In: Horst Bienek: Werkstattgespräche mit Schriftstellern. 3., vom Autor durchgesehene und erweiterte Ausg. München 1976 (=dtv 291). S. 23 - 37

Hacks, Peter: Das realistische Theaterstück. In: NDL 10/1957. S. 90 - 104

Ders.: Die Maßgaben der Kunst. Gesammelte Aufsätze. Düsseldorf 1977

Ders.: Einige Gemeinplätze über das Stückeschreiben. In: NDL 9/1956. S. 119 - 126

Ders.: Fünf Stücke. Das Volksbuch vom Herzog Ernst. Eröffnung des indischen Zeitalters. Die Schlacht bei Lobositz. Der Müller von Sanssouci. Die Sorgen und die Macht. Frankfurt am Main 1965

Ders.: Saure Feste. In: P. H.: Pandora. Drama nach J. W. von Goethe. Mit einem Essay. Berlin und Weimar 1981 (=Edition Neue Texte). S. 97 - 137

Ders.: Sechs Dramen. Prexaspes. Numa. Ein Gespräch im Hause Stein über den abwesenden Herrn von Goethe. Die Fische. Senecas Tod. Düsseldorf 1978

Ders.: Versuch über das Libretto. In: P. H.: Oper. Geschichte meiner Oper. Noch ein Löffel Gift, Liebling? Omphale. Die Vögel. Versuch über das Libretto. Düsseldorf 1976. S. 199 - 306

Ders.: Vier Komödien. Moritz Tassow. Margarete in Aix. Amphitryon. Omphale. Frankfurt am Main 1971

Hacks, Peter, Claus Träger: Ein Briefwechsel. In: Zeitschrift für Germanistik 5/1984. S. 168 - 182

Horváth, Ödön von: Gesammelte Werke in 8 Bänden. Hrsg. von Traugott Krischke und Dieter Hildebrandt. Frankfurt am Main 1972 (=Werkausgabe edition suhrkamp)

Ders.: Gesammelte Werke. Kommentierte Werkausgabe in Einzelbänden. Hrsg. von Traugott Krischke unter Mitarbeit von Susanna Foral-Krischke. Frankfurt am Main 1983 - 1988 (=suhrkamp taschenbuch 1051 - 1064)

b) Sekundärliteratur

"Als der Krieg zu Ende war". Literarisch-politische Publizistik 1945 - 1950. 3. Aufl. Marbach 1986

Allemann, Beda: Die Struktur der Komödie bei Frisch und Dürrenmatt. In: Das deutsche Lustspiel. Zweiter Teil. Hrsg. von Hans Steffen. Göttingen 1969 (=Kleine Vandenhoeck-Reihe Bd. 277). S. 200 - 217

Ders.: Friedrich Dürrenmatt - Literatur und Theater. In: Hommage à Friedrich Dürrenmatt. Neuenburger Rundgespräch zum Gedächtnis des Dichters. Hrsg. von Jürgen Söring und Jürg Flury. Frankfurt am Main, Bern, New York, Paris 1991. S. 77 - 124

Allemann, Urs: Die poetischen Rückzugsgefechte des Peter Hacks. - Vom "Tassow" zu "Prexaspes". In: Zum Drama in der DDR. Heiner Müller und Peter Hacks. Hrsg. von Judith R. Scheid. Stuttgart 1981 (=Literaturwissenschaft, Gesellschaftswissenschaft 53). S. 177 - 192

Altherr, Matthias: Darstellung und Funktion der Geschichte in Goethes "Götz von Berlichingen" und Schillers "Don Carlos". Magisterarbeit. Mainz 1988

Amur, G. S.: Der Geist der Komödie. In: Wesen und Formen des Komischen im Drama. Hrsg. von Reinhold Grimm und Klaus L. Berghahn. Darmstadt 1975 (=Wege der Forschung Bd. 62). S. 272 - 302

Anacker, Ulrich, Hans Michael Baumgartner: Geschichte. In: Handbuch philosophischer Grundbegriffe. Hrsg. von Hermann Krings, Hans Michael Baumgartner und Christoph Wild. Band 1. München 1973. S. 547 - 557

Angermeyer, Hans Christoph: Zuschauer im Drama. Brecht - Dürrenmatt - Handke. Frankfurt am Main 1971 (=Literatur und Reflexion Bd. 5)

Arnold, Armin: Dürrenmatt als Erzähler. In: Zu Friedrich Dürrenmatt. Hrsg. von Armin Arnold. Stuttgart 1982 (=LGW-Interpretationen Bd. 60). S. 187 - 203

Ders.: Friedrich Dürrenmatt. Berlin 1969 (=Köpfe des 20. Jahrhunderts Bd. 57)

Arnold, Heinz Ludwig: Theater als Abbild der labyrinthischen Welt. Versuch über den Dramatiker Friedrich Dürrenmatt. In: text + kritik 50/51: Friedrich Dürrenmatt I. München 1976. S. 19 - 29

Arntzen, Helmut: Die ernste Komödie. Das deutsche Lustspiel von Lessing bis Kleist. München 1968 (=sammlung dialog)

Ders.: Die ernste Komödie. In: Wesen und Formen des Komischen im Drama. Hrsg. von Reinhold Grimm und Klaus L. Berghahn. Darmstadt 1975 (=Wege der Forschung Bd. 62). S. 419 - 440

Ders.: Komödie und episches Theater. In: Wesen und Formen des Komischen im Drama. Hrsg. von Reinhold Grimm und Klaus L. Berghahn. Darmstadt 1975 (=Wege der Forschung Bd. 62). S. 441 - 455

Bachtin, Michail: Literatur und Karneval. Zur Romantheorie und Lachkultur. Aus dem Russischen übersetzt und mit einem Nachwort von Alexander Kaempfe. München 1969. (=Reihe Hanser Bd. 31)

Bänzinger, Hans: Frisch und Dürrenmatt. Mit zwei Portraits. 6., neubearb. Aufl. Bern und München 1971

Ders.: Zwischen Protest und Traditionsbewußtsein. Arbeiten zum Werk und zur gesellschaftlichen Stellung Max Frischs. Bern/München 1975

Balkanyi, Magdolna: Die Dramen Friedrich Dürrenmatts. Zusammenhänge zwischen dramatischer Form und künstlerischem Weltbild. In: Nemet Filologia Tanulmayok. Arbeiten zur deutschen Philologie 17/1986. S. 1 - 125

Balme, Christopher B.: The Reformation of Comedy. Genre critique in the comedies of Ödön von Horváth. Dunedin: Univ. of Chicago, Dept. of German 1985 (=Otago German Studies. Vol 3)

Ders.: Zwischen Imitation und Innovation. Zur Funktion der literarischen Vorbilder in den späten Komödien Ödön von Horváths. In: Horváths Stücke. Hrsg. von Traugott Krischke. Frankfurt am Main 1988 (=suhrkamp taschenbuch 2092). S. 103 - 120

Bartsch, Kurt: Aspekte der Horváth-Rezeption. Bericht vom Grazer Horváth-Kolloquium, 8. Mai 1975. In: Horváth-Diskussion. Hrsg. von Kurt Bartsch, Uwe Baur, Dietmar Goltschnigg. Kronberg/Ts. 1976 (=Monographien Literaturwissenschaft 28). S. 157 - 161

Ders.: "...denn das Weib repräsentiert die Natur". Zum Frauenbild im Werk Ödön von Horváths. In: Literatur und Kritik. Österreichische Monatsschrift XXIV/1989. H. 231/232. S. 52 - 63

Ders.: Tendenzen der Horváth-Forschung. In: Literaturwissenschaftliches Jahrbuch 18/1977 (1978). S. 365 - 382

Baum, Georgina: Der widerspruchsvolle Charakter und der historische und gesellschaftliche Inhalt des Komischen in der dramatischen Gestaltung. In: Wesen und Formen des Komischen im Drama. Hrsg. von Reinhold Grimm und Klaus L. Berghahn. Darmstadt 1975 (=Wege der Forschung Bd. 62). S. 206 - 252

Baumgartner, Hans Michael: Die subjektiven Voraussetzungen der Historie und der Sinn von Parteilichkeit. In: Objektivität und Parteilichkeit in der Geschichtswissenschaft. Hrsg. von Reinhart Kosellek, Wolfgang J. Mommsen, Jörn Rüsen. München 1977 (=Beiträge zur Historik Bd. 1). S. 425 - 440

Ders.: Kontinuität und Geschichte. Zur Kritik und Metakritik der historischen Vernunft. Frankfurt am Main 1972

Ders.: Thesen zur Grundlegung einer transzendentalen Historik. In: Seminar: Geschichte und Theorie. Umrisse einer Historik. Hrsg. von Hans Michael Baumgartner und Jörn Rüsen. 2. Aufl. Frankfurt am Main 1982 (=suhrkamp taschenbuch wissenschaft 98). S. 274 - 302

Bayerl, Elfriede: Friedrich Dürrenmatts "Romulus der Große". Ein Vergleich der Fassungen. Diss. Wien 1970

Becher, Ulrich: Stammgast im Liliputanercafé. In: Ödön von Horváth: Stücke. Hrsg. von Traugott Krischke. Mit einem Nachwort von Ulrich Becher. Reinbek bei Hamburg 1961 (=Rowohlt Paperback). S. 419 - 429

Becker-Cantarino, Barbara: Jakob Michael Reinhold Lenz: "Der Hofmeister". In: Dramen des Sturm und Drang. Interpretationen. Stuttgart 1987 (=RUB 8410). S. 33 - 56

Bentley, Eric: Das lebendige Drama. Eine elementare Dramaturgie. Velber bei Hannover 1967

Ders.: Die Theaterkunst Brechts. In: Sinn und Form. Zweites Sonderheft Bertolt Brecht. Berlin 1957. S. 159 - 177

Bergson, Henri: Das Lachen. Meisenheim am Glan 1948

Bernhardt, Rüdiger: Heiner Müller und Peter Hacks - Dramaturgie in der Diskussion. In: Wissenschaftliche Zeitschrift der Martin-Luther-Universität Halle-Wittenberg 28/1979. H. 2. S. 37 - 48

Bertolt Brecht - Die Widersprüche sind die Hoffnungen. Vorträge des internationalen Symposiums zum dreißigsten Todestag Bertolt Brechts in Roskilde. Hrsg. von Wolf Wucherpfennig und Klaus Schulte. München 1988 (=Text und Kontext. Sonderreihe. Bd. 26)

Best, Otto F.: Einleitung. In: Das Groteske in der Dichtung. Hrsg. von Otto F. Best. Darmstadt 1980 (=Wege der Forschung Bd. 394). S. 1 - 22

Biedermann, Marianne: Das politische Theater von Max Frisch. Lampertheim 1974 (=Theater unserer Zeit 13)

Bloch, Peter André: "Achterloo" oder: Das Endspiel des dramatischen Helden. In: Hommage à Friedrich Dürrenmatt. Neuenburger Rundgespräch zum Gedächtnis des Dichters. Hrsg. von Jürgen Söring und Jürg Flury. Frankfurt am Main, Bern, New York, Paris 1991. S. 51 - 75

Ders.: Friedrich Dürrenmatt: Entwürfe und Stoffe. Fragmente eines Gesprächs. Versuchte Annäherung: Stoffe I-III und IV-IX und ihre Struktur. In: Schweizer Monatshefte 71/1991. S. 43 - 50

Blumenberg, Hans: Der Sturz des Protophilosophen. Zur Komik der reinen Theorie - anhand einer Rezeptionsgeschichte der Thales-Anekdote. In: Das Komische. Hrsg. von Wolfgang Preisendanz und Rainer Warning. München 1976 (=Poetik und Hermeneutik). S. 11 - 64

Ders.: Unernst als geschichtliche Qualität. In: Das Komische. Hrsg. von Wolfgang Preisendanz und Rainer Warning. München 1976 (=Poetik und Hermeneutik). S. 441 - 444

Ders.: Wer sollte vom Lachen der Magd betroffen sein? Eine Duplik. In: Das Komische. Hrsg. von Wolfgang Preisendanz und Rainer Warning. München 1976 (=Poetik und Hermeneutik). S. 437 - 441

Bock, Stefan: Brechts Vorschläge zur Überwindung der "Deutschen Misere" (1948 - 1956). In: Deutsche Misere einst und jetzt. Die deutsche Misere als Thema der Gegenwartsliteratur. Das Preußensyndrom in der Literatur der DDR. Hrsg. von Paul Gerhard Klußmann und Heinrich Mohr. Bonn 1982 (=Jahrbuch zur Literatur in der DDR 2). S. 49 - 67

Boelke, Wolfgang: Die entlarvende Sprachkunst Ödön von Horváths. Studien zu seiner dramaturgischen Psychologie. Diss. Frankfurt 1969

Bohnen, Klaus: Irrtum als dramatische Sprachfigur. Sozialzerfall und Erziehungsdebatte in Jakob Michael Reinhold Lenz' "Hofmeister". In: Orbis Litterarum 42/1987. S. 317 - 331

Bossinade, Johanna: "Verloren, was ich nie besessen hab". Ödön von Horváths Exilromane. In: Horváths Prosa. Hrsg. von Traugott Krischke. Frankfurt am Main 1989 (=suhrkamp taschenbuch 2094). S. 74 - 97

Dies.: Vom Kleinbürger zum Menschen. Die späten Dramen Ödön von Horváths. Bonn 1988 (=Abhandlungen zur Kunst-, Musik- und Literaturwissenschaft Bd. 364)

Brady, Philip: Eulenspiegel and Co: Brecht's Versions of a comic type. In: Erbe und Umbruch in der neueren deutschsprachigen Komödie. Londoner Symposium 1987. Hrsg. von Hanne Castein und Alexander Stillmark. Stuttgart 1990 (=Stuttgarter Arbeiten zur Germanistik Bd. 237). S. 87 - 104

Breuer, Rolf: Tragische Handlungsstrukturen. Eine Theorie der Tragödie. München 1988

Brock-Sulzer, Elisabeth: Die Chinesische Mauer. In: Schweizer Monatshefte 26 (1946/47). S. 509 - 511.

Dies.: Dürrenmatt in unserer Zeit. Eine Werkinterpretation nach Selbstzeugnissen. Basel 1968

Dies.: Friedrich Dürrenmatt. Stationen seines Werkes. Mit Fotos, Zeichnungen, Faksimiles. 4. Aufl. Zürich 1986 (=Diogenes Taschenbuch 21388)

Brown, Russel E.: Die Geschäftsstraße als Bühnenbild in Dramen von Horváth und Brecht. In: Literaturwissenschaftliches Jahrbuch 29/1988. S.139-157

Bruch, Bernhard: Novelle und Tragödie: Zwei Kunstformen und Weltanschauungen (Ein Problem aus der Geistesgeschichte des 19. und 20. Jahrhunderts). In: Novelle. Hrsg. von Josef Kunz. Darmstadt 1973 (=Wege der Forschung Bd. LV). S. 118 - 138

Brüggemann, Heinz: Literarische Tecvhnik und soziale Revolution. Versuche über das Verhältnis von Kunstproduktion, Marxismus und literarischer Produktion in den theoretischen Schriften Bertolt Brechts. Reinbek bei Hamburg 1983 (=das neue buch 33)

Buddecke, Wolfram: Friedrich Dürrenmatts experimentelle Dramatik. In: Universitas 28/1973. S. 641 - 652

Buhl, Barbara: Bilder der Zukunft, Traum und Plan. Utopie im Werk Bertolt Brechts. Diss. Köln 1986

Bunge, Hans: Fragen Sie mehr über Brecht. Hanns Eisler im Gespräch. Nachwort von Stephan Hermlin. München 1970

Burkard, Martin: Dürrenmatt und das Absurde. Gestalt und Wandlung des Labyrinthischen in seinem Werk. Bern 1991 (=Zürcher Germanistische Studien Bd. 28)

Butler, Michael: The plays od Max Frisch. New York 1985

Canaris, Volker: Peter Hacks. In: Deutsche Dichter der Gegenwart. Ihr Leben und Werk. Unter Mitarbeit zahlreicher Fachgelehrter hrsg. von Benno von Wiese. Berlin 1973. S. 589 - 604

Carl, Rolf-Peter: Theatertheorie und Volksstück bei Ödön von Horváth. In: Theater und Gesellschaft. Das Volksstück im 19. und 20. Jahrhundert. Hrsg. von Jürgen Hein. Düsseldorf 1973 (=Literatur in der Gesellschaft Bd.12) S. 175 - 185

Catholy, Eckehard: Aristoteles und die Folgen. Zur Geschichte der deutschen Komödie. In: Die deutsche Komödie im zwanzigsten Jahrhundert. Sechstes Amherster Kolloquium zur modernen deutschen Literatur 1972. Hrsg. von Wolfgang Paulsen. Heidelberg 1976. (=Poetik und Wissenschaft Bd. 37). S. 11 - 26

Ders.: Farce. In: Reallexikon der deutschen Literaturgeschichte. 2. Aufl. Hrsg. von Werner Kahlschmidt und Wolfgang Mohr. Berlin 1958. Bd. 1. S. 456 ff.

Ders.: Komische Figur und dramatische Wirklichkeit: Ein Versuch zur Typologie des Dramas. In: Wesen und Formen des Komischen im Drama. Hrsg. von Reinhold Grimm und Klaus L. Berghahn. Darmstadt 1975 (=Wege der Forschung Bd. 62). S. 402 - 418

Certeau, Michel de: Das Schreiben der Geschichte. Aus dem Französischen von Sylvia M. Schomburg-Scherff. Mit einem Nachwort von Roger Chartier. Frankfurt am Main, New York, Paris 1991 (=Historische Studien Bd. 4)

Charbon, Rémy: Die Lemuren der Vergangenheit. Max Frisch: "Die chinesische Mauer". In: R. C.: Die Naturwissenschaften im modernen deutschen Drama. Zürich 1974 (=Zürcher Beiträge zur deutschen Literatur- und Geistesgeschichte 41). S. 62 - 70

Cosentino, Christine: Geschichte und "humane Utopie": zur Heldengestaltung bei Peter Hacks. In: German Quarterly 50/1977. S. 248 - 263

Curtius, Mechthild: Das Groteske als Kritik. In: Literatur und Kritik 7/1972, H. 61. S. 294 - 311

Cyron-Hawryluk, Dorota: Der Horváthsche Archetyp des Spiessers. In: Germanica Wratislaviensia 20/1974. S. 117 - 130

Dies.: Zeitgenössische Problematik in den Dramen Ödön von Horváths. Wroclaw 1974 (=Germanica Wratislaviensia 19 =Acta Universitatis Wratislaviensis 209)

Czarnecka, Miroslawa: Die Frauengestalten in den Komödien von Peter Hacks. In: Germanica Wratislaviensia 1984. H.55. S. 37 - 47

Czuka, Ekkehard: Komödie im 20. Jahrhundert: Wedekind, Sternheim, Horváth und einige Spätere. Vor- und Nachbemerkungen zu einem Lektürekurs. In: Komödiensprache. Beiträge zum deutschen Lustspiel zwischen dem 17. und dem 20. Jahrhundert. Mit einem Anhang zur Literaturdidaktik der Komödie. Hrsg. von Helmut Arntzen. Münster 1988 (=Literatur als Sprache Bd. 5). S. 157 - 164

Dahms, Erna: Zeit und Zeiterlebnis in den Werken Max Frischs. Bedeutung und technische Darstellung. Berlin 1976 (=Quellen und Forschungen zur Sprach- und Kulturgeschichte der germanischen Völker N. F. 67)

Daviau, Donald G.: Friedrich Dürrenmatt's Romulus der Große: A Traitor for our time? In: Germanic Review 54/1979. S. 104 - 109

Ders.: The Role of Zufall in the Writings of Friedrich Dürrenmatt. In: The Germanic Review 47/1972. S. 281 - 293

de Groot, Cegienas: Zeitgestaltung im Drama Max Frischs. Die Vergegenwärtigungstechnik in "Santa Cruz", "Die Chinesische Mauer" und "Biografie". Amsterdam 1977 (=Amsterdamer Publikationen zu Sprache und Literatur 33)

de Vin, Daniel: Max Frischs Tagebücher. Studie über "Blätter aus dem Brotsack", "Tagebuch 1946 - 1949" (1950) und "Tagebuch 1966 - 1971" (1972) im Rahmen des bisherigen Gesamtwerks (1932 - 1975). Köln 1977 (=böhlau forum litterarum 10)

Dick, Ernst S.: Dürrenmatts Dramaturgie des Einfalls. "Der Besuch der alten Dame" und "Der Meteor". In: Europäische Komödie. Hrsg. von Herbert Mainusch. Darmstadt 1990. S. 389 - 435

Diller, Edward: Friedrich Dürrenmatts Theological Concept of History. In: The German Quarterly 40/1967. S. 363 - 371

Dirnbeck, Josef: Ödön von Horváths Komödie des Menschen. In: Wort und Wahrheit 28/1973. S. 255 - 258

Doppler, Alfred: Die Exilsituation in Horváths späten Dramen. In: Sprachkunst. Beiträge zur Literaturwissenschaft 19/1988. 2. Halbband. Ödön von Horváth zum 50. Todestag. S. 33 - 42

Drewitz, Ingeborg: Groteske Literatur - Chance und Gefahr. In: Merkur 19/1965. S. 338 - 347

Düsing, Wolfgang: Die Gegenwart im Spiegel der Vergangenheit in Herders "Auch eine Philosophie der Geschichte". In: Bückeburger Gespräche über Johann Gottfried Herder 1983. Hrsg. von Brigitte Poschmann. Rinteln 1984 (=Schaumburger Studien Bd. 45). S. 22 - 49

Ders.: Die Tragik der Zeitenwende in Grillparzers Geschichtsdrama "Ein Bruderzwist in Habsburg". Karl Konrad Polheim zum 60. Geburtstag. In: Literatur für Leser 1987. S. 188 - 198

Ders.: Utopie im Geschichtsdrama: Goethes "Götz von Berlichingen". In: Johannes Gutenberg-

Universität Mainz (Hrsg.): Reihe Antrittsvorlesungen. Bd. 1, SS 1984 - SS 1985. Mainz 1986. S. 21 - 46

Durzak, Manfred: Dramaturgie des Labyrinths - Dramaturgie der Phantasie. Friedrich Dürrenmatts dramentheoretische Position. In: Zu Friedrich Dürrenmatt. Hrsg. von Armin Arnold. Stuttgart 1982 (=LGW-Interpretationen Bd. 60). S. 173 - 186

Ders.: Dürrenmatt, Frisch, Weiss. Deutsches Drama der Gegenwart zwischen Kritik und Utopie. Stuttgart 1972

Ders.: Max Frisch und Thornton Wilder. Der vierte Akt von "The Skin of Our Teeth". In: Manfred Jurgensen (Hrsg.): Frisch. Kritik - Thesen - Analysen. Beiträge zum 65. Geburtstag. Bern 1977 (=Queensland Studies in German Language and Literature 4). S. 97 - 120

Eckhardt, Juliane: Das epische Theater. Darmstadt 1983 (=Erträge der Forschung Bd. 204)

Eifler, Margret: Das Geschichtsbewußtsein des Parodisten Dürrenmatt. In: Friedrich Dürrenmatt. Studien zu seinem Leben und Werk. Hrsg. von Gerhard P. Knapp. Heidelberg 1976 (=Poesie und Wissenschaft Bd. 33). S. 44 - 52

Dies.: Max Frisch als Zeitkritiker. In: Gerhard P. Knapp (Hrsg.): Max Frisch. Aspekte des Prosawerks. Bern 1978 (=Studien zum Werk Max Frischs 1). S. 173 - 189

Ellestad, Everett M.: Das "Entweder-Oder" der "Mausefalle". Strukturtechnik und Situation in Dürrenmatts Dramen. In: Friedrich Dürrenmatt. Studien zu seinem Leben und Werk. Hrsg. von Gerhard P. Knapp. Heidelberg 1976 (=Poesie und Wissenschaft Bd. 33). S. 69 - 79

Emmel, Hildegard: Parodie und Konvention: Max Frisch. In: H. E.: Das Gericht in der deutschen Literatur des 20. Jahrhunderts. Bern 1963. S. 120 - 150

Emrich, Wilhelm: Die Dummheit oder das Gefühl der Unendlichkeit: Ödön von Horváths Kritik. In: W. E.: Geist und Widergeist. Wahrheit und Lüge der Literatur. Studien. Frankfurt 1965. S. 185 - 196

Eymann, Ulrich: Max Frisch: "Die Chinesische Mauer". Ein Fassungsvergleich. In: Literatur für Leser 1985, H. 1. S. 29 - 41

Farquhar, George: The Recruiting Officer. Ed. by Peter Dixon. Manchester, Dover 1986 (=The Revels Plays)

Farré, Luis: Das Komische. In: Wesen und Formen des Komischen im Drama. Hrsg. von Reinhold Grimm und Klaus L. Berghahn. Darmstadt 1975 (=Wege der Forschung Bd. 62). S. 190 - 205

Federico, Joseph: Political Thinking in a Nuclear Age: Hochhuth's "Judith" and Dürrenmatt's "Achterloo". In: The German Quarterly 62/1989. S. 335 - 344

Ders.: Time, Play and the Terror of History in dramatic Works by Dürrenmatt. In: Play Dürrenmatt. Hrsg. von Moshe Lazar. Malibu 1983 (Interplay Bd. 3). S. 19 - 38

Feibleman, James K.: Der Sinn des Komischen. In: Wesen und Formen des Komischen im Drama. Hrsg. von Reinhold Grimm und Klaus L. Berghahn. Darmstadt 1975 (=Wege der Forschung Bd. 62). S. 77 - 92

Fischer, Gerhard: Brechts Dramen 1948 - 1950. In: Bernd Hüppauf (Hrsg.): "Die Mühen der Ebenen." Kontinuität und Wandel in der deutschen Literatur und Gesellschaft 1945 - 1949. Heidelberg 1981 (=Reihe Siegen Bd. 17). S. 271 - 306

Fischer, Matthias-Johannes: Brechts Theatertheorie. Forschungsgeschichte - Forschungsstand, Perspektiven. Frankfurt am Main u. a. 1989 (=Europäische Hochschulschriften Reihe I, Bd. 1115)

Flaschka, Horst: Dürrenmatts "Modell Scott" als didaktisches Paradigma für Dramentheorien und simulierte Dramatik. In: Der Deutschunterricht 31/1979, H. 4. S. 47 - 58

Francois, Jean-Claude: Horváth und die Geschichte - Horváth in der Geschichte. In: Sprachkunst. Beiträge zur Literaturwissenschaft 19/1988. 2. Halbband. Ödön von Horváth zum 50. Todestag. S. 149 - 157

Freund, Winfried: Einleitung. "Eine Komödie? Was ist das für ein Ding?" In: W. F. (Hrsg.): Deutsche Komödien. Vom Barock bis zur Gegenwart. München 1988 (=UTB 1498). S. 7 - 15

Fricke, Gerhard: Lessings "Minna von Barnhelm". In: G. F.: Studien und Interpretationen. Ausgewählte Schriften zur deutschen Dichtung. Frankfurt am Main 1965. S. 25 - 46

Fritsch, Gerolf: Labyrinth und Grosses Gelächter - Die Welt als "Durcheinandertal". Ein Beitrag zu Friedrich Dürrenmatts grotesker Ästhetik. In: Diskussion Deutsch 21/1990. S. 652 - 670

Fritz, Axel: Ödön von Horváth als Kritiker seiner Zeit. In: Akzente 19/1972. S. 97 - 109

Ders.: Ödön von Horváth als Kritiker seiner Zeit. Studien zum Werk in seinem Verhältnis zum politischen, sozialen und kulturellen Zeitgeschehen. München 1973 (=List Taschenbücher der Wissenschaft Bd. 1446)

Frye, Northrop: Der Mythos des Frühlings: Komödie. In: Wesen und Formen des Komischen im Drama. Hrsg. von Reinhold Grimm und Klaus L. Berghahn. Darmstadt 1975 (=Wege der Forschung Bd. 62). S. 159 - 189

Fuegi, John: Whodunit. "Brecht's Adaption of Molières 'Don Juan'". In: Comparative Literature Studies, Urbana, Ill., 11/1974, H. 2. S. 159 - 172

Fuhrmann, Alexander: "Zwischen Budapest und dem Dritten Reich". Horváths Umwege in die Emigration. In: Literatur und Kritik. Österreichische Monatsschrift XXIV/1989. S. 17 - 28

Fuhrmann, Manfred: Fallhöhe, einmal wörtlich genommen. In: Das Komische. Hrsg. von Wolfgang Preisendanz und Rainer Warning. München 1976 (=Poetik und Hermeneutik). S. 432 - 435

Ders.: Lizenzen und Tabus des Lachens - zur sozialen Grammatik der hellenistisch-römischen Komödie. In: Das Komische. Hrsg. von Wolfgang Preisendanz und Rainer Warning. München 1976 (=Poetik und Hermeneutik). S. 65 - 101

Ders.: Narr und Satire. In: Das Komische. Hrsg. von Wolfgang Preisendanz und Rainer Warning. München 1976 (=Poetik und Hermeneutik). S. 426 - 428

Gadamer, Hans-Georg: Wahrheit und Methode. Grundzüge einer philosophischen Hermeneutik. 2. Aufl. Tübingen 1965

Gamper, Herbert: Horváths komplexe Textur. Dargestellt an frühen Stücken. Zürich 1987

Ders.: Nach dem Sündenfall: Die Söhne und Töchter Adams und Evas. In: Literatur und Kritik. Österreichische Monatsschrift XXIV/1989. S. 305-314

Geisser, Heinrich: Die Entstehung von Max Frischs Dramaturgie der Permutation. Bern, Stuttgart 1973 (=Sprache und Dichtung 21)

Gertner, Hannes: Das Komische im Werk Friedrich Dürrenmatts. Versuch einer Erklärung des Komischen, seiner verschiedenen Formen und Funktionen im Werk Friedrich Dürrenmatts. Frankfurt am Main, Bern, New York, Nancy 1984 (=Europäische Hochschulschriften R. 1, Bd. 782)

Geschichte - Ereignis und Erzählung. Hrsg. von Reinhard Kosellek und Wolf-Dieter Strempel. München 1973 (=Poetik und Hermeneutik)

Giese, Peter Christian: Das "Gesellschaftlich-Komische". Zu Komik und Komödie am Beispiel der Stücke und Bearbeitungen Brechts. Stuttgart 1974

Gnüg, Hiltrud: Das Ende eines Mythos: Max Frischs "Don Juan oder die Liebe zur Geometrie". In: H. G.: Don Juans theatralische Existenz. Typ und Gattung. München 1974. S. 222 - 237

Gockel, Heinz: Max Frisch. Drama und Dramaturgie. München 1989 (=Analysen zur deutschen Sprache und Literatur)

Goertz, Heinrich: Friedrich Dürrenmatt. Mit Selbstzeugnissen und Bilddokumenten. Reinbek bei Hamburg 1987 (=Rowohlts Monographien Bd. 380)

Gontrum, Peter: Max Frisch's "Die Chinesische Mauer". A New Approach to World Theater. In: Revue des Langues Vivantes 36 (1970). S. 35 - 44

Gosse, Peter: Zu Hacks' "Essais". In: NDL 33/1985. H. 6. S. 117 - 123

Gottwald, Sigrun R.: Der mutige Narr im dramatischen Werk Friedrich Dürrenmatts. New York, Frankfurt am Main, Bern 1983 (=New Yorker Studien zur neueren deutschen Literaturgeschichte Bd.3)

Grathoff, Dirk: Literarhistorische Ungleichzeitigkeiten. Der "Hofmeister" von Lenz zu Brecht - ein Rückschritt im Fortschritt. In: Studien zur Ästhetik und Literaturgeschichte der Kunstperiode. Hrsg. von Dirk Grathoff. Frankfurt am Main, Bern 1985 (=Giessener Arbeiten zur neueren deutschen Literatur und Literaturwissenschaft Bd. 1). S. 163 - 207

Greiner, Bernhard: "Zweiter Clown im kommunistischen Frühling". Peter Hacks und die Geschichte der komischen Figur im Drama der DDR. In: Dramatik der DDR. Hrsg. von Ulrich Profitlich. Frankfurt/Main 1987 (=Suhrkamp Taschenbuch 2072). S. 344 - 374

Grenzmann, Wilhelm: Über das Tragische. In: Tragik und Tragödie. Hrsg. von Volkmar Sander. Darmstadt 1971 (=Wege der Forschung Bd. CVIII). S. 166 - 176

Grillparzer, Franz: Sämtliche Werke. Ausgewählte Briefe, Gespräche, Berichte. Hrsg. von Peter Frank und Karl Pörnbacher. Bd. 3: Satiren - Fabeln und Parabeln - Erzählungen und Prosafragmente - Studien und Aufsätze. Darmstadt 1964

Grimm, Reinhold: Bertolt Brecht. 3., völlig neu bearbeitete Aufl. Stuttgart 1971 (=Sammlung Metzler Bd. 4)

Ders.: Bertolt Brecht und die Weltliteratur. Nürnberg 1961

Ders.: Kapriolen des Komischen. Zur Rezeptionsgeschichte seiner Theorie seit Hegel, Marx und Vischer. In: Reinhold Grimm, Walter Hinck: Zwischen Satire und Utopie. Zur Komiktheorie und zur Geschichte der europäischen Komödie. Frankfurt am Main 1982 (=suhrkamp taschenbuch 839). S. 20 - 125

Ders.: Komik und Verfremdung. In: R. G.: Strukturen. Essays zur deutschen Literatur. Göttingen 1963. S. 226 - 247

Ders.: Paradoxie und Groteske im Werk Dürrenmatts. In: Der unbequeme Dürrenmatt. Mit Beiträgen von Gottfried Benn, Elisabeth Brock-Sulzer, Fritz Buri, Reinhold Grimm, Hans Mayer und Werner Oberle. Hrsg. von Reinhold Grimm, Willy Jäggi u. a. Basel, Stuttgart 1962 (=Theater unserer Zeit Bd.4). S. 71 - 95

Grimm, Reinhold, Klaus L. Berghahn: Vorwort. In: Wesen und Formen des Komischen im Drama. Hrsg. von Reinhold Grimm und Klaus L. Berghahn. Darmstadt 1975 (=Wege der Forschung Bd. 62). S.VII - XXX

Grimm, Reinhold, Carolyn Wellauer: Max Frisch. Mosaik eines Statikers. In: Zeitkritische Romane des 20. Jahrhunderts. Die Gesellschaft in der Kritik der deutschen Literatur. Hrsg. von Hans Wagener. Stuttgart 1975. S. 276 - 300.

Gross, Helmut: Max Frisch und der Frieden. In: Text + Kritik 47/48: Max Frisch. 3. Aufl. München 1983. S. 74 - 87

Günther, Horst: Trauerspiel. In: Reallexikon der deutschen Literaturgeschichte. Bd. 4. Hrsg. von Klaus Kanzog und Achim Masser. 2. Aufl. Berlin, New York 1984. S. 546 - 562

Guthke, Karl S.: Die metaphysische Farce im Theater der Gegenwart. In: Deutsche Shakespeare-Gesellschaft West: Jahrbuch 1970. S. 49 - 76

Ders.: Nachwort. In: Lenz, Jakob Michael Reinhold: Der Hofmeister. Oder Vorteile der Privaterziehung. Eine Komödie. Nachwort von Karl S. Guthke. Stuttgart 1984 (=RUB 1376). S. 87 - 92

Gutwirth, Marcel: Gedanken zum Wesen des Komischen. In: Wesen und Formen des Komischen im Drama. Hrsg. von Reinhold Grimm und Klaus L. Berghahn. Darmstadt 1975 (=Wege der Forschung Bd. 62). S. 366 - 401

Haag, Ingrid: Ödön von Horváth und die "monströse Idylle". In: Recherches Germanique 6/1976. S. 152 - 168

Dies.: Zu Horváths "Komödie des Menschen" In: Austriaca 8/1982. No. 14. S. 169 - 186

Haberkamm, Klaus: Friedrich Dürrenmatt: Komödie als schlimmstmögliche Wendung. Bericht über einen Lektürekurs im Rahmen des 39. Internationalen Ferienkurses für Germanisten an der Universität Münster 1985. In: Komödiensprache. Beiträge zum deutschen Lustspiel zwischen dem 17. und dem 20. Jahrhundert. Mit einem Anhang zur Literaturdidaktik der Komödie. Hrsg. von Helmut Arntzen. Münster 1988 (=Literatur als Sprache Bd. 5). S. 165 - 169

Haffner, Herbert: Dramenbearbeitungen. München 1980

Ders.: Lenz. Der Hofmeister - Die Soldaten. Mit Brechts Hofmeister-Bearbeitung und Materialien. München 1979

Hage, Volker: Max Frisch mit Selbstzeugnissen und Bilddokumenten dargestellt von V. H. Reinbek 1983 (=rororo bildmonographien 321)

Hahnloser-Ingold, Margrit: Das englische Theater und Bert Brecht. Bern 1970

Haller, Horst: Friedrich Dürrenmatts ungeschichtliche Komödie "Romulus der Große". Ein Versuch, sie zu verstehen. In: Germanistische Studien 1. Braunschweig 1966. (=Schriftenreihe der Pädagogischen Hochschule - Kanthochschule Braunschweig 12). S. 77 - 106

Hampel, Johannes, Hans-Otto Mühleisen, Theo Stammen: Brecht und der Marxismus. In: Bertolt Brecht. Aspekte seines Werkes, Spuren seiner Wirkung. Hrsg. von Hellmut Koopmann und Theo Stammen. München 1983 (=Schriften der philosophischen Fakultät der Universität Augsburg Bd. 25). S. 111 - 166

Hannemann, Bruno: Der böse Blick. Zur Perspektive von Nestroys und Dürrenmatts Komödie. In: Wirkendes Wort 26/1976. S. 167 - 183

Hartmann, Herbert: Friedrich Dürrenmatt. Dramaturgie der Realität oder der Phantastik, der Provokation oder der Resignation? Eine Analyse zum Problem des Grotesken im Werk Friedrich Dürrenmatts. Diss. Marburg 1971

Hegel, Georg Wilhelm Friedrich: Werke in 20 Bänden. Auf der Grundlage der Werke von 1832 - 1845 neu edierte Ausgabe. Bd. 15: Vorlesungen über die Ästhetik III. Frankfurt am Main 1970

Heidsieck, Arnold: Das Groteske und das Absurde im modernen Drama. Stuttgart, Berlin, Köln, Mainz 1969

Ders.: Die Travestie des Tragischen im deutschen Drama. In: Tragik und Tragödie. Hrsg. von Volkmar Sander. Darmstadt 1971 (=Wege der Forschung Bd. CVIII). S. 456 - 481

Hein, Jürgen: Die deutsche Komödie im Überblick. In: Winfried Freund (Hrsg.): Deutsche Komödien. Vom Barock bis zur Gegenwart. München 1988 (=UTB 1498). S. 295 - 309

Ders.: Die Komödie. In: Formen der Literatur in Einzeldarstellungen. Hrsg. von Otto Knörrich. Stuttgart 1981 (=Kröners Taschenausgabe Bd. 478). S. 202 - 216

Heine, Roland: Mythenrezeption in den Dramen von Peter Hacks, Heiner Müller und Hartmut Lange. Zum Versuch der Grundlegung einer "sozialistischen Klassik" In: Colloquia Germanica 14/1981. S. 239 - 260

Heißenbüttel, Helmut: Max Frisch oder Die Kunst des Schreibens in dieser Zeit. In: Thomas Beckermann (Hrsg.): Über Max Frisch. 4. Aufl. Frankfurt 1973 (=edition suhrkamp 404). S. 54 - 68

Helbling, Robert E.: Dürrenmatt Criticism: Exit the Grotesque? In: Play Dürrenmatt. Hrsg. von Moshe Lazar. Malibu 1983 (Interplay Bd. 3). S. 175 - 188

Ders.: Friedrich Dürrenmatt: Groteskes "Welt-Bild" und assoziative Dramaturgie. In: Im Dialog mit der Moderne. Zur deutschsprachigen Literatur von der Gründerzeit bis zur Gegenwart. Jacob Steiner zum sechzigsten Geburtstag. Hrsg. von Roland Jost und Hansgeorg Schmidt-Bergmann. S. 380 - 395

Ders.: Groteskes und Absurdes - Paradoxie und Ideologie. Versuch einer Bilanz. In: Friedrich Dürrenmatt. Studien zu seinem Leben und Werk. Hrsg. von Gerhard P. Knapp. Heidelberg 1976 (=Poesie und Wissenschaft Bd. 33). S.233-253

Henrich, Dieter: Festsitzen und doch Freikommen (Über eine Minimalform komischer Kommunikation). In: Das Komische. Hrsg. von Wolfgang Preisendanz und Rainer Warning. München 1976 (=Poetik und Hermeneutik). S. 445 - 449

Ders.: Freie Komik. In: Das Komische. Hrsg. von Wolfgang Preisendanz und Rainer Warning. München 1976 (=Poetik und Hermeneutik). S. 385 - 389

Hensel, Georg: Hoffnungslos, aber nicht ernst. Friedrich Dürrenmatts neue Komödie "Achterloo" - Uraufführung im Züricher Schauspielhaus. In: Frankfurter Allgemeine Zeitung, 8.10.1983. S. 25

Ders.: Ödön von Horváth: Die Komik der Tragödien. In: G.H.: Theater der Zeitgenossen. Stükke und Autoren. Frankfurt 1972. S. 11 - 20

Hermand, Jost: "Das Theater ist nicht die Dienerin des Dichters, sondern der Gesellschaft." Zur Aktualität von Brechts Bearbeitungstechnik. In: Aktualisierung Brechts. Hrsg. von Wolfgang Fritz Haug, Klaus Pierwoß u. a. Berlin 1980 (=Argument-Sonderband 50). S. 122 - 143

Ders.: Utopisches bei Brecht. In: Brecht-Jahrbuch 1974. S. 9 - 33

Hernadi, Paul: Interpreting events. Tragicomedies of History on the modern stage. Ithaca 1985

Herschbach, Robert A.: Horváths Plays in Exile: From Desperation to "Wunschtraum". In:

Deutsches Exildrama und Exiltheater. Akten des Exilliteratur-Symposiums der Univ. of South Carolina 1976. Hrsg. von Wolfgang Elfe u. a. Bern, Frankfurt am Main, Las Vegas u. a. 1977 (=Jahrbuch für internationale Germanistik. Reihe A. Bd. 3). S. 127 - 132

Heuer, Fritz: Das Groteske als poetische Kategorie. Überlegungen zu Dürrenmatts Dramaturgie des modernen Theaters. In: Deutsche Vierteljahresschrift für Literaturwissenschaft und Geistesgeschichte 47/1973. S. 730 - 768

Hildebrandt, Dieter: Der Jargon der Uneigentlichkeit. Zur Sprache Ödön von Horváths. In: Akzente 19/1972. S. 109 - 123

Ders.: Ödön von Horváth mit Selbstzeugnissen und Bilddokumenten dargestellt von D. H. Reinbek 1975 (=Rowohlts Monographien 231)

Hill, Claude: Bertolt Brecht. München 1978 (=UTB 694)

Hinck, Walter: Abschied von der Parabel: Frisch. In: W. H.: Das moderne Drama in Deutschland. Göttingen 1973. S. 170 - 180

Ders.: Brecht und die Commedia dell'Arte. In: Bertolt Brecht. Actes du Colloque franco-allemand tenu en Sorbonne (15. - 19. nov. 1988). Publ. par Jean-Marie Valentin en collaboration avec Theo Buck. Bern, Frankfurt am Main u. a. 1990 (Contacts, Serie 1: Theatrica 8). S. 271 - 281

Ders.: Die Dramaturgie des späten Brecht. Göttingen 1959 (=Palästra Bd. 229)

Ders.: Die europäische Komödie der Aufklärung. In: Neues Handbuch der Literaturwissenschaft. Hrsg. von Klaus von See. Band 11: Europäische Aufklärung (1. Teil). Frankfurt am Main 1974. S. 119 - 135

Ders.: Einführung in die Theorie des Komischen und der Komödie. In: Die deutsche Komödie. Vom Mittelalter bis zur Gegenwart. Hrsg. von Walter Hinck. Düsseldorf 1977. S. 11 - 31

Ders.: Einleitung. Die Komödie zwischen Satire und Utopie. In: Reinhold Grimm, Walter Hinck: Zwischen Satire und Utopie. Zur Komiktheorie und zur Geschichte der europäischen Komödie. Frankfurt am Main 1982 (=suhrkamp taschenbuch 839). S. 7 - 19

Ders.: Einleitung: Zur Poetik des Geschichtsdramas. In: Geschichte als Schauspiel. Deutsche Geschichtsdramen. Interpretationen. Hrsg. von Walter Hinck. Frankfurt am Main 1981 (=suhrkamp taschenbuch 2006). S. 7 - 21

Ders.: In Ost und West am meisten gespielt. Ein sozialistischer Klassiker? In: W. H.: Germanistik als Literaturkritik. Zur Gegenwartsliteratur. Frankfurt am Main 1983 (=suhrkamp taschenbuch 8885). S. 67 - 75

Ders.: Vom Ausgang der Komödie. Exemplarische Lustspielschlüsse in der europäischen Literatur. In: Reinhold Grimm, Walter Hinck: Zwischen Satire und Utopie. Zur Komiktheorie und zur Geschichte der europäischen Komödie. Frankfurt am Main 1982 (=suhrkamp taschenbuch 839). S. 126 - 183

Ders.: Von der enttäuschten zur "eingreifenden" Hoffnung. Büchner und Brecht. In: W. H.: Theater der Hoffnung. Frankfurt am Main 1988 (=suhrkamp taschenbuch 1495). S. 67 - 81, 199 - 200

Hinderer, Walter: Gesellschaftskritik und Existenzerhellung: "Der Hofmeister" von Jakob Michael Reinhold Lenz. In: W. H.: Über deutsche Literatur und Rede. Historische Interpretationen. München 1981. S. 66 - 94

Hirsch, Wolfgang: Das Wesen des Komischen. Amsterdam o. J.

Holley, John Frank: The Problem of the Intellectual's Ethical Dilemma as Presented in Four Plays by Max Frisch. New Orleans 1965

Horn, András: Das Komische im Spiegel der Literatur. Versuch einer systematischen Einführung. Würzburg 1988

Horst, Karl August: Notizen zu Max Frisch und Friedrich Dürrenmatt. In: Merkur 8/1954. S. 593 - 596

Houtman, Kees: Notizen zu Horváths "Gebrauchsanweisung". In: Amsterdamer Beiträge zur neueren Germanistik 1/1972. S. 207 - 210

Huder, Walter: Exil als Todesfalle. Eine sentimental-heroische Fatalität der Geschichte: Exempel Ödön von Horváth. In: Deutschsprachige Exilliteratur. Studien zu ihrer Bestimmung im Kontext der Epoche 1930 bis 1960. Hrsg. von Wulf Koepke und Michael Winker. Bonn 1984 (=Studien zur Literatur der Moderne Bd. 12). S. 193 - 203

Ders.: Ödön von Horváth. Existenz und Produktion im Exil. In: Deutsche Exilliteratur 1933 - 1945. Hrsg. von Manfred Durzak. Stuttgart 1973. S. 232 - 244

Hübner, Paul: Ist die Tragödie doch noch möglich? In: Wirkendes Wort 16/1966. S. 343 - 349

Huish, Ian: "Adieu, Europa!" Entwurf zu einer Autobiographie? In: Horváth-Blätter 1/1983. S. 11 - 23

Hummel, Reinhard: Die Volksstücke Ödön von Horváths. Diss. Berlin 1970

Huyssen, Andreas: Gesellschaftsgeschichte und literarische Form: Jakob Michael Reinhold Lenz' Komödie "Der Hofmeister". In: Monatshefte für deutschen Unterricht, deutsche Sprache und Literatur 71/1979. S. 131 - 144

Iden, Peter: Die Klamotte als Welttheater. Uraufführung von Friedrich Dürrenmatts "Achterloo" in Zürich. In: Frankfurter Rundschau, 10. 10. 1983. S. 12

Irmscher, Hans Dietrich: Das Schachspiel als Metapher. Bemerkungen zum "komödiantischen Denken" Friedrich Dürrenmatts. In: Drama und Theater im 20. Jahrhundert. Festschrift für Walter Hinck. Hrsg. von Hans Dietrich Irmscher und Werner Keller. Göttingen 1983. S. 333 - 348

Iser, Wolfgang: Das Komische: ein Kipp-Phänomen. In: Das Komische. Hrsg. von Wolfgang Preisendanz und Rainer Warning. München 1976 (=Poetik und Hermeneutik). S. 398 - 402

Ismayr, Wolfgang: Das politische Theater in Westdeutschland. Meisenheim/Glan 1977 (=Hochschulschriften Literaturwissenschaft 24)

Jacobi, Walter: Max Frisch "Die Chinesische Mauer". Die Beziehung zwischen Sinngehalt und Form. Ein Beitrag zum Formproblem des modernen Dramas. In: Der Deutschunterricht 13 (1961). S. 93 - 108

Jäger, Andrea: Der Dramatiker Peter Hacks. Vom Produktionsstück zur Klassizität. Marburg 1986 (=Marburger Studien zur Literatur Bd. 2)

Jaques-Bosch, Bettina: Kritik und Melancholie im Werk Max Frischs. Zur Entwicklung einer für die Schweizer Literatur typischen Dichotomie. Bern 1984 (=Europäische Hochschulschriften R. 1, Bd. 790)

Jarka, Horst: Horváth im Suhrkamp Verlag. Werkausgabe, Materialien, Sekundärliteratur (Spezial Report). In: The German Quarterly 49/1976. S. 330 - 340.

Ders.: Ödön von Horváth und das Kitschige. In: Zeitschrift für deutsche Philologie 91/1972. S. 558 - 585

Jaspers, Karl: Über das Tragische. München 1952

Jauss, Hans Robert: Über den Grund des Vergnügens am komischen Helden. In: Das Komische. Hrsg. von Wolfgang Preisendanz und Rainer Warning. München 1976 (=Poetik und Hermeneutik). S. 103 - 132

Ders.: Zum Problem der Grenzziehung zwischen dem Lächerlichen und dem Komischen. In: Das Komische. Hrsg. von Wolfgang Preisendanz und Rainer Warning. München 1976 (=Poetik und Hermeneutik). S. 361 - 372

Jehser, Werner: Zur Dialektik von Ideal und Wirklichkeit in den Stücken von Peter Hacks seit Mitte der 70er Jahre. In: Weimarer Beiträge 29/1983. S. 1729 - 1752

Jenny, Urs: Friedrich Dürrenmatt. Velber bei Hannover 1965 (=Friedrichs Dramatiker des Welttheaters Bd.6)

Ders.: Horváth realistisch - Horváth metaphysisch. In: Akzente 18/1971. S. 289 - 295

Johnson, Peter: Das Groteske und die Ungerechtigkeit bei Dürrenmatt. In: Das Groteske in der Dichtung. Hrsg. von Otto F. Best. Darmstadt 1980 (=Wege der Forschung Bd. CCCXCIV). S. 304 - 316

Joost, Jörg-Wilhelm, Klaus-Detlef Müller, Michael Voges: Bertolt Brecht. Epoche - Werk - Wirkung. Hrsg. von Klaus-Detlef Müller. München 1985 (=Beck'sche Elementarbücher)

Jünger, Friedrich Georg: Über das Komische. 3. Aufl. Frankfurt am Main 1948

Jurgensen, Manfred: "Die Erfindung eines Lesers": Max Frischs Tagebücher. In: M. J. (Hrsg.): Frisch. Kritik - Thesen - Analysen. Beiträge zum 65. Geburtstag. Bern 1977 (=Queensland studies in German Language and literature 4). S. 167 - 181

Ders.: Das fiktionale Ich. Untersuchungen zum Tagebuch. Bern, München 1979

Ders.: Die Welt auf Probe. Stichworte zum Drama Max Frischs. In: Gerhard P. Knapp (Hrsg.): Max Frisch. Aspekte des Bühnenwerks. Bern 1979 (=Studien zum Werk Max Frischs 2). S. 15 - 26.

Ders.: Max Frisch und seine Bühnendialektik. Von "Cinesische Mauer" bis "Andorra". In: Universitas 25/1970. S. 1199 - 1204

Ders.: Max Frisch. Die Dramen. Bern 1968

Ders.: Max Frisch: Die frühen Schriften. In: Gerhard P. Knapp (Hrsg.): Max Frisch. Aspekte des Prosawerks. Bern 1978 (=Studien zum Werk Max Frischs 1). S. 25 - 36

Jurzik, Renate: Der Stoff des Lachens. Studien über Komik. Frankfurt/New York 1985

Kähler, Hermann: Überlegungen zu Komödien von Peter Hacks. In: Sinn und Form 24/1972. S. 399 - 423

Kahl, Kurt: Ödön von Horváth. Velber 1966 (=Friedrichs Dramatiker des Welttheaters Bd.17)

Kaiser, Gerhard: Max Frischs Farce "Die Chinesische Mauer". In: Thomas Beckermann (Hrsg.): Über Max Frisch. 4. Aufl. Frankfurt am Main 1973 (=edition suhrkamp 404). S. 116 - 136

Kaiser, Herbert: Geschichtliches Handeln zwischen Friedensidee und Gewalt in Shakespeare: König Richard der Dritte, Goethe: Iphigenie auf Tauris, Schiller: Wallenstein, Grillparzer:

Ein Bruderzwist in Habsburg, Dürrenmatt: Romulus der Große. Eine didaktische Reihe. In: Literatur für Leser 1/1978. S. 35 - 74

Karasek, Hellmuth: Max Frisch 4. Aufl. 1971. (=Friedrichs Dramatiker des Welttheaters 17)

Kaufmann, Hans: Zehn Anmerkungen über das Erbe, die Kunst und die Kunst des Erbens. In: Weimarer Beiträge 19/1973. S. 34 - 53

Ders.: Zum Tragikomischen bei Brecht und anderen. In: H. K.: Analysen, Argumente, Anregungen. Berlin 1973. S. 137 - 155

Kayser, Wolfgang: Das Groteske in Malerei und Dichtung. o. O. 1960 (=rowohlts deutsche enzyklopädie)

Keller, Werner: Der Tragiker Goethe und seine Wandlungen. In: Literatur in der Gesellschaft. Festschrift für Theo Buck zum 60. Geburtstag. Hrsg. von Frank-Rutger Hausmann, Ludwig Jäger und Bernd Witte. Tübingen 1990. S. 97 - 116

Ders.: Drama und Geschichte. In: Beiträge zur Poetik des Dramas. Hrsg. von Werner Keller. Darmstadt 1976. S. 298 - 339

Kesting, Marianne: Panorama des zeitgenössischen Theaters. 58 literarische Portraits. Revidierte und erweiterte Neuausgabe. München 1969 (=piper paperback)

Kieser, Rolf: Das Tagebuch als Idee und Struktur im Werk Max Frischs. In: Max Frisch. Hrsg. von Walter Schmitz. Frankfurt am Main 1987 (=suhrkamp taschenbuch 2059). S. 17 - 33

Ders.: Max Frisch: Das literarische Tagebuch. Frauenfeld 1975

Kindermann, Heinz: Grundformen des komischen Theaters. In: Wesen und Formen des Komischen im Drama. Hrsg. von Reinhold Grimm und Klaus L. Berghahn. Darmstadt 1975 (=Wege der Forschung Bd. 62). S. 93 - 126

Kindlers Neues Literaturlexikon. Hrsg. von Walter Jens. München 1988 - 1992

Kitching, Laurence P. A.: Der Hofmeister: A critical analysis of Bertolt Brecht's adaption of Lenz' drama. München 1976

Klarmann, Adolf D.: Friedrich Dürrenmatt and the Tragic Sense of Comedy. In: Modern Drama. Essays in Criticism. Hrsg. von Travis Bogard und William I. Oliver. New York 1965. S. 99 - 133

Klinger, Kurt: Ein Festkleid der Wahrheit. Der Dramatiker Peter Hacks. In: K. K.: Theater und Tabus. Essays, Berichte, Reden. Eisenstadt 1984. S. 287 - 295

Klotz, Volker: Bürgerliches Lachtheater. Komödie. Posse. Schwank. Operette. München, Wien 1984

Knapp, Gerhard P.: Friedrich Dürrenmatt. Stuttgart 1980 (=Sammlung Metzler Bd. M 196; Abt. D, Literaturgeschichte)

Ders.: Friedrich Dürrenmatt: Romulus der Große. Frankfurt am Main, Berlin, München 1985 (=Grundlagen und Gedanken zum Verständnis des Dramas)

Ders.: Gorg Büchner. 2., neubearb. Aufl. Stuttgart 1984 (=Sammlung Metzler M 159; Abt. D, Literaturgeschichte)

Ders.: Play Dürrenmatt. Ein Beitrag zur kritischen Dramaturgie der spätsechziger Jahre am Beispiel der Strindberg-Adaption. In: Facetten. Studien zum 60. Geburtstag Friedrich Dürrenmatts. Hrsg. von Gerhard P. Knapp und Gerd Labroisse. Bern, Frankfurt am Main, Las Vegas 1981. S. 225 - 241

Ders.: Wege und Umwege: ein Forschungsbericht. In: Friedrich Dürrenmatt. Studien zu seinem Leben und Werk. Hrsg. von Gerhard P. Knapp. Heidelberg 1976 (=Poesie und Wissenschaft Bd. 33). S. 19 - 43

Knapp, Mona, und Gerhard P. Knapp: Recht - Gerechtigkeit - Politik. Zur Genese der Begriffe im Werk Friedrich Dürrenmatts. In: Text + Kritik 56: Friedrich Dürrenmatt II. München 1977. S. 23 - 40

Knopf, Jan: Bertolt Brecht. Ein kritischer Forschungsbericht. Fragwürdiges in der Brecht-Forschung. Frankfurt am Main 1974

Ders.: Brecht-Handbuch. Lyrik, Prosa, Schriften. Eine Ästhetik der Widersprüche. Mit einem Anhang: Film. Stuttgart 1984

Ders.: Brecht-Handbuch. Theater. Eine Ästhetik der Widersprüche. Stuttgart 1980

Ders.: Das "verfluchte Altern" oder Dürrenmatt und Brecht. In: Sinn und Form 39/1987. S. 635 - 639

Ders.: Der Dramatiker Friedrich Dürrenmatt. Berlin 1987

Ders.: Friedrich Dürrenmatt. 4. Aufl. München 1988 (=Beck'sche Reihe. Autorenbücher Bd. 611)

Ders.: Spielfeld Theater. Zu Dürrenmatts Dramaturgie. In: Im Dialog mit der Moderne. Zur deutschsprachigen Literatur von der Gründerzeit bis zur Gegenwart. Jacob Steiner zum sechzigsten Geburtstag. Hrsg. von Roland Jost und Hansgeorg Schmidt-Bergmann. S. 361 - 379

Ders.: Sprachmächtigkeiten. In: Facetten. Studien zum 60. Geburtstag Friedrich Dürrenmatts. Hrsg. von Gerhard P. Knapp und Gerd Labroisse. Bern, Frankfurt am Main, Las Vegas 1981. S. 61 - 81

Ders.: Theatrum Mundi. Sprachkritik und Ästhetik bei Friedrich Dürrenmatt. In: Text + Kritik 50/51: Friedrich Dürrenmatt I. München 1976. S. 30 - 40

Ders.: Zur theoretischen Begründung der "Großen Methode" bei Brecht. In: Brecht 83. Brecht und der Marxismus. Dokumentation der Brecht-Tage 1983 (9. - 12. Februar). Hrsg. vom Brecht-Zentrum der DDR. Berlin 1983. S. 45 - 51

Koepke, Wulf: Understanding Max Frisch. Columbia 1991 (=Understanding european and latin american Literature)

Köster, Peter: Die Renaissance des Tragischen. In: Nietzsche-Studien 1/1972. S. 185 - 209

Kolkenbrock-Netz, Jutta: Geschichte und Geschichten in Brechts "Trommeln in der Nacht" (1922/1953). In: Geschichte als Literatur. Formen und Grenzen der Repräsentation von Vergangenheit. Hrsg. von Hartmut Eggert. Stuttgart 1990. S. 172 - 181

Konrad, Werner: Max Frischs "Die chinesische Mauer". Ein Paradigma für seine Oswald Spengler-Rezeption. Frankfurt am Main u. a. 1990 (=Regensburger Beiträge zur deutschen Sprach- und Literaturwissenschaft; Reihe B, Bd. 47)

Koopmann, Helmut: Das Besondere im Allgemeinen. Über Brechts Schwierigkeiten mit der Geschichte. In: Daß eine Nation die ander verstehen möge. Festschrift für Marian Szyrocki zu seinem 60. Geburtstag. Hrsg. von Norbert Honsza und Hans-Gert Roloff. Amsterdam 1988 (=Chloe Bd. 7). S. 451 - 469

Kosellek, Reinhart: Die Verzeitlichung der Utopie. In: Utopieforschung. Interdisziplinäre Studien zur neuzeitlichen Utopie. Hrsg. von Wilhelm Voßkamp. Bd. 3. Stuttgart 1982. S. 1 - 14

Ders.: Geschichte, Historie. In: Geschichtliche Grundbegriffe. Historisches Lexikon zur politisch-sozialen Sprache in Deutschland. Hrsg. von Otto Brunner, Werner Conze, Reinhart Kosellek. Band 2. Stuttgart 1975. S. 593 - 717

Ders.: Standortbindung und Zeitlichkeit. Ein Beitrag zur historiographischen Erschließung der geschichtlichen Welt. In: Objektivität und Parteilichkeit in der Geschichtswissenschaft. Hrsg. von Reinhart Kosellek, Wolfgang J. Mommsen, Jörn Rüsen. München 1977 (=Beiträge zur Historik Bd. 1). S. 17 - 46

Ders.: Über die Theoriebedürftigkeit der Geschichtswissenschaft. In: Theorie der Geschichtswissenschaft und Praxis des Geschichtsunterrichts. Acht Beiträge von Reinhart Kosellek, Rudolf Vierhaus, Ernst-Wolfgang Böckenförde, Knut Borchardt, M. Rainer Lepsius, Jürgen Kocka, Gerhard Schoebe, Erhard Runpf. Hrsg. von Werner Conze. Stuttgart 1972. S. 10 - 28.

Krättli, Anton: "Wie soll man es spielen? Mit Humor!" Friedrich Dürrenmatts Selbstkommentar "Der Mitmacher - ein Komplex". In: Schweizer Monatshefte 56/1976/77. S. 1077 - 1085

Ders.: Die Vision verführt mich zum Schreiben. Im Blick auf "Turmbau, Stoffe IV-IX". In: Schweizer Monatshefte 71/1991. S. 35 - 42

Ders.: Weltgeschichte als Komödien-Collage. "Achterloo" von Friedrich Dürrenmatt. In: Schweizer Monatshefte 63/1983. S. 868 - 870

Krammer, Jenö: Ödön von Horváth. Leben und Werk aus ungarischer Sicht. Wien 1969 (=Wissenschaftliche Buchreihe der internationalen Lenau-Gesellschaft Bd. 1)

Krauß, Cornelia: "Die Dinge sehen, wie sie sind". Ödön von Horváth - ein Forschungsüberblick mit bibliographischem Anhang. In: Maske und Kothurn 18/1972. S. 155 - 165

Dies.: Forschungsschwerpunkte in Analyse und Rezeption des Werks von Ödön von Horváth. In: Studi Germanici 12/1974, H1. S. 133 - 156

Dies.: Vom "Wert-Vakuum" und seinen dramaturgischen Folgen. Ödön von Horváths Leitmotivtechnik und Peter Handkes Psychodrama. In: Maske und Kothurn 28/1982. S. 195 - 289

Krischke, Traugott: Aspekte und Möglichkeiten der Horváth-Forschung. Einige Materialien. In: Literatur und Kritik. Österreichische Monatsschrift XXIV/1989. S. 1 - 10

Ders.: Der Dramatiker Ödön von Horváth. Versuch einer Darstellung. In: Akzente 9/1962. S. 157 - 164

Ders.: Horváth-Chronik. Daten zu Leben und Werk. Frankfurt am Main 1988 (=suhrkamp taschenbuch 2089)

Ders.: Ödön von Horváth. Kind seiner Zeit. München 1980

Krüger, Manfred: Wandlungen des Tragischen. Drama und Initiation. Stuttgart 1973 (=Logoi Bd. 1)

Kühne, Erich: Satire und groteske Dramatik. Über weltanschauliche und künstlerische Probleme bei Dürrenmatt. In: Weimarer Beiträge 12/1966. S. 539 - 565

Kun, Eva: "Die Komödie des Menschen" oder Horváth und Ungarn. In: Sprachkunst 19/1988. S. 1 - 22

Kurz, Paul Konrad: Der Narr und der Zweifel. Zu einem Aspekt im Werk Friedrich Dürrenmatts. In: P. K. K.: Über moderne Literatur III. Standorte und Deutungen. Frankfurt am Main 1971. S. 49 - 72

Ders.: Identität und Gesellschaft. Die Welt des Max Frisch. In: P. K. K.: Über moderne Literatur II. Standorte und Deutungen. Frankfurt/Main 1969. S. 132 - 189

Ders.: Wölfe und Lämmer. Friedrich Dürrenmatts Dramaturgie der Politik. In: Stimmen der Zeit 95/1970. S. 248 - 258

Kurzenberger, Hajo: Theater der Realität als Realität des Theaters. Zu Friedrich Dürrenmatts Dramenkonzeption. In: Text + Kritik 50/51: Friedrich Dürrenmatt I. München 1976. S. 53 - 64

Lämmert, Eberhard: "Geschichte ist ein Entwurf": Die neue Glaubwürdigkeit des Erzählens in der Geschichtsschreibung und im Roman. In: The German Quarterly 63/1990. S. 5 - 18

Lamberechts, Luc: Das Groteske und das Absurde in Dürrenmatts Dramen. In: Amsterdamer Beiträge zur neueren Germanistik 9/1979. S. 205 - 230

Langer, Susanne K.: Die großen dramatischen Formen: Der Rhythmus der Komik. In: Wesen und Formen des Komischen im Drama. Hrsg. von Reinhold Grimm und Klaus L. Berghahn. Darmstadt 1975 (=Wege der Forschung Bd. 62). S. 127 - 158

Laube, Horst: Peter Hacks. München 1972

Lechner, Wolfgang: Mechanismen der Literaturrezeption in Österreich am Beispiel Ödön von Horváths. Diss. Insbruck 1977 (=Stuttgarter Arbeiten zur Germanistik Nr. 46)

Lehnert, Herbert: Fiktionale Struktur und physikalische Realität in Dürrenmatts "Die Physiker". In: Sprachkunst 1/1970. S. 318 - 330

Leistner, Bernd: Zum Schiller-Bezug bei Peter Hacks. In: Selbsterfahrung als Welterfahrung. DDR-Literatur in den siebziger Jahren. Hrsg. von Horst Nalewski und Klaus Schuhmann. Berlin und Weimar 1981. S. 98 - 117

Lengborn, Thorbjörn: Schriftsteller und Gesellschaft in der Schweiz. Eine Studie zur Behandlung der Gesellschaftsproblematik bei Zollinger, Frisch und Dürrenmatt. Frankfurt am Main 1972

Lenz, Jakob Michael Reinhold: Der Hofmeister. Oder Vorteile der Privaterziehung. Eine Komödie. In: J. M. R. L.: Werke und Schriften II. Hrsg. von Britta Titel und Hellmut Haug. Stuttgart 1967 (=Goverts neue Bibliothek der Weltliteratur). S. 9 - 104

Levertin, Oscar: Studien zur Geschichte der Farce und Farceurs seit der Renaissance bis auf Molière. Reprint. Genf 1970

Liersch, Werner: Wandlung einer Problematik. In: Thomas Beckermann (Hrsg.): Über Max Frisch. 4. Aufl. Frankfurt 1973 (=edition suhrkamp 404). S. 77 - 83

Lindenberger, Herbert: Historical Drama. The Relation of Literature and Reality. Chicago, London 1975

Link, Franz H.: Zeit und Geschichte in Thornton Wilders "Wir sind noch einmal davongekommen" und Max Frischs "Chinesische Mauer". In: F. H. L.: Dramaturgie der Zeit. Freiburg 1977 (=rombach hochschulpaperback 87). S. 222 - 232

Löffler, Sigrid: Schnapsideen mit Schnaps begossen. S. L. über die Uraufführung von Friedrich Dürrenmatts Komödie "Achterloo". In: Der Spiegel, 10.10.1983. S. 280

Lohr, Günther: Körpertext. Historische Semiotik der komischen Praxis. Opladen 1987

Ludwig, Karl-Heinz: Bertolt Brecht - Philosophische Grundlagen und Implikationen seines Denkens und seiner Dramaturgie. Bonn 1975 (=Abhandlungen zur Kunst-, Musik- und Literaturwissenschaft Bd. 117)

Ders.: Bertolt Brecht: Tätigkeit und Rezeption von der Rückkehr aus dem Exil bis zur Gründung der DDR. Kronberg 1976 (=Monographien Literaturwissenschaft Bd. 31)

Lüthi, Hans Jürg: Grundbegriffe bei Max Frisch. In: Klaus Pezold (Hrsg.): Entwicklungstendenzen der deutschsprachigen Literatur der Schweiz in den sechziger und siebziger Jahren. Beiträge des wissenschaftlichen Kolloquiums mit internationaler Beteiligung an der Sektion Germanistik und Literaturwissenschaft der Karl-Marx-Universität Leipzig am 5. und 6. Dezember 1983. Leipzig 1984 (=Wissenschaftliche Beiträge der Karl-Marx-Universität Leipzig. Reihe Literaturwissenschaft). S. 84 - 92

Ders.: Max Frisch. "Du sollst dir kein Bildnis machen". München 1981 (=UTB 1085)

Lukács, Georg: Der Briefwechsel zwischen Schiller und Goethe. In: G. L.: Deutsche Literatur in zwei Jahrhunderten. Neuwied und Berlin 1964 (=Werke Bd. 7). S. 89 - 124

Ders.: Der historische Roman. Berlin 1955

Ders.: Zur Frage der Satire. In: G. L.: Essays über Realismus. Neuwied und Berlin 1971. (=Werke Bd. 4) S. 83 - 107

Mack, Dietrich: Ansichten zum Tragischen und zur Tragödie. Ein Kompendium der deutschen Theorie im 20. Jahrhundert. München 1970

Mack, Gerhard: Die Farce. Studien zur Begriffsbestimmung und Gattungsgeschichte in der neueren deutschen Literatur. München 1989 (=Theorie und Geschichte der Literatur und der schönen Künste Bd. 79)

Madach, Imre: Die Tragödie des Menschen. Aus dem Ungarischen übertragen von Jenö Mohacsi. Mit 23 Holzschnitten von György Buday. Budapest/Leipzig o.J.

Madler, Herbert: Dürrenmatts mutiger Mensch. In: Hochland. Monatsschrift für alle Gebiete des Wissens und der schönen Künste 62/1970. S. 36 - 49

Maier, Wolfgang: Tragikomödie Farce. In: Sprache im technischen Zeitalter 2/1962. S. 328 - 333

Mainusch, Herbert: Überlegungen zur Komödie. In: Europäische Komödie. Hrsg. von Herbert Mainusch. Darmstadt 1990. S. 1 - 12

Malsch, Wilfried: Theoretische Aspekte der modernen Komödie. In: Die deutsche Komödie im zwanzigsten Jahrhundert. Sechstes Amherster Kolloquium zur modernen deutschen Literatur 1972. Hrsg. von Wolfgang Paulsen. Heidelberg 1976 (=Poetik und Wissenschaft Bd. 37). S. 27 - 42

Mann, Ulrich: Tragik und Psyche. Grundzüge einer Metaphysik der Tiefenpsychologie. Stuttgart 1981

Marchand, Wolf R.: Max Frisch. In: Benno von Wiese (Hrsg.): Deutsche Dichter der Gegenwart. Ihr Leben und Werk. Berlin 1973. S. 231 - 249

Marquard, Odo: Exile der Heiterkeit. In: Das Komische. Hrsg. von Wolfgang Preisendanz und Rainer Warning. München 1976 (=Poetik und Hermeneutik). S. 133 - 151

Martens, Wolfgang: Büchner. Leonce und Lena. In: Die deutsche Komödie. Vom Mittelalter bis zur Gegenwart. Hrsg. von Walter Hinck. Düsseldorf 1977. S. 145 - 159

Martini, Fritz: Johann Elias Schlegel: Die stumme Schönheit. Spiel und Sprache im Lustspiel. Mit einem Anhang: 'Einige Überlegungen zur Poetik des Lustspiels'. In: Wesen und Formen des Komischen im Drama. Hrsg. von Reinhold Grimm und Klaus L. Berghahn. Darmstadt 1975 (=Wege der Forschung Bd. 62). S. 303 - 365

Ders.: Überlegungen zu einer Poetik von Komödie und Lustspiel. In: Filologia e Critica. Studi in Onore di Vittorio Santoli. Hrsg. von Paolo Chiarini, Carlo Alberto Mastrelli, Piergiuseppe Scardigli u.a. Roma 1976 (=Studi di filologia tedesca 7). S. 315 - 339

Marx, Karl, Friedrich Engels: Werke. Hrsg. vom Institut für Marxismus-Leninismus beim ZK der SED. 42 Bde. Berlin 1958 - 1968

Matthias, Klaus: Die Dramen von Max Frisch. Stukturen und Aussagen. 1, 2. In: Literatur in Wissenschaft und Unterricht 3/1970. S. 129 - 150, 236 - 252

Maurer, Jörg, Herbert Haffner: Peter Hacks. In: Kritisches Lexikon zur deutschsprachigen Gegenwartsliteratur Bd. 4, 15. Nlg., 1983

Mayer, Hans: Brecht in der Geschichte. Drei Versuche. Frankfurt/Main 1971

Ders.: Lenz oder die Alternative. In: Britta Titel, Hellmuth Haug (Hrsg.): Jakob Michael Reinhold Lenz: Werke und Schriften II. Stuttgart 1967. S. 795 - 825

Ders.: Über Friedrich Dürrenmatt und Max Frisch. Pfullingen 1977 (=Opuscula aus Wissenschaft und Dichtung 4)

McGowan, Moray: Comedy and the "Volksstück". In: Brecht in perspective. Ed. by Graham Bartram an Anthony Waine. London, New York 1982. S. 63 - 82

Melzer, Gerhard: Das Phänomen des Tragikomischen. Untersuchungen zum Werk von Karl Kraus und Ödön von Horváth. Kronberg 1976 (=Hochschulschriften Literaturwissenschaft 15)

Ders.: Lachen über die Wirklichkeit. Stichworte zu gattungskonstituierenden Merkmalen im dramatischen Werk von Karl Kraus und Ödön von Horváth. In: Horváth-Diskussion. Hrsg. von Kurt Bartsch, Uwe Baur, Dietmar Goltschnigg. Kronberg 1976 (=Monographien Literaturwissenschaft 28)

Mennemeier, Franz Norbert: Bertolt Brechts Faschismus-Theorie und einige Folgen für die literarische Praxis. In: Literaturwissenschaft und Geschichtsphilosophie. Festschrift für Wilhelm Emrich. Hrsg. von Helmut Arntzen u. a. Berlin/New York 1975. S. 561 - 574

Ders.: Modernes Deutsches Drama. Kritiken und Charakteristiken. Band 2: 1933 bis zur Gegenwart. München 1975 (=UTB 425)

Ders.: Ödön von Horváths Komödie "Figaro läßt sich scheiden". Zurücknahme und neue Perspektive: Ein ästhetisches Problem deutscher Exildramatik. In: Exiltheater und Exildramatik 1933-1945. Tagung der Hamburger Arbeitsstelle für deutsche Exilliteratur 1990. Hrsg. von Edita Koch und Frithjof Trapp unter Mitarbeit von Anne-Margarethe Brenker. Maintal 1991 (=Exil. Sonderband 2). S. 171 - 181

Mennemeier Franz Norbert, Frithjof Trapp: Deutsche Exildramatik 1933 - 1950. München 1980

Merschmeier, Michael: Komik und Katastrophe. Friedrich Dürrenmatts "Achterloo" in Zürich/Michel Vinavers "Flug in die Anden". In: Theater heute 24/1983, H. 11. S. 19 - 24

Metzler Literatur Lexikon. Stichwörter zur Weltliteratur. Hrsg. von Günther und Irmgard Schweikle. Stuttgart 1984

Mews, Siegfried: An Anti-Imperialist View of the American Revolution: Brechts Adaption of Farquhar's "The Recruiting officer". In: University of Dayton Review 14 (Spring 1980). S. 29 - 38

Michaels, Jennifer E.: Vom "Romulus" zum "Engel" ("Romulus der Große", "Die Ehe des Herrn Mississippi", "Ein Engel kommt nach Babylon"). In: Zu Friedrich Dürrenmatt. Hrsg. von Armin Arnold. Stuttgart 1982 (=LGW-Interpretationen Bd. 60). S. 54 - 70

Midell, Eike: Wie man ein Klassiker wird. In: Sinn und Form 34/1982. S. 863 - 886

Milfull, John: "Mühen der Gebirge, Mühen der Ebene". Probleme des Heimkehrers Brecht. In: Bernd Hüppauf (Hrsg.): "Die Mühen der Ebenen". Kontinuität und Wandel in der deutschen Literatur und Gesellschaft 1945 - 1949. Heidelberg 1981. S. 233 - 248

Mittenzwei, Werner: Bertolt Brecht und die Probleme der deutschen Klassik. In: Sinn und Form 25/1973. S. 135 - 168

Ders.: Brechts Verhältnis zur Tradition. München 1976 (=Marxistische Ästhetik und Kulturpolitik)

Ders.: Das Leben des Bertolt Brecht oder Der Umgang mit den Welträtseln. 2 Bde. Frankfurt am Main 1987

Ders.: Der Dialektiker Brecht oder Die Kunst, "Me-ti" zu lesen. In: Brechts Tui-Kritik. Aufsätze, Rezensionen, Geschichten. Karlsruhe 1976 (=Argument-Sonderband 11). S. 115 - 149

Ders.: Die Antikerezeption des DDR-Theaters. Zu den Antikestücken von Peter Hacks und Heiner Müller. In: W. M.: Kampf der Richtungen. Strömungen und Tendenzen der internationalen Dramatik. Leipzig 1978. S. 524 - 556

Motekat, Helmut: Tragik und Groteske im zeitgenössischen Drama. Friedrich Dürrenmatt. In: H. M.: Das zeitgenössische deutsche Drama. Einführung und kritische Analyse. Stuttgart, Berlin, Köln, Mainz 1977 (=Sprache und Literatur Bd. 90). S. 160 - 179

Müller, Gottfried: Theorie der Komik. Würzburg 1964

Müller, Karl: Einheit und Disparität - Ödön von Horváths "Weg nach innen". In: Horváths Prosa. Hrsg. von Traugott Krischke. Frankfurt am Main 1989 (=suhrkamp taschenbuch 2094). S. 156 - 177

Müller, Klaus-Detlef: Brechts Theatermodelle. Historische Begründung und Konzept. In: Bertolt Brecht. Actes du Colloque franco-allemand tenu en Sorbonne (15. - 19. nov. 1988). Publ. par Jean-Marie Valentin en collaboration avec Theo Buck. Bern, Frankfurt am Main u. a. 1990 (Contacts, Serie 1: Theatrica 8). S. 315 - 332

Ders.: Das Ei des Kolumbus? Parabel und Modell als Dramenform bei Brecht, Dürrenmatt, Frisch, Walser. In: Beiträge zur Poetik des Dramas. Hrsg. von Werner Keller. Darmstadt 1976. S. 432 - 461

Ders.: Der Philosoph auf dem Theater. Ideologiekritik und 'Linksabweichung' in Bertolt Brechts "Messingkauf". In: Werner Hecht (Hrsg.): Brechts Theorie des Theaters. Frankfurt am Main 1986 (=suhrkamp taschenbuch 2074). S. 142 - 182

Ders.: Die Funktion der Geschichte im Werk Bertolt Brechts. Studien zum Verhältnis von Marxismus und Ästhetik. 2. Aufl. Tübingen 1972

Ders.: Utopische Intention und Kritik der Utopien bei Brecht. In: Gerd Ueding (Hrsg.): Literatur ist Utopie. Frankfurt am Main 1978. S. 335 - 366

Müller, Max: Philosophische Reflexion auf das Phänomen des Tragischen. In: Literaturwissenschaftliches Jahrbuch. Neue Folge 19/1978. S. 3 - 26

Müller, Michael: Die Groteske. In: Formen der Literatur in Einzeldarstellungen. Hrsg. von Otto Knörrich. Stuttgart 1981 (=Kröners Taschenausgabe Bd. 478). S. 143 - 150

Müller, Rolf: Komödie im Atomzeitalter. Gestaltung und Funktion des Komischen bei Friedrich Dürrenmatt. Diss. Frankfurt am Main 1988 (=Europäische Hochschulschriften Reihe 1, Bd. 1050)

Müller, Udo: Stundenblätter. Lenz/Brecht: Der Hofmeister. Lenz/Kipphardt: Die Soldaten. Stuttgart 1980

Müller-Funk, Wolfgang: Die Eroberung der Welt durch das Kleinbürgertum. Lion Feuchtwangers "Erfolg" und Horváths "Ewiger Spießer". In: Horváths Prosa. Hrsg. von Traugott Krischke. Frankfurt am Main 1989 (=suhrkamp taschenbuch 2094). S. 57 - 73

Müller-Waldeck, Gunnar: Vom Tui-Roman zu Turandot. Berlin 1981

Münsterer, Hans Otto: Bertolt Brecht. Zürich 1963

Neis, Edgar: Erläuterungen zu Friedrich Dürrenmatt: "Romulus der Große", "Ein Engel kommt nach Babylon", "Der Meteor". 3. Aufl. Hollfeld o. J. (=Königs Erläuterungen Bd. 211)

Ders.: Erläuterungen zu Max Frisch: "Die Chinesische Mauer". Hollfeld 1971 (=Königs Erläuterungen 221)

Neubuhr, Elfriede: Einleitung. In: Geschichtsdrama. Hrsg. von Elfriede Neubuhr. Darmstadt 1980 (=Wege der Forschung Bd. CDLXXXV). S. 1 - 37

Neumann, Gerhard, Jürgen Schröder u.a.: Dürrenmatt, Frisch, Weiss. Drei Entwürfe zum Drama der Gegenwart. München 1969

Niggl, Günter: Begriff und Gestalt der Komödie bei Friedrich Dürrenmatt. In: Acta Hohenschwangau. Hrsg. von Helmut Kreutzer. 1981. München 1982 (=Dialog Schule - Wissenschaft). S. 23 - 37

Ders.: Tragik und Komik bei Friedrich Dürrenmatt. In: Literaturwissenschaftliches Jahrbuch. Neue Folge 19/1978. S. 77 - 93

Ödön von Horváth. Leben und Werk in Dokumenten und Bildern. Hrsg. von Traugott Krischke und Hans F. Prokop. Frankfurt am Main 1972 (=suhrkamp taschenbuch 67)

Otten, Kurt: Der englische Roman im 18. Jahrhundert. In: Neues Handbuch der Literaturwissenschaft. Hrsg. von Klaus von See. Band 12: Europäische Aufklärung (II. Teil). Frankfurt am Main 1984. S. 261 - 312

Pache, Werner: Pirandellos Urenkel. Formen des Spiels im Spiel bei Max Frisch und Tom Stoppard. In: Sprachkunst 4/1973. S. 124 - 141

Paul, Ulrike: Vom Geschichtsdrama zur politischen Diskussion. Über die Desintegration von Individuum und Geschichte bei Georg Büchner und Peter Weiss. München 1974

Pestalozzi, Karl: Dürrenmatts Dialog mit Brecht. In: Revue d'Allemagne 11/1979 S. 62 - 85

Ders.: Friedrich Dürrenmatt. In: Deutsche Literatur im 20. Jahrhundert. Strukturen und Gestalten. Hrsg. von Otto Mann und Wolfgang Rothe. Bd. II: Gestalten. 5., veränderte und erweiterte Auflage Bern 1967. S. 385 - 402

Petersen, Jürgen H.: Frischs dramaturgische Konzeptionen. In: Knapp, Gerhard P. (Hrsg.): Max Frisch. Aspekte des Bühnenwerks. Bern 1979 (=Studien zum Werk Max Frischs 2). S. 27 - 58

Ders.: Max Frisch. 2., erweiterte und verbesserte Aufl. Stuttgart 1989 (=Sammlung Metzler Bd. 173)

Petsch, Robert: Das Groteske. In: Otto F. Best (Hrsg.): Das Groteske in der Dichtung. Darmstadt 1980 (=Wege der Forschung Bd. 394). S. 25 - 39

Pichler, Meinrad: Von Aufsteigern und Deklassierten. Ödön von Horváths literarische Analyse des Kleinbürgertums und ihr Verhältnis zu den Aussagen der historischen Sozialwissenschaften. In: Ödön von Horváth. Hrsg. von Traugott Krischke. Frankfurt am Main 1981 (=suhrkamp taschenbuch 2005). S. 67 - 86

Pickar, Gertrud Bauer: The dramatic works of Max Frisch. Bern 1977 (=Europäische Hochschulschriften R. 1, Bd. 182)

Dies.: The Narrative Time Sense in the Dramatic Works of Max Frisch. In: German Life and Letters 28/1974/75. S. 1 - 14

Pietzcker, Karl: Das Groteske. In: Deutsche Vierteljahresschrift für Literaturwissenschaft und Geistesgeschichte 45/1971. S. 197 - 211

Plessner, Helmuth: Lachen und Weinen. Eine Untersuchung nach den Grenzen menschlichen Verhaltens. 3. Aufl. Bern und München 1961

Pohl, Rainer: Strukturelemente und Entwicklung von Pathosformen in der Dramensprache Bertolt Brechts. Bonn 1969 (=Bonner Arbeiten zur deutschen Literatur Bd. 20)

Poser, Hans: Komödie als Volksstück: Zuckmayer, Horváth, Brecht. In: Neophilologus 62/1978. S. 584 - 597

Pott, Wilhelm Heinrich: Literarische Produktivität. Untersuchungen zum ästhetischen Verfahren bei Arno Holz, Alfred Döblin, Bertolt Brecht und Alexander Kluge. Frankfurt am Main, Bern, New York, Nancy 1984 (=Europäische Hochschulschriften, Reihe I, Bd. 758)

Prang, Helmut: Geschichte des Lustspiels. Von der Antike bis zur Gegenwart. Stuttgart 1968 (=Kröners Taschenausgabe Bd. 378)

Ders.: Geschichte und Lustspiel. In: Volkskultur und Geschichte. Festgabe für Josef Dünninger zum 65. Geburtstag. Hrsg. von Dieter Harmening, Gerhard Lutz, Bernhard Schemmel u.a. Berlin 1970. S. 604 - 611

Preisendanz, Wolfgang: Negativität und Positivität im Satirischen. In: Das Komische. Hrsg. von Wolfgang Preisendanz und Rainer Warning. München 1976 (=Poetik und Hermeneutik). S. 413 - 416

Ders.: Zum Vorrang des Komischen bei der Darstellung von Geschichtserfahrung in deutschen Romanen unserer Zeit. In: Das Komische. Hrsg. von Wolfgang Preisendanz und Rainer Warning. München 1976 (=Poetik und Hermeneutik). S. 153 -164

Ders.: Zur Korrelation zwischen Satirischem und Komischem. In: Das Komische. Hrsg. von Wolfgang Preisendanz und Rainer Warning. München 1976 (=Poetik und Hermeneutik). S. 411 - 413

Profitlich, Ulrich: "Verlorene Partien": Modelle des Mißlingens im Drama Max Frischs. In: Gerhard P. Knapp (Hrsg.): Max Frisch. Aspekte des Bühnenwerks. Bern 1979 (=Studien zum Werk Max Frischs 2). S. 107 - 130

Ders.: Der Zufall in den Komödien und Detektivromanen Friedrich Dürrenmatts. In: Zeitschrift für deutsche Philologie 90/1971. S. 258 - 280

Ders.: Friedrich Dürrenmatt. Komödienbegriff und Komödienstruktur. Eine Einführung. Stuttgart, Berlin, Köln, Mainz 1973

Ders.: Geschichte als Komödie. Dürrenmatts "Romulus der Große". In: Geschichte als Schauspiel. Deutsche Geschichtsdramen. Interpretationen. Hrsg. von Walter Hinck. Frankfurt am Main 1981 (=suhrkamp taschenbuch 2006). S. 254 - 269

Pulver, Elsbeth: Literaturtheorie und Politik. Zur Dramaturgie Friedrich Dürrenmatts. In: Text + Kritik 50/51: Friedrich Dürrenmatt I. München 1976. S. 41 - 52

Quaas, Ingeborg: Das Fragment als einziges Gesicht, das mit Anstand zu tragen ist. Gedanken zu Max Frischs "Tagebuch 1946 - 1949". In: Zeitschrift für Germanistik 8/1987. S. 447 - 448

Quenon, Jean: Die Filiation der dramatischen Figuren bei Max Frisch. Paris 1975 (=Bibliothèque de la Faculté de Philosophie et Lettres de l'Université de Liège 214)

Qureshi, Qayum: Pessimismus und Fortschrittsglaube bei Bert Brecht. Köln 1971 (=Literatur und Leben. NF. Bd. 15)

Raddatz, Fritz J.: Die dramatische Literatur. Sozialistische Klassik, die "große Figur". Peter Hacks, Helmuth Baierl, Hartmut Lange, Hans Pfeiffer, Volker Braun, Heiner Müller. In: F. J. R.: Traditionen und Tendenzen. Materialien zur Literatur der DDR. Frankfurt am Main 1972. S. 413 - 462

Radimersky, George W.: Das Konzept der Geschichte in den Dramen Dürrenmatts und Frischs. In: Kentucky Foreign Languange Quarterly 13/1966. S. 200 - 208

Reinhardt, Hartmut: "Demaskierung" als moralische Provokation. Beobachtungen zum dramatischen Verfahren Ödön von Horváths. Wirkendes Wort 25/1975. S. 197 - 214

Ders.: Die Lüge des "Prinzipiellen". Zur Begrenzung der Kompetenz von Kritik in Horváths Stücken. In: Deutsche Vierteljahresschrift 49/1975. S. 332 - 355

Reinsberg, Ilsedore: Zur dramatischen Aneignung historischer Stoffe bei Peter Hacks. Unter Hervorhebung einiger Frauengestalten. Diss. Leipzig 1985

Reuter, Hans Heinrich: Die deutsche Klassik und das Problem Brecht. Zwanzig Sätze der Entgegnung auf Werner Mittenzwei. In: Sinn und Form 25/1973. S. 809 - 824

Rey, William H.: Das erstaunliche Phänomen Peter Hacks oder Die Wiederentdeckung des Schönen. In: Zum Drama in der DDR. Heiner Müller und Peter Hacks. Hrsg. von Judith R. Scheid. Stuttgart 1981 (=Literaturwissenschaft, Gesellschaftswissenschaft 53). S. 163 - 176

Richter, Karl: Vom Herrschaftsanspruch der Komödie. Dramentheoretische Betrachtungen im Anschluß an Dürrenmatt und Hacks. In: Jahrbuch der deutschen Schillergesellschaft 22/1978. S. 637 - 656

Riedel, Manfred: Brecht und die Philosophie. In: Neue Rundschau 82/1971. S. 65 - 85

Rilla, Paul: Rezension zur Uraufführung des "Hofmeister". In: Monika Wyss: Brecht in der Kritik. Rezensionen aller Brecht-Uraufführungen sowie ausgewählter deutsch- und fremdsprachiger Premieren. München 1977. S. 287 - 291

Ritter, Heidi: Vom "aufklärerischen" zum "klassischen" Theater. Bemerkungen zu Peter Hacks. In: Erworbene Tradition. Studien zu Werken der sozialistischen deutschen Literatur. Hrsg. von Günther Hartung, Thomas Höhle u.a. Berlin und Weimar 1977. S. 194 - 225

Ritter, Joachim: Über das Lachen. In: J. R.: Subjektivität. Sechs Aufsätze. Frankfurt am Main 1974 (=Bibliothek Suhrkamp Bd. 379). S. 62 - 92

Röntgen, Julius E. F.: Die Konzeption der Komödie bei Max Frisch. In: Max Frisch wurde 65 (=Duitse kroniek. Orgaan voor culturele betrekkingen met Duitsland 29/1977). S. 65 - 77

Roloff, Hans-Gert: Brecht und das ältere deutsche Drama. In: Bertolt Brecht. Actes du Colloque franco-allemand tenu en Sorbonne (15. - 19. nov. 1988). Publ. par Jean-Marie Valentin en collaboration avec Theo Buck. Bern, Frankfurt am Main u. a. 1990 (Contacts, Serie 1: Theatrica 8). S. 117 - 138

Roloff, Volker: Alltagssprache als Fremdsprache. Aspekte der modernen Farcenkomik bei Brecht, Sartre und Botho Strauß. In: Forum Modernes Theater Bd. 1/1 (1986). S. 15 - 34.

Rommel, Otto: Die wissenschaftlichen Bemühungen um die Analyse des Komischen. In: Wesen und Formen des Komischen im Drama. Hrsg. von Reinhold Grimm und Klaus L. Berghahn. Darmstadt 1975 (=Wege der Forschung Bd. 62). S. 1 - 38

Ders.: Komik und Lustspieltheorie. In: Wesen und Formen des Komischen im Drama. Hrsg. von Reinhold Grimm und Klaus L. Berghahn. Darmstadt 1975 (=Wege der Forschung Bd. 62). S. 39 - 76

Rotermund, Erwin: Zur Erneuerung des Volksstückes in der Weimarer Republik. In: Dieter Hildebrandt und Traugott Krischke (Hrsg.): Über Ödön von Horváth. Frankfurt/Main 1972 (=edition suhrkamp Bd. 584). S. 18 - 45

Saalmann, Dieter: Anmerkungen zum Thema Christa Wolf - Max Frisch. In: Neophilologus 66/1982. S. 589 - 601

Sander, Volkmar: Form und Groteske. In: Germanisch-Romanische Monatsschrift. Neue Folge 14/1964. S. 303 - 311

Sang, Jürgen G.: Erwerb eines Klassikererbes? Rezeptionshaltungen bei Hacks und Handke. In: Klassik und Moderne. Die Weimarer Klassik als historisches Ereignis und Herausforderung im kulturgeschichtlichen Prozeß. Hrsg. von Karl Richter und Jörg Schönert. Walter Müller-Seidel zum 65. Geburtstag. Stuttgart 1983. S. 542 - 558

Schacherreiter, Christian: Bertolt Brecht und Karl Korsch. Untersuchungen zur Subjekt-Objekt-Dialektik in realistischer Literatur und marxistischer Philosophie. In: Sprachkunst 19/1988. S. 59 - 78

Schäfer, Andreas: Rolle und Konfiguration. Studien zum Werk Max Frischs. Frankfurt am Main u. a. 1989 (=Hamburger Beiträge zur Germanistik Bd. 10)

Schafroth, Heinz F.: Bruchstücke einer großen Fiktion. Über Max Frischs Tagebücher. In: Text + Kritik 47/48: Max Frisch. 3. Aufl. München 1983. S. 58 - 68

Schalk, Axel: Geschichtsmaschinen. Über den Umgang mit der Historie in der Dramatik des technischen Zeitalters. Eine vergleichende Untersuchung. Heidelberg 1989 (=Beiträge zur neueren Literaturgeschichte. Reihe 3, Bd. 87)

Scheible, Hartmut: Verschollene Bürgerlichkeit. Ödön von Horváth: Jargon und gesellschaftliche Immanenz. In: Neue Rundschau 88/1977. S. 365 - 385

Scheid, Judith R.: Poetic and Philosophical "Einfall": Aristophanes' and Hegel's Influences on Dürrenmatt's Theory of Comic Action and on His Comedy "Der Meteor". In: Seminar 15/1979 S. 128 - 142

Scheit, Gerhard: Die Satire als archimedischer Punkt. Zur Rekonstruktion nicht-stattgefundener Exil-Debatten. In: Exilforschung 7/1989. S. 21 - 39

Schiller, Friedrich: Sämtliche Werke in 5 Bänden. Band 5: Erzählungen. Theoretische Schriften. Auf Grund der Originaldrucke herausgegeben von Gerhard Fricke und Herbert G. Göpfert. München 1980

Schivelbusch, Wolfgang: Sozialistisches Drama nach Brecht. Drei Modelle: Peter Hacks, Heiner Müller, Hartmut Lange. Darmstadt, Neuwied 1974 (=Sammlung Luchterhand Bd. 139)

Schlenker, Wolfram: Das "Kulturelle Erbe" in der DDR. Das literarische Traditionsverständnis im Rahmen der gesellschaftlichen Entwicklung und der Kulturpolitik von 1945 - 1965. Diss. Frankfurt am Main 1977

Schleyer, Winfried: Die Stücke von Peter Hacks. Tendenzen, Themen, Theorien. Stuttgart 1976 (=Literaturwissenschaft - Gesellschaftswissenschaft Bd. 20)

Ders.: Zur Funktion des Komischen bei Friedrich Dürrenmatt und Peter Hacks. In: Der Deutschunterricht 30/1978. H. 2. S. 67 - 78

Schmidt, Gertrud: Peter Hacks in BRD und DDR. Ein Rezeptionsvergleich. Köln 1980

Schmidt, Siegfried J.: Komik im Beschreibungsmodell kommunikativer Handlungsspiele. In: Das Komische. Hrsg. von Wolfgang Preisendanz und Rainer Warning. München 1976 (=Poetik und Hermeneutik). S. 165 - 189

Schmitt, Peter: Faust und die "deutsche Misere". Studien zu Brechts dialektischer Theaterkonzeption. Erlangen 1980 (=Erlanger Studien Bd. 26)

Schmitz, Walter: Frisch-Bilder. Linien und Skizzen der Forschung. In: Gerhard P. Knapp (Hrsg.): Max Frisch. Aspekte des Bühnenwerks. Bern 1979 (=Studien zum Werk Max Frischs 2). S. 451 - 502

Ders.: Max Frisch: Das Werk (1931 - 1961). Studien zu Tradition und Traditionsverarbeitung. Bern 1985 (=Europäische Hochschulschriften R. 1, Bd. 570)

Schnauber, Cornelius: Friedrich Dürrenmatt: Stoffe. In: Play Dürrenmatt. Hrsg. von Moshe Lazar. Malibu 1983 (Interplay Bd. 3). S. 203 - 207

Schneider, Hansjörg: Horváth im Jahre 1938. Über den Briefwechsel des Dichters mit Walter Landauer. In: Literatur und Kritik. Österreichische Monatsschrift XXIV/1989. S. 28 - 37

Schnetzler-Suter, Annemarie: Max Frisch. Dramaturgische Fragen. Bern 1974 (=Europäische Hochschulschriften R. 1, Bd. 100)

Schnitzler, Christian: Der politische Horváth. Untersuchungen zu Leben und Werk. Frankfurt am Main 1990 u. a. (=Marburger germanistische Studien Bd. 11)

Schober, Rita: Brechts Umschrift des Kommunistischen Manifests. In: R. S.: Vom Sinn und Unsinn der Literaturwissenschaft. Leipzig 1988. S. 126 - 180

Schölzel, Arnold: Korsch, Brecht und die Negation der Philosophie. In: Brecht 83. Brecht und der Marxismus. Dokumentation der Brecht-Tage 1983 (9. - 12. Februar). Hrsg. vom Brecht-Zentrum der DDR. Berlin 1983. S. 32 - 44

Schoeps, Karl Heinz: Zwei moderne Lenz-Bearbeitungen. In: Monatshefte 67/1975. S. 437 - 451

Ders.: Bertolt Brecht und Bernard Shaw. Bonn 1974 (=Studien zur Germanistik, Anglistik und Komparatistik Bd. 26)

Schöttker, Detlev: Bertolt Brechts Ästhetik des Naiven. Stuttgart 1989

Ders.: Geschichte als unbekannte Größe. Brechts experimentelle Dramaturgie. In: Begegnung mit dem "Fremden". Grenzen - Traditionen - Vergleiche. Akten des VIII. Internationalen Germanisten Kongresses. Hrsg. von Eijiro Iwasaki. Bd. 10. S. 407 - 415

Scholdt, Günter: Romulus der Große? Dramaturgische Konsequenzen einer Komödien-Umarbeitung. In: Zeitschrift für deutsche Philologie 97/1978. S. 270 - 287

Schröder, Jürgen: Das Spätwerk Ödön von Horváths. In: Sprachkunst 7/1976. S. 49 - 71

Ders.: Geschichtsdramen. Die "deutsche Misere" - von Goethes "Götz" bis Heiner Müllers "Germania"? Eine Vorlesung. Tübingen 1994 (=Stauffenburg Colloquium Bd. 33)

Schuchmann, Manfred E.: Der Autor als Zeitgenosse. Gesellschaftliche Aspekte in Max Frischs Werk. Bern 1979 (=Europäische Hochschulschriften R 1, Bd. 296)

Schütze, Peter: Peter Hacks. Ein Beitrag zur Ästhetik des Dramas. Antike und Mythenaneignung. Mit einem Originalbeitrag von Peter Hacks "Der Fortschritt in der Kunst". Kronberg/Ts. 1976

Schuhmacher, Klaus: Weil es geschehen ist. Untersuchungen zu Max Frischs Poetik der Geschichte. Königstein 1979 (=Diskurs. Forschungen zur deutschen Literatur 1)

Schulte, Birgit: Ödön von Horváth. Verschwiegen - gefeiert - glattgelobt. Analyse eines ungewöhnlichen Rezeptionsverlaufs. Bonn 1980 (=Abhandlungen zur Kunst-, Musik- und Literaturwissenschaft Bd. 303)

Schulte, Vera: Das Gesicht einer gesichtslosen Welt. Zu Paradoxie und Groteske in Friedrich Dürrenmatts dramatischem Werk. Frankfurt am Main, Bern, New York, Paris 1987 (=Europäische Hochschulschriften. Reihe I, Bd.1002)

Schulz, Gudrun: Klassikerbearbeitungen Bertolt Brechts. Aspekte zur "revolutionären Fortführung der Tradition". In: Bertolt Brecht II. Hrsg. von Heinz Ludwig Arnold. München 1973 (=Text + Kritik-Sonderband). S. 138 - 151

Schumacher, Ernst: Brecht und die deutsche Klassik. Zu einigen Aspekten des theoretischen Verhältnisses. In: E. S.: Schriften zur darstellenden Kunst. Berlin 1978. S. 165 - 188

Ders.: Drama und Geschichte. Bertolt Brechts "Leben des Galilei" und andere Stücke. Berlin 1965

Ders.: Er wird bleiben. In: NDL 4/1956, H. 10, S. 18 - 28

Ders.: Geschichte und Drama. In: Geschichtsdrama. Hrsg. von Elfriede Neubuhr. Darmstadt 1980 (=Wege der Forschung Bd. CDLXXXV). S. 404 - 425

Schumacher, Ernst und Reanate: Leben Brechts in Wort und Bild. Berlin 1978

Schwenke, Walburg: Leben und Schreiben: Max Frisch. Eine produktionsästhetische Auseinandersetzung mit seinem Werk. Frankfurt am Main, Bern 1983 (=Europäische Hochschulschriften. R. 1, Bd. 589)

Dies.: Was bin ich? - Gedanken zum Frühwerk Max Frischs. In: Max Frisch. Hrsg. von Walter Schmitz. Frankfurt am Main 1987 (=suhrkamp taschenbuch 2059). S. 63 - 91

Seiler, Bernd W.: Exaktheit als poetische Kategorie. Zur Rezeption des historischen Dramas der Gegenwart. In: Poetica 5/1972. S. 388 - 433

Sengle, Friedrich: Das historische Drama in Deutschland. Geschichte eines literarischen Mythos. 2. Aufl. Stuttgart 1969

Siegrist, Christoph: Ein großer Autor - im Werk und im Widerspruch. Zum Tod des Schriftstellers Max Frisch. In: Schweizer Monatshefte für Politik, Wirtschaft, Kultur 71/1991. S. 403 - 412

Sørensen, Bengt Algot: Herrschaft und Zärtlichkeit. Der Patriarchalismus und das Drama im 18. Jahrhundert. München 1984

Söring, Jürgen: Tragödie. Notwendigkeit und Zufall im Spannungsfeld tragischer Prozesse. Stuttgart 1982

Ders.: Weltgeschichte und Weltkomödie - Dürrenmatts Dramaturgie im Grundriß. In: Hommage à Friedrich Dürrenmatt. Neuenburger Rundgespräch zum Gedächtnis des Dichters. Hrsg. von Jürgen Söring und Jürg Flury. Frankfurt am Main, Bern, New York, Paris 1991. S. 25 - 49

Sokel, Walter H.: Brechts marxistischer Weg zur Klassik. In: Die Klassik-Legende. Hrsg. von Reinhold Grimm und Jost Hermand. Frankfurt am Main 1971. S. 176 - 199

Speirs, Ronald: Brecht in the German Democratic Republic. In: Brecht in perspective. Ed. by Graham Bartram and Anthony Waine. London, New York 1982. S. 175 - 189

Spies, Bernhard: Dramen der Selbstbehauptung. Aspekte der Komödie im Exil.In: Exiltheater und Exildramatik 1933 - 1945. Tagung der Hamburger Arbeitsstelle für deutsche Exilliteratur 1990. Hrsg. von Edita Koch und Frithjof Trapp unter Mitarbeit von Anne-Margarethe Brenker. Maintal 1991 (=Exil. Sonderband 2). S. 268 - 280

Spitzer, Leo: Wolfgang Kaysers "Das Groteske. Seine Gestaltung in Malerei und Dichtung". In: Das Groteske in der Dichtung. Hrsg. von Otto F. Best. Darmstadt 1980 (=Wege der Forschung Bd. 394). S. 50 - 68

Stadelmaier, Gerhard: Irrwitz als Irrenwitz. Uraufführung von Dürrenmatts "Achterloo" in Zürich. In: Stuttgarter Zeitung, 8. 10. 1983. S. 37

Stadtfield, Frieder: Friedrich Dürrenmatts Historiogramm. In: Literatur in Wissenschaft und Unterricht 5/1972. S. 286 - 298

Staiger, Emil: Grundbegriffe der Poetik. 8. Aufl. Zürich 1968

Stark, Gary D.: Vom Nutzen und Nachteil der Literatur für die Geschichtswissenschaft: A Historian's View. In: The German Quarterly 63/1990. S. 19 - 31

Stauffacher, Werner: Die Leistung der Sprache. Zum Verhältnis von Wort und Geste im dramatischen Werk Max Frischs. In: Gerhard P. Knapp (Hrsg.): Max Frisch. Aspekte des Bühnenwerks. Bern 1979 (=Studien zum Werk Max Frischs 2). S. 59 - 73

Steets, Angelika: NS-Sprache in Horváths Romanen. In: Horváths Prosa. Hrsg. von Traugott Krischke. Frankfurt am Main 1989 (=suhrkamp taschenbuch 2094). S. 113 - 132

Steig, Michael: Zur Definition des Grotesken. Versuch einer Synthese. In: Das Groteske in der Dichtung. Hrsg. von Otto F. Best. Darmstadt 1980 (=Wege der Forschung Bd. 394). S. 69 - 84

Steiner, George: Der Tod der Tragödie. In: Tragik und Tragödie. Hrsg. von Volkmar Sander. Darmstadt 1971 (=Wege der Forschung Bd. CVIII). S. 342 - 380

Steiner, Jacob: Die Komödie Dürrenmatts. In: Der Deutschunterricht 15/1963. H. 6. S. 81 - 98

Steinmetz, Horst: Max Frisch. Tagebuch, Drama, Roman. Göttingen 1973

Stempel, Wolf-Dieter: Blödeln mit System. In: Das Komische. Hrsg. von Wolfgang Preisendanz und Rainer Warning. München 1976 (=Poetik und Hermeneutik). S. 449 - 452

Ders.: Ironie als Sprechhandlung. In: Das Komische. Hrsg. von Wolfgang Preisendanz und Rainer Warning. München 1976 (=Poetik und Hermeneutik). S. 205 - 235

Stephan, Alexander: Max Frisch. München 1983 (=Autorenbücher 37)

Stephan, Inge, Hans-Gerd Winter: "Ein vorübergehendes Meteor?" J. M. R. Lenz und seine Rezeption in Deutschland. Stuttgart 1984

Stierle, Karlheinz: Das Lachen als Antwort. In: Das Komische. Hrsg. von Wolfgang Preisendanz und Rainer Warning. München 1976 (=Poetik und Hermeneutik). S. 373 - 376

Ders.: Komik der Handlung, Komik der Sprachhandlung, Komik der Komödie. In: Das Komische. Hrsg. von Wolfgang Preisendanz und Rainer Warning. München 1976 (=Poetik und Hermeneutik). S. 237 - 268

Ders.: Komik der Lebenswelt und Komik der Komödie. In: Das Komische. Hrsg. von Wolfgang Preisendanz und Rainer Warning. München 1976 (=Poetik und Hermeneutik). S. 372 - 373

Ders.: Philosophie, Literatur und die 'Komik der reinen Theorie'. In: Das Komische. Hrsg. von Wolfgang Preisendanz und Rainer Warning. München 1976 (=Poetik und Hermeneutik). S. 429 - 432

Strelka, Joseph: Brecht, Horváth, Dürrenmatt. Wege und Abwege des modernen Dramas. Wien, Hannover, Bern 1962

Striedter, Jurij: Der Clown und die Hürde. In: Das Komische. Hrsg. von Wolfgang Preisendanz und Rainer Warning. München 1976 (=Poetik und Hermeneutik). S. 389 - 398

Stromsik, Jiri: Apokalypse komisch. In: Facetten. Studien zum 60. Geburtstag Friedrich Dürrenmatts. Hrsg. von Gerhard P. Knapp und Gerd Labroisse. Bern, Frankfurt am Main, Las Vegas 1981. S. 41 - 59

Sucher, Bernd C.: Geschichte(n) - von Lessing verwurstelt. Friedrich Dürrenmatts "Achterloo" im Züricher Schauspielhaus uraufgeführt. In: Süddeutsche Zeitung, 8./9. 10. 1983. S. 15

Syberberg, Hans Jürgen: Friedrich Dürrenmatt: Romulus der Große. In: Das deutsche Drama vom Expressionismus bis zur Gegenwart. Interpretationen. Hrsg. von Manfred Brauneck. 2. Aufl. Bamberg 1972. S. 203 - 219

Ders.: Zum Drama Friedrich Dürrenmatts. Zwei Modellinterpretationen zu Wesensdeutung des modernen Dramas. Diss. München 1963

Széll, Zsuzsa: Ödön von Horváth - ein Epiker seiner Zeit. In: Literatur und Kritik. Österreichische Monatsschrift XXIV/1989. S. 11 - 16

Szondi, Peter: Versuch über das Tragische. In: P. S.: Schriften 1. Frankfurt am Main 1978. S. 149 - 259

Tantow, Lutz: Franz Kafka und Friedrich Dürrenmatt. Eine Dramaturgie der Konfrontation. Diss. Saarbrücken 1987 (=Saarbrücker Beiträge zur Literaturwissenschaft Bd. 18)

Ders.: Friedrich Dürrenmatt und die ptolemäische Wende. In: Hommage à Friedrich Dürrenmatt. Neuenburger Rundgespräch zum Gedächtnis des Dichters. Hrsg. von Jürgen Söring und Jürg Flury. Frankfurt am Main, Bern, New York, Paris 1991. S. 125 - 152

Teichmann, Hans: Der Intellektuelle und der Machstaat. Zur Uraufführung von Max Frischs "Die Chinesische Mauer". In: Pädagogische Provinz 15/1961. S. 487 - 495

Theater in der Zeitenwende. Zur Geschichte des Dramas und des Schauspieltheaters in der Deutschen Demokratischen Republik 1945 - 1968. Bd.1. Berlin 1972

Theater-Lexikon. Hrsg. von Henning Rischbieter. Zürich, Schwäbisch Hall 1983

Theaterarbeit. 6 Aufführungen des Berliner Ensembles. Hrsg. vom Berliner Ensemble und Helene Weigel. Dresden o. J.

Tismar, Jens: Herakles in der DDR-Dramatik. In: Text + Kontext 11/1983. S. 56 - 72

Tiusanen, Timo: Dürrenmatt. A Study in Plays, Prose, Theory. Princeton 1977

Ders.: Über Dürrenmatts dramaturgische Mittel. In: Facetten. Studien zum 60. Geburtstag Friedrich Dürrenmatts. Hrsg. von Gerhard P. Knapp und Gerd Labroisse. Bern, Frankfurt am Main, Las Vegas 1981. S. 103 - 116

Träger, Claus: Studien zur Erbetheorie und Erbeaneignung. Frankfurt am Main 1982 (=Röderberg Taschenbuch 102)

Trautwein, Wolfgang: Komödientheorien und Komödie. Ein Ordnungsversuch. In: Jahrbuch der deutschen Schillergesellschaft 27/1983. S. 86 - 123

Trilse, Christoph: Das Gesamtwerk von Peter Hacks. Eine Untersuchung der Poetik, des Genres und der Traditionsbeziehungen sowie seiner Stellung in der sozialistischen Gegenwartsliteratur der DDR. Diss. Greifswald 1978

Ders.: Mythos und Realismus. 3 Stücke von Peter Hacks. In: Zum Drama in der DDR. Heiner Müller und Peter Hacks. Hrsg. von Judith R. Scheid. Stuttgart 1981 (=Literaturwissenschaft, Gesellschaftswissenschaft 53). S. 146 - 162

Ders.: Peter Hacks. Leben und Werk. Berlin 1980

Tschizewskij, Dimitri: Satire oder Groteske. In: Das Komische. Hrsg. von Wolfgang Preisendanz und Rainer Warning. München 1976 (=Poetik und Hermeneutik). S. 269 - 278

Über Friedrich Dürrenmatt. Essays und Zeugnisse von Gottfried Benn bis Saul Bellow. Hrsg. von Daniel Keel. Zürich 1980 (=Friedrich Dürrenmatt: Werkausgabe in dreißig Bänden Bd. 30)

Urbahn de Jauregui, Heidi: Tragödie der Unordnung. In: Sinn und Form 40/1988. S. 1229 - 1247

van Ingen, Ferdinand: Don Juan und seine Brüder. Max Frischs "Don Juan"-Komödie im Rahmen des Gesamtwerks. In: Einheit in der Vielfalt. Festschrift für Peter Lang zum 60. Geburtstag. Bern/Frankfurt am Main 1988. S. 249 - 269

van Praag, Charlotte: Montagetechnik bei Max Frisch als Element der Verfremdung. In: Etudes Germaniques 34/2 (1979). S. 176 - 187

Völker, Klaus: Brecht-Chronik. Daten zu Leben und Werk. München 1971 (=Reihe Hanser 74)

Ders.: Brecht-Kommentar zum dramatischen Werk. München 1983

Ders.: Das Phänomen des Grotesken im neueren deutschen Drama. In: Sinn oder Unsinn? Das Groteske im modernen Drama. Fünf Essays. Basel 1962 (=Theater unserer Zeit Bd. 3) S. 9 - 46

Volckmann, Silvia: Brechts Theater zwischen Abbild und Utopie. In: Handbuch des deutschen Dramas. Hrsg. von Walter Hinck. Düsseldorf 1980. S. 440 - 452, 574 - 576

Wagener, Hans: Heldentum heute? Zum Thema Zeitkritik in Dürrenmatts Romulus der Große. In: Facetten. Studien zum 60. Geburtstag Friedrich Dürrenmatts. Hrsg. von Gerhard P. Knapp und Gerd Labroisse. Bern, Frankfurt am Main, Las Vegas 1981. S. 191 - 206

Wagner, Frank Dietrich: Bertolt Brecht. Kritik des Faschismus. Opladen 1989

Wagner, Hans: Aesthetik der Tragödie von Aristoteles bis Schiller. Würzburg 1987

Wagner, Marie: Timeless Relevance. Max Frisch's "The Chinese Wall". In: Modern Drama 16/1973/74. S. 147 - 156

Waldmann, Günter: Das Verhängnis der Geschichtlichkeit. Max Frisch: "Die Chinesische Mauer". In: Albrecht Schau (Hrsg.): Max Frisch - Beiträge zu einer Wirkungsgeschichte der deutschen Literatur 2. Freiburg 1971. S. 225 - 233

Ders.: Dürrenmatts paradoxes Theater. Die Komödie des christlichen Glaubens. In: Wirkendes Wort 14/1964. S. 22 - 35

Warning, Rainer: Elemente einer Pragmasemiotik der Komödie. In: Das Komische. Hrsg. von Wolfgang Preisendanz und Rainer Warning. München 1976 (=Poetik und Hermeneutik). S. 279 - 333

Ders.: Ironiesignale und ironische Solidarisierung. In: Das Komische. Hrsg. von Wolfgang Preisendanz und Rainer Warning. München 1976 (=Poetik und Hermeneutik). S. 416 - 423

Ders.: Vom Scheitern und Gelingen komischer Handlungen. In: Das Komische. Hrsg. von Wolfgang Preisendanz und Rainer Warning. München 1976 (=Poetik und Hermeneutik). S. 376 - 379

Watrak, Jan: Dramaturgische Dissoziation: Brecht - Frisch. In: Germanica Wratislawiensia 22/1975. S. 105 - 121

Wehrli, Beatrice: Horváth statt Brecht. Eine Fallstudie. In: Schweizer Monatshefte 63/1983. S. 505 - 518

Weigand, Gabriele B.: Das synthetische Tagebuch. Zu Max Frischs "Tagebuch 1946 - 1949". Diss. Frankfurt am Main 1990

Weinrich, Harald: Blödeln, bummeln, gammeln. In: Das Komische. Hrsg. von Wolfgang Preisendanz und Rainer Warning. München 1976 (=Poetik und Hermeneutik). S. 452 - 455

Ders.: Thales und die thrakische Magd: allseitige Schadenfreude. In: Das Komische. Hrsg. von Wolfgang Preisendanz und Rainer Warning. München 1976 (=Poetik und Hermeneutik). S. 435 - 437

Ders.: Was heißt: "Lachen ist gesund"? In: Das Komische. Hrsg. von Wolfgang Preisendanz und Rainer Warning. München 1976 (=Poetik und Hermeneutik). S. 402 - 408

Weise, Adelheid: Untersuchungen zur Thematik und Struktur der Dramen von Max Frisch. Göppingen 1969 (=Göppinger Arbeiten zur Germanistik 7)

Weisstein, Ulrich: Bertolt Brecht und die Komödie. In: Links und links gesellt sich nicht. Gesammelte Aufsätze zum Werk Heinrich Manns und Bertolt Brechts. New York, Bern, Frankfurt am Main 1986 (=Germanic Studies in America. Bd. 52). S. 279 - 302

Ders.: Das Geschichtsdrama: Formen seiner Verwirklichung. In: Reinhold Grimm, Jost Hermand (Hrsg.): Geschichte im Gegenwartsdrama. Mit Beiträgen von Ulrich Weisstein, George L. Mosse, Andreas Huyssen, Jim Elliott/Bruce Little/Carol Poore, Evelyn Torton Beck/Betsy Edelson/Nancy Vedder-Shults, Klaus L. Berghahn, David Bathrick. Stuttgart, Berlin, Köln, Mainz 1976 (=Sprache und Literatur Bd. 99). S. 9 - 23

Wekwerth, Manfred: Schriften. Arbeit mit Brecht. Berlin 1975

Wellek, Albert: Witz. Lyrik. Sprache. Beiträge zur Literatur- und Sprachtheorie mit einem Anhang über den Fortschritt der Wissenschaft. Bern und München o. J.

Wellershoff, Dieter: Beipflichtendes und befreiendes Lachen. In: Das Komische. Hrsg. von

Wolfgang Preisendanz und Rainer Warning. München 1976 (=Poetik und Hermeneutik). S. 425 - 426

Ders.: Die Irrealität der Komödie als utopischer Schein. In: Das Komische. Hrsg. von Wolfgang Preisendanz und Rainer Warning. München 1976 (=Poetik und Hermeneutik). S. 379 - 383

Ders.: Infantilismus als Revolte oder Das ausgeschlagene Erbe - zur Theorie des Blödelns. In: Das Komische. Hrsg. von Wolfgang Preisendanz und Rainer Warning. München 1976 (=Poetik und Hermeneutik). S. 335 - 357

Ders.: Schöpferische und mechanische Ironie. In: Das Komische. Hrsg. von Wolfgang Preisendanz und Rainer Warning. München 1976 (=Poetik und Hermeneutik). S. 423 - 425

Wellwarth, Georg: Max Frisch. The Drama of Despair. In: G. W.: The Theater of Protest and Paradox. Developments in the Avant-Garde Drama. New York 1964. S. 161 - 183

Werner, Franz: Soziale Unfreiheit und "bürgerliche Intelligenz" im 18. Jahrhundert. Der organisierende Gesichtspunkt in J. M. R. Lenzens Drama "Der Hofmeister oder Vorteile der Privaterziehung". Frankfurt am Main 1981

Werner, Hans-Georg: "Tragisch". Zur kommunikationstheoretisch gegründeten Bestimmung einer ästhetischen Kategorie. In: Zeitschrift für Germanistik 10/1989. S. 389 - 396

Ders.: Überlegungen zum Verhältnis von Individuum und Gesellschaft in den Stücken von Peter Hacks. In: Zum Drama in der DDR. Heiner Müller und Peter Hacks. Hrsg. von Judith R. Scheid. Stuttgart 1981 (=Literaturwissenschaft, Gesellschaftswissenschaft 53). S. 114 - 145

White, Hayden: Auch Klio dichtet oder Die Fiktion des Faktischen. Studien zur Tropologie des historischen Diskurses. Einführung von Reinhart Kosellek. Stuttgart 1986 (= Sprache und Geschichte Bd. 10)

Wiese, Benno von: Friedrich Schiller. 3. Aufl. Stuttgart 1963

Ders.: Geschichte und Drama. In: Geschichtsdrama. Hrsg. von Elfriede Neubuhr. Darmstadt 1980 (=Wege der Forschung Bd. CDLXXXV). S. 381 - 403

Ders.: Ödön von Horváth. In: Ödön von Horváth. Hrsg. von Traugott Krischke. Frankfurt/Main 1981 (=suhrkamp taschenbuch 2005). S. 7 - 45

Wilpert, Gero von: Sachwörterbuch der Literatur. 7., verbesserte und erweiterte Aufl. Stuttgart 1989 (= Kröners Taschenausgabe Bd. 231)

Winter, Michael: Friedrich Dürrenmatt - Positionen einer radikalen Aufklärung. In: Facetten. Studien zum 60. Geburtstag Friedrich Dürrenmatts. Hrsg. von Gerhard P. Knapp und Gerd Labroisse. Bern, Frankfurt am Main, Las Vegas 1981. S. 9 - 39

Wittkowski, Wolfgang: Aktualität der Historizität: Bevormundung des Publikums in Brechts Bearbeitungen. In: Walter Hinderer (Hrsg.): Brechts Dramen. Neue Interpretationen. Stuttgart 1984. S. 343 - 368

Ders.: Zerstört das Regietheater die deutsche Literatur? In: Drama und Theater im 20. Jahrhundert. Festschrift für Walter Hinck. Hrsg. von Hans Dietrich Irmscher und Werner Keller. Göttingen 1983. S. 469 - 482

Wright, Elizabeth: Postmodern Brecht. A Re-Presentation. London u. a. 1989 (=Critics of the twentieth century)

Wyss, Monika: Brecht in der Kritik. Rezensionen aller Brecht-Uraufführungen sowie ausgewählter deutsch- und fremdsprachiger Premieren. München 1977

Zahn, Peter: Das Geschichtsdrama. In: Formen der Literatur in Einzeldarstellungen. Hrsg. von Otto Knörrich. Stuttgart 1981 (=Kröners Taschenausgabe Bd. 478). S. 123 - 135

Zimmermann, Rolf Christian: Marginalien zur Hofmeister-Thematik und zur "Teutschen Misere" bei Lenz und Brecht. In: Drama und Theater im 20. Jahrhundert. Festschrift für Walter Hinck. Hrsg. von Hans-Dietrich Irmscher und Werner Keller. Göttingen 1983. S. 213 - 227

Ziomek, Jerzy: Zur Frage des Komischen. In: Zagadnienia Rodzajów Literackich. Tom VIII, Zeszyt 1 (14). Lodz 1965. S. 74 - 84

Ziskoven, Wihelm: Max Frisch, "Die Chinesische Mauer". In: R. Geißler (Hrsg.): Zur Interpretation des modernen Dramas. Brecht, Dürrenmatt, Frisch. Frankfurt 1970. S. 113 - 126

Zusammenfassung

Der vorliegenden Arbeit liegt die Beobachtung zugrunde, daß eine Gattung - das Geschichtsdrama, das Geschichte deutende Drama -, die sich traditionell in der Tragödie realisiert, im 20. Jahrhundert in zunehmendem Maße zur Komödie tendiert. Es gilt, die Bedingungen und Ursachen dieses Umschlags sowie seine dramaturgischen Konsequenzen zu analysieren.

Dazu müssen zunächst die Kategorien sowohl zur Analyse des komischen Konflikts wie auch des geschichtlichen Moments im Drama, die in der bisherigen Forschung nur unzureichend herausgearbeitet worden sind, entwickelt werden. Es wird davon ausgegangen, daß das Komische immer als Verstoß gegen ein zugrundegelegtes Modell zu beschreiben ist; dieser komische Modellverstoß kann entweder durch das Modell völlig entwertet und verlacht werden (satirische Komik), oder aber er zeigt - bei aller Komik - *auch* positive Aspekte, die dem Modell fehlen und so dieses als defizitär entlarven. In diesem Fall bleibt eine gültige Position am Ende nicht bestehen, das Komische realisiert sich als "Kipp-Phänomen". Der dramenkonstituierende Konflikt der Komödie kann als in diesem Sinne komischer Konflikt beschrieben werden. Das geschichtliche Moment des Dramas wird mit Hilfe von Überlegungen der neueren Geschichtswissenschaft als "historiographische Operation" beschrieben: ausgehend von Fragestellungen der Gegenwart wird anhand vorgegebener Leitvorstellungen Geschichte als kontinuierlicher Prozeß rekonstruiert, der in die Gegenwart einmündet. Durch die Situierung in diesem Prozeß wird dem einzelnen Faktum seine historische Bedeutung zuteil.

Anhand von Einzeluntersuchungen wird nun das Verhältnis von Geschichtsbild und Komödiendramaturgie zu bestimmen versucht. Dabei lassen sich zwei verschiedene Modelle der Geschichtskomödie beobachten: für Horváth, Frisch und Dürrenmatt stellt sich Geschichte dar als sinnlose Wiederkehr des ewig Gleichen. Gemessen am Modell einer vernünftigen Entwicklung erscheint der tatsächliche Geschichtsverlauf als wertloser Modellverstoß und kann verlacht werden. Durch seine ungeheure Faktizität jedoch diskreditiert der grotesk-widersinnige Geschichtsprozeß das zugrundegelegte vernünftige Modell als nicht geschichtsmächtig. Eine gültige Position bleibt nicht bestehen, Komik realisiert sich in dieser Komödienform als Kipp-Phänomen, die Handlung tendiert zur Zirkelstruktur. Ganz anders marxistischer Geschichtsoptimismus: bei Brecht und Hacks befinden sich Geschichte und Vernunft in Übereinstimmung, Fehlentwicklungen und Umwege auf dem Weg zum Ziel der Geschichte können als nicht bedrohlich, als nicht substantiell satirisch verlacht (Brecht) oder humorvoll belacht werden (Hacks). Diese Komödie betont den Unterschied zwischen Vergangenheit und besserer (sozialistischer) Gegenwart bzw. Zukunft. Aus dieser Differenz kann der Rezipient die Distanz gewinnen, die ihm das Dargestellte zu verlachen erlaubt. Die weltanschaulichen Voraussetzungen der Tragödie bleiben beiden Richtungen fremd.